멈춘시간
1950

멈춘시간 1950

초판1쇄 인쇄 2016년 1월 29일
초판1쇄 발행 2016년 2월 5일

지은이   신기철
펴낸이   이이화
펴낸곳   (재)금정굴인권평화재단 인권평화연구소
           출판등록 2015년 9월 14일 제2015-000178호
           주소 경기도 고양시 일산서구 주화로 40 동주오피스텔 617호
           전화 070-8223-2700
           이메일 gjpeace@hanmail.net
           홈페이지 www.gjpeace.or.kr
인쇄   (주)상지사P&B
ISBN   979-11-956330-2-9

글쓴이와 협의 아래 인지를 붙이지 않으며 잘못 만들어진 책은 서점이나 본사에서 바꾸어 드립니다. 책값은 뒤표지에 있습니다. 이 책은 저작권법에 의해 보호됩니다.

이 도서의 국립중앙도서관 출판예정도서목록(CIP)은 서지정보유통지원시스템 홈페이지 (http://seoji.nl.go.kr)와 국가자료공동목록시스템(http://www.nl.go.kr/kolisnet)에서 이용하실 수 있습니다. (CIP제어번호 : CIP2016002096)

못다 한 한국전쟁 민간인 희생자 이야기

멈춘시간
1950

신기철

인권평화연구소

잘못된 국가의 책임은 그 국민의 몫

| 머리말 |

멈춘 기억과 멈추지 않는 아픔

2010년 12월 진실·화해를 위한 과거사정리위원회(이하 진실화해위원회)의 활동이 멈추었다. 조사가 부족했던 사건들도 많았지만 법률이 보장했던 2년 연장은 이루어지지 않았다. 이후 2년 동안 조사보고서와 한국전쟁사를 정리했고, 2014년과 2015년에 진실화해위원회에서 조사하지 못했던 유족들을 면담했다. 경기지역 고양과 김포, 광주, 용인을 비롯해 강원지역 홍천, 충북지역 충주, 보은, 옥천, 충남지역 대전, 공주, 부여, 서산, 태안, 전남지역 영암, 순천, 경북지역 상주, 경남지역 합천까지.

새로 만난 유족들은 5년전까지 만날 수 있었던 유족들과 차이가 있었다. 직관적으로 느낄 수 있었던 가장 큰 차이는 사건 당시 유복자였던 분들이 많았다는 것이다. 희생자들이 어떻게 희생되었는지 실감하지 못한 채 고아로서 자라온 세대들이었다. 이들은 이제라도 진실을 알기 위해 몸부림 치기 시작했다. 어찌 보면 지난 진실화해위원회의 활동은 부모의 존재에 대해 의문을 품고 있던 이 분들에게 작으나마 용기를 낼 수 있던 계기였을 것이다.

이 책은 지난 2년 동안 만났던 99명의 증언을 기초로 한국전쟁 전후 이승만 정부의 고의적 국가 범죄에 의해 희생당한 민간인학살 사건을 시간과 성격에 따라 구분해 소개했다.

국가범죄가 시작되었던 미군정과 이승만 단독정부 수립 직후, 잘 알려진 제주 4·3사건, 여순사건에 의한 피해는 1948년 12월부터 1949년 1년 내내 토벌작전으로 이어져 증폭되었다. 이번 인터뷰에서 만난 사건들 또한 이 시기에 부여와 태안에서 발생했다. 이는 충남지역도 영호남지역의 토벌작전피해와 같은 맥락에서 봐야 함을 의미한다.

전쟁의 시작과 함께 저질러진 형무소 재소자 학살사건으로 대전형무소와 공주형무소의 사례를 만났다. 희생자들은 〈국가보안법〉 위반으로 연행되어 형무소에 있던 중 전쟁으로 후퇴하는 국군에 의해 학살당했다. 짐작했던 바대로 증언자들이 기억하는 희생자들의 당시 활동은 그다지 심각한 반정부 활동이라고 할 수 없었다. 선고받은 형량 역시 전쟁이 없었다면 곧 풀려날 가벼운 것들이었다.

새롭게 확인한 국민보도연맹사건 희생자들은 충북과 충남지역에 살던 주민들이었다. 특히 충주 살미면과 보은, 부여 장암면 사건은 한 마을에서 떼죽음을 당한 경우였다. 마을의 젊은이들이 모두 국민보도연맹에 가입되었다가 같은 날 희생되었다. 이는 상당수의 희생자들이 반정부 활동과 무관하게 경찰에 의해 동원되어 가입되었다가 희생되었다는 주장을 뒷받침한다. 보은에서는 시신 수습 작업을 직접 목격한 유족을 통해 학살 현장을 확인했으며, 상주에서는 수백 명의 주민들이 갇혀 있던 창고를 들어갔다 나온 유족을 통해 생생하게 당시 상황을 재구성할 수 있었다.

국군 수복 직전 인민군 측에 의해 희생된 주민들의 유족들도 만났다. 고양, 영암, 순천에서 벌어진 사건들로 이미 알려져 있던 사건들을 보완할 수 있었고 이전에 전혀 몰랐던 새로운 사건들도 만날 수 있었다. 당시가 무정부 상태로서 이승만 정부가 치안을 방치했다는 점을 비롯해 인민군 점령기의 가해 측 주민이 국군 수복 후 의용경찰대가 되어 다시 가해 측 입장에 선 사례가 확인되었다. 고양에서는 《6·25사변 피살자명부》에 등재된 희생자들에 대해 피해 유족들로부터 구체적인 증언을 들을 수 있었다.

9·28수복 후 희생사건으로 서울, 고양, 김포, 광주, 부여, 태안의 사례를 만났다. 서울 홍제리사건, 고양 금정굴사건, 김포 양곡사건, 광주 오포읍 사건, 태안 옹동벛사건을 만났으며 앞으로 파악해야 하는 더 많은 희생자들이 있다는 것을 확인했다.

1·4후퇴 시 여주의 피해 사례, 그리고 같은 시기 충주 토벌식 학살사건의 피해 사례들을 만날 수 있었다. 군의 소개작전에서 발생한 개별적인 피해 사례들로 보이지만 11사단 사건처럼 대규모 토벌작전의 하나일 가능성도 있어 보인다. 더 많은 조사가 있어야 이에 대한 판단이 가능할 것이다.

미군폭격사건은 용인과 천안의 피해 사례를 확인했다. 용인의 경우, 함께 폭격 피해를 당한 주민들이 있었으나 피해 유족의 증언 외에 더 이상 확인하지 못했다. 천안의 경우는 미 공군기의 기총사격에 의한 피해로 희생자가 구체적인 표적이 되었던 것으로 보인다.

2015년 12월 현재 국가배상소송에 대한 사법부의 판단이 끝나고 있다. 이는 2005년 12월부터 2010년 12월까지 계속되었던 진실화해위원회의 활동이 1차 마무리된 것을 의미한다. 그 나마 다행이란 평가도 있겠지만 대부분 미흡하다는 평가가 강하다. 진실규명과정에 첫 발도 내밀지 못한 유족들도 여전히 많다.

희생자들에 대한 유가족들의 기억이 멈춘 곳, 그 곳에서 시작된 아픔은 지금까지도 계속되고 있다. 우리는 이 사실을 기억해야 한다. 또 다른 비극의 재발이 멈추도록 ….

2015년 12월
고양 황룡산 능선에서

| 차례 |

머리글 멈춘 기억과 멈추지 않는 아픔 5

1장 국가범죄의 시작 11
  자식도 몰랐던 억울한 죽음 _부여 장암면 13
  고문사당하거나 재소자되거나 _태안 소원면 17
  전쟁 전 경찰의 주민 공격을 어떻게 볼 것인가 _소결 19

2장 전쟁의 시작과 양심수 살해 21
  전쟁만 안 났으면 집에 왔어 _대전형무소 22
  밥 먹인 죄밖에 없었거든 _공주형무소 27
  그들이 무슨 잘못을 했길래? _소결 31

3장 국민보도연맹원, 자식에게 해 될까 봐 저승길 트럭에 오르다 33
  마을 남자들은 다 끌어가 싸리재에서 _충주 살미면 34
  미륵뎅이 길게 판 구덩이에서 줄지어 세워 놓고 _보은 66
  총살 후 기름으로 불을 질러 _옥천 110
  헌병들이 군화발로 밟고 다녀 _대전 골령골 116
  강변 마을마다 학살당한 시신이 떠밀려 와 _부여 137
  똑똑하면 뭐 해요, 죽을 일 하고 다니는데 _서산 운산면 159
  함창면 창고가 콩나물시루처럼 끌려온 사람들로 빡빡 해 _상주 170
  여기서 조사를 멈춘다면 형평에 어긋나 _합천 180
  두 개의 전쟁 _소결 187

4장 수복 직전 피해와 알고 싶지 않은 진실 189
  개구리가 경첩에 나왔다가 _고양 191
  인민군이 와도 보초 서고 수복 후에도 보초 서고 _영암 243

여순사건 후 군복 입은 빨치산에게 끌려가 _순천 250
9월 28일 수복과 무정부 상태 _소결 253

5장 도망갈 땐 언제고 이제 와 부역자라고 255
수복 후에도 서북청년단이 _서울 효자동 257
'금방 오시겠지' 그리고 기다렸어 _고양 263
그 사람들 다 죽이러 가는 거래 _김포 양촌면 368
죽었는지 살았는지 어떻게 알고 도장을 _광주 오포면 375
이북이 오면 이북 편, 이남이 오면 이남 편 _홍천 희망리 381
후퇴하면서 죽이고 수복하면서도 다 잡아 죽이고 _부여 388
옹동벚 고랑에가 하얗게 드러누웠어 _태안 410
자수하러 오는 사람을 끌어갔어 _영광 군서면 420
사과하지 못하는 대한민국 _소결 435

6장 1·4후퇴와 다시 시작된 공격 437
그냥 총을 쏘면 "펑펑", 사람이 맞으면 "팍팍" _여주 왕대리 439
시어머니가 놀래 가지고 맨날 손을 떨고 _충주 살미면 444
소외된 희생 _소결 449

7장 미군 폭격과 하얀 옷 증오 451
폭격이 무서워 다리 밑으로 들어갔다가 _용인 양지면 452
아군인지 적군인지 구별할 수 있는 대낮에 _천안 성남면 456
폭격 피해는 부수적인 것이 아니다 _소결 461

맺음글 청산할 과거사가 줄어들지 않는 사회 463

주요 증언자 467

찾아보기 474

|일러두기|

· 가해 측 또는 피해 측 인사의 명예를 훼손시킬 우려가 있는 경우 또는 증언자가 요구한 경우 익명으로 처리했다.
· 인용문은 증언자의 구술을 그대로 옮기는 것을 원칙으로 했으나 내용 전달이 분명치 않을 경우 괄호안에 설명을 삽입했다. 참관자가 설명할 경우 이름을 적었다.
· 증언 중 발언의 의도를 정확히 전달하기 위해 생략한 경우 …로 표시했다.
· 한 주제에 여러 사람이 증언한 경우 증언자의 이름을 인용문에 표시해 구분했다.
· 희생자의 존칭은 생략했다.

1장
국가범죄의 시작

이 동네가 불량하다고, 좌익들을 소탕한다고 해 가지고 잡아다가. 요 앞에 꼴창이 있었는데 엎드려뻗쳐를 하다시피 했데요. 거기 남자들 걸리는 대로. 우리 아버지가 무서워서 도망을 가다가, 거기 안 잡히려고 도망을 가다가 뒷산에서. 저기 회나무가 있지요. 그리로 올라가는데 기동대들이 회나무 그 앞에서 쏴가지고. 억울하게 죽은 거예요. _부여 강현백 유족

한국전쟁 발발 전 이미 내전이 시작되었다는 주장이 있었다. 제주 4·3과 여순 주둔 14연대의 봉기가 주요 근거였는데, 제주 빨치산이나 국군 14연대가 반란을 일으킨 것은 사실이었지만 이후 벌어진 사건들을 보면 과연 이를 내전으로 부를 수 있는 지 의문이다. 전투라고 부를 만한 사건보다 토벌을 빌미로 한 학살 사건이 대부분이었기 때문이다.

민간인학살의 관점에서 보면 그 출발점을 1946년 대구 10월항쟁과 해남 등 추수봉기였다고 말할 수 있고, 희생규모와 살해의 가혹성 등 질적 측면에서 본격화된 시기 또한 1948년 단독정부 수립을 둘러싼 일련의 정치과정이 진행되던 때였다고 말할 수 있다.

국가의 수립은 경찰과 군대 등 물리력의 확보를 전제로 한다. 미국과 친일잔재 등 외세에 권력 기반을 두었던 이승만 정부는 이를 이용하여 권력의 지지 기반이 되었어야 할 민중에게 오히려 무차별 폭력을 가했다. 지역경찰과 국방경비대 후방 부대가 바로 이 악역을 맡았다.

1주일을 넘지 못했던 14연대의 반란은 이후 2년에 걸쳐 호남지역과 산청 등 지리산 토벌작전으로 이어졌다. 제주 역시 이때 본격적인 피해를 입었다. 우리는 흔히 이 당시 피해를 특정 지역에서만 발생한 우연한 사건으로 여기는 경향이 있다. 왜 이러한 사건들이 자신이 살던 지역에서 발생했는지 납득하지 못하고 있기 때문일 것이다.

지난 실태조사를 통해 이 시기에 발생한 사례를 부여와 태안에서 만날 수 있었다. 토벌부대가 마을에 왜 진입했는지 영문도 모르고 목숨을 빼앗긴 희생자들이 있었다. 아직까지도 역사적인 맥락만을 살펴보며 짐작하는 데 그칠 뿐이지고 가해의 의도를 정확히 파악하기 어렵다. 도대체 무슨 일이 있었는지 유족들과 목격 주민들의 증언을 들어 본다.

자식도 몰랐던 억울한 죽음 _부여 장암면

당시 언론을 통해 1948년 10월부터 총체적 갈등이 발생하기 시작한 것을 알 수 있다. 주로 추곡수매를 둘러싼 것이었는데 지난 여름의 폭우로 흉작이 예상되는 상황이었다. 《경향신문》은 "특히 전국민이 주시하고 있는 추곡수집은 어찌나 될는지 크게 우려"되고 있다는 소식을 전했으며, 악화되는 민심을 알아 챘는지 홍산면에서는 1948년 10월 24일 부여 갑구 출신 제헌의원의 시국강연회가 열렸다. 이 자리에서 논란이 된 것은 〈양곡매상법〉이었다.

  문제는 추곡을 수매한 이승만정부가 배급 약속을 제대로 지킬 것인지에 대한 불신이 컸기 때문이었다. 이승만 정부는 이를 무마하고자 연예단을 각 지역에 파견하였으며 부여에도 1948년 12월 공연이 있었다. 하지만 정부는 약속을 지키지 않았다. 1인당 3홉을 약속했지만 정작 배급되는 양은 2홉 반에 그쳤다. 농민들의 우려가 현실로 나타났던 것이다.

장암면 장하리 강병선

희생자 강병선의 아들 강현백씨(1947년생)를 2014년 6월 12일 장하리 마을회관에서 만났다. 아들 강씨의 증언에 따르면, 강병선은 1948년 11월 22일(음력 10월 22일) 장하리에 출동한 부여경찰서 기동대에 의해 희생되었다. 이 사실은 당시 언론에도 보도되었다.

  이 사건을 직접 목격한 주민들이 마을에 살고 있었다. 현재 마을 최고령자로 향토사를 조사해 온 강상모 노인은 사건 당시 어린 나이였음에도 일제강점하 독립운동을 비롯하여 해방 전후의 역사적 사실에 이르기까지 다

부친 강병선의 억울한 죽음을 호소하는 강현백 유족. 당시 부여경찰서의 장하리 공격은 국군의 빨치산 토벌작전과 같은 방식이었다.

양한 사건을 기억하고 알려 주었다. 특히 마을과 관련된 생생한 기억은 당시 사건을 이해하는데 크게 도움이 되었다.

강 노인의 설명에 따르면, 해방 후 장암면에서 활발하게 활동한 인사들은 몽양 여운형 계열이었다. 이들을 중심으로 부여군 건국준비위원회가 준비되었는데, 독립운동가였던 강일이 중심이었고 건국준비위원장은 진국희였다고 한다. 중도파 정도의 정치성향이었던 이들이 좌익으로 몰려 자수한 뒤 국민보도연맹에 가입하게 되었고 한국전쟁 발발 후 국민보도연맹사건 등으로 희생되었다. 장하리에서만 모두 7~8명이 목숨을 잃었다. 강 노인은 이들을 '좌절한 세력'이라고 불렀다.

> 이쪽 분들이 굉장히 활동을 활발히 하신 건 사실이지. 그렇다고 해서 뭐 극좌 계통은 아니고. 6·25 겪고 나서 문제가 되었지. 그래서 별 것도 아닌데. 보련이 바로 그거야. 보련에 가입하라고 해 가지고 다들 자수하고. 그래서 좌우간 그때 죽은 분들이 한 7~8명 되지. 그런데 그 분들 자손들이 없어서 누가 (신고) 해. … 여기가 사실상 항일운동을 할 적에는 8할 이상이 독립운동 하다가, 쉽게 말하면 좌절한 세력이 많았어. 여기가 많았어. 일본시대에 항일 잔존 세력이라고 해야지요. 그때는 이유가 있으니까 그랬지. 말하자면 그걸 잡기 위해서.

강 노인이 기억하는 그날의 참극은 군산 12연대장의 죽음에서 비롯된 것이었다. 전주열 대령이었을 것이라고 기억하는 강 노인은 12연대장이 장암면 남산국민학교에서 열린 축구경기에 왔다 돌아가다 총을 맞아 죽은 일이 있었는데 이 사건이 계기가 되어 토벌작전이 시작된 것으로 안다고 했다.

당시 부여경찰서 경찰기동대는 군사작전 하듯이 장암면 장하리 마을에 진입하여 청년들을 마을 하천에 집결시켜 둑 위에서 감시했다. 이 과정에서 강병선이 도망하다 마을 뒷산에서 사살당했던 것이다. 1948년 11월 22일(음력 10월 22일) 새벽이었다. 부친의 희생사실에 대해 아들 강씨는 다음과 같이 증언했다.

> 48년도 음력 10월 22일. 21일 우리가 제사를 지내고 있어요. 그때에 경찰서에서 기동대가 나와 가지고 동네 남자들을 무조건 잡아다가, 이 동네가 불량하다고, 좌익들을 소탕한다고 해 가지고 잡아다가. 요 앞에 꼴창이 있었는데 엎드려뻗쳐를 하다시피 했데요. 거기 남자들 걸리는 대로. 우리 아버지가 무서워서 도망을 가다가, 거기 안 잡히려고 도망을 가다가 뒷산에서. 저기 회나무가 있지요. 그리로 올라가는데 기동대들이 회나무 그 앞에서 쏴가지고. 억울하게 죽은 거예요.

이 사건을 직접 목격한 강 노인은 여순사건이 났을 무렵 새벽에 부여경찰서 토벌대가 마을에 들어와 주민들을 잡아들였다고 했다. 주민들은 안 잡히려고 도망 다녔고 그러다 잡히면 도랑으로 끌려왔다. 당시 좁았던 도랑으로 몰아넣으면 도망갈 길이 없었다. 희생자를 포함해 주민들 중에는 산으로 도망가는 사람들도 많았다. 희생자는 산 중턱에서 총을 맞았다.

> 말하자면 경찰서에서 토벌대가 왔지. 새벽에 들어와 가지고는. 그러니까 풍비박산이지. 안 잡히려고 막 도망하고. 잡힌 사람들은 꿇어앉혀 집어넣고. (겨누는 시늉을 하며) 총 가지고 이렇게 하면 꼼짝 못 하고. 그것 때문에 그랬다는

것을 우리가 알지. 여순사건 그 무렵이네. … 직접 보았지. 저기 올라가는 데. 기동대가 와 가지고 호별 수색했지. 튀어서 산으로 넘어가는 사람들도 많았지. (기동대가 몇 명 정도 왔는지는) 모르고. 기동대장이 하여간 말 타고서는 앞산 저기 가서 쌍안경으로 막 훑어 보고. (강현백을 가리키며) 이 사람 아버지 돌아가실 때는 새벽이니까는 그런 거는 못 보고. 한 달 정도 주재하면서 쌍안경으로 보는 것을. 학교 갔다 오고 그러면서 항상 그러니까.

강병선의 희생사실은 《동아일보》에 보도되었다. 이에 따르면 부여경찰서는 1948년 11월 16일부터 장암면 일대에서 토벌작전을 시작했으며, 11월 22일에는 장암면 장하리와 북고리를 공격하여 강병선을 살해하고 주민 20여 명을 연행했다. 이들에 대한 조사 후 관련자로 의심되는 주민 56명을 추가로 검거했다.

〈부여 관하서도 40여 명 검거〉
지난 16일 충남 제12구서(부여)에서는 동 관하 장암면에 출동하여 남로당원으로 지목되는 40여 명을 검거하였는데 이때 현장에서 도주하는 강병선(康秉善, 31)을 사살하였다고 한다. 이들은 경찰요인 암살음모혐의로 목하 엄중 문초를 받고 있다 한다. _《동아일보》, 1948. 11. 27.

〈돌연 행동 개시, 좌익분자 일제검속〉
지난 22일 새벽 부여경찰서에서는 서장 총지휘로 돌연 활동을 개시하여 좌익분자의 제2소굴인 장암면 장하리와 북고리를 완전히 포위하고 좌익 극렬 분자를 검거키 위하여 일제 검색 중 마침 주모자 일명이 산중으로 도주하므로 이를 체포코저 추격중에 도주자가 맹렬히 반항하므로 부득이 발포한 결과 사망케 되었다 하며 이날 그 부락에서 약 20여 명을 검거하였는데 중학생도 1명 끼어 있어서 문초한 결과 교원도 관련되어 있어 즉시 피의자 56명을 검거하여 문초중이라 한다. _《동아일보》, 1948. 12. 1.

부여경찰서의 토벌작전은 지역 내 남로당원이 모두 사라졌다고 판단한 1949년 9월에 와서야 중단되었던 것으로 확인된다.(《경향신문》, 1949. 9. 9.)

지난 진실화해위원회의 조사 사실은 2년 전 같은 마을 출신인 강홍모 유족을 통해서 알게 되었다고 한다. 아들 강현백씨는 "아버지가 그렇게 억울하게 죽은 줄은 몰랐어. 어떻게 크게 잘못해서 죽은 줄 알았지. 부모 없이 크려니까 먹고 살기 바빠서 이렇게 아버지가 억울하게 죽었는지 모르고 지낸 거지"라며 자식으로서 불효를 한탄했다.

고문사당하거나 재소자되거나 _태안 소원면

태안에서는 1948년 3월 "혼란 시기 치안확보의 만전을 기하기 위하여" 치안대책협의회 태안지회가 결성되었다. 이는 5·10선거를 앞두고 결성된 조직으로 고문에 경찰서장과 서산군수가 취임한 것으로 보아 오늘날 정부의 선거 개입과 비슷한 것으로 볼 수 있다. 1949년에는 순소비 비농가에게 배급이 없어 문제가 되기도 했다.

같은 시기 소원면 송현리 주민이 지서로 끌려가 희생된 사례가 확인되었다. 함께 끌려간 주민들이 여러 명이었는데 일부는 재판 없이 총살당했으며 일부는 재판을 받았다.

소원면 송현리 정산호

소원면 송현리 정산호는 1949년 5월 모심을 무렵 소원지서로 끌려간 뒤 희생되었다. 정산호의 희생사실은 태안향교 전교 윤태의(1934년생) 노인이

1장 국가범죄의 시작

증언해 주었다. 2015년 7월 29일 소원면 자택에서 만난 노인은 정부 수립 직후부터 소원면 송현리 주민들이 태안경찰서로 끌려가 고초를 치렀는데, 끌려간 주민들은 1~3개월만에 석방되기도 했다고 증언했다.

당시 경찰은 잡아간 주민들을 고문했고 여기서 얻은 정보를 바탕으로 다시 다른 주민들을 연행하는 방식을 썼다고 한다. 이렇게 하여 같은 마을 주민들이 줄줄이 연행되었던 것이다. 윤 노인은 이런 식의 대규모 주민 연행은 미군정 당시에는 없었고 정부 수립 직후부터 벌어졌다고 기억했다.

(전쟁 전) 좌익들 색출해서 뒤에서 잡아 날랐지요. 태안경찰서에서. 그때는 (서산경찰서가 아니라) 태안경찰서였어요. 들에서 모심을 적에 그런 데에서도 경찰들하고 잡아가고. 전쟁 나기 전에도 이미 잡아가고 그랬지요. 거기 가서 어떤 사람들은 3개월만에도 나오고. 또 1개월만에도 나오고. 뭐 비일비재했지요. 늦으면 3개월 만에 석방되고 그랬어요. 한 번 잡혀간 사람들이 거기 가서 뭐 하면, 누구누구 같이 동네에서 있다 하면 자꾸 불어나니까. 거기서 또 잡아가고 그런 식이었던가 봐요. 미국 군정 적에는 그런 거 없었고.

송현리에서는 정부 수립 후인 1949년 5월 정산호, 김을성, 국중구가 경찰에게 잡혀갔다. 정산호는 소원지서로 끌려간 뒤 피살되었는데, 윤노인은 고문사당한 시신을 가족들이 수습해 종중산으로 모시는 모습을 목격했다. 김을성과 국중구는 경찰관 2명에게 잡혀가 태안경찰서로 연행된 후 공주형무소에 수감되었다가 한국전쟁 발발 직후 후퇴하는 국군에 의해 희생되었다. 다음 2장에서 소개한다.

인민군들 들어오기 전에도 많이 끌려갔어요. 한 열 분쯤 되겠지요. 좌익으로 죽은 사람은 알지요. 누구누구 죽었는지 알 수 있지요. (인민군) 들어오기 전에 가신 분들은 김을성, 국중구, 정산호 이렇게 세 분. 저 밑에 양반은 별도로

태안향교 전교 윤태의 노인은 한국전쟁 당시는 물론 미군정과 이승만정부의 수립시기 태안의 옛모습에 대해서도 생생하게 증언했다. 특히 혼란한 시기에 당한 억울한 죽음에 대해 반드시 규명되어야 한다고 강조했다.

죽고. 정산호씨는 여기서 학살되었어요. 지서에서. 소원지서에서요. 시기는 같은 때. (정산호) 죽는 건 못 봤지요. 죽었다 소리만 들어서. 부락에다 모시는 것을 봤지요. 가족들이 모셔 왔지. 그걸 봤어요.
시신은 그 집들 종산이 뫼 가운데 있어서 종산으로 갔을 거예요. 묻는 데까지는 가보덜 못해서. 더군다나 그런 데를 뭐 하러 가요. 무서워서. 끌려가는 것도 못 봤지요.

같은 마을 국사례 할머니가 정산호의 희생사실에 대해서도 증언했다. 공말에 살던 희생자는 전쟁 전 오빠 국중구 등과 같은 사상을 가졌다는 이유로 피해 다니다 1949년 가을 소원지서에게 잡혀 희생된 것이라고 했다.

전쟁 전 경찰의 주민 공격을 어떻게 볼 것인가 _소결

부여 장암면 장하리 희생자 강병선은 1948년 11월 22일 부여경찰서가 실행한 계획적인 작전의 희생자였다. 1949년 5월 희생된 태안군 소원면 송현리 정산호는 작전식 공격은 아니었으나 훨씬 체계화된 주민 공격의 희생자로 보인다. 일부는 재판으로, 일부는 연행 후 살해의 방식으로 공격했다.
이승만 정부는 분단정부 수립이라는 정통성의 부족을 폭력과 공포로 해결하고자 했다. 후방의 국군과 경찰이 체계적으로 동원되었다. 제주도와 영호남의 산간지역 주민들이 군사작전에 의해 대규모로 희생되었으며, 도시와 농촌지역 주민들이 경찰에 의해 대규모로 연행되어 형무소 재소자가 되거나 국민보도연맹원이 되어야 했다.

부여와 태안에서 확인된 위 사건들은 산간지역이 아님에도 경찰이 토벌작전식으로 주민들을 공격한 사실을 보여준다. 이 책 중반 국군 수복 후 사건에서 볼 수 있는 고양의 '원당면사건' 역시 원당면 성사리 주민들에 대한 경찰의 토벌작전식 공격으로 100여 명의 주민들이 대량으로 연행된 사실을 보여준다. 이 사건은 1949년 2월에 발생했다.

우리는 군대에 의한 토벌작전식 주민 공격이 잔혹한 결과를 낳았다는 것을 알고 있다. 1949년 12월 24일 문경에서 벌어진 전형적인 메서커 massacre, 남녀노소를 가리지 않았던 무장 세력의 무차별 학살을 기억한다. 반면, 읍내 등 상대적으로 인구가 밀집된 지역에서도 이와 비슷한 공격이 자행되었다는 것은 잘 알지 못한다. 위 사건들은 이승만 정부가 국민에게 저질렀던 무자비한 체계적 폭력이 이미 일상화되었음을 잘 보여주는 사례들이다.

2장

전쟁의 시작과 양심수 살해

난리 나서 (거기서) 사람 다 죽었다는 소리를 듣고서는 (어머니께서) 어디서 어떻게 죽었나 (알고 싶어서) 우리 오빠 밥그릇에다 쌀 하나 담아서 … 넣고 이름 성명 써서 갖고서 (찾아갔어). (눈물을 흘리며) "국중구야! 나 왔다. 나 따라가자!" 빙 돌아다니면서 찾았어. 그래서 돌아가신 날자를 알아. _태안 국사례 유족

앞장에서 보았듯이 이승만 정부는 수립 직후부터 정치범에 대한 집중 체포나 토벌작전식 무차별 연행을 시작했다. 1949년 1년 동안 <국가보안법>에 의해 연행된 주민의 수가 10만 명이 넘었다. 일부는 석방되어 국민보도연맹원이 되었고 나머지는 각 지역의 형무소에 분산 수용되었다.

정부는 6월 25일 전쟁 발발 하루만에 후퇴를 결정했다. 피난민조차 후퇴작전에 방해가 된다고 봤던 국군과 정부였으므로 정치적 반대세력들이 침략군을 지지할 것으로 보는 것이 이상하지 않았다. 이승만 정부의 결정은 어려움 없이 가장 빨리 이루어졌다. 저항할 수 없는 형무소 재소자들부터 없애버리는 것. 비열한 범죄라고 비난받을 수 있었지만 침략군과 한 편이라고 변명하는 방법을 택하기로 했다.

서울형무소 6월 26일부터 28일 200명, 청주형무소 6월 30일부터 7월 7일 1,200명, 공주형무소 7월 9일부터 11일까지 700명, 대전형무소 6월 28일부터 7월 17일까지 7,000명 등 모두 3만여 명으로 추정되는 형무소 정치범들이 희생되었다.

여기서는 대전형무소에서 희생된 부여 구룡면 금사리 고만석, 공주형무소에서 희생된 태안 소원면 송현리 국중구, 김을성에 대해 증언을 들을 수 있었다.

전쟁만 안 났으면 집에 왔어 _대전형무소

대전형무소에는 전쟁 발발 당시 4,000명의 재소자가 있었고 이중 2,000여 명이 정치범이었다. 1950년 7월 1일에는 연와공장을 개조하여 800여 명을 추가 수용했다. 대전형무소에 감금되었던 재소자와 국민보도연맹원은

6월 28일경부터 7월 17일까지 세 차례에 걸쳐 충남지구CIC, 2사단 헌병대, 경찰에 의해 산내 골령골에서 희생되었다.

1950년 7월 1일자 미 25사단 CIC의 보고에 따르면, 6월 28일부터 30일까지 1,400여 명이 희생되었다. 총살을 마친 헌병이 희생자 50여 명씩을 장작더미 위에 올려 불태우는 모습이 목격되었다. 7월 3일부터 5일까지 3일간 1,800여 명, 7월 6일부터 17일까지 이감 온 재소자와 충남지역 전역에서 이송된 국민보도연맹원 1,700명(필립 딘 Philip Deane 주장) 또는 3,700명(앨런 위닝턴, Alan Winnington 주장)이 희생되었다. 이상 세 차례에 걸쳐 저질러진 사건을 종합하면 이 사건 희생자의 수가 4,900~6,900명에 이름을 알 수 있다.

대전 국민보도연맹사건 희생자 이은상의 아들 이기영 노인은 푸른 옷을 입은 대전형무소 재소자들이 GMC트럭에 실려 산내 골령골로 끌려가는 모습을 목격했다. 트럭 위의 헌병들은 재소자들을 엎드리게 해 놓고 등허리를 군화발로 밟고 다녔다.

부여 구룡면 금사리 고만석

희생자 고만석은 1949년 같은 마을 주민 세 사람과 함께 부여경찰서로 잡혀갔지만 혼자만 대전형무소 재소자가 되었다. 그는 전쟁 발발 직후 대전 산내면 골령골에서 집단희생되었다.

2014년 6월 12일 그의 아내였던 박순이(1925년생) 할머니를 구룡면 금사리 자택에서 만났다. 할머니가 들려주는 이야기는 한국전쟁 희생자들이 전쟁이라는 불행에 의해 운 없이 죽어갔다는 그 동안의 주장이 얼마나 거짓인가를 다시 한번 알려 주었다. 전쟁 전 보잘 것 없는 죄목으로 연행되

대전형무소 희생자 고만석의 처 박순이 할머니는 무려 66년된 기억을 끌어내는데 조금도 머뭇거림이 없었다. 체념도 분노도 느껴지지 않는 담담한 이야기였지만 오래 전 끌려가 돌아오지 않는 남편을 여전히 그리워 하신다는 것을 알 수 있었다.

었던 젊은 청년이 가난으로 인해 석방의 기회를 놓쳤다. 사악한 정부는 후퇴해야 할 상황에서 이들을 보호하지 않고 형무소에 가둔 채 집단학살했던 것이다.

할머니보다 두 살이 많았던 남편은 전쟁 전 마을에서 나이 많은 선배들의 심부름을 했다. 전쟁 발발 1년 전, 어울리던 주민들과 함께 부여경찰서로 연행되었다.

할머니는 남편이 끌려가던 날을 기억했다. 경찰에서 나온 듯한 사람들이 와서 함께 활동했던 이웃들의 거주지를 말하라고 강요했다. 결국 남편을 비롯해 여러 명이 끌려가서 재판을 받게 되었고, 시어머니가 구룡지서와 부여경찰서로 면회를 다녔다.

> 그날 저녁에 집에서 자는데 그 사람들이 붙잡으러 왔던가 봐요. (경찰에서 나온 사람) 몇이 와서 깨우데요. 일어나니까 그 사람들 집을 일러 달라고 하데요. 못 일러 준다고 하니까 멀리서 알려 달라고 하데요. 그래서 잠깐 간 거예요. 활동도 않고. 아무것도 안 했어요. 시방에야 22살이면 약지 그때만 해도 약덜 못하잖아요. 그냥 나이 많은 사람들이 다니면 저녁에 (따라)가서 놀고 그랬나 봐요. 그 사람들 나이 많이 먹었어요, 다들. 그래 가지고 그날 저녁으로 집을 일러 주러 나가서 그냥 붙들려 나간 거예요. 구룡지서로. 그리고 집에 못 오고서 그냥 갔지.
>
> 구룡지서에 가 봤지요. 자기 엄마가 가 봤지요. 나는 안 갔고. 지 엄마가 밤낮 다녔지요. 그 참에 경찰서로 넘어갔나 봐요. 부여경찰서로. 시어머니께서 이

야기해 주셨어요. 나는 그때 우리 아들 낳아서 못 나가고. 데리고 가서 (남편에게) 구경도 못 시키고 말았어요. 그 다음에는 그냥 거시기 했지요. 그러니까 언도 받아 가지고 넘어가 버렸지.

부여경찰서에 있던 희생자는 무죄 주장에도 불구하고 결국 유죄 판결을 받고 대전형무소에 수감되었다. 함께 잡혀갔던 마을의 청년들은 무죄로 풀려났지만 희생자만 유죄 판결을 받았던 것이었다. 할머니는 남편의 나이가 어리고 죄가 없으니까 나올 것이라는 말을 들었지만 "나이 먹은 사람이 자꾸 했다고 하니까 (함께) 그냥 넘어간 것"이라고 하면서 권력도 없고 가진 것이 없어서 재소자가 된 것이라고 했다.

남편이 징역형을 받고 대전형무소에서 복역을 시작하자 시어머니가 대전형무소로 면회를 다녔고, 전쟁이 발발한 뒤 어딘가에서 죽었다고 들었지만 더 이상 구체적인 것을 알 수 없었다.

언도 받았다고 하는데 얼마 지나서 못하고 그냥 거기서 죽었나 봐요. 대전형무소에서 어떻게 했나 몰라요. 형무소까지 간 것은 알지요. 시어머니가 면회를 다녔으니까. 시어머니께서 대전형무소까지 면회를 다녔어요.
거시기(전쟁)만 안 났으면 언도 받고 나서 집에 왔지. 죽었는지 어쨌는지 몰라요. 그때는 (인민군이) 안 들어왔지요. 그때는 괜찮을 때였어요. 하여튼 언도 받아 가지고 대전형무소로 간 뒤 1년인가 있다가 아마 뒤집어진 것 같아.

이후 전쟁이 나자 희생자가 살던 절골에서 국민보도연맹사건으로 세 사람이 희생되었다. 남편과 함께 잡혀갔다가 풀려났던 주민들이 국민보도연맹에 가입되었다가 희생된 것이었다. 안타깝게도 결국 형무소에 갇혔던 사람이나 국민보도연맹원이 되어 감시 받던 사람이나 모두 후퇴하던 국군과 경찰에게 희생된 것이었다.

2장 전쟁의 시작과 양심수 살해

절골 그 사람들이 먼저 언도 받았다가 집에 와서는 (전쟁 나고) 시끄러워서 다 붙들어 갔나 봐요. 그 사람들은 왔었지요. 그때 저이들만 나왔데요. 전쟁나기 1년 전 즈음에 잡혀갔다가 돈들만 넣고서 뒤에서 자기네들만 풀려나오고. 남편 혼자만 남겨놓고 왔데요. 그러고서는 자기들도 (나중에) 다 끌려가서. 좀 시끄럽게 생겼으니까 다 끌어 들어갔나 봐요. 그 사람들도 다 죽고 안 나왔잖아요. 하여튼 그때. 절골이 세 사람인가 될 거예요.

할머니는 남편이 대전형무소에서 희생된 뒤에도 사망신고를 하지 않았으며 이른바 "빨간글씨"도 올라가지 않았는지 연좌제 피해는 받지 않았다고 한다. 할머니는 이를 남편의 억울한 죽음을 입증하는 증거로 생각하고 있다.

박순이 할머니를 만나고 나오다가 이웃집에 사는 손덕재(1935년생) 노인을 만났다. 마을 토박이라고 했고 희생자 고만석을 알고 있다고 했다. 노인은 증언 부탁에 흔쾌히 응하고 일행을 집안으로 들어오라고 했다.

수엥이 마을에 희생자와 함께 살았던 손 노인은 전쟁 전 마을 이웃 어른들의 활동을 기억하고 있었다. 희생자는 이웃 절골 주민들과 함께 활동했는데 가장 어린 편이어서 그런지 주로 연락 심부름을 담당했다고 한다. 그러던 어느 날 마을 사람들이 잡혀가게 되었다. 손 노인은 희생자가 가장 늦게 잡혀간 것까지 알고 있었지만 연행 뒤 재판을 받은 사연까지는 모르고 있었다.

고만석씨가 말이지요, 그때 무슨 역할을 했는가 하면, 그 연락병. 청년이라. 제일 나이가 어려서. 그래서 어디 가서 누구한테 전해 주고, 또 뭔 일이 있으면 어디로 오라, 그런 역할을 했어. 하다가, 그때 잡혀간 동기가. 저기 절골에 전부들 잡혀갔잖아. 이 사람이 제일 늦게 잡혀갔어.

손 노인은 이 외에도 절골 김기호 아버지 김일환, 우종이 아버지 김주영, 그리고 유병기가 전쟁이 나고 희생된 사실을 알고 있었다. 이들이 희생자 고만석과 함께 연행되었다가 풀려난 후 전쟁 발발 후 다시 국민보도연맹 사건으로 희생된 세 사람으로 보였다. 이들의 희생사실에 대해서 3장에서 자세히 살펴볼 것이다.

밥 먹인 죄밖에 없었거든 _공주형무소

전쟁 발발 직후인 7월 9일부터 11일까지 공주CIC, 공주파견헌병대, 경찰이 공주형무소에 수감되었던 재소자와 국민보도연맹원을 상왕동 왕촌 살구쟁이 여섯 구덩이에서 살해했다. 400~700명에 이르는 재소자와 국민보도연맹원들이 매일 아침 10시부터 해질녘까지 하루 종일 총살당했다고 한다. 살구쟁이 현장에서는 2009년과 2013년 두 번에 걸쳐 397구의 유골이 발굴되었다.

2015년 7월 29일 공주형무소에서 수감 중 집단학살당한 태안군 소원면 희생자 국중구, 김을성의 억울한 희생사연을 들을 수 있었다. 태안향교 전교를 지낸 같은 마을 윤태의 노인, 국중구의 여동생 국사례 할머니, 아들 국명호(1942년생)와 김을성의 아들 김명순(1943년생)이 증언했다.

태안 소원면 송현리 국중구, 김을성

태안군 소원면 송현리에 살던 국중구와 김을성은 1949년 태안경찰서로 연행된 뒤 재판을 받고 공주형무소에 수감되었다가 1950년 7월 11일 왕촌리

살구쟁이에서 총살당했다.

  윤태의 전교에 따르면, 송현리 주민들은 정부 수립 직후부터 태안경찰서로 끌려가 고초를 치렀다. 김을성, 국중구, 정산호가 대표적인 희생자들이었다. 김을성과 국중구는 1949년 아침 경찰관 2명에게 잡혀가 태안경찰서로 연행된 후 어디선가 희생되었으며, 피해다니던 정산호는 소원지서로 끌려간 뒤 부근에서 피살되었다고 기억했다.

  희생자들이 당한 구체적인 피해 사실은 희생자 국중구의 누이동생인 국사례 할머니로부터 생생하게 들을 수 있었다. 할머니는 올해 91세였다.

  1949년 6월(음력) 경찰의 체포를 피해 도망 다니던 어떤 사람이 밥을 달라고 하자 모친이 밥을 준 일이 있었다. 그런데 이 사람이 잡히면서 도움받은 사실이 알려졌고 이 때문에 오빠 국중구가 같은 마을 김을성과 함께 소원지서로 잡혀갔다.

> 그러니까 유월일세. 음력 유월인데 밤에 돌아다니는 사람이 밥 좀 달라고 하더래요. 아주 한 밤은 아니지. 밤이면 보리 찌어서 밥 해 먹었으니까. 보리 찌는디 오면서 밥 좀 달라고 그러더래요. 여름에 보리밥이 뭐 있나. 그러니까 밥 조금 남은 거. 우리 친정어머니가 밥을 차려 줬데요. "어머니 밥 좀 달라"고 그러니까. 그래 밥 먹인 죄밖에 없거든. (김을성의 아들을 가리키며) 이 집 할아배하고 똑같이. … 어떤 놈이 그런 사람 밥 줬다고, 그 물 들었다고. 그래 아니까 밥을 줬다는 거야. 돌아다니는 사람 왜 밥을 줬냐. 그 물 들었으니까 밥을 줬다는 거야. 그 죄로 6월 갔다가 이네 그냥 붙잡혀갔지.

  희생자는 태안경찰서를 거쳐 재판을 받고 공주형무소에 수용되었다. 재판을 받는 동안 모친이 쫓아다녔는데 재판정에서 오빠가 불려나오면 김을성이 함께 끌려 나오는 모습을 목격했다. 경찰이 돈을 주면 풀어 주겠다고 했지만 가난했으므로 석방시키지 못했다고 한다.

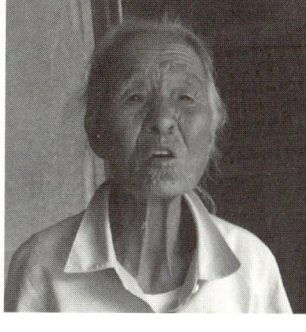

오빠 국중구와 그의 친구 김을성, 동생 국중오의 희생사실에 대해 증언하고 있는 국사례 할머니. 91세의 연세에도 그 날들을 잊지 않고 있다.

태안으로 잡혀갔다가 서산으로 넘겼지. 그 다음에는 공주로 가셨어. 공주형무소. 재판이야 받았지. 재판이야 받아서. 우리 친정 어머니가 다니셨지. … 맨날 우리 친정어머니가 울며불며 노다지 쫓아다녔지. 재판 받기 전에 계속 쫓아다녔지. 어디든지. 내 놓고 싶어서. 그때는 (돈을) 집어 줬으면 나왔지. 아무 죄 없으니까. 가난이, 보리밥도 배 부르게 못 먹는 시대인데 돈이 있나? 그러니까 우리 어머니가. 지금 같으면 빚이라도 얻었지. 그때는 빚이 어디 있어? 그냥 애가 타다가 그냥 가셨어. 그렇게 해서 가시고 말았어. 거기서 한 1년. 공주에 1년 있다가 돌아가신 거지.

1년 지난 1950년 6월 전쟁이 터지고 공주형무소 재소자들이 어느 골짜기에서 모두 총살당했다는 소문이 났다. 이 소식을 들은 국궁구의 모친은 1950년 7월 12일(음력 5월 27일) 빈 밥그릇에 쌀을 담아 이름을 적어 넣은 뒤 재소자들이 죽었다는 삼십리고개 아래 골짜기를 뒤졌다. 골짜기에는 수십 명씩 매장된 구덩이들이 있었는데 모친은 여덟 명이 매장되었던 한 구덩이에서 희생자의 시신을 발견했다. 학살현장 근처에 살고 있던 노인으로부터 이틀 전 총살이 있었다는 말을 들었다. 음력 5월 25일(양력 1950년 7월 10일) 총살당했던 것이었다. 나간 날 제사를 지내는 다른 유족들과 달리 희생 전날로 보이는 음력 5월 24일 제사를 지내고 있다.

(돌아가신 곳은) 공주서. 우리 어머니가 가셨으니까. … 어디 골망이라데. 산골. 거기 공주 삼십리고개라고 있어. 올라갈 적에 삼십리 내려갈 적에 삼십리.

2장 전쟁의 시작과 양심수 살해

올적 갈적 삼십리고개라고 있어. 공주 등성이 거기 고랑. 이렇게 올라가면 다리 편이 경찰(서) 그 고랑. 공주 삼십리고개 밑에 고랑. 말만 들었는데, 내가 어떻게 해서 거기를 아느냐면 애들 가리키느라고 공주 길 날 적부터 다녔어. 그래서 공주 고개라고 알아. 우리 어머니 안 따라다녔으니까 모르는데. 오르다 보면 거기 다리편 쪽 아래 산고랑 거기다 이렇게 구뎅이를 파 놓고서. 거기다 우리 오빠만 그런 게 아니고 여러 사람이었지.

난리 나서 (거기서) 사람 다 죽었다는 소리를 듣고서는 어디서 어떻게 죽었나 우리 오빠 밥그릇에다 쌀 하나 담아서 쾌마(허리춤)에다 넣고 이름 성명 써서 갖고서 (찾아갔어). (눈물을 흘리며) "국중구야! 나 왔다. 나 따라가자!" 빙 돌아다니면서 찾았어. 그래서 돌아가신 날짜를 알아. … 어제 (전날) 사형당했다. 어머니가 가니까 지서에서 다 끌어다가 죽였다고 그러더래. (음력 5월) 24일이 제사지. 25일에 갖다 끌어다 죽였지. 돌아가신 게 어제 그제 그랬다고 그러더래. 그래서 우리 어머니가 날짜 정확히 해서 날짜를 알지.

그 난리니까 하나씩 끌어 엮어서 갔다고 하데요. 수십 명. 그 사람들 수십 명이 많이. 그러니까 우리 오빠하고 (같이 묶인 사람이) 여덟 명이라고 하데. 여덟 명이 한 구덩이에 들어간 모양이야. 그러니까 여덟 명이라고 그래.

할머니는 이 사건에 대해 "다 동네에서 절단 났지. 아무것도 뭐 없는 사람들. 지금도 가만히 보면 오히려 죄 있는 사람이 살았데. 죄 없는 사람은 죽고. … 죄 없는 사람은 죄 없이 죽고 참 아닌 게 아니라 죽을 사람은 다 있어. 다 제 명에 죽데"라며 당시 혼란스러웠던 상황을 회고했다.

이들의 희생사실에 대해 국중구의 아들 국명호와 김을성의 아들 김명순의 증언도 들을 수 있었다. 아들 국명호는 정부가 희생자 후손들이 유골을 찾아 모실 수 있도록 해 줄 것, 위령비라도 만들어 제대로 된 위령제라도 지낼

같은 날 끌려가 같은 장소에서 함께 아버지들을 잃은 국명호씨와 김명순씨는 친형제와 다름 없었다.

수 있도록 해 줄 것을 바라며, 65년 동안 살아오는 동안 당한 피해를 마음에 담아 두지 않기로 했다고 했다.

희생자 국중구와 같은 날 끌려가 함께 있다가 같은 곳에서 희생되어 제사도 같은 날 지내고 있는 희생자 김을성의 아들 김명순은 우익 희생자를 위한 위령탑은 있지만 똑같이 희생당한 한국전쟁 민간인 희생자의 것은 없다며 모두 동등하게 처우해 줘야 한다고 주장했다.

그들이 무슨 잘못을 했길래? _소결

1950년 7월 후퇴하는 이승만 정부에 의해 3만명으로 추정되는 재소자들이 총살당했다. 오늘날의 양심수 또는 정치범에 해당하는 사람들이었을 것이다. 비록 사형수라고 하더라도 임의처형해선 안 될 일임은 명백하다.

희생자들이 사형수인 경우도 거의 없다. 희생자들의 형량은 징역 3년 또는 1년인 경우, 심지어는 석방일이 이미 지났음에도 학살당한 경우도 있었다. 이승만 정부 입장에서야 일반 민간인인 국민보도연맹원도 죽이는 판인데 재소자들이야 석방한들 어차피 죽일 것이라고 생각했을 것 같다.

민간인학살 희생자들은 모두 억울한 누명을 쓰고 있다. 가해권력의 사후 합리화에 의해 모두 죽을 만한 일을 한 사람들로 조작되었기 때문이다. 그래서 이들의 명예회복은 절차상의 잘못을 지적하는 것만으로 충분하지 않다.

최근 소송에서 사법부는 형무소사건 희생자들에 대해 일반 민간인 희생자에 비교해 위자료의 금액을 삭감하는 판결을 내렸다. 이는 형평성을 잃은 판단으로 이념적 증오의 산물이다. 일반 민간인들과 달리 국가의 보호 아래 있어야 하는 재소자들을 학살한 범죄행위는 오히려 위자료의 금액을 더 올려야 할 사유가 되지는 않을까?

희생자들의 명예회복은 당시 활동에 대한 객관적 평가에서 완성될 것이다. 1949년 희생자들이 어떤 처지였길래 아직도 사법부의 증오 대상이 되었을까? 부여 희생자 고만석은 함께 활동한 마을 사람들 중 가장 어려 주로 심부름을 했다. 태안 국중구와 김을성의 경우도 어떤 심각한 반사회적 행동을 한 것으로 보이지 않았다.

1948년 12월 공포된 <국가보안법>은 이승만 정부가 반국가단체 또는 이적단체라고 규정한 집단에 소속되었다는 의심만으로 처벌할 수 있도록 규정되어 있었다. 경찰이 혐의자의 소속 여부를 입증하는 방법은 자백 외에 없었으므로 극심한 가혹행위가 저질러졌다. 그렇게 만들어진 관제 빨갱이가 바로 이들이었을 것이다.

3장

국민보도연맹원,
자식에게 해 될까 봐 저승길 트럭에 오르다

엄마가 한 번, "야, 네 아버지를 트럭에 싣고 갔는데, 밤중에, 아버지가 조금 가다가 왔더라. 어떻게 왔느냐 그러니까 무슨 책을 가지고 오라고." 그러니까 가다가 도중에 내려 줬데요. … 도망가라는 뜻이었는데 그걸 캐치하지 못하고 바보처럼 막 뛰어 가지고. … "내 죄가 너무 커서 이걸 안 가지고 가면 애들한테 (나쁜 영향이) 미칠 것 아니냐. 나는 죄가 없으니까 가도 상관없다." 가지 말아야 하는데 그걸 찾아 가지고 다시 가서 돌아가셨데요. _보은 이정애 유족

이승만 정부에게 있어서 국민보도연맹원이 형무소에 수감된 재소자와 다른 점이 하나 있었다. 그것은 소집하거나 연행하는 과정이 추가로 필요했다는 것이었다. 이것이 대부분 지역에서 형무소 재소자를 먼저 학살한 후 이어 국민보도연맹원들을 학살하게 된 이유였다. 그리고 이에 따라 형무소사건에 비교해 목격자도 많아질 수밖에 없었다.

국민보도연맹사건은 국민보도연맹원들만을 대상으로 저질러지지 않았다. 후퇴하는 경찰은 명부에 올라와 있는 주민들을 소집했지만 이 명부에는 국민보도연맹원만 있었던 것이 아니었고 또 명부에 없는 주민들이 희생되기도 했다.

진실화해위원회 이후 이번 조사 과정에서 확인한 사건은 충북지역에서 충주 살미면, 보은, 옥천, 충남지역에서 대전, 부여, 서산, 경북 상주, 경남 합천에서 발생한 경우였다. 이 중 충주 살미면, 보은, 부여에서는 한 마을의 주민들이 대규모로 피해를 입었다.

마을 남자들은 다 끌어가 싸리재에서 _충주 살미면

살미면 공이리, 신당리, 용천리 희생자 유족들을 만났다. 유족 김복영을 2015년 3월 24일 서울 방배동에서, 나머지 유족들은 5월 13일 공이리 마을회관에서 만났다. 공이리에서 만난 유족은 박춘순(1944년생), 염옹중(1947년생), 전재창(1945년생), 김인순(1947년생), 김영대, 김종후(1960년생), 서순남(1937년생), 신정웅(1937년생), 정수종(1947년생), 이일숙(1945년생)이었다.

공이리 하리마을 김진봉

희생자 김진봉의 아들 김복영씨(1950년생)는 사건 당시 출생 전으로 희생자의 얼굴도 모른다. '아비 없는 자식'이라는 말조차 그에게는 사치일런지 모른다. 어려운 처지에서도 헌신적인 어머니와 일가 친척, 비슷한 처지의 이웃들 도움으로 오늘까지 살아왔다고 한다.

공이리 아랫마을에 살던 김진봉(당시 24세)은 전쟁 전 국민보도연맹에 가입되었다. 주로 밀가루나 고무신, 농기구를 얻을 수 있다고 해서 가입했다고 한다. 그 뒤 특별히 한 일은 없었다. 마을 주민들은 당시 어떤 모임이 있었다는 것을 기억하지 못했지만 누가 보도연맹원이었는지는 서로 알고 있었다.

희생자는 전쟁 발발 직후인 1950년 7월 5일(음력 5월 18일) 지서에서 나온 경찰에 의해 끌려갔다. 같은 마을 주민 10여 명과 함께 윗마을로 끌려가 하룻밤을 지낸 뒤 다시 윗마을 주민 5명과 함께 살미지서로 끌려갔다.

> 순경이 하나 있었데요. 사복 입은 사람은 누구인지 모르겠고. 그 사람도 경찰이라고 그랬다는데요. 그 마을에 둘이 나와 가지고 "가자". 명단을 대니까. 누구네 아버지 부르고, 누구네 아버지 부르고 그러니까. 사방에 있는 사람들을 불러 모은 거예요. 그러다 보니까 시간이 늦은 거지.

> 하리 마을에서 한 8~9명. 윗마을에서 권주상이라는 사람 집에 있는데 그 집 마당에다가 새끼로 묶어서 모아 놓고. 도망 못 가게. 초여름이니까. (음력) 5월 18일이니까. 마당 밖에서 그 사람들 감시 하에 하루 주무시고 다시 그 마을 분들 모아서 또 19일에 인제. 갑툇재라는 고개를 넘어서. 갑둥이재라고 그래요. 그 고개를 넘어서 살미지서로 간다는 내용만 알고 그 뒤로는 얼굴을 본 사람이 없지요.

유복자로서 얼굴도 기억하지 못하는 아버지이지만 생각만 해도 눈물이 나온다는 김복영 유족. 우리 사회는 아직도 이런 분들의 슬픔을 씻어 줄 아량조차 없는 것이 현실이다.

살미지서로 끌려간 주민들은 그날 또는 하루 뒤 충주경찰서로 이송되어 충주 각 지역에서 끌려온 주민들과 함께 싸리재에서 국군 6사단에게 총살당했다. 김씨는 당시 가해자가 국군이었다는 사실은 최근에 알았다고 했다.

살미지서에서 충주경찰서까지 갔다가 싸리재. 지금은 충주시 호암동. 경찰서에서도 잡혀 있었지요. (며칠이나 계셨던 건지) 그런 말을 잘 안 해요. 내가 커서도 그런 말은 잘 안하시고. 살미지서에서 충주경찰서까지 간 것은 사실인데. 거기서 싸리재로 옮겨져 가지고. 지금은 도시화가 되었지만 그때는 아주 외진 지역이었거든요. 사람도 잘 못 보던 곳. 충주경찰서에서는 유치장에 상당히 여러 명이 있었데요. 지금은 튼튼한 포승줄이 있지만 그때는 전부 새끼줄로 묶었다고 그러더라고. 경찰서에서 싸리재까지 거리는 한 4키로 정도될 거예요.

희생자가 총살당했다는 소식을 듣고 시신을 수습하기 위해 희생자의 처, 8촌 동생, 7촌 아저씨 등 3명이 싸리재 현장을 찾아갔다. 현장에는 시신이 3~4겹씩 쌓여진 채 방치되어 있었고 부패되어 겉모습으로는 누가 누구인지 알 수 없었다. 한참을 뒤진 후에야 다행히 희생자의 처가 자신이 만든 옷고름을 보고 시신을 찾았다.

시신은 찾아왔어요. 우리 엄마하고 집안 8촌 동생하고 7촌 아저씨 되시는 분 세 분이 현장에 가서. 가니까 시신이 부패되어서 누구인지 알아볼 수가 없었어요. 7촌 아저씨가 뒤지다 보니까 "혹시 너희 신랑 아니냐?" 엄마도 못 알아보는 거지 이제. 엄마가 옷고름 단 걸 봤어요. 엄마 바느질 솜씨니까.

며칠 만에 갔는지는 기억이 안 나고. 부패해서 거의 팔다리가 떨어질 정도로. 그때 여름이니까. 건천에 널려 있더래요. 매장을 안 했다고 들었어요. 신발은 모르겠고 복장이 양복이란 것 아니고요, 중의적삼이라고 광목으로 된 옷. (가슴을 가리키며) 여기 옷고름을 달아 준 게 바느질 솜씨를 보고 알았다는 거지요. 그걸 입은 채로 돌아가셨으니까. … 당시 시신이 그 근방 골짜기에 사방에, 여기저기에 포개져 있고 겹쳐져 있고, 세 겹 네 겹. 매장된 상태가 아니었고요. 일부는 묻은 데도 있었다고 그러더라고요. 묻었다기보다도 그냥 흙만 슬쩍 껴얹은 정도이지, 뭐.

같은 마을 주민 중 학살현장에서 살아나온 생존자들도 있었다. 아들 김씨는 외지인이 나타날 때마다 이들이 숨는 모습을 기억하고 있었다. 또 다시 잡혀갈까 봐 무서워서 항상 경계하는 것이었다.

김진식이라는 분은 우리 아버지하고 8촌간. 김진식하고 최명보 아버지. 그 두 분. 내가 듣기로는 살미지서에서 도망 나온 것으로 알고 있어요. 그 사람들이 도망 나와서 집에를 못 들어오고. 또 잡혀갈까 봐 산에서 숨어서.

제가 어릴 때, 여섯 일곱 살일 때만 해도 외부에서 이상한 옷을 입은 사람이 보이면 산으로 도망가서 숨어서 지내고 그랬어요. 그 사람들이. 그거는 저도 봤어요. 혹시나 잡으러 올까 봐. 여덟 살 때. 도망가는 걸 봤어요. 멀리서 누가 오면. 동네 사람들은 걸음걸이만 봐도 누군지 알고. 옷차림이 틀리잖아요. 우리 고향의 환경이 열악하기 때문에 양복을 입었다거나 머리에 기름을 발랐다던가 그러면 그냥 도망가는 거예요. 혹시나 모르니까.

그 분들은 항상 어떤 이야기를 하면 (자신에게) 해가 올까 봐, 정치가 언제 바뀔지 모르고. 내가 그 동네에서 18살 되던 해에 객지로 나왔는데 그때까지만

3장 국민보도연맹원, 자식에게 해 될까 봐 저승길 트럭에 오르다 37

해도 그 분들 항상 하는 말이 말을 숨겨요. 잘못된 게 올까 봐.

모친은 아들 김씨가 8살 때 병사했다.

김씨는 지난 진실화해위원회가 활동할 당시 한국전쟁 민간인 희생자를 조사한다는 사실에 대해 전혀 알 수 없었다. 희생자를 인척으로 둔 마을 이장조차 모르고 있었던 것은 위원회 활동에 대한 홍보에 많은 문제가 있었음을 보여 준다.

집안에 할머니 한 분이 계시는데, 그 분이 집안에 시집 오셨는데 우리 아버지를 자기 자식처럼 돌보신 거예요. 아버지가 일찍 돌아가시니까 거기에 한이 맺혀서 저한테 하는 말씀이 "(내가) 원수를 찾을 테니 너는 건강하게 커서 … 원수를 갚아라" 그런 말까지 계속 듣고 살았지요.

정부라는 자체가 존재 이유를 모르겠다는 생각이 있어요. 이렇게 억울한 일이 있는데도 한 사람도 거기에 대해서 아무 말도 없었고. 조사위원회 있을 때도 각 지역에 면이나 동네 이장한테도 찾아가 봤어요. 동네 희생자가 이렇게 많은데 (당신들이) 그럴 수가 있느냐고 했어요. "우리도 뭔 이야기인지 몰랐습니다"(고 하더군요.) 그런 체계가 좀.

조사활동에 대해 전혀 몰랐지요. 그래서 저는, 당시 조사할 적에 동네 후배가 이장을 했어요. 게한테 물어봤지요. "동생이 형한테 어찌 그렇게 대할 수가 있냐?" (그랬더니) "뭔 말씀이냐. 나도 모릅니다." 그러는거야. 게네 처 큰아버지도 그렇게 돌아가셔서 그런 사실을 이 사람도 알아요. 동네 이장이란 사람이 안단 말이에요. "아 형, 우리 처 큰아버지도 그렇게 돌아가셨는데, 진짜 억울하게 돌아가셨습니다. 그런 걸 내가 알았으면 왜 그런 얘기를 안 했겠습니까?" 동네 이장이란 사람이, 외부 소식을 가장 잘 아는 사람인데 이 사람이 그걸 몰랐다는 거예요.

희생자들은 지서로 끌려가기 전 하루 밤을 공포 속에서 지새워야야 했다. 유족 김씨가 희생자들이 감금되어 있었던 공이리 윗말 권씨 집 마당을 가리키고 있다.

사건 당시 윗마을 송정에 살던 희생자 김진봉의 처남 구재원씨(1935년생)는 어머니로부터 하리에 살던 매형 김진봉이 송정리로 끌려와 이장 권홍씨의 집 마당에서 하룻밤을 지낸 뒤 충주경찰서로 끌려가 희생되었다고 증언했다. 당시 윗마을 송정에 희생자가 잡혀 있는 동안 끌려가면 살아오지 못한다는 사실을 알고 있던 어머니가 희생자가 충주로 떠나지 못하게 붙잡고 늘어졌지만 결국 막지 못했다는 말을 들었다.

공이리 하리마을 박경선

박경선의 희생사실에 대해 딸 박춘순씨(1944년생)가 증언했다. 공이리 하리마을에 살던 박경선은 1950년 7월 5일(음력 5월 18일) 회의하러 나간 뒤 충주 사직당골에서 희생되었다고 한다. 사직당골은 싸리재가 있는 골짜기이다.

딸 박춘순은 1950년 음력 5월 할아버지 제사를 준비하느라 장에 다녀온 희생자가 마을 회의가 있다며 나오라는 소식을 듣고 간 뒤 돌아오지 않았으며, 며칠 지나 할머니로부터 부친의 희생 소식을 듣게 되었다고 한다.

살미지서로 끌려가는 동안 경찰관이 있던 사돈집안인 진씨네 사람들이 도망가라는 눈치를 줬음에도 그냥 따라가 희생된 것이었다고 한다.

> 그때 가신 때가 해걸음 즈음 같아요. 내가 볼 때는. 그때 회의하러 간 거로 알았지, 집에서는. 일이 이렇게 벙그러진 지는 몰랐지. 그 이튿날인가 가 가지고.

제가 어렸을 때. 밖에 행랑채가 있었어요. 그런데 할머니가 막 울어요. 바깥 문을 확 열어 재끼면서 "경선아, 경선아" 그래서 내가 어렸을 때, "할머니 왜 그려?" 그러니까 할머니가 그때 하시는 말이 "니 애비가 죽었데" 이러더라고.

충주경찰서로 끌려가 총살당했다는 소식을 들은 모친과 큰오빠가 시신이나마 찾으러 사직당골 현장을 찾아갔으나 시신들이 부패되어 못 찾고 돌아 왔다. 다음날 다시 학살 현장으로 떠난 모친은 치아와 당신이 직접 만든 옷 솜씨를 보고 아버지의 시신을 찾았다.

> 어려서 아빠가 죽었데 죽었데 그 소리만 듣고 있는데, 얼마 안 가서 엄마가 아버지를 찾으러 간다고 그래요. 어렸을 때. 너희 아버지가 죽었다니까 거기 가서 찾아온다고. 그 때가 여름이었어요. 아버지를 찾으러 간다고 갔어. 그런데 제가 어렸을 때 듣기로는 "충주 사직당골 사과나무 많은 데 거기다가 다 갖다가 죽였데" 이래요. 나는 뭐가 뭔지도 모르고.
> 어느 날 엄마가 큰오빠하고 아버지를 찾으러 간다고 그러면서, 옛날에 무명으로 짠 수건이 있잖아요. 그걸 한 삭줄씩 잘라 가지고 가. (얼굴을 가리는 시늉을 하며) 너무 너무 냄새가 나서 이걸 쫌매야 하고. 그래 괭이하고 이걸 가지고 가는 걸 제가 봤어요.
> 그랬는데 갔다 오셔 가지고 엄마가 하시는 말이 "네 아버지를 찾지 못 해 가지고 그냥 왔어" 시체가 다 부패가 되어 가지고. 그런데 그 이튿날 또 갔어. 또 가 가지고 시체를 괭이로 하나하나 재껴 보니까. 엄마가 솜씨가 좋아서 아버지를 무명을 해 입혔는데 엄마가 바느질한 솜씨가 있고, 아빠가 이가 잘났데. 이가 조금씩 한 게 잘잘한 게 잘 났데. 엄마가 해 입힌 옷을 보고 아버지를 찾으신 거예요.

얼굴조차 알아볼 수 없는 상태에서 시신을 찾은 것은 매우 운이 좋은 경우였다. 손목이 새끼끈으로 묶여 있었으며 도망하지 못하도록 다른 희생자들의 손목과 줄줄이 연결된 상태였다. 아버지의 억울한 죽음을 이해할

희생자 박경선에게 마을 회의가 있다는 사실을 알려 주었던 딸 박춘순은 어린 나이의 기억이었음에도 이를 가장 가슴 아프게 생각하고 있다.

수 없었던 어린 나이에 목격한 장례식은 딸 박씨에게 또 다른 상처로 남아 있다.

> 아버지를 찾아 가지고 집으로 모시고 왔어. 어렸을 때 보니까 소 외양간 옆 마당에다 멍석을 깔고 거기다가 덮어놨어. 그건 내가 눈으로 본 거야. 내가 "엄마 저게 뭐야" 그러니까 "네 아버지가 저기 멍석 안에 있어" 그러면서 엄마가 막 울어요. … 엄마가 오셔서 하시는 말이 도망 못 가게 사람을 새끼줄로 묶어서 붙들어 맸더라고. 아버지를. 내가 어렸을 때 그 소리를 듣고 막 울었어. … 줄로 줄로 다 붙들어 매서 도망을 갈 수도 없었어. 그래 죽어서 다 썩어 부패가 된 것을 아버지를 찾아서 상여를 해 가지고 장례를 모셨어요. 저기 다가.
>
> 내가 얼마나 철이 없었는지 사람이 와글와글하니까 너무 좋은 거야. 좋아 가지고 막 뛰고 노는 거야. 아버지 상여가 저기 올라오는데 내가 아버지 산소자리에 가 가지고. 왜 그러는지도 모르고 좋아 가지고. 그렇게 장례를 지낸 걸 제가 알아요. 저는 낱낱이 알아.
>
> 그런데 엄마가 그 소리 하는데 내가 마음이 너무 아팠어요. 도망을 가려야 갈 수도 없고 굴비마냥 죄 붙들어 매 가지고 죽었는데, 내 아버지는 괭이로 잡아 재껴가지고 찾았다고. 하루는 갔다가 못 찾고. 다들 그 사람이 그 사람 같고. 부패가 되어 가지고.

사건 후 유족들의 삶은 고통의 연속이었다. 희생자에 대한 그리움은 말할 것도 없었고 사회적 또는 경제적인 고통도 견딜 수 없이 힘들었다고 한다. 공부하는 것 역시 불가능했다. 가장 큰 고통은 희생자에 대한 기억 그 자체였다.

> 그래 다시는 내가 이거를 기억에 안 떠 올리고 싶었어. 너무 마음이 아프고. 이제 내 형제도 하나하나 다 가고. 이제 막내로 나만 남아 있어. 지금 오빠가 한 분 계셔도 치매이고. 또 언니가 한 분 계셔도 너무 연세가 많고. 이제 나만 죽으면 아무도 이걸 기억해 주는 사람이 없어, 우리 아버지에 대한 거는.
>
> 아까 한 말이지만 너무 가슴 아픈 사연이니까. 우리 한국에, 우리 조국 땅에 이렇게 되었다는 것을 우리 교과서에. 학생들도 배워서 알았으면 좋겠어. 이렇게 한 나라 한 민족이 갈라져 가지고. 무슨 회의 한다고 오라고 해 가지고 느닷없이 가서 아무 영문도 모르고 새끼줄로 엮어 가지고 총살, 좌르르 다 쏴 죽였는데. 무슨 잘못이 있어.
>
> 그 바람에 우리 형제가 공부도 못 하고 얼마나 고생을 하고 힘들었는지. 정말 끼니 (굶는 것을) 밥 먹다시피 하며 살았어요. 엄마가 시할아버지 시할머니 한테. 거기다 우리 큰오빠는 군인 갔지. 시누이는 옹글옹글하지. 엄마가 까칠복숭아를 따다가 그걸 팔아서 보리쌀 한 되 바꿔다가. 이래 가지고 우리가 먹고 살았어요. 그러니 우리가 어떻게 공부를 했겠어요. 지난 게 낱낱이 (기억나요). 너무너무 명치가 아프고 그래. 병이 날까 봐 말을 (못 해).

딸 박씨는 돌아가신 곳이 사직단이라는 소리를 어머니로부터 들었다. 차를 타고 가던 중 어머니가 손가락질을 하면서 저기 사과나무 숲 속에다 사람들을, 네 아버지를 죽였다고 했고 박씨는 지금도 이를 잊지 못한다.

공이리 하리마을 염응수

염응수의 희생사실에 대해 딸 염옹중씨(1947년생)가 증언했다. 그는 김복영 유족과 마찬가지로 희생자의 얼굴도 기억하지 못한다고 했다.

염웅수 역시 한국전쟁 발발 후 같은 마을 주민들과 함께 경찰에게 끌려가 희생되었다. 희생 소식을 전해들은 어머니와 할아버지가 현장을 찾아가 옷의 바느질 솜씨를 보고 시신을 찾았으나 준비해 간 것이 없어서 현장 부근에 임시로 매장하고 표식을 해 놓고 돌아왔다. 이튿날 모셔 올 준비를 하고 현장에 다시 갔을 때는 누군가 자신의 가족인 줄 알고 시신을 가져간 뒤였다.

> 그 전에 여기 사고 당했다고 했을 때, 엄마가 할아버지하고 같이 가셨데요. 가서 돌아다니는데 (손목을 가리키며) 이렇게 아버지 옷을 꼬맨 것을 보고 신체를 찾았데요. 그 신체를 찾아 가지고 손으로 대강. (그날은) 그냥 갔으니까. 그래서 대강 손으로 표시만 나게 대강 묻어놓고 집에 와서 뭘 준비를 해 가지고 가야 하잖아요. 표시를 해 놓고 갔는데 (그 사이에) 누가 아버님을 모시고 갔더래요. (자기네) 부모님인 줄 알고. 그래 저희는 아버님 신체도 없고 그러니까 묘도 못 썼지 뭐.

시신을 찾지 못했으므로 산소를 쓰지 못했다. 작은아버지가 제사를 지내왔고 지금은 4촌 조카가 지내고 있다. 희생자의 부친은 "잘 생긴 놈들은 다 어디 가서 죽고 못 생긴 놈만 (살아)있다"는 푸념을 자주했는데 이 말은 희생자의 처를 괴롭히는 말이 되었다. 희생자 처는 사건 나고 6년 뒤 이를 못 견디고 재가했으며, 딸 염씨는 아버지의 얼굴도 모른 채 삼촌한테서 자랐다.

> 작은아버지가 제사를 떠 놓으시다가 작은아버지 돌아가시고 사촌 동생이 인제. … 그 전에 할아버지가 맨날 그러시더래요. 잘 생긴 놈들은 다 어디 가서 죽고 못 생긴 놈만 (살아) 있다고. 할아버지가 맨날 우리 엄마한테 그래 가지고 내가 여섯 살인가 덕산으로 재혼을 했어요. 지금 제천으로 이사와서 사세요. 엄마 살아계셔요. 팔십 일곱. 재혼한 아버지가 학교에 와서 나에게 천원

염옹중씨는 태어난 지 백 일도 지나지 않아 부친을 잃었으며, 여섯살 때 모친도 재가했으므로 삼촌 밑에서 자라야 했다.

짜리를 주면서 공책 사 쓰라고 그런 기억이 나요. 나를 데리고 오지 왜 안 데리고 왔냐고. 엄마가 재혼해서 5남매를 낳았어요.… 어머니가 21살에 혼자 되었다고 그러더라고요.

김복영 유족은 어린 시절 염옹중씨의 모습을 기억하고 있다. 수줍고 겁만 많았던 국민학교 시절 동창의 모습이 국민보도연맹사건으로 함께 피해를 입었던 유족의 모습이었다는 것을 뒤늦게 깨달았고 그 동안 잘 해 주지 못한 것을 후회스럽게 여기고 있었다.

힘겨운 시절을 함께 겪었던 그 또래 친구들이 이제는 같은 유족의 처지에서 다시 만나고 있다. 서로를 격려하면서.

공이리 하리마을 전광문

전광문의 희생사실에 대해 아들 전재창씨(1945년생)가 증언했다. 아들 전씨는 부친의 희생경위에 대해 별로 기억하는 바가 없었다. 40대였을 것이라는 추정 외에 나이에 대해서도 정확하게 알고 있지 못했다. 아들은 자신이 모르는 이유는 부친과 부친의 희생경위에 대해 아무도 가르쳐 주지 않았기 때문이었다고 했다.

전광호로도 불렸던 희생자는 1950년 7월 5일(음력 5월 18일) 조밭을 매던 중 모이라는 연락을 받고 천천히 가라는 주변의 권유와 피하라는 신호

아들 전재창씨는 부친이 이유도 모르고 끌려가 희생된 것으로 당시 보도연맹 가입은 도장을 가지고 있던 이장이 일방적으로 찍어서 생긴 일이었다고 했다.

에도 불구하고 쫓아 가 희생되었다.

공이리 하리 분들은 음력 5월 18일에 다 끌려갔어요. 농사짓다 돌아가셨으니까 다른 거는 뭐. 그때 당시에는 마을 일을 하지 않았고, 옛날 노인들 하는 이야기가 그냥 조밭을 매다 끌려갔다 그 소리밖에 못 들었어요. 그러니까 노인네들이 "거 뭐 하루 늦게 가면 어떠냐?"니까 "남 갈 때 같이 가야 한다" 이러면서 그냥 가셨다 소리만.

(마을회관) 여기 있는 분들도 그래요. 그걸 자세히 모르니까 이야기를 안 해 주는 거예요. 내 친척이 아는 분이 있으면 나한테라도 자세히 이야기를 해 주는데 남들도 다 그냥 갔으니까, 모르니까. 그래서 모르는 거예요. 저 아래 칠촌 당숙이 그러는데 우리 아버지 같은 경우는 아는 사람이 내 빼라고 해도 못 내 빼더래요. 내 빼면 사는 거지.

그때 당시도 사실은 막무가내로 간 거예요. 일하다 오라니까 따라가서 (돌아가신 거지요). (희생자들이 윗마을에서) 잔 것도 오늘 처음 들었어. 여기는 18일에 제사를 지내거든. 자고 간 것도 누가 얘기를 해 줘야 아는 거지.

전씨는 당시 구장이 마을 주민들의 도장을 모두 보관하고 있을 때였으므로 구장 등 마을 책임자들이 주민들을 보도연맹에 가입시켰을 것이고, 이 때문에 부친 또한 자신도 모르게 가입되어 희생되었을 것이라고 했다.

내가 볼 때는 당시 동네 책임자가 있었을 거 아니야. 예를 들어 구장이라든지 지금 말하면 방범대장이라든지. 그런 사람들이 이름 막 써 넣어 가지고 싹

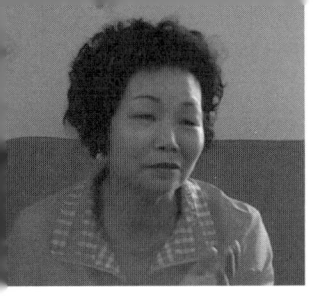

희생자 김봉규의 며느리 김인순씨. 희생자의 아들 김영복은 사건 후 삼촌의 아들로 입적되었다. 이는 젊은 어머니의 앞날을 열어주기 위한 집안의 결정이었다고 한다.

다 잡아간 거예요, 한 마디로. 그 사람들은 거의가 알았다고 봐야지. 그 집안은 안 갔다는 얘기야. 여기 송정리 책임자라던가 아니면. 그런 사람들은 안 딸려갔다 이 이야기야.

다 이장이. 지금도 도장을 수북이 갖다 놓고 있잖아. 지금도 도장이 구장한테 가 있다고. 그러면 구장이 제 하고 싶은 대로 콱콱 찍으믄. (그때가) 지금하고 똑같은 거 아니냐 이런 얘기야. (구재원을 가리키며) 그 전에도 다 구장을 보셨지만 행정 보려면 도장을 수북이 쌓아 놓고 그냥 찍어 보내고 그랬지. 지금도 똑같아. 이런 데는.

공이리 송정마을 김봉규

김봉규의 희생사실에 대해 며느리 김인순(1947년생)이 증언했다. 남편 김영복은 호적상 희생자 김봉규의 아들이 아니라 동생의 아들로 되어 있다. 이는 젊은 어머니를 재가시키기 위해 어린 아들을 희생자 동생의 호적에 입적했기 때문이었다고 한다. 동생은 지금도 공이리 윗마을에 살고 있다.

공이리 희생자들에 대한 주민 증언

살미면 공이리 하리마을 보도연맹사건 희생자들이 연행되던 장면을 목격한 전재봉씨(1939년생), 전재윤씨(1943년생)를 2015년 5월 13일 공이리 마을회관에서 만날 수 있었다. 하리마을에 살던 증언자들은 희생자들의 이름을 모두 기억하고 있었고 윗마을인 송정의 경우는 정확한 이름을 기억하지 못하고 '누구의 부친' 등으로 기억하고 있었다. 증언자들은 국민보도연맹 사건 외에도 8사단 등 토벌작전에 의한 희생사건도 증언해 주었다.

이들의 증언에 따르면, '공이리 국민보도연맹사건'으로 아래마을 하리에서는 전광호, 김진봉, 염응수, 박경선, 이헌익, 김봉규, 전시호, 김영식 등 모두 8명이 희생되었다. 윗마을 송정에서는 종복이 아버지, 용장골의 영한이, 영한이 큰 아버지, 복례 아버지, 상기 큰아버지 등이 희생되었다. 현장 생존자는 최수복, 김진식이었다.

두 노인은 공이리 주민들이 집단희생당하게 된 배경에는 전쟁 전부터 좌익활동을 하던 김○섭과 안○식 두 사람을 알아야 한다고 했다. 안씨는 국민보도연맹사건 피해에서도 살아남았으며, 인민군 점령기에는 부역 활동을 했으나 이후에도 학살을 피했다고 한다.

> 김○섭하고 안○식이가 대장으로 있었잖아. 김○섭은 미리 알고 인민군 따라 올라갔어. 안○식은 공이리 보도연맹 조직책 우두머리였지. 그 사람은 (보도연맹사건에서) 빠졌지. 두 분 다 보도연맹(이었어). (김○섭은) 인민군 때 면장을 했으니까. 잠깐이라도 했다니까. (인민군이) 정치를 했어.
> 창수 큰아버지가 ○식이 보고 "저 ○○는 아직도 안 죽이고 그대로 있냐?"고 그러더라고. 어머니 돌아가셨을 때 왔는데, "○식이 저 ○○는 왜 안 때려 죽이고" 직접 들이대고. 안○식은 어떻게 (보도연맹사건을) 피했는지 그건 모르지, 뭘. 다른 사람들은 다 보내놓고 자기는 피신을 한 거지, 뭐. 어디 가 숨었던지 숨었겠지. 나중에 늙어서 살다 죽었어. _전재봉

증언자들은 희생자들이 도장을 받았다는 사실에 대해서는 모르며, 당시 소금을 배급 준다면서 회의를 소집했다고 기억하고 있었다. 전재봉 노인은 희생자 김진봉이 연행되는 모습을 목격했다.

(김복영을 보며) 저 집의 아저씨가 저 산 뒤에서 일을 했어. 거기 가서 불러 가지고 같이 갔어. 그걸 봤지. 부르러 올라가는 거를. (웃동네에서 어떻게 했는지는) 모르지. 여기서 떠나는 걸 봤지. 따라가지 않았으니 못 봤지. (여덟 분인가) 다 같이 갔어. 거기서 지키고 있던 사람이 있었던 거야. 못 가게 했으니까 못 간 거야.

공이리 주민 2명이 학살 직전 현장에서 빠져나왔다. 최수복과 김진식이 그들인데 살아 돌아온 이야기를 말하기 꺼려했던 탓인지 이들의 생존과정에 대한 주민들의 증언이 일치하지 않았다. 전재봉 노인은 노루목에서 주민들을 트럭에 태우던 경찰이 두 사람에게 화장실에 가라고 했고 이에 따라 화장실에 갔다가 숨었더니 더 이상 찾지 않고 그대로 떠났다고 한다. 반면 전재윤 노인은 두 사람이 이후 식칼을 들고 날뛰는 등 제정신이 아니었던 것으로 보아 학살현장인 싸리재까지 끌려갔다가 살아 돌아온 것이라고 주장했다.

신당리 윗말 김동수

김동수(40대)의 희생사실에 대해 아들 김영대(1937년생) 노인이 증언했다. 김 노인의 당시 나이가 적지 않은 것들을 알고 있었을 것이나 오랜 세월이 지나 어쩔 수 없는 것이라고 하거나 당시 상황을 회고하는 데 소극적인 태도를 보였다. 이미 국가를 통한 명예회복을 기대하지 않는 듯한 느낌을 받았다.

살미면 신당리 가낙골에 살던 부친 김동수는 회의에 나오라는 연락을 받고 나갔다가 마을 사람들과 함께 밧줄에 줄줄이 묶여 끌려가 총살당했다.

김영대 노인은 부친의 억울한 죽음을 회고하는 것에 적극적이지 않았다. 이웃에 사는 유족들은 너무 고통스러운 기억이기 때문으로 보고 있다.

회의 나오라고 해서 나갔다가 돌아오지 않았지, 뭐. 일하다가. 줄로 엮어 가지고 총으로 쏴서 거기에 맞아 죽었지 뭐. 직접 본 건 아니지.
회의 나오라고 해서 동네로 나가신 거지. 회관으로. 밤에 나갔으니. 밤 8시나. 저녁 진지 드시고 난 다음. 누가 불렀나 잘 모르겠네. 동네 사람이 회의하러 오라고 했는데. 5~6명 정도. 신당에서 충주 쪽으로 나갔겠지요, 뭐. 그 뒤로는 못 봤어요.

가족들은 희생자가 끌려가고 3일 뒤에 싸리재에서 희생되었다는 소식을 듣고 바로 시신을 찾으러 갔다. 줄을 세워 놓고 총살한 듯 시신들이 줄지어 놓여 있었는데 희생자가 끌려갈 때 입고 있었던 중의적삼과 거기에 달려 있던 단추를 보고 신원을 확인했다. 아들 김씨는 당시 총살 후에도 목숨이 남아 있던 주민들이 목이 말라 물을 달라고 했었다는 말을 들었다고 한다.

돌아가셨다는 이야기는 한 3일 후에. 시신 찾으러 갔었지요. 어머니하고. 중의적삼 입은 거 보고. 단추 달은 거 보고. 총 맞아 죽었지. 줄을 세워다 놓고서 쏴서 죽은 거예요. 거기서 덜 죽은 사람들이 물을 달라고 그랬었데요. 목이 마르니까. 어머니도 돌아가셔서 그 위치는 잘 모르지, 뭐.

신당리 희생자들의 제사일은 모두 음력 5월 19일이었다. 이로 보아 희생자들은 1950년 7월 6일 끌려가 3일 뒤인 7월 9일 희생된 것으로 볼 수 있다.

신당리 아랫말 김창억

김창억의 희생사실은 손자인 김종후씨(1960년생)가 증언했다. 증언에 따르면, 살미면 신당리 가낙골 아랫마을 서당 훈장이었던 조부 김창억(당시 40대)은 1950년 7월 6일(음력 5월 19일) 회의가 있다는 연락을 받고 살미지서로 갔다가 충주경찰서로 이송된 후 싸리고개 천주교 묘지가 있는 곳에서 집단희생되었다.

> 저는 할머니한테 들은 얘기인데 영문도 모르고 회의한다고 가셔 가지고. … 회의한다고 나오라고 해서 가셨다고. 반상회 식으로 그런 거였겠지요. 그 당시에는 보도연맹인지도 모른 거지요. 그냥 회의하러 가신 거니까. 모르고 가신 거지.

조부의 시신은 조모가 당숙과 함께 싸리재에서 옷고름을 보고 찾았다. 조모로부터 당시 시신 구덩이가 여럿이 있었다는 말을 들었다.

> 지금 천주교 묘지라면서요. 그래도 할머니는 어떻게 옷고름 보고 시신은 거두셨는데. 싸리재라고 하는 데. 할머니께서는 끌려가시는 것을 직접 보았지요. 회의한다고 가셨다잖아요. 옷고름 보고 찾으셨다잖아요. 지금 우리가 제사를 음력 5월 19일로 지내거든요. 나가신 날로 봐야지. 시신 찾을 때 할머니, 당숙하고 같이 가셔서 찾으신 거지.

> 며칠 만에 연락을 받고 가신 건지 그런 얘기는 못 들었어요. 할머니 말씀이 그때 여름이니까 시신이 부패해서 그것 가지고 못 찾을 정도였다니까 그게 며칠 지난 상태이지요. 여름이라도 2~3일 내로 그렇게 되지는 않았을 거란 말야. 일주일은 되었겠지. … (얼굴) 분간을 못 했데요. 옷고름 보고 찾았다고 그러시더라고. 총상당했는지는 원체 부패가 돼서 볼 수가 없었데요. 싸리재

라는 데. 그때 구덩이가 꽤 여럿 된다고 그러셨는데.

가낙골에서는 윗마을에서 넷, 아랫마을에서 셋 등 모두 일곱 명이 희생되었다고 한다. 희생자는 서태준, 신일용, 정수환, 김동수, 김창억, 영식이 아버지(전점백으로 부름) 외 1명이었다.

신당리 윗말 서태준

서태준의 희생사실에 대해 딸 서순남씨(1937년생)가 증언했다. 맏딸로서 희생자의 사랑을 극진히 받았던 서씨는 부친의 죽음 자체에서 큰 충격을 받았다. 가족조차 뿔뿔이 흩어지게 되자 더 이상 살아야 할 이유를 찾지 못해 여러 차례 죽음을 시도했었다. 불과 14세의 나이에 겪었던 일이었다.

당시 신당리 가낙골에 살던 희생자 서태준은 삼남매를 둔 43살의 중년 가장이었다.

> 신당리 가낙골이라는 데 살았어요. 그때 제 가족이 동생 둘, 엄마 아버지 다섯이었거든요. 제 막내 동생은 애기였어요. 이렇게 안아서 길렀거든요. … 우리 아버지 같은 분은 없었다. 키도 크고 인물도 잘 나시고. 농사지었어요. 연세가 마흔 셋이라고 그랬던 것 같아요. 어머니는 서른 여덟이었고요. 어머니께서는 "네 아버지처럼 선한 분이 어쩌다 그렇게 죽었다냐"고 했어요. 아버지 생각만 하면 맨날 우는 거지요.

1950년 7월 누군가로부터 마을 회의가 있으니 아버지를 회관으로 나오라고 하라는 말을 들은 딸 서순남은 갓난아기 동생을 업고 산에서 일하고 있는 부모에게 가서 이 말을 전했다. 일을 마친 희생자는 처보다 먼저 집으

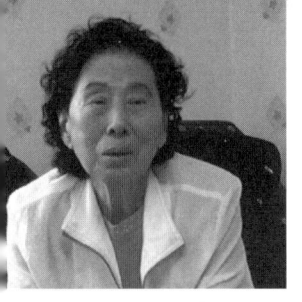

극진한 사랑을 받던 큰 딸 서순남씨는 희생자의 죽음 이후 열네살의 어린 나이에 어머니와 동생들과 떨어져 남의 집살이를 하면서 보내야 했다. 당시 서씨는 가족에 대한 그리움을 이기지 못해 여러 차례 자살을 시도하기도 했다고 한다.

로 내려와 이웃에 살던 박동식씨와 함께 갔다. 죽음의 길을 떠나는 지 알 길이 없었던 희생자는 곧 돌아올 수 있을 것으로 생각했던지 저녁밥도 먹지 않고 서두르듯 집을 나섰다.

> 누가 와서 그래요. "오늘 저녁에 전동회의가 있으니까 아버지 오시라고 그래라" 그래요. … 애기 젖을 먹이려고 산에 올라가서 아버지한테 "오늘 누가 와서 그러는데 전동회의 한다고 그래요" 얘기하니 "그럼 얼른 애기 젖 먹이고 내려가거라. 빨리 갈테니 그래라"고 그러셨어요.
> 동생 하나를 걸리고 애기를 안고 집에 있으니까 아버지가 오셔 가지고 저녁을. 엄마가 (미리) 오셔서 저녁을 해야 하는데 안 오셔서 저녁을 안 잡수셨어요. 그냥 나가시면서 그러시더라고, "저녁 해 가지고 애들하고 얼른 먹어. 나 나갔다 올께"(그러시면서) 옷을 입고 나가시더라고. 엄마가 그러세요. "그래도 밥을 한 술 뜨고 가지 그냥 가시나"고. "오랬으니까 그냥 가야지" 그러시면서 그냥 가시더라고요.
> 옆에 집에 또 아저씨가 계셨어요. 그 아저씨를 부르면서. 그 아저씨가 박동식이에요. "여보게 얼른 가세. 동식이" 그렇게 두 분이 나란히 나가시는 것을 봤거든요. 그 길로 가서 가지고는 집에를 못 오셨잖아요.

서씨는 당시 마을에서 함께 간 주민들은 7~8명 되었다고 기억하고 있었다. 희생자들은 그날로 살미지서로 갔다가 충주경찰서로 이송되었는데, 이 중 매형이 경찰서장으로 있었던 세 명은 풀려나 돌아왔지만 나머지 사람들은 굴비 엮듯 끌려가 차에 실려 싸리고개에서 희생되었다. 풀려나왔던 사람들이 주민들의 희생사실을 마을에 알렸다.

그 분들이 와서 이야기를 하는데 사직동 싸리고개로 갔다 그래요. 모아 놓고 다 총살해서 다 돌아가셨다고 그래요. 그렇게 이야기를 하시더라고요. 그래 가지고 인제 아버지를 찾으러 가야 되는데. 거기 친척이 없고. 저는 아버지 뿐이었거든요. 여기 옆에 아저씨가 오셔서 그래요. 어떻게 갔다가 오셨는지 오셨어요. 와서 저를 부르면서 "순남아! 네 아버지가 돌아가셨다" 그러면서 이야기를 해 주시는데 그 아저씨가.

살아 돌아온 주민들로부터 희생자들이 싸리고개에서 총살당했다는 소식을 들은 가족과 친인척들이 함께 시신을 찾으러 현장을 갔으나 찾지 못했다. 여러 날 동안 현장을 뒤졌으나 부패한데다 엎어진 채 여러 겹으로 쌓여 있었으므로 아래쪽 시신들은 확인할 수 없었다. 아카시아와 사과나무가 많았던 싸리재는 지금 호화빌라들이 들어서 옛 모습을 찾을 수 없다.

그러니까 며칠이 지났는지 그건 모르지요. 찾으러 갔는데 도저히 찾지를 못하겠더래. 팔이 쑥쑥 빠지고, 당기면 (시신이) 다 흐트러지고 그래 찾지를 못하고. 며칠을 다니셨데요. 엄마는 병이 나고. 또 며칠을 찾아다니시더니 결국은 찾지를 못하고 그냥 오셨어요. 그래서 지금도 아버지가 어디가 계시는지 아직도 몰라요. 그 뒤로 어머니는 며칠을 앓으셨어요. 저는 그때 나이가 아직 아무것도 모르고 그러잖아요. 그 아저씨가 오셔서 뭐 끓여서 드리고. 뭘 잡숴야 기운이라도 차리고 찾을 수 있지 않겠냐고. 그래서 얼마 후에 또 찾으러 가시더라고요. 그 분하고.

다시 또 오셔 가지고 너무너무 냄새가 나고 발이 빠져서 도저히 찾을 수가 없데요. 이렇게 당기면 발은 발대로, 팔은 팔대로 다 빠져서. 그러니 결국은 찾지도 못하고 그냥. 그랬었는데. 곁에 있는 분들은 찾고 속에 있는 분들은 못 찾았다고 그래요. 시신들이 겹겹이 있었어요. 그 다음에 쇠스랑을 가지고 가셨는데 이렇게 잡아 당기면 줄에 걸려 가지고 손은 손대로 떨어지고 발은 발대로 다 떨어지더래요. 그래 가지고 속에는 더 이상 찾을 수가 없어 가지고.

돌아가신 곳이 싸리고개 사직당이라고 예전에 사과나무가 있었어요. 아카시아 밭이었어요. 지금은 아주 호화빌라가 되었어요. 엄청나게. 그 전에는 소길이었어요. 아카시아나무가 있고 사과밭이었거든요.

살미면에 닥친 참극은 국민보도연맹사건에 그치지 않았다. 사건이 발생하고 얼마 지난 뒤인 12월 1·4후퇴 시기 국군 8사단이 마을에 들어와 집에 있던 소들을 그 자리에서 모두 잡아먹었다고 한다.

이후 어머니와 동생들은 괴산에 사는 5촌 당숙에게 가고 본인만 남의 집 살이를 했다. 가족들이 보고 싶고 너무 힘들어서 자살을 시도하기도 했다. 슬픔을 이기지 못한 어머니는 3년 뒤 돌아가셨고 맏딸이었던 서씨는 당시 헤어졌던 두 동생들이 어디에서 어떻게 되었는지 아직까지도 모른다고 한다.

사는 게 힘드니까 엄마가 애들 둘을 데리고 농사짓고. 그렇게 사는데 11월 난리가 났잖아요. 그때 또 8사단 들어오고 그랬는데. 그때 가을만 지나면 살기가 괜찮았을 거예요. 소가 한 서너 마리 되었는데 도둑 들면 난리가 난다고. 8사단이 들어오면서 그 소를 다 제 집에서 때려 잡아서 해 먹었어요.

사는 게 없으니까, 먹을 것도 없으니까. 엄마 혼자 어떻게 농사를 지었겠어요. 겨울을 어떻게 그냥그냥 나고 봄이 지나는데 그 난리통에 어떻게 살 길이 없어서 여기서 살 수가 없으니까 엄마를 데리고 가야겠다. 그때는 괴산이란 데가 엄청 먼 데인 줄 알았어요. 5촌 당숙이 와서 엄마랑 동생들이랑 데리고. 저는 애 보는 일로 떼어 놓고. 그때 엄마랑 동생이랑 가고.

아버지 돌아가시고 엄마하고 떨어져서 남의 집 애를 보면서 지내고 있는데. 열 네 식구인 집에 들어가서 제가 얼마나 고생을 했겠어요. 그 이듬해 가을이 되었는데 엄마가 보고 싶어서 도저히 못 살겠는 거예요. 동생도 보고 싶고, 엄마도 보고 싶고, 아버지도 보고 싶고. 살던 집에 가서 엄마를 아무리 불러 봐도 대답이 없잖아요.

이듬해 겨울이었는데 어쩔 수가 없어서. 죽어야 되겠다는 생각에 뒤에 감나무 위에 올라가서 이렇게 있는데, 아마 가을이었던가 봐요. 옛날에 사랑방에 어른들이 모여 새끼줄도 꼬고 그러잖아요. 감나무가 있어서 제 딴에 거기 올라가서 떨어져 죽으려고. 올라갔는데 (아래에서 사람들이) 그림자가 이상하다 이상하다 그러면서 쳐다보니까 사람이 있잖아요. 얼른 떨어진다고 뛰어내린 게 초가지붕에 떨어졌었어요. (거기서 또) 떨어지는데 아저씨들이 저를 얼른 받더라고요. 어린 마음에 왜 받냐고, (죽게) 내버려 두지. 그렇게 죽으려고 애를 쓰고. 어떻게 살 길이 없어서 죽고 잊어버리려고 별짓을 다 해 봐도 죽지 않고 이렇게 살고 있어요.

저는 여동생이 둘이었어요. 어머니랑 헤어져서 있었으니까. 어머니도 3년 안에 돌아가셨다고 그래요. 저는 그 뒤로 헤어진 채 여태까지 본 적도 없어요. 동생 둘도 헤어져서 컸어요. 어른들이 없으니까 더 이상 찾지도 못하고.

신당리 윗말 신일용

공이리 마을회관에서 만난 신정웅씨(1937년생)가 부친 신일용의 희생사실에 대해 증언했다. 신씨는 목격한 것이 비교적 많았으며 기억하는 것도 풍부했다. 증언의 주관적인 측면을 감안한다면 당시 상황을 이해하는 데 크게 도움이 된다.

당시 신당리는 모두 12개 마을(반)로 이루어진 무척 큰 마을이었다. 신씨가 기억하는 국민보도연맹은 못 배우고 가진 것 없는 가난한 사람들이 가입당한 것이었다. 가낙골에 사시던 부친 신일용(당시 49세)은 1950년 7월

6일(음력 5월 19일) 보도연맹 회의가 있다는 연락을 받고 지서로 찾아갔다.

> 신당리라는 데가 반으로 12반이에요. 도장을 어떻게 찍었냐면 고무신이라도 신고 다니는 동네는 하나도 포섭을 못 했어요. 도장찍는 거를. 송○도, 박○성이 같은 놈들이. 짚새기만 신고 다니는 동네를 포섭했어요. 빠릿빠릿한 놈은 하나도 포섭을 못 하고 빌빌하는 사람만 포섭을 했어요. 이것만으로도 억울하게 돌아가셨다는 걸 알 수 있지요. 삿갓골도 배찻골도 하나도 안 들어 갔지. 아무것도 모르는 데만 들어간 거예요. 그걸 생각하면 자꾸 감정이 나요.

희생자는 평소 국민보도연맹원 연락을 담당했으므로 그를 알아 본 살미지서 경찰이 도망가라는 뜻으로 "점심이나 먹고 오라"고 했으나 이를 눈치 채지 못한 희생자는 집에 와 보리밥을 먹고 다시 지서로 향했다고 한다. 희생자를 비롯해 연행된 주민들은 하룻밤을 지서에서 보낸 뒤 새끼줄에 묶인 채 트럭에 실려 충주경찰서로 옮겨졌고 며칠 뒤 싸리재에서 총살당했다. 희생자의 처가 학살현장을 찾아갔으나 시신을 찾지 못했다.

> 그때 거기(보도연맹)에 가입이 되었다고. 전달을 갔어요. 지서로. 그 얘기를 하러 매일 지서로 연락을 갔었어요. 아버지가 가니까 젊은 사람 같으면 붙들어 놓겠는데 연세가 지긋하시니까 "가서 진지나 잡수시오" 그랬데요. 그 이야기를 듣고도 집에 오셔 가지고 디딜방아를 찌어 가지고 꽁보리밥을 그냥 한 숟갈 잡숫고 가셨데요. 그러니 (총살당한 것이) 얼마나 억울한 일이에요.

> 그러니까 살미지서에서 하루 저녁을 세웠어요. 거기서 엮어 가지고서는 충주로 넘어간 거야. 살미서 엮어 가지고 넘어 가는데. 젊은 사람 같으면 붙들어 놓겠는데 점심 먹고 오라는 게 내빼라는 건데 그걸.

당시 신당리는 12개의 반으로 구성되었던 큰 마을이었다. 신씨는 보도

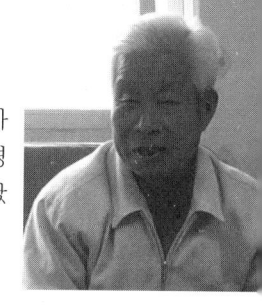

아들 신정웅씨는 국민보도연맹사건이 못 배우고 가진 것 없는 가난한 사람들이 당한 것이라고 했다. 경찰서에 친척을 두었던 주민들은 모두 무사히 풀려났기 때문이었다.

연맹사건으로 신당리에서만 30~40명이 희생되었는데 12반에서는 희생된 네 명을 알고 있다고 했다. 모두 음력 5월 19일 제사를 지낸다. 당시 함께 끌려간 진씨네 7~8명은 같은 집안인 충주경찰서 사찰계장에 의해 무사히 풀려 났다고 한다. 아들 신씨는 지금이라도 발굴한다고 하면 적극 참여할 생각을 갖고 있다.

신당리에서 돌아가신 분이 많지요. 한 삼 사십 명은 될 거예요. 우리 반에 있는 분만 기억나지요. 12반이요. 정수한씨도 돌아가시고. (서순남을 가리키며) 이 양반 아버지 서태준씨. 또 김동수라는 양반이 돌아가시고. 그리고 진서방네가 한 7~8명 되었어요. 그때 진서방네 사위가 충주경찰서에 사찰계장으로 있었어요. 자기네 집안만 싹 빼내고서 다른 사람은 그냥 다 죽게 놔두었지요. 그 사람들이 와서 뭐라고 하냐면, 염치가 없으니까요, 글씨 아는 사람만 죽이고 글씨 모르는 사람은 다 살아온다더라. 자기네만 살아 염치가 없으니까 그런 변명을 하니 더 괘씸하다는 얘기에요. 그렇잖아요? 사찰계장이라면 끝발이 있었어요. 그랬는데 자기네 집안만 꺼내놓고선 다 죽게 놔두었잖아요.

진서방네는 7~8명 되는 사람이 하나도 안 죽고 다 살아왔지요. 진용수라는 분이 사찰계장으로 있었어요. 그런 거 생각하면 엄청 참. 이웃 사람이 억울하게 같이 죽은 거 아니에요. 그리고 한수면이라는 데는요 면장이 도장을 찍어 가입을 다 시켰어요. 면민을 싹 다 시켜놓고 잡아들이라고 하니까. 지서장은 억울하게 도장만 찍은 거니까 문서를 싹 불에 집어넣고서 나를 잡아가거라, 억울하게 죽일 수 없다. 이런 부락이 있었어요. 한수면 상모리. 하나도 안 죽었지. … 12반에 정수한, 서태준, 김동수, 신일용 이렇게 네 분을 기억해요. 아랫마을에 김창대라는 분이 가시고.

신씨는 진실규명 신청하라는 방송을 한 번 보았지만 농사 일로 바빠 신고하지 못했다. 그때가 2006년이었다.

신당리 윗말 정수환

희생자 정수환의 희생사실에 대해 아들 정수종씨(1947년생)가 증언했다. 살미면 신당리 가낙골 윗말에 살던 부친 정수환(당시 38세 추정)은 외아들로 한학을 공부한 할아버지의 사랑을 받았으며, 마을에서도 신망이 높았다고 한다.

> 제 아버지는 할아버지 외동 아들이 되어 가지고 선비라고 했어요. 어머니 늘 하시는 말씀은. 한문공부를 그렇게 많이 하시고. 제 11살 때 할아버지가 돌아가셨는데 그때 한문책이 이렇게 쌓여 있었어. 논어 맹자 이런 거 다 들어 있다고. 할아버지야 아들 하나니까 잘 가르친 거지. 신당리에서 아버지 이름 대면 어떤 사람이든지 (알아요).

희생자는 같은 마을 신일용, 김동수, 서태준과 함께 저녁 늦게 산을 넘어 살미지서로 끌려갔다가 다음날 충주경찰서로 끌려간 뒤 싸리고개 호암연못 근처에서 집단 총살당했다.

> 커 가면서 어머니가 제 형님에게 이야기를 해 주시고, 동네 할머니들도 얘기 해 주시고 인제. "너희 아버지는 이렇게 이렇게 돌아가셨다"고.
> 어머니가 말씀하시기를, 아랫말은 모르겠는데 윗말은 정수환 제 아버지, 신일용 아버지, 김동수 아버지, 서태준 아버지. 그렇게 네 명이서 일 끝나시고 저녁 늦게 산을 넘어서 살미지서로 갔답니다. 거기서 다음날 충주경찰서로 끌려갔어요. 그 사람들이 경찰서로 데리고 갔나 봐요. … 경찰서에 붙들려 가지고 그 다음날인가 며칠. 그렇게 거기 끌려가 가지고 돌아가셨답니다. 사람들

아들 정수종씨는 모친이 바느질 솜씨를 보고 부친의 시신을 찾았으나 며칠 사이 누군가 모셔가 결국 찾지 못하게 된 것을 가장 한스럽게 생각하고 있었다.

을 몰아놓고서 연방으로 총을 쏴서 그냥 갖다 죽였다고.

며칠 뒤 희생자의 처가 시신을 수습하기 위해 학살 현장을 찾아가 무명옷 옷고름을 보고 시신을 찾았다. 일단 임시로 근처 골짜기에 매장하고 표시를 해 놓았으나 이장을 위해 다시 갔을 때는 이미 사라지고 없었다. 싸리고개 현장에는 당시 켜켜히 쌓인 시신들이 넓게 퍼져 있었으며, 시신을 찾는 동안 비행기가 정찰하는 모습도 보였다.

(희생자들을) 충주경찰서로 모아 싸리고개로 끌고 갔어요. (여기 분들은) 살미지서로 갔다가 충주경찰서로 수송이 되었는가 봐요. 끌려가는 날에 안 돌아가시고 그 다음날 그리로 간 거예요. 그렇게 되었나 봐요.

(희생자들은) 충주 전역에서 오신 거지요. 시체가 이렇게 막 쌓여 있으니까 뭐. 한정 없이 쌓여 있더래. 수도 없이 쌓여 있었데요. 얼굴을 보고 못 찾아 가지고 어머니는 무명옷 바느질을 보고 시체를 찾아 가지고, 가져올 수는 없고 그러니까 골짜기 어디에서 모셔 가지고 표시를 해 놨데요. 그런데 다음에 이장을 하러 갔더니 표시가 없어져서 찾지를 못 했어요. 그래서 제 아버지 시신을 못 찾았어요. 제가 한이 되는 건 아버지 시신을 못 찾은 거예요. 형님도 돌아가시고 제 혼자 있는데 찾지를 못 해 가지고. … 거기 연못 근처라고 그래요. 돌아가신 분들이 몇 백 명 된다고 그랬어요.

유족들은 희생지를 싸리재, 사직단이라고 불렀다. 사과나무 숲이 있던 곳이었다고도 한다. 당시 시신은 한 곳에 쌓여 있지 않고 넓게 퍼져 있었고, 학교를 지을 때 뼈가 많이 나왔다는 소문이 돌았다.

이후 신당리 주민들은 마을 전체가 수몰되어 살던 곳에서 떠나야 했다.

용천리 이학술

용천리 이학술의 희생사실에 대해 딸 이일숙씨(1945년생)가 증언했다. 이씨는 미리 약속하지 않았는데 공이리와 신당리 유족들에 대한 면담조사가 있다는 말을 듣고 찾아왔다.

증언에 따르면, 살미면 용천리(세성리)에서는 전쟁 전 술도가집 아들이 살미면 좌익활동의 중심이었다. 부친 이학술은 이 사람으로 인해 보도연맹에 가입하게 된 것이었다.

> 아버지가 그때 그렇게 엮인 거는 옛날에 거기 새순막이라는 데, 지금은 세성이라고 그러거든요. 세성 술도가 집 위에 할머니가 사셨데요. 지금도 거기에 집이 있는지는 모르겠어요. 술도가 집하고 아버지가 잘 알았나 봐요. 할머니 말로는 그가 도장을 달래서. 아버지한테 도장을 달라고 그랬데요. 도가집 아들이. 도장을 줘서 그렇게 되었다고 하더라고요.

희생자는 회의가 있다는 연락을 받고 늦게 살미면으로 가던 중 살미지서에서 충주경찰서로 주민들을 이송하던 트럭을 만나 올라탔다. 이 노인은 조금 늦게만 갔어도 트럭을 만나지 않았을 것이고 그랬으면 희생되지 않았을 것이라고 안타까워 했다.

> 아버지는 조금 늦게 가셨다는 것 같아요. 차에다 트럭에다 사람들을 싣고. 거기가 그때 담바우라고 그래요. 이렇게 돌아가는 데가. 거기에 차가 돌아가는데 사람들이 아버지를 알 거 아니에요? "아 저기 학술이도 온다"하고. 차를

딸 이씨는 당시 상황을 목격한 고모부와 부친의 친구로부터 희생자들이 끌려 나가는 모습과 싸리재에서 자행된 학살 모습을 전해 들었다. 목격담에 따르면, 트럭에 실려 싸리재로 간 희생자들은 군인들에 의해 일렬로 세워진 채 총살을 당했다.

세우라고 그래서 같이 태우고 갔데요. 한 트럭인지 두 트럭인지 하여튼 그때 사람이 많았데요..

담바우는 충주읍내가 아니라 살미지서에서 충주 가는 쪽. 지금 말하면 새터말이라고 하나? 살미지서에서 충주경찰서로 가는 차에 실리신 거지요. 지서에 모여 있었는지 거기서 차에 타고 가는데 (세워서). 조금 늦게 갔으면(살 수 있었는데). … 회의하러 간다고 하니까 사람들이 회의하는 줄 알고 일하다가 그냥 허둥지둥 나가서. 그런데 충주 가서는 회의를 하는 게 아니라 창고에 가두어 놓고 밧줄로다가 막 묶었데요.

용천리에서 희생자와 함께 충주경찰서로 연행된 6~9명의 주민들은 밧줄에 묶인 채 경찰서 창고에 갇혔으며, 며칠 뒤 다른 주민들과 함께 희생되었다. 제사일이 모두 같았다. 희생자들이 묶인 모습을 이씨의 고모부가 목격했다.

고모부 이름은 오래 되어서 잊어버렸어요. 박영삼이라고 했나? 고모부가 박씨셨는데. 고모부께서 (희생자들이) 밧줄로 칭칭 묶인 걸 보셨어요. 시래기 엮듯이 밧줄로 주욱 엮어서는 회의를 하는 게 아니라 다시 차에 태워 가지고 싸리고개, 싸리재라는 데 거기다 갖다가 주욱 세워 놓고서는 총으로 갈겼데요.

충주경찰서에 갇혔던 주민들이 다시 트럭에 실려 싸리재에서 총살당했는데 이 모습은 부친의 친구인 '종달 아버지'가 목격했다. 당시 희생자는 총을 설맞았는지 큰 신음소리를 냈고 이를 들은 군인들이 돌아와 총검으로 확인살해 했다고 한다. 종달 아버지는 혹시라도 친구를 살릴 수 있을까 하여 이를 모두 지켜보고 있었다고 한다.

> (싸리재에서 주욱 세워 놓고 총으로 갈긴 것) 그건 아버지 친구가. 서울 사람이 용달골에 살았는데 그 분이 자전거를 타고 충주를 가봤나 봐요. 그걸 지켜보셨나 봐요. 그러는 거를. 제 아버지는 총에 설맞았는지. 다 총을 쏘고 갔는데 아버지가 소리를 막 질렀나 봐요. 총에 설맞아서 아프니까 소리를 막 질렀는가 봐요. 그러니까 다시 그 사람들이 돌아와 가지고. … 그때는 총을 안 쏘고 칼로다 그냥. 총 끝에 칼 달렸잖아요. 그걸로 푹푹 찔러서 죽이더래요.

> 그이가 숨어서 지켜보고 있다가. 그 사람들이 돌아와서 안 그러면 자기가 살려주려고 그랬는데 그래서 돌아가셨다고. 어릴 때 그런 소리를 들었어요. 그 분한테. … 그 분은 종달 아버지라고. 그 분도 다 세상 떠났지요. 그 분 아기가 종달이었나 봐요. 그 분은 숨어서 다 지켜봤데요. 그때는 차가 별로 없잖아요. 그러니까 자전거 타고서. 돌아가시고선 바로 시체를 못 찾고. 옛날에는 장작 같은 것 갖다 놓고 화장을 했나 봐요. 할머니하고 고모부하고 큰고모하고 저희 엄마하고.

시신은 종달 아버지의 도움으로 할머니, 고모부, 고모, 모친이 찾아 화장했다. 이씨는 화장 당시 부친의 머리카락이 앞치마에 붙어 놀라던 모친의 모습을 기억하고 있다. 이미 죽은 사람에 대한 체념과 분노, 공포의 기억은 살아가야 할 사람들의 일상 생활에도 새겨진다.

> 종달 아버지 이 분이 알려줘서 시신을 수습하신 거예요. 시신을 찾아서 장사 지내고서. 시간이 몇 시인지는 제가 몰라요. 어려서. 그랬는데 와서 밥들을 잡수시더라고요. 옛날에는 바가지 같은 데에 밥을 갖다 놓고 여럿이서. 배가 고

프니까. 잡숫다가 엄마가 기절을 하고 놀래요. "왜 그래요?" 하니까. 그건 제가 봤어요. 옛날에 앞치마를 광목으로 둘렀잖아요. 거기에 아버지 머리카락이 시커멓게 달라붙은 걸 모르고서 오신거야. 그래 그걸 보더니 자지러지게 놀래신 거야. 그걸 벗어서 바깥에다 내다 놓으시는 거야. 다시 오셔서 밥을 잡숫는 걸 봤어요.

세성마을에서는 부친만 희생되었으나 용천리 전체에서는 6명이 희생되었다고 한다. '제삿날이 같다'는 것보다 집단학살의 참극을 잘 보여주는 말은 없는 것 같다.

용천에서는 여러 분이라고 그래요. 하루에 여섯 분이라든가 아홉 분이라든가 그래요. 용천에서요. 지금은 자손들이 다른 데로 다 이사 가서 몰랐는데. 당시에는 하루 저녁에 그렇게 제사를 한꺼번에 지낸다고 그러더라고. 그때 듣기로는 여섯 집이 하루 저녁에 제사를 지낸다고.

억울한 죽음은 국민보도연맹사건 후에도 계속되었다. 국군 수복 후에는 술도가 집 일꾼이 점령 당시 인민군에게 술을 줬다는 이유로 도가집 뒤 밭에서 군인들의 총검에 희생되었다.

인민군들이 막 쳐내려왔잖아요. 거기 술 준 사람도 잡다가. 그 사람은 보도연맹 도장도 안 찍혔는데도 도가집 뒤 밭에다 갖다 놓고 칼로 막 찔러 죽였다고. 그 누이가 우리 아버지하고 친구에요. 그 누이가 저희들만 보면 끌어안고 울고. 제 동생하고 우리 아버지하고 생각하고 그렇게 울었는데. 그 분도 그렇게 칼에 찔려 죽었다고 그러더라고. 어려서 그런 얘기는 들었어요.
아군들한테. 인민군들이 와서 술 달라고 하니까, 도가집에서 일을 하니까. 술을 안 줘도 인민군들이 총으로 쏴 죽일 거 아니에요. 그러니까 이제 술을 줬지. 술을 줬다는 이유로 (수복 후) 아군이 또 이렇게 죽였다고 그러더라고요.

딸 이씨는 사건 후 할머니의 보호를 받아 성장했다. 희생자를 국민보도연맹에 가입시킨 사람이 김○한이라는 사람이었고 나중에 면장까지 했다고 한다.

살미면 희생자들을 돌아보다

전쟁 전 충주지역에서도 대규모로 주민들이 연행당한 사건이 발생했다. 1949년 6월 충주에서 오대산 유격대와 연락하여 조직을 확대하고 폭동을 준비했다며 70여 명의 주민들이 체포당해 군법회의에 회부됐다.(《동아일보》, 1949. 6. 22.)

대개 반정부 활동한 주민들이 자수한 뒤 국민보도연맹에 가입되었지만 그렇지 않은 경우도 많았다. 살미면 문화리에서는 1949년 한 겨울 마을 청년들을 연못으로 불러모은 뒤 보도연맹에 가입하라는 압력을 가하기도 했다. 보도연맹원 명부는 충주경찰서에서 관리했다.

이들 대부분은 한국전쟁이 발발한 뒤 후퇴하던 국군과 경찰에 의해 학살당했다. 희생자 유족들인 최조태 등 14명이 2006년 3월 진실화해위원회에 진실규명을 신청했다.

진실화해위원회는 1950년 7월 5일 충주경찰서에 소집당한 보도연맹원 등 주민들이 6사단 7연대 헌병대와 경찰에 의해 호암동 싸리고개(사직산이라고도 부르며 사과밭이었다)에서 집단희생되었다고 밝혔으며, 희생자로 살미면 문화리 최규용 등 모두 19명의 신원을 확인했다. 이 중에는 문화리 13명, 용천리 2명, 무릉리 2명 등 살미면 희생자만 17명에 이른다. 나머지 2명은 산척면 송강리, 이류면 대소리 주민이었다.

위 위원회의 보고서에 따르면, 전쟁이 발발한 뒤인 1950년 7월 3일 후퇴하던 국군 6사단 7연대 헌병 10여 명이 충주경찰서에 들어와 보도연맹원을 소집하라는 지시를 내렸고, 이에 경찰관들이 마을마다 다니며 주민들을 소집해 경찰서 유치장에 가두었다가 싸리재에서 집단총살했다고 한다. 국방부의 《한국전쟁사》에 따르면, 6사단은 9일 충주에서 후퇴했다.

충주지역의 국민보도연맹사건 중 엄정면의 피해자가 가장 많았다는 주장이 있지만 아직까지 구체적인 신원이 확인된 바 없다. 수안보면에도 국민보도연맹원 3명이 국군 CID에 의해 총살당했다는 증언이 있다. 반면 주덕면과 동량면에서는 지서가 보도연맹원들을 소집하지 않아 희생자가 없었다고 한다. 당시 사건으로 살미면에서만 73명이 희생되었다는 증언이 있으며 살미지서 앞에 모인 사람들이 70~80명에 달했다는 목격담이 있다.

2015년 면담했던 유족들의 증언을 종합하면, 1950년 7월 5일 충주경찰서 살미지서는 공이리에 진입하여 아랫마을 하리 김진봉 등 10여 명을 연행하여 윗마을 송정으로 끌고 갔고 여기서 하룻밤을 지낸 뒤 윗마을 김봉규 등 5명을 추가로 잡아 지서로 향했으며, 신당리에서는 7월 6일 김동수 등 7명을 끌어갔다.

다음날 충주경찰서는 공이리, 신당리를 비롯하여 인근 마을에서 잡아 온 주민들을 트럭에 싣고 경찰서 유치시설에 가두었다가 싸리재에서 총살했다. 연행되어 이송된 때와 시신을 수습했던 날에 대한 증언으로 보아 이들의 희생일은 7월 8일로 보인다. 그런데 이는 지난 진실화해위원회의 조사 결과 희생일이 7월 5일 하루였다는 것과 다르다. 공이리 유족들 증언으로 보아 적어도 3일 동안 학살이 계속되었다는 것을 의미하는데, 6사단 헌병대의 마지막 후퇴일이 7월 9일이었다는 사실과 후퇴 직전까지 학살했던 사례들로 보아 이번 유족들의 증언도 신뢰할 수 있어 보인다.

이 사건으로 인해 공이리에서는 김봉규, 김진봉, 박경선, 염응수, 전광문 등 5명, 신당리에서는 김동수, 김창억, 서태준, 신일용, 정수환 등 5명, 용천리에서는 이학술이 희생되었음을 확인했다. 당시 함께 끌려간 주민 중 김진식은 지서에서, 최수복은 학살현장인 싸리재에서 도망나와 생존했다고 한다.

    앞에서 지적했듯이 진실화해위원회에서 조사한 사건 대부분은 살미면에서 발생한 것이었다. 국민보도연맹사건은 특성상 한 읍면에 집중되는 경우는 드물다. 오늘날 충주지역은 1읍 12면 12동으로 구성되어 있고 엄정면만 해도 수많은 희생자가 있다는 증언이 있다. 충주 역시 여전히 말 못하고 살아가는 유족들이 많은 곳임을 짐작할 수 있다.

미륵뱅이 길게 판 구덩이에서 줄지어 세워 놓고 _보은

위원회 활동 중 보은지역의 민간인피해에 대해서 직접 확인한 적이 없었고, 2011년에서야 《괴산군지》 작업을 하면서 국군 1사단 토벌작전의 피해가 보은을 비롯한 충북 전역에 영향을 끼쳤다는 것 정도를 알게 되었다. 전쟁 발발 후 국민보도연맹사건의 피해에 대해서는 단지 보고서를 통해 아는 수준을 넘지 못했다. 이번 기회에 자료를 정리하면서 아직까지 구체적인 인명피해 사례를 만나보진 못했지만 전쟁 전에도 보은지역에 토벌작전에 의한 피해가 있었음을 당시 언론을 통해 확인했다.

    2015년 만난 유족들은 모두 국민보도연맹사건의 피해자 후손들이었다. 5월 19일 보은읍사무소의 협조를 얻어 2층 회의실에서 곽순기, 신시우, 남기철, 구장서, 이정애, 이숙자, 신영휴, 강호영, 이길자, 이인용, 전상삼 유족을 면담했다.

산외면 봉계리 곽명기

곽명기의 희생사실에 대해서 사촌 곽순기(1935년생) 노인이 증언해 주었다. 서울에서 살고 있는 노인은 중풍으로 휠체어를 타야만 하는 불편한 상태임에도 보은읍까지 내려와 사촌의 억울한 죽음과 유족들의 처참했던 삶에 대해 증언해 주었다. 증언의 요지는 희생자가 전쟁 전 국민보도연맹에 가입되었다는 이유로 인민군 점령 직전 산외지서로 소집당했다가 트럭에 실려 들깨뜰 강변에서 산외면 주민들과 함께 총살당했다는 것이었다. 중증 장애인이었지만 당시 사건에 대한 곽 노인의 기억은 또렷했다.

보은군 산외면 봉계리 1구에 살던 사촌형 곽명기(당시 26세)는 결혼하여 슬하에 두 딸과 아들 하나를 두었다. 아주 멋쟁이였다. 사촌형은 반정부 활동 때문이었는지 경찰에 쫓기다가 자수하여 훈방되었고 보도연맹으로 가입하게 된 뒤 학교운동장에서 군사훈련을 받았다. 지서 경찰관들은 지난 일이 모두 면죄되었으므로 안심해도 좋다는 말을 여러 번 했다. 전쟁이 나자 곽노인은 사촌에게 피할 것을 권유했으나 사촌은 경찰들이 괜찮다고 했으니 피할 필요 없다고 했다.

> 보도연맹에 가입하라고 해서 도장을 찍었단 말이지요. 경찰에 잡혀가면 뭐 하니까 나중에 자수를 했어요. 무죄가 되어서 학교 마당에 가서 훈련 받고. 그렇게 해서 완전히 마음을 놓게 만들었어, 경찰이. 마음을 놓게 만들었다가 6·25가 터지니까 위에서. 자수했지만 빨갱이니까. 내가 사촌형보고 그랬거든. "어디로 피하시오. 위에서 좋은 소식이 아닙디다." (그랬더니) "괜찮아, 자수해서. 경찰들이 깨끗하게 해서 괜찮아, 괜찮아" 그러더니 안 피해. … 6·25가 나던 해 그 형님하고 담배 밭을 맸어요. "형님, 저 위에서 공산당이 내려오면 합세한다고 막 보도연맹에 가입한 사람들을 찾아간다더라. 피하세요" 그랬어요. "자수하고 이젠 깨끗하니까 괜찮아" 그래.

휠체어를 타야 이동할 수 있는 곽순기 노인은 사촌의 희생사실을 증언하기 위해 일부러 서울에서부터 고속버스를 타고 보은까지 왔다.

전쟁 소식에도 별일이 없을 것이라고 믿은 희생자는 어느 날 곽 노인과 함께 담배 밭을 매던 중 '방공호를 파야 하니 산외지서로 모이라'는 통보를 받게 되었다. 피하는 것이 좋겠다는 곽 노인의 권유에도 불구하고 산외지서가 있던 구티리로 간 희생자는 곧 한 대의 트럭에 실려 봉계리 들깨뜰 강변에서 총살당했다. 곽노인이 증언하는 들깨뜰 강변은 산외면 봉계리와 인접한 내북면 서지리의 강변을 말한다. 당시 트럭에는 산외면 각 리에서 온 주민들이 실려 있었다.

경찰들이 트럭을 갖다 놓고서 방공호를 파러 간다면서 차에 전부 타라 그래서 트럭에 타 가지고. 강변에서 총을 쏜 사람은 보은경찰서 형사들인데.… 돌아가신 곳은 들깨뜰이라고 봉계리 2구에 가면 강변이 있어요. 강변 돌이 좌악 깔려 있어요. 거기다가 내려놓고 담배 하나씩 주고 담배 피우라고 하고 뒤에서 마구 갈긴 거예요. 거기서 그냥 죽인 거예요. 원칙은 그 사람네가 자수를 해서 죄가 없는 거예요.

당시 봉계리 1구에서는 7명이 끌려갔으나 2명이 경찰가족 또는 군인가족이라는 이유로 풀려나고 5명이 희생되었다. 당시 희생된 5명은 조준희형, 구범서, 곽희택, 곽준기, 곽명기였다. 곽 노인은 강변에서 벌어진 학살모습에 대해 생존자들에게 들었다.

우리 동네에서 봉계2구 앞에 들깨뜰이라고 있어요. 담배 하나 주고서. 거기서 간 사람이, 구평서라는 사람이 내 사촌동생이야. "게가 군인인데 그런 짓하겠느냐?" 그래서 그 사람 살아 온 거야. 그리고 곽희섭이라고 "형님이 대전에서 경찰노릇을 하는데 내가 빨갱이를 하겠느냐?"해서 둘이 살아왔어요.

그때 트럭을 갖다 놓고 다 태운거지. 산외면 구티리라는 데가 지서도 있고 면(사무소)도 있고. 구티리에다 차를 갖다 대놓고서 보도연맹 방공호 파게 전부 모여라 그래서. 거기 안 간 사람은 산 거야. 안 간 사람은 살고 간 사람들은 다 쏴 죽인거야. 봉계리에서 하여간 거기 가서 두 사람이 살아왔어요. 간 사람은 다 죽고 그래 가지고서

곽 노인은 봉계리 주민들 외에 산외국민학교 동창생도 희생되었다고 증언했다. 함께 트럭에 실려 가 희생된 주민도 많았지만 모르는 사람들도 많았다. 그가 기억하는 희생자로 길상리 교성이 형, 초등학교 동창 기정이가 있다. 경찰은 어리다며 친구 기정이를 풀어 주려고 했지만 친구는 자신이 보도연맹에 가입했다고 밝혀 함께 끌려가 희생되었다. 친구의 억울한 죽음을 말하던 곽 노인은 지금도 친구의 행동을 이해할 수 없다며 안타까워했다.

산외학교 우리 동창들하고. 기정이가 키가 조금 작아요. "야, 너 애들은 저리 가"해서 "아니, 나도 보도연맹에 가입했어요" 그래 차 타고 가서 게도 죽었어요. 그러니까 산외면 부락 부락에서 자수한 사람은 다 실은 거지.

사건 당시 곽명기는 딸 둘, 아들 하나를 두었다. 큰 딸은 의정부에서 미군들을 상대하다 의문의 죽음을 당했으며, 둘째 딸은 미국으로 간 뒤 소식이 끊겼다. 부인은 개가 하여 아들을 하나 낳았으나 의문의 죽임을 당한 후 본인도 사망했다.

큰형님이라도 살았으면. 큰형님은 그때 6·25 전장에 가 있었어요. 나는 전투

3장 국민보도연맹원, 자식에게 해 될까 봐 저승길 트럭에 오르다

경찰대에 있었고. 작은 형이 아버지 엄마하고 집안에서 사는데 거기 보태줄 게 없어. … 딸 둘하고 아들 하나를 데리고 거기서 벌어먹고 살라다 보니까 살 길이 없잖아요. 저기 개원인가 어디 어린애 못난 집에 (개가) 갔어요. 가서 아들 하나 낳았는데 그 큰 마누라가 약을 먹었나 봐요. 아들이 얘기를 해요. 애가 뭘 먹었는지 거품을 물고 해서. 어린애 하나 낳고 자다가 죽었다.

그러니까 딸 둘은 대전 가서 산다고 그러더니 나쁜 놈들한테 걸려서 의정부로 팔려 갔어요. 양놈들 상대로 살다 보니까. 양놈들이 월급 때 줄테니 막 갖다 먹으라 그러더니 월급 때는 본국으로 들어가 버려. 그러니까 살 길이 없잖아요. 큰 딸이 한 번은 서울 나한테 왔길래 내가 내 주소 가지고 가라. 나는 공장에 다닌다고 해서 (그걸) 몰랐어요. 살다 힘들면 나한테 와라 그랬더니 어느 날 편지가 왔어요. 의정부에서 포주가 "게가 죽었다. 죽었으니까 동생들이나 데리고 가라. 죽어서 우리가 끌어 묻었다." 그래서 내가 게들을 데려다가 남산 초등학교 졸업시키고. (지금은) 어디로 갔는지 다 소식이 없어요.

우리 사촌형이 총살 맞고서는 집안이 엉망이 되었어요. 완전히 파손되어 버린 거예요. 그 가족이 지금. 둘째 딸이 미국으로 갔다가 언젠가 한 번 왔어요. 그 다음부터 또 소식이 없는 거예요. 가정이 전부 어디로 가고 알던 못하는 거예요. 백석으로 간 큰 아버지는 백석에서 큰 딸한테 살다가 환갑이라고 우리 동네에 와서 우리 집에서 돌아가셨어요. 그 양반이 죽은 다음에 집안이 풍지박산 되고 만 거예요.

당시 18세였던 곽 노인은 이후 국민방위군으로 청도 매전면까지 내려갔다와서 산외지서에서 의용경찰대원으로 공비토벌에 3년간 동원되었다. 당시 일가족 모두 학살당하고 살아남은 유족에 대한 가슴 아픈 사연 한 가지를 소개했다.

거기서 또 얘기가 묘한 게 하나 있어요. 거기 구티리라는 데서 고등학교 나온 딸이 있었어요. 빨갱이들한테 협조를 많이 한 거야. 총살시키려고 죽일 사람을 쭉 나 놨는데 국민방위군 대장인가가 "그 여자를 살려라. 게가 뭘 알겠냐. 고등학교 나와 가지고, 내가 데리고 살겠다." 그렇게 해서 살렸어. 부부가 되어 가지고. 한 번 내가 보초 서고 있는데 방위대장이 오래. 가 보니까 밥을 해 놨거든. 그 여자가 밥을 해 놓고. 그래 셋이서 밥을 먹었거든. 밥을 먹는데 묘한 생각이 나더라고. 그 양반 지금 살았는지 모르지. 방위대장만 아니면 죽었지.

산외면 길탕리 신창휴

신창휴의 희생사실에 대해서 딸 신시우씨(1944년생)가 증언했다. 아들과 함께 보은읍사무소 대회의실을 찾은 신씨는 당시 어려서 겪은 일이었기 때문인지 많은 것을 기억하지 못했다. 집안의 가장을 잃고 불행한 환경에서 억눌리며 어렵게 살아온 흔적을 느낄 수 있었다.

증언의 주요 내용은 보은군 산외면 길탕리에 사시던 부친 신창휴가 도장을 찍었다는 이유로 끌려가 길탕리 뒷산에서 희생되었다는 것이었다. 희생 장소에 대해서 진실화해위원회는 내북면 서지리라고 밝히고 있는데, 서지리가 길탕리에 인접 해 있으므로 신씨가 말하는 길탕리 뒷산은 서지리 희생지로 보인다. 희생자의 시신은 고무신의 꿰맨 흔적을 보고 현장에서 수습되어 청주시로 모셨다고 한다.

> 이쪽에 무슨 산이 있다는데 거기서 돌아가셨다는데. 길탕리 뒷산. 후미진데. 거기서 돌아가셨다고. 거기서 신체를 찾아왔다고 그러는 거 같애. 고모하고 당숙하고. 신발을 꼬매 신었던? 그걸 보고 신체를 찾아왔다고 그러데요. 운동화가 그 시절에 어디 있어. 고무신을 꼬매 신었지. 신발을 보고 찾았대나 봐요. 길탕리 뒷산에서 신발을 보고 찾았어요. 거기 뒷산에 크게 있어요.

딸 신씨는 신고 있던 고무신을 보고 희생자의 시신을 수습했다고 한다. 신발에는 희생자가 꿰맨 흔적이 그대로 남아 있었다.

신씨는 같은 마을에서 정필원이 함께 끌려가 같은 장소에서 희생되었다고 한다. 진실화해위원회 보고서에 따르면 길탕리 희생자 중 정씨는 정찬민이다.

거기서 돌아가신 분들이 많았었다고 그래요. 조사된 분이 있지요. … 같이 죽은 그 사람은. 정필원이.

이후 부친을 잃은 신씨의 삶은 사는 게 아니었다고 표현하고 있다. 집안 내부의 갈등도 심각했다. 친인척 중에 경찰이 있었는데 그가 죽게 만들었다고 생각했기 때문이었다.

아휴 사는 게 사는 게 아니었어요. 집안에. 대고모 할머니네 아들 손자가 있었어요. (그가) 순경이었데요. 그 사람이 끌고 가서. 잡아갔는지 모르지. 그래가지고 대고모할머니하고 맨날 싸웠데. 너는 그 오빠를 갖다 죽였다고. 두 내외가 어쩌다 가면, 어려서도 놀러 가면 그 소리를 하더라고.
아버님 돌아가시고 많이 힘들었어요. 뭐가 있어야지요. 여태 고생이지요. 동생도 아버지 없어서 고생을 많이 했어요. 너무 없어 가지고. 어떻게 할 수가 없었어요. 내가 이 생각을 안 하려고 했는데 그래도 어떻게.

현재까지 봉계리 곽순기 노인, 길탕리 신시우씨의 증언으로 보아 희생자들이 희생된 곳인 봉계리 너머 들깨뜰, 길탕리 뒷산은 모두 내북면 서지리 골짜기를 말하는 것으로 보인다.

마로면 세중리 남정섭

아들 남기철(1941년생)씨가 부친 남정섭의 희생사실에 대해 증언했다. 아들 남씨는 중병으로 살 날이 많지 않지만 남은 삶이나마 부친의 명예를 회복하는데 기여하고 싶다고 했다. 그가 말하는 진실은 세중리에 살던 부친이 1950년 7월 14일(음력 5월 29일) 마로지서에서 나온 경찰과 군인들에게 소집되어 마로면 관기리 뒷산 골짜기에서 총살당했다는 것이었다.

당시 세중리는 6개반이 있었는데 희생자는 1반에 살고 있었다. 경찰과 군인들이 회의가 있다며 주민들을 회관으로 모이라고 했고 이 자리에서 이장이 1반부터 명단을 불렀다. 1반에서만 20명이나 불려나갔는데 2반부터는 이장에게서 명단을 빼앗은 지서장이 이름을 불러 훨씬 작은 수가 불려나갔다고 한다. 당시 지서장은 이대로 가다간 세중리 주민 대부분이 죽을 것으로 봤던 것 같았다.

> 동회한다고 공회당에 다 모이라고 그랬어요. 나도 어머니한테 들은 건데. 우리가 1반이었어요. 세중이 6개 반으로 되어 있어요. 1반은 이장이 명단을 부르는데 1반 사람들은 다 불렀어요. 그러니까 지서장이. 그래 가지고 명단을 빼앗아다가 드문드문 하나씩 불렀데요. 다른 반은 드문드문 어쩌다가 한 분씩 돌아가시고 우리 1반 사람들을 불러서 한 열 몇 명이 돌아가셨고. 그렇게 되었어요.

> 마로지서에서 나와서, 군인들하고 나와서 불렀데요. … 처음에는 이장이 부르다가. 지서장이 생각해 보니까 이러다가 동네 사람 다 죽을거다 그래 가지고 명단을 빼앗아서 드문드문 불러서 다른 6개 반에서는 거의가 안 돌아가시고 우리 1반은 거의가 다 돌아가시고. 거기서 마로지서로 끌고 갔던 거예요.

남기철씨는 부친을 비롯하여 세중리에서만 17명이 관기리 뒷산에서 희생되었다고 증언했다.

마로지서로 끌려갔던 주민들은 관기리 뒷산에서 군인들에게 학살당했다. 남씨는 일주일 정도 지나 시신을 찾아가라는 연락을 받았다고 한다. 대전이 인민군에게 함락된 날이 7월 20일이므로 이 소식을 들은 때는 경찰과 국군이 보은지역에서 완전히 물러난 뒤였던 것으로 보인다.

남씨의 모친이 찾아간 관기리 뒷산 현장의 모습은 젊은 아낙네가 감당하기에는 너무나 끔찍한 것이었다. 하나의 커다란 구덩이에 시신들이 가득 차 있었고 시신을 수습하려면 다른 시신을 밟고 뒤적거려야 했다고 한다. 결국 시신을 수습하지 못했다.

유족들 대부분이 무서워서 현장을 찾아 가지 못했으므로 희생자들 시신이 수습된 경우는 드물었다. 희생 당시 마로지서가 마을 주민들 모르게 희생자들을 끌고 가 학살했으므로 현장을 목격한 사람은 없었을 것이라고 한다.

> 그러고선, 어머니 말씀으로는, 한 일주일 있다가 시신을 찾아가라는 그런 이야기를 들었대요. 그때 어머니가 스물 여덟이었어요. 그 나이에 가 보니까 한 구뎅이에다 다 들여 가지고 찾지를 못하겠더래요. 그 구덩이가 마로면 관기리 뒷산에 있었어요. 송현하고 관기하고 사이에요. 도로 국도에서 100미터쯤 되요.
>
> 시신들이 총 맞아 피칠되고 부어 가지고. 그리고 또 남의 시신을 밟아야 뒤적거리니까. 어머니 나이는 스물 여덟이니까, 젊은 나이고 그러니까 (못 찾지). 또 작은아버지는 군인가시고. 그래서 시신을 수습하지 못했어요. 시신이 꾕

장히 많았어요. 한 구덩이에 다 들어갔으니까.

기억하기로는 지금 거기로 끌려가신 분이 17명이예요. 그런데 찾아간 분들도 있어요, 몇 분은. 동네에 자기 친척이 있는 분들은 찾아왔고. 친척이 없고 그런 사람들은. 그리고 거기를 불이익당한다고 모두 안 가려고 했어요. … 마로지서에서 관기리 뒷산까지 1키로 아마 될 거예요. 몰래 끌고 가서 아무도 본 사람은 없어요. 골짜기가 국도에서 아마 100미터도 안 될 거예요.

끌려간 1반 주민 20명 중 박원종, 김재환 등 3명이 학살 전 마로지서에서 풀려났다. 한 사람은 나이가 너무 어렸고, 나머지 두 사람은 경찰과 인척관계에 있었다. 진실화해위원회는 지난 조사 결과 마로면 세중리에서는 박영태, 이재범, 박석래, 송한준, 김홍원 등 5명의 희생자가 관기리 뒷산에서 희생된 사실을 확인했다.

우리 동네분들도 17명이 돌아가셨는데, 다른 데 분들도 그리로 가신 분들이 있잖아요. … 살아 돌아오신 세 분의 이름을 기억해요. 제일 처음 나이가 어린 분이 박원종, 김재환, 그리고는 잘 모르겠어요. … 이 두 분들은. 한 분은 나이가 어리다고 지서 순경이 "넌 나가라"고 그래 가지고 나오고. 두 분은 지서 자기 처갓집에 뭐가 되어 가지고 내 보냈데요. 그래 두 분은 나오고. 두 분은 마로지서까지 끌려가신 분들이지요. 들은 이야기로는 친척관계라 그냥 빨리 가라고 그래 가지고 내 보내줬데요.

희생지인 마로면 관기리 뒷산 골짜기는 얼마 전까지 밭으로 쓰였지만 지금은 잡초만 무성하다. 남씨는 모친과 함께 위치를 확인한 바가 있어 발굴이 가능하다고 주장한다.

제가 나이 좀 먹어 가지고 거기를 가 봤어요. 거기다 밭을 하더라고요. 얼마 전, 몇 년 전에 또 가봤어요. 풀만 수북하더라고. … 글쎄 발굴을 해야 되는데, 아버지 시신을 찾을런지 모르지만. 하여튼 그 골짜기에 편편해요. 골짜기 들어가 보면 그 안에가. 자리가 있는데 어머니 말로는 이 자리라고 그러는데 그 자리인지 혹시 모르지요. 어머니가 그렇게 얘기를 해 줬어요, 저 한테. 거기서 요 정도밖에 안 되지요. (포크레인으로) 긁으면 나오지요. 거기는 아마 나올 거야.

(희생지가 있는) 관기리에서는 돌아가신 분이 없어요. 총소리야 들었겠지. 그러니까 관기리 구여동씨라고 도의원 나가신 분이 있어요. 돌아가셨는데. 그 집 바로 뒤에요. 그 골짜기는 우리도 알아요. 어머니는 한 세 번 가 봤어요. 발굴하면 나오기야 나오겠지요.

남씨의 증언은 물론 진실화해위원회의 조사 역시 관기리 뒷산 사건의 희생자들이 마로지서에 감금되었다가 희생된 사람들이었음을 보여주고 있다. 그런데 당시 신원이 확인된 희생자는 산외면 아시리에 살던 구갑조 외에 모두 마로면 세중리 주민들이었다. 당시 마로면에는 세중리 외에도 관기리, 수문리, 오천리 등 10여개의 리가 속해 있었으므로 다른 리의 희생자가 더 있을 텐데 아직까지 확인되지 않고 있다.

산외면 아시리 구연식

산외면 아시리에 살던 구연식의 희생경위에 대해 조카 구장서씨(1954년생)가 증언했다. 그의 증언은 전쟁 후에 태어나 전해 들은 이야기였지만 마치 직접 목격한 것처럼 구체적이고 생생했다. 그는 희생자가 일본군으로 징병당해 갔다 온 사진을 갖고 있다면서 이야기를 시작했다.

아직 제적등본 같은 거 확인 안 해봤어요. 큰아버지는 한 30대 되었을 거예요. 왜 그러냐면 일본정치 때 일본에 군인으로 갔다가 오셨으니까. 모자 쓰고 일본군 훈련 받고 돌아 온 사진도 있으니까. 제가 알기로는 농사를 지었어요.

산외면 아시리는 봉계리와 인접해 있는 마을이었다. 지난 진실화해위원회 조사결과 보은에서 가장 많은 보도연맹사건 희생자를 낸 곳이 봉계리였다. 이웃한 아시리 역시 비록 작은 마을이었으나 이 영향을 많이 받았다고 한다.

면서기하고 보도연맹에 가입했다는 거는 알아요. 저녁에 모여서 도장을 찍고 그런 거는 어른들한테 들어서 알아요. 그게 지금 봉계리도 난리가 났잖아요. 그 분들하고 이렇게. 우리 동네는 인구가 작아요. 봉계는 많았고. 봉계에서 저녁에 모여라 그러면 모이고 그런 걸로 알고 있어요. 또 구연현씨는 면서기를 했으니까 책임감 같은 거. 같이만 안 갔어도 안 그랬을 텐데. 도장을 찍은 걸로 알고 있어요. 보도연맹에.

보은 산외면 아시리에서 농사를 지으며 살던 큰아버지 구연식과 친구이자 면서기였던 구연현이 할아버지의 권유에 따라 가족들과 함께 남쪽으로 피신하던 중 마로면 관기리에서 보도연맹원들을 색출하던 보은경찰을 만나게 되었다. 경찰은 일행 중 구연식, 구연현 두 사람을 그 자리에서 잡아 산외지서로 끌고 온 마로면 세중리 주민들과 함께 관기리 뒷산에서 총살했다.

현재 구연현씨 아버님이 대법원에 계류 중인 그 분하고 두 분이. 그 분이 면서기로 근무한 것으로 제가 알고 있어요. 근무를 하시다가 집에 나와 계셨는데 그게 이북으로 갔다가 내려오는 머리에. 둘이 사실 피난을 오셨어요. 큰아버지하고 그 분 면서기 분하고. 피난을 오신 것이 어디로 왔느냐면 그게 관

구장서씨가 큰아버지 구연식의 희생사실에 대해 증언했다. 전후 세대로서 비록 전해 들은 이야기였지만 그의 증언은 마치 목격한 것처럼 구체적이고 생생했다.

기로 왔어요.

관기로 내려오다, 고모하고 여자들 하고 내외가, 할아버지가 "여기 있지 말고 빨리 피난해라" 거기(산외면 아시리)서 관기로 오다 보니까. 그때 무렵이 경찰이 벌써 관기를 수색하는 중이었어요. 면서기 하고 그랬으니까 경찰이 안 단 말이여. "안녕하시냐?"고 인사를 하니까 안면몰수하고 호각을 딱 불더라는 거예요. 그러니까 경찰들이 쫙 뺑 둘러가지고 거기서 그냥 붙들려 간 거예요. 내가 듣기로는. 그래 가지고 막바로 거기서 관기 옆에서 끌려가 가지고. 그때 무렵에 세중(마로면 세중리)에서도 몰려와 가지고 그러는 판이니까. 그때 걸린 거야.

함께 피난하던 가족들이 이 장면을 목격하고 그 날로 아시리로 되돌아와 이 사실을 마을에 알렸고 이튿날 마을 사람들과 함께 가족들이 관기리 뒷산에서 시신을 수습하려고 했다. 구연식의 시신은 얼굴을 보고 알 수 없었으나 신고 있던 고무신과 옷을 보고 바로 찾을 수 있었다. 구연현의 시신은 결국 찾지 못했다. 진실화해위원회 조사결과보고서에 산외면 아시리 희생자 이름이 구갑조로 기록되어 있는 것으로 보아 구연현은 구갑조의 다른 이름으로 보인다.

산외면 분들이시니까 다 같이 가신 거지요. 우리 큰아버지하고 구연현씨 그 아버님은 관기에서 돌아가셨어요. 왜 그걸 아느냐면 시체도 찾아왔거든. 우리 큰아버지는. 구연현씨는 시체를 못 찾아왔어요. 그런데 우리 큰아버지는 시체를 찾아왔어요. 우리 할아버지가. 왜 그러냐면. 그렇게 하고 나서 바로 아는 게. 붙들려 가면서 호각을 부르니까 남자들만 채 간 거야. 둘이. 면서기 했으니까 아니까. 보도연맹 한 거 아니까 그대로 붙들려 간 거예요. 가자마자 대번 빵빵 소리가 나더라는 거야.

그 날로요. 거기서 그냥 붙들려서. 피난을 가다가 거기서 붙들린 거야. 거기서 경찰들한테. 그쪽으로 피난을 가는 머리에 거기 가서 붙들린 거야. 경찰이 면서기 한 걸 아니까. 인사를 하니까 호각을 불더니 거기서 붙들려 간 거야. 그러니까 큰아버지는 보도연맹 명단에도 잘 모르는 사람인데 아~ 붙들어 가니까 둘이 붙들려 가고. 왜 그걸 빨리 알았냐면 여자들이 거기까지 피난을 가다가 집으로 헐레벌떡 온 거지, 뭐. … 총소리 나고 겁이 나는데. 사람은 죽었으니까 그 이튿날 저녁에 걸어서 관기에서 산외면까지 두 세 시간 걸린단 말이야. 그러니까 저녁 때 그냥 걸어서 온 거야. 이튿날 할아버지 내외가 구연현씨 내외하고 할아버지하고 동네 사람들이 시신 찾으러 간 거지.

겨우 하루 지났을 뿐인데도 겉모습만으로 다른 희생자들과 구별하는 것이 어려웠다. 고무신에는 희생자가 새겨 놓은 국화 그림이 있었으므로 시신의 신분을 확인할 수 있었다. 재봉틀로 옷을 만들었다는 것 역시 시신을 확인하는데 큰 도움이 되었다고 한다.

할아버지는 흰 고무신에 우산대 같이 국화를 만들었어요. 거기다 도장을 찍어 놓으니까. 그리고선 휘발유 싹 뿌리면 거기 인두질한 게 하나도 표시가 없이 매끈하게 되잖아요. 그러니까 신발도 있지, 할아버지가 재봉틀한 거 그대로 있으니까 금방 찾으니까. 그날 찾아 가지고 시신을 갖고 오고 구연현 씨는 못 찾고. 며칠을 동네 사람들이 가서 뒤져도 못 찾은 거예요.

(큰아버지의 시신을) 그 이튿날 찾았으니까. 하루 저녁이니까. 얼굴은 잘 모르고. 옷하고. 왜냐면 할아버지가 옛날에 재봉일을 했어요. 지금도 백런이네 미제 독일제 독수리표가 지금도 있어요. 재봉이. 지금도 싸. 그런 재봉일을

하시던 분이라. 할아버지가 손수 아들 옷을 다 지어주고 그랬으니까 알고 있는 거지. 옷 보고 대번 찾고 신발도 (보고) 대번 찾은 거야. 구연현씨는 못 찾아오고.

그래 가지고 고모들이 가다가 돌아가시니까 밤새도록, 난리가 났는데 시신 가 찾는다고 해도 찾나 못 찾지. 캄캄한 밤에. 그래 이튿날 동생들하고. 큰아버지가 할아버지에겐 맏아들이거든. 거기가 또 구씨 대성촌이거든요. 집안들이 가서 그날 대번 찾아 가지고. 구연현씨는 사람을 다 뒤적거려도 못 찾겠다고. 하루 지났어도 얼굴을 볼 수가 없었다니까. 하루 지났어도. 우리는 시신을 그 이튿날 찾아 가지고 와서 장사 지내고. 제가 그렇게 알아요.

마로면 관기리 뒷산에서 희생된 주민들은 대부분 마로면 세중리 주민들로 알려졌지만 이번 인터뷰를 통해 산외면 아시리 주민 2명도 이들과 함께 희생된 사실이 확인되었다. 아시리 주민들 또한 남쪽인 관기리로 피난하다가 도중인 마로면 세중리에서 경찰에게 발견되어 희생당하게 되었던 것이었다.

탄부면 당우리(옛 하장2리) 이갑용, 이○용, 구암리 희생자 이삼용, 장안면 봉비리 희생자 이사용

탄부면 당우리에 살던 이갑용, 이○용, 이웃한 구암리에 살던 이삼용, 장안면 봉비리에 살던 이사용 4형제의 희생사실에 대하여 이삼용의 딸 이정애씨(1947년생)와 이사용의 딸 이숙자씨(1950년생)가 증언했다.

희생자들은 모두 형제였는데, 보은군 탄부면에 살던 이갑용(장손, 당우리 거주), 이삼용(셋째, 구암리 거주), 이○용(막내, 미혼이었음)이 지서로 끌려갔다가 탄부면 당우리 뒷산에서, 장안면 봉비리에 살던 이사용(넷째)은 보은경찰서로 끌려갔다가 길상리 암소바위에서 국민보도연맹사건으로 희생되었다. 당시 둘째도 희생된 줄 알았으나 십 수년 뒤 살아 돌아왔다고 한다.

증언자들은 전쟁 전 맏형이었던 이갑용이 탄부면 좌익활동의 총책임자였고 이 때문에 본인을 비롯해 세 형제와 장안면에 살던 동생 이사용까지 희생된 것으로 알고 있다고 한다.

전쟁 전부터 장손 이갑용 활동의 영향으로 어린 조카들까지 경찰서로 연행되어 고문을 당했다. 이런 이유 때문에 두 딸은 장손 이갑용을 미워했었다며 이정애씨가 오랜 세월 억눌러왔던 이야기 보따리를 먼저 풀었다.

저희들은 제일 큰 큰아버지 5형제이신데요 큰 큰아버지가 탄부면 총책이셨어요. 이자 갑자 용자, 이갑용이라고. (나한테는 큰 큰아버지에 대한) 적개심이 있는 거지요, 저는 밉다 이거지요. 어린 마음에. 알았을 때는 이미. 왜냐하면 저희 아버님은 셋째 분이고 (이숙자를 가리키며) 여기 아버지는 넷째. 저희 아버님이 이삼용이고 (이숙자) 애들(아버님)은 이사용씨이고요. 큰아버지로 인해서 아버님들이 아무 이유도 없이 모르고 그냥 가셔서 이제 그렇게 되셨는데. 저는 어렸기 때문에 아버님 얼굴을 전혀 몰라요.

저는 위에 오라버니 두 분하고 삼남매예요. … 한번 제가 오라버니한테 이 사정을 물었어요. 어디서 어떻게 돌아가신 것을 오빠가 아느냐고 하니까 작은 오라버니께서 (전쟁 전) 탄부지서에 붙들려 가셨데요. (거기서) 하룻밤 징역을 살았다고 하시더라고요. 어린 나이에 붙들려 가서. 뭐라고 하더냐 하니까 큰 아버님 성함을 대면서 "어디 있는지 대라"고. 큰아버지가 총책이니까 어린 애한테 대라고. … 있을 수 없는 일이지요. 전쟁 나기 전 얘기예요. 작은오빠는 거기서 울고 밤을 세웠다고 하더라고. 모르니까 모른다고 해도 더 윽박지르고. 애 한테다가. 하루 저녁을 세우고 집으로 돌려 보내더라고. 그걸 오빠한테 들었는데.

딸 이정애씨는 부친이 희생된 경위에 대해 성인이 된 뒤 모친으로부터 들을 수 있었다. 트럭에 실려 탄부지서로 끌려가던 이삼용은 책을 가져오라며 중간에 풀려났으나 "애들에게 (나쁜) 영향을 끼친다"며 책을 가지고 지서로 가서 결국 죽임을 피하지 못했다. 당시 탄부면 당우리와 구암리에 살던 세 형제가 모두 함께 끌려갔다. 먼저 끌려간 곳은 탄부지서였으며 희생된 곳은 중학교가 있는 당우리 뒷산 골짜기였다고 하는데 당시에는 닭머리 뒷산이라고 불렀다고 한다. 현재 당우리에는 보덕중학교가 있다.

> 그걸 제가 성인이 된 이후에 들었지. 그 전에는 아버지에 대해 아무것도 모르고 자랐어요. 제가 알고 나서 엄마가 한 번, "야, 네 아버지를 트럭에 싣고 갔는데, 밤중에, 아버지가 조금 가다가 왔더라. 어떻게 왔느냐 그러니까 무슨 책을 가지고 오라고." 그러니까 가다가 도중에 내려 줬데요. 아버지가 너무 올곧은 분이었기 때문에. 도망가라는 뜻이었는데 그걸 캐치하지 못하고 바보처럼 막 뛰어 가지고. "이걸 내가 안 가져가면", 엄마한테 말씀하시길, "내 죄가 너무 커서 이걸 안 가지고 가면 애들한테 미칠 것 아니냐. 나는 죄가 없으니까 가도 상관없다." 가지 말아야 하는데 그걸 찾아 가지고 다시 가서 돌아가셨데요. 그 이야기를 성인이 되고 나서 엄마가 처음으로 하신 말씀이에요. 그 밑에 (막내) 작은아버지는 성함도 모르는데. 결혼도 안 하고 총각인데 돌아가셨어요. 이오용씨라던가. 그 아래는 없어요. 이갑용 어르신도 그 때 같이 돌아가신 거예요. … "오빠! 그럼 아버지는 어디가서 그렇게 됐느냐?" 그러니까 아버지는 트럭에 싣고 가서 닭머리 뒷산 거기서 당하셔 가지고.

사건이 발생하기까지 셋째 이삼용이 부모를 모셨는데 아들들이 모두 희생되자 할아버지와 할머니는 시신이나마 수습하기 위해 며느리와 함께 현장을 찾았다. 젊은 며느리를 데리고 간 이유는 사망 당시 입고 있던 희생자의 옷을 구별하기 위해서였다. 힘들게 희생자의 시신을 찾아 수습했다.

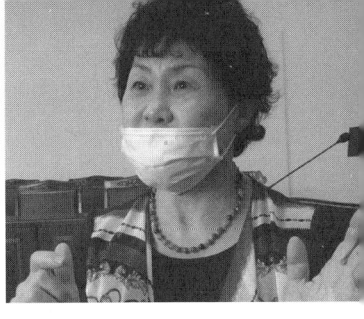

셋째 이삼용의 딸 이정애씨는 첫째 큰아버지를 원망했다고 한다. 그의 좌익활동이 4형제의 죽음을 몰고 왔다고 생각했기 때문이었다. 이제 어린 오빠까지 끌고 가 고문할 정도였던 당시의 반인륜적 상황을 알게 되었다고 한다.

아버지가 셋째인데도 할아버지 할머니를 엄마가 모셨기 때문에. 할아버님이 그 새파란 새댁을 데리고, 아버님을 찾아야 되니까. 무엇을 입혔는지 알기 때문에 엄마를 데리고 가서 차곡차곡 (시신을) 들으셔서. 엄마가 아버님 양말을 신키고. (그) 모습을 엄마가 기억을 하시는지. 얼굴은 모르니까. 거기서 모셔다가, 중학교 뒤 당우리 뒷산에서 모셔다가.

장안면 봉비리에 살던 넷째 이사용은 장안지서를 거쳐 보은경찰서로 갔다가 길상리 암소바위에서 희생되었다. 봉비리에서 끌려간 주민들은 모두 보은경찰서로 끌려갔다. 이정애씨에 따르면, 큰아버지 이갑용은 책임자였으므로 보은경찰서로 갔다가 길상리 암소바위에서 희생되었을 가능성도 있다고 한다. 당시 함께 죽은 줄 알았던 둘째 큰아버지 이○○은 이정애씨가 성인이 된 뒤에서나 살아서 나타났다.

5형제 분인데 그 중에 한 분은 약았는지 도망치셔 가지고. 그 많은 세월을 돌아가신 줄 알았는데, 나중에 제가 성인이 돼서 둘째 큰아버지라고 나타나시더라고. 5형제분인데 4형제분은 다 그때 돌아가시고.

이씨 등 유족들은 너무 어려서 겪은 일이었으므로 성인이 될 때까지 부친들이 어떻게 희생되었는지 몰랐다. 사촌들이 연좌제로 피해를 입으면서부터 이를 알게 되었다고 한다.

제가 (희생사실을) 처음 알게 된 것은, 고모가 한 분 계시는데, 고종사촌. 남자

넷째 이사용의 딸 이숙자씨는 사건 당시 불과 3개월 갓난아기였다. 부친의 죽음을 전혀 이해할 수 없는 어린 나이에 겪은 일이었다. 지금은 이웃들과 함께 부친의 명예회복을 위해 노력하고 있다.

아이가 넷, 여자 아이가 하나인데, 그중에 셋째가 외갓집에 와서 "외삼촌 때문에 내가 출세를 못한다. 내가 해군사관학교를 가려고 해도 걸리고, 공무원이 되려고 해도 걸리고. 외삼촌이 그런 나쁜 그거라고 내가 출세를 못한다"라고 막 원망을 했어요. "너 그게 무슨 소리냐. 나는 모르는 사실이다." 그래 제가 비로소 알게 되었지. 할아버님께서도 아무 말씀 안 하시고, 할머니도 아무 말 안 하시고. 아버지에 대한 이야기를 하신 분이 없으셨어요.

이정애씨에 이어 희생자 이사용의 딸 이숙자씨(1950년생)가 증언을 계속했다. 당시 희생자는 장안면 봉비리에 살고 있었고 보은경찰서로 끌려갔다가 길상리 미륵뱅이 암소바위에서 희생되었다.

이숙자씨는 막 태어나던 해에 겪은 일이었으므로 기억하는 것이 없었다. 이제서야 관심을 갖고 같은 마을 이웃이었던 신강섭, 신영휴 등과 함께 부친들이 겪었던 시대의 아픔을 이해하려 노력하는 중이다.

이사용은 당시 딸 하나였던 집안에 데릴사위로 들어가 살던 중 희생당하게 되었으며, 입고 있던 베옷을 보고 시신을 찾을 수 있었다고 한다.

저는 그때 3월에 태어나고 6월에 그런 일이 일어나서. 저는 우리 외할머니하고 살았어요. 외할머니가 그래. 저도 어리니까 그런데 관심도 없이 살았어요. 그런데 그 소리는 들었어요. 할머니가 베옷을 짜가지고 베옷 짠 것을 보고 시신을 찾았다고 하더라고요. 할머니가 가 가지고. 할머니 솜씨로다가.

장안면 봉비리에는 이사용과 함께 신영휴의 부친, 신강섭의 부친이 희생되었다. 뒤늦게 나마 진실화해위원회에서 조사한 사실을 알게 된 것은 이웃에 살고 있던 신강섭씨 때문이었다.

외속리면(현 장안면) 봉비리 신기석

희생자 신기석에 대해 아들 신영휴씨(1945년생)가 증언했다. 아버지의 억울한 죽음에 얽혀 모든 자식들이 겪었던 운명은 가혹했지만 특히 어려서부터 천재 소리를 들었던 신씨에게는 상대적으로 더욱 심했던 것 같다.

갖은 차별을 극복하고 최고경영자의 반열까지 올랐던 그의 성장기는 베스트셀러의 소재가 될 법했다. 물론 부친의 죽음을 인정할 수 있는 성숙한 사회를 전제하고 말이다. 조금 길지만 희생자 신기석을 둘러싼 이야기와 증언자 자신이 겪었던 연좌제 등 이후 피해를 구분해 증언을 정리해 본다.

보은군 장안면(옛 외속리면) 봉비리에 살던 부친 신기석은 전쟁 전부터 좌익계열의 활동에 가담했다고 들었다. 하지만 아들이 기억하기에 희생자가 갖고 있던 책들은 풍수에 대한 것이었고 사상관련 서적은 없었다. 지식인이었던 것은 분명했으므로 사상과 관련된 서적은 모두 없앤 것이라고 짐작했다.

> 제 아버님 성함은 신자 기자 석자입니다. 아까 거기에는 석기라고 잘못 써 있더라고요. 1912년생. 그 당시에 저는 다섯 살. 만으로 다섯 살이었기 때문에 호적은 47년생이지만 원래는 45년생입니다. 출생신고는 47년 11월로 되어 있는데. 당시 나이로 다섯 살이었으니까 기억은 못합니다. 아버님 얼굴도 모르고. 자라면서 아버님 없이 사는 걸로 알았고. 또 어머님이 과거 제사 그런 것을 구체적으로. 자랑스러운 것도 아니니까. 알려 주는 사람도 없었고. 그렇게 컸어요. 가끔 단편적으로 주변에서 언듯언듯 이야기들을 하는데. 그때는

뜻도 모르고 지나갔는데.

아버지가 똑똑했다느니, 어디 산 굴에 네 아버지가 (피신해) 살았었다느니. 그런 게 이런 일하고 관계되었는지 생각 못 했어요. 참 웃기는 게 제가 아버님 얼굴을 모르거든요. 아버님에 대한 일화가 딱 하나 있습니다. 아버님이 보시던 책이나 그런 거 다 없었어요. 당할 때 우리 어른들이. 그런데 옛날 사람들은 책 같은 것도 있고. 다 없애고 몇 가지가 남아 있었는데. 어릴 때는 몰랐는데 지금 보니까 풍수 책이야. 산수도 그려 있는 거. 그거 말고 진짜뱅이는 다 없앤거야. 진짜 사상서적이 있는지 모르지만. 그런데 그 책 만든 종이가 재기 만들기 진짜 좋은 종이야. 그래 다 뜯어 가지고 재기를 만들었어요. 어르신이 갖고 있던 진짜 무슨 서류 같은 거는 없어요. 주변 사람들이 다 "네 아버지 똑똑했다"고 그래요. 그런 부류들이었던 건 사실인 것 같습니다.

성인이 된 아들은 아버지의 억울한 죽음에 대해 관심을 갖기 시작했다. 사건 당시 그나마 청소년이었던 누이에게 물어보았다. 국민보도연맹에 가입되어 훈련을 받는 등 괴롭힘을 당했지만 재판을 받았다는 기록도 없었으므로 무슨 활동 때문에 가입되었는지 알 수 없었다. 그때는 별다른 이유없이 그렇게 당하는 일이 많았다.

저는 우리 아버지니까 되게 궁금하잖아요. … (당시 15살이었던 누님이) 마로면 갈평리라는 마을에 시집가서 살고 있는데. 시집갈 때 내가 초등학교 3학년 4학년이었어요. 내가 누님을 찾아가서. 우리 어머니는 돌아가실 때까지 얘기 안 해줬습니다. 얘기를 들었어요. 누님이 15살 때 보셨던 이야기인데. … 정말로 (아버지가) 우리 쌍말로 빨갱이냐? (누님이) 고개를 흔들어요. "그 당시에 표 나는 빨갱이가 어디에 있노? 동네에서 사람들이 모였다가 어떻게 하다 가고 뭐 하는 바람에 들어갔지." 그때 15살짜리 눈에도 그렇게 비쳤던 것 같아.
그래서 나중에 보도연맹이란 걸 만들었으니까. 그 보도연맹 가입이라는 게

아들 신영휴씨는 연좌제의 차별을 극복하기 위해 공직진출을 포기하고 경영자의 길을 선택했다. 최고의 위치까지 올랐다고 평가하는 지인들도 자신이 어떤 고통을 당했는지 아는 사람은 아무도 없다고 했다.

사실은 그 쪽에 전력이 있다든가 이런 사람들을 대략 (가입)했다고 하니까. 하여튼 거기에 가입이 되었어요. 보도연맹원이었답니다. 우리 누님 이야기에 의하면, 호적상 백부 딸로 되어 있지만 실제 우리 집에서 같이 컸으니까. 보은군에서 보도연맹원들 모아서 훈련시킨다면 교육받고 오고, 또 아니면 벌금도 내고, 뚜드려 맞기도 하고 그랬다고 그런 얘기를 하데요.

전쟁이 났다는 소식을 들은 부친은 "여러 사람 죽겠구나"라며 닥칠 참극을 예언했다. 보리방아를 찌러 장안면 관기리 장터로 나가고 얼마 지난 뒤 장안지서 순경이 찾아와 기다리다 저녁에 부친을 연행해 갔다. 부친이 마을에서 가장 먼저 끌려간 것이었다.

(보도연맹이) 6·25 나기 1년 전에 공식출범을 한 것 같은데. 그 동안 그야말로 농사짓고 살았지요. 그 잡혀가던 날이 문제인데, 6·25가 터져 가지고 멀리서 포성이 들리니까, 누님 이야기입니다. 우리 아버지가 마당을 쓸다가 "아, 여러 사람 죽겠구나! 난리가 정말 났네. 그렇지만 죽을 사람은 죽지만 산 사람은 살아야 할 것 아니냐?" 그러면서 보리방아를 찐다고.

지금 관기라고 하는 데가 장안면에 있어요. 거기가 장터였습니다. 5일장. 거기 정미소가 있었습니다. 거기서 방아를 찌러 나간 뒤에 12시쯤 되니까. 지금은 장안면이지만 그때는 외속리면입니다. 지서 순경이 찾아와서 우리 아버지를 찾더래요. 그런데 그 순경이 바로 아버님하고 일정 때 왜놈들 보급대 들어와 가지고 평양에 순안비행장 공사를 했답니다. 그 노무자들. 그때 거기서 같이 일했던 사람이래요. 그 당시 잡으러 왔던 순경이 친구라는 거예요. 그래서 해방 이후에 그 전부터 서로 왔다갔다하고, 집에 와서 밥도 먹고 가고 그런 사이래요. 그런 사이에 있는 순경이 와서 찾더라는 거지.

우리 어머니나 누님 입장에선 그렇게 지내던 사이니까 "아무 말 없이 장터에 방아 찌러 갔다"고. 요새같이 영리했으면 대책을 했을 텐데 순진하게. 그렇게 또 갑자기 죽이리라고는 생각하지 못 했던 거고. 농사짓고 사는 사람이니까. 장터에 방아 찌러 갔다고 그러니까 "알았어요" 하면서 나가더라는 거야. 관기에서 봉계라는 동네로 들어오면 큰 정자나무가 있습니다. 거기 돌울타리 있는데 거기 숨어 있다가 저녁 때쯤 되어서 아버지가 방아 찌어 가지고 들어오는데 뒤에 따라오더라고. 뭐라고 이야기하지도 않고, 우리 아버지가 반항도 안하고, 또 그 양반이 총은 메고 왔지만 뭐 위협도 안하고, 또 평소에 친구처럼 지내던 사이니까 고개를 끄덕끄덕하더니 같이 나가더래요. 그게 다입니다.

다음날 마을 주민 네 명이 더 끌려갔다. 부친이 끌려간 다음날 누님이 지서로 밥을 갖고 갔으나 이미 보은경찰서로 옮겨진 뒤였다.

그렇게 친구 따라 갔는데, 그 당시 동네에서 같이 멤버였던 사람들이 한 다섯 명 정도 된답니다. 그 중에서 제일 먼저 잡혀갔어요. 그 다음날 이틀 뒤에 동네 사람들을 잡아갔어요. 제일 먼저 잡혀 들어가 가지고 우리 누님이 저녁에 사식, 밥을 가지고 지서에 면회를 가니까 잡아간 순경이 마치 보초를 서고 있더랍니다. "아이고, 송춘이가 왜 왔어" 우리 누님 이름까지 아는 순경이야. 그러니까 "아버지 도시락 싸왔어요" 그랬다는 거야. "아이고, 보은 넘어갔는데" 그래요. 보은경찰서로 이미 송치되었다는 얘기지요. 그래 가지고 그냥 돌아왔답니다.

1950년 7월 15일(음력 6월 1일) 보은경찰서와 국군은 가두었던 국민보도연맹원 등 주민들을 길상리 미륵뱅이(암소바위)에서 모두 총살했다. 부친이 끌려간 뒤 가족까지 죽인다는 소문을 듣고 화령으로 피신했던 가족들은 며칠 뒤 별일 없음을 확인하고 마을로 돌아왔는데 같은 사건으로 희생된 강호영씨의 가족들로부터 제사일과 희생장소를 알게 되었다.

끌려가신 다음날 보은경찰서로 갔어요. 보은경찰서로 이첩이 되고 그 뒤에 동네 소문이 도는데. 쉽게 말해서 좌익운동하던 사람들 아닙니까, 아닌 사람도 있지만 통칭해서. 우리 아버님이 진짜 좌익운동을 했는지 난 몰라요. '그 가족들을 다 죽인다'는 소문이 돌더라고.

우리 아버님 형님 두 분이 있는데, 두 백부님들이 자식이 없어요. 그러니까 이 조카들을 살리고 싶을 것 아닙니까? 이 조카들을 살려야 된다고 피난을 가자고 독촉을 했던 거지요. 우리 어머님이 생각할 때는 남편이 잡혀갔는데 우리만 살자고 도망갈 수는 없다. 안 가려고 버텼는데 그래도 나중에는 화급하니까 피난을 갔어요. 지금 다 큰 성인 입장에서 보면 그렇게 먼 곳도 아니에요. 화령 하는 동네. 그 앞에 있는데. 어릴 땐 굉장히 멀리 있는 줄 알았는데. 어른들 등짐타고 쌀자루 걸방해서 메고 거기에 올라타고. 우리 큰아버지 고개를 좌우로 흔들고 장난치면서 갔어요. 그렇게 피난 갔다가. 우리 큰아버지 둘이 계셨으니까 한 분씩 고향 집에 와 가지고 음식하고 반찬을 가지고 갔어요. 밤에 왔다가 들러 가면서 얘기를 들으니까 그 가족들을 해꼬지 안 한다고 하더라, 고향에 가자. 그래서 돌아왔다고.

돌아왔는데 그 동안에 장안면, 외속리면. 여기 강호영씨라고 있어요. 그 3형제가 계셨어요. 강호영씨 어른이 그 중에 둘째 분이고. 백부되시는 분이 면서기였어요. 자기 동생하고 우리 아버지하고 친구니까, 왔다갔다 하는 걸 평소에 아니까, 자기 동생도 잡혀가서 당했으니까 그걸 알려 주려고 우리 동네에 몇 번 사람을 보냈던 모양이에요. 우리는 이제 피난가고 없으니까. 돌아오니까 다시 사람이 와 가지고 만나서 정보를 가르쳐 주는데, 그때 당한 사람들이 길상리라는 동네에, 길상리 뒷산이라는 데에 거기 암소바위라고. 미륵뱅이라고 그런데요. 거기서 돌아가셨는데 자기네는 시신을 찾았다, 제삿날이 5

월 29일, 그러니까 그믐날이라는 거지. 그날이 제삿날이다. 찾으려면 찾아서 시신을 수습하라고.

백부들과 모친 등 일행이 시신을 찾기 위해 미륵뱅이 현장에 남겨진 시신들을 하나씩 뒤집으며 신원을 확인했다. 현장은 이미 많은 희생자 유족들이 시신을 찾기 위해 건드렸으므로 시신들이 분간이 되지 않았고 하늘에서는 감시하는 듯이 정찰기들이 날아다녔으므로 그때마다 숨어야 했다고 한다.

우여곡절 끝에 마침내 시신을 찾았다. 얼굴에 총을 맞은 상태였으므로 얼굴로는 누구인지 알 수 없었지만 머리가 곱슬이었고 중의적삼의 단추가 딸이 만들었던 것이기 때문에 가능한 일이었다.

그래서 그 다음 다음날 거기를 찾아갔답니다. … 그렇게 우리 큰아버지 두 분하고 외조부하고, 그 당시에 피난 와 가지고 있던 우리 중백부의 동서가 한 분 있었어요. 서울 사람인데. 그 양반하고 네 명이 우리 어머니 모시고 현장에 갔데요. 그게 맞는지 모르겠는데, 공중에 비행기가 막 정찰을 하고 그랬답니다. 처리하고 나서 얼마 뒤에. 비행기가 휑~ 하면서 지나가니까 무서워서 못 올라가고 그 밑에 논두렁에 앉아있고 중백부하고 외조부하고 세 분이 올라가서 찾았데요. 서울서 이사 온 양반은 밑에 있고.

가보니까 이미 사람들이 와 가지고 시신을 건드려서 도저히 못 찾겠더래요. 백부님이나 외조부님이. 혹시 우리 어머님이, 어차피 따라갔으니까. 남편이니까 어떤 특징이나 인상착의, 옷 같은 거 기억날 것 같아서, "제수씨 좀 찾아라."고 하니까 올라갔데요. 올라가니까 시신 썩는 냄새가 말도 못하고, 이미 일 터지고 났으니까. 우리 백부님들하고 한 구씩 옆으로 제치면 또 들여다보고. 아닌데 그러면 또 하고. 이쪽부터 저쪽까지 다 뒤집었데요.

그런데 한 군데 가니까 이렇게 엎어져 있는데, 우리 아버님이 곱슬머리랍니다. 곱슬머리인데 이 양반 뒷모습이 비슷하니까 "바로 눕혀보세요." 바로 눕히니까 이쪽(오른 쪽) 팔이 빠져 있더랍니다. 그리고 흙속에, 죽이고 (흙을) 퍼 부었으니까. 세워 놓고 드르륵 그러면 몇 삽 집어넣고. 또 쏘고 그렇게 했답니다. 그렇게 하는 과정에서 이미 다 젖혀 놨으니까. 찾아간 사람도 있고. 재켜보니까 이미 (이마를 가리키며) 총을 맞아 가지고 (얼굴) 반이 날아갔데요. 얼굴 보고는 모르겠고 옷을 보니까 마침 그 옷이. 그 당시에는 보통 바지 저고리 입으니까. 중의적삼 하잖아요.

순순히 따라갔다고 하니까 아마 그 당시에는 죽는다고 생각 못했겠지요. 방아 찌어 가지고 오던 날 비를 맞았답니다. 그래서 옷을 갈아입혔는데, 적삼을 하나 새로 입혔는데 그 적삼에 보니까 단추가 없더라는 거지. 옛날 단추 (헝겊으로) 맺는 거 있잖아요. 헝겊으로 하는 거. 그 단추를 누님이 어머님한테 배워서 매듭짓는 것을 연습하다가 꽈리만하게 크게 만든 것을 급해서 달아 드렸데요. 그 매듭단추가 달려 있더라는 거지요. 그래 "여기가 맞습니다" 그래 찾았어.

가족들은 시신이 많이 훼손되어 마을까지 옮기기 곤란했고 또 전쟁 중 어떤 일이 벌어질지 몰랐으므로 급하게 현장 근처에 임시안장해야 했으며 이후 시신을 지키기 위해 희생자 형제들이 교대로 임시묘를 방문했다. 장례는 이듬해 3월이 되어서야 치를 수 있었다.

이미 (시신이) 늘어지는 거야. 그 당시에는 가마니에 작대기 두 개 넣어 들잖아요? 거기다가 인제 우리 백부님 두 분이 이렇게 들어서 옮겨서. 드니까 몸이 흐물흐물해서. 서울에서 피난왔다는 우리 중백부의 동서되시는 분 그 양반이 이미 몇 백미터 떨어진 자리에 굴을 파놓고 가매장을 하려고 준비해 놨더래요. 거기다가 가매장을 했답니다. 그리고 송판때기로 비표를 만들고. 송판에다가 우리 아버지 이름 신기석이라고 써가지고 땅 속에 묻고. 몇 년이면 또 일 나니까. 가끔 가서 망도 보고. 그렇게 해서 거기서 그 해를 보냈답니다.

그 이듬해 1951년 3월에 장사를 지내자 동네 사람들이 그래서 장사를 지냈답니다. 시신을 다시 가져와 가지고. 동네에 와서 관에다 입관도 하고. 당시 살은 다 내리고 그야말로 뼈만 있는 거지요. 관에다가 다시 염을 해서. 우리 동네가 아랫마을, 윗마을 두 군데입니다. 아랫마을에 제일 큰집이 있는데 그 집 안에 이렇게 큰 돌더미가 있어요. 거기다가 관을 이렇게 해서 덮어놨는데, 그 다음이니까 나는 여섯 살이니까. 여섯 살이지만 장례 치르는 건 기억이 나는데. 어린 상주한테 행전 채우고 허리띠 매주고 해 주잖아요. 짚으로 이렇게 해서. 그거 했던 기억이 나요. 51년도 3월에.
그때 장사 지낸 것은 알지만 상여를 따라가지도 못 했고. 우리 형님하고 누님은 따라갔다고 해요. 옛날에는 대상 소상 다 했잖아요. 아침 저녁으로 곡하고. 우리 어머니는 곡도 안하더라고. 어릴 때 기억이지만. 우리 큰아버지들이 와서 그렇게 서럽게 웁디다.

신씨는 봉비리에서 모두 다섯 명이 희생된 것으로 기억하고 있다.

봉비리에서 다섯 분이 희생되셨어요. 그 분들이 인제 아까 숙자 아버지 이사용씨라고 있어요. 장내리는 누구인가 모르겠고. 신광섭이라고 이미 신고해서. 신재봉씨. 우리 아버지 친구예요. 그 다음에 엄씨가 있었는데 저도 잘 모르겠습니다. 엄남진이라고. 그 양반이 그 당시 선생이었답니다. 그 양반이 같이 죽었는지 어쨌든 좌익으로. 또 한 분이 있었다는데 누구인지 모르지만 그 동네 어른들은 알 겁니다.
강호영씨 동네(장안리)가 제 아버님 원래 고향입니다. 거기서 태어났어요. 어릴 때 거기서 태어나서 봉비리로 이사를 왔는데. 그쪽에서 컸기 때문에 그 동네를 알고 강호영씨도 그래서 아는 거야. 강호영씨가 다닐 때 이웃에 15살 먹은 청년이 우리 아버지를 기억한 거야.

신씨는 어려서부터 총명했지만 부친의 희생 이후 공부를 계속하는 것이 힘들었다고 한다. 소년시절 봉비리의 우익청년단 출신 인사들로부터 괴롭

힘을 많이 당했다. 청소년기에는 하숙비가 없어 보은군내조차 나갈 수 없었고, 고등학교 진학을 포기하고 6개월 동안 나무를 하러 다녀야 했다. 진학한 친구들을 볼 때마다 자괴감에 빠졌다고 한다.

커서도 나 자신이 자라면서 그런 이야기를 주변에서 해 주는 사람이 없어요. 자라면서 가끔 단편적으로 있었던, 그 당시에 있었던 상황들을 연상해 보니까 '이래서 그랬구나' 하는 생각들이 나는 사건 몇 가지가 있었어요. 뭐냐 하면, 그 당시에 좌우익이 그렇게 싸울 때 우익청년단이 있었단 말입니다. 대한청년단인지 서북청년단인지 모르지만 청년단장이 있었데요. 그 청년단 멤버들이 그 사람들 잡는데 아주 수훈갑이라 하데요. 밤에 와 가지고 막 뒤비고, 망보고, 앞산에 가서 지키고. 그런 일을 한 거예요.

그 일을 했던 사람들이 인제 그 자손들한테 교육을 시키고 전언을 하고 뭐 그런 애기를 한 모양이야. 사실 5·16 박정희 이전에는 그다지 군인자식이라고 대우받는 것도 없었지요. 다 그냥 그렇고 그랬는데. 5·16이 나니까 그 사람들이 면장도 하고 막 그러더라고. 수리조합장도 하고. 그 청년단 출신 그 사람들이. 군대에 가 가지고 대위도 되고. 지금 가만히 보면 학력도 별로 안 좋은데 대대장도 나오고 그랬더라고. 그런 출신들을 우대했던 모양이에요. 그 사람들이 와서 아동들한테 교육을 시키면서 누구네 빨갱이라고 했던 모양이지. 그런데 우린 모르고.

그 집 아들들이 (우리를) 구박하는 거예요. 철도 모르고 열 두 살 먹은 것들이. 맨날 붙여다 싸움 붙이고. 거기서 막 싸우고. 내가 이기면 뜯어 말리고 그놈이 이기면 막 박수치고. 닭싸움 시키는 식으로. 그러면서도 내가 그런 관계라는 걸 모르고 컸어요. 그렇게 컸어요.

어릴 때 다 천재고 그러지만 저는 아주 주목을 받을 정도로 명석했던 모양이에요. 어릴 때. 장안국민학교를 졸업할 때 석차 2번으로 졸업을 했습니다. 그래서 주변에서 좋은 학교 가라고 권장했지만 워낙 집이 어렵잖아요. 심지어

3장 국민보도연맹원, 자식에게 해 될까 봐 저승길 트럭에 오르다

보은에 와서 보은농업고등학교 다니는 것도 못 갔어요. 왜냐하면 하숙비 낼 형편이 못 되니까. 61년도 5·16혁명이 나니까 그때부터 군인들이 정치에 개입을 하면서 군 출신을 우대했고 그 전에 6·25 때 당했던 군경유자녀들 그들에게 특혜를 주고 공납금도 면제해 주고 상급학교 진학도 이래 해 주고. 저는 그렇지 못하니까. 내 어릴 때 느낌으로는 별 것도 아닌 것들이 학교 가고 그러니까. 시골에서 중학교 졸업하고 시골에서 6개월 동안 나무하러 다녔습니다. 게들이 한 번씩 내려오면 그걸 못 견뎠어요. 자존심이 상해서.

공부를 계속하고 싶었던 신씨는 친척이 있는 대구로 가서 일을 하며 고등학교를 다녔고 2부가 있는 영남대학교에 입학했다. 1968년이었다. 그때까지도 자신에게 닥쳤던 불행의 원인을 짐작조차 못했다. 곧 기존 방식으로 독재를 유지할 수 없다고 판단한 박정희정권이 유신쿠데타로 영구집권을 획책할 때였다. 의협심이 강했던 신씨는 써클활동을 시작했고 얼마 지나지 않아 주변의 친구들이 멀어져 가는 경험을 하게 되었다. 알고 보니 정보기관의 사찰이 원인이었다.

신씨는 이때부터 부친의 죽음에 대해 관심을 갖기 시작했다고 한다. 당시로서는 원인을 몰랐지만 과거를 돌아보면서 그 단서를 찾을 수 있었다.

그래서 대구에 이모님이 있었는데 이모님한테 편지를 써서. "나도 도회지 나가서 공부하고 싶다." 그래서 도회지 간 게 대구였어요. 거기서 컸습니다. 거기서 중학교 졸업하고 어린 나이에 고등학교를 제대로 못 가고 공장에 다니면서 일을 했습니다. 그때 벌써. 왜 그랬는지도 모르는 거지요. 그냥 집이 워낙 가난해서 그런 줄 알고.

그래도 향학열 때문에 공부를 하다 보니까, 또 대학 가고 싶고. 그 당시에는 대구에서 유일하게 영남대학교가, 그때는 통폐합을 해 가지고 2부 대학이 있었습니다. 거기를 또 다녔어요. 그렇게 어렵게 공부를 하면서도 이상하게 마음 속에 흐르는 의협심 같은 게 있잖아요. 그런 것 때문에 학교에서 써클 활동을 할 때 거기에 가입을 하고, 또 그러다 보니 거기서 두각을 나타내고. 두각을 나타내다 보니까 간부도 하고. 그런데 나중에 보니까 애들이 내 주변에서 살살 떨어져 나가더라고. 알고 보니까 제 뒤에 사찰을 했어요. 그래서 하던 써클을 해산하고 고향에 찾아왔어요. 한 번 어떻게 해서 돌아가신 것인지 알아 봐야겠다고.

대학에 들어 온 뒤 사법시험을 준비하던 신씨는 이 일을 겪은데다 누이로부터 부친의 억울한 죽음을 확인한 뒤 경영분야로 전공의 방향을 바꿨다. 이후 대구 주류회사의 최고 경영진까지 되었지만 '부친이 살아계셨다면'이라는 가정을 여전히 잊지 않고 있다.

외속리면 장내리(현 장안리) 강현중

희생자 강현중의 아들 강호영(1939년생)씨는 보은 미신고유족 대책위원장이다. 사건 당시 열 두 살에 불과했던 그는 희생자의 시신을 수습하는 과정에서 미륵뱅이 학살현장을 목격했다. 그 많은 죽음이 무엇을 의미하는 지 알 수 없던 나이였지만 무고했던 그들의 참혹한 모습은 지워지지 않는 이미지로 가슴 속에 새겨져 있다.

암소바위가 있던 산과 나무들, 그리고 부채꼴로 교통호처럼 파놓은 구덩이와 시신들. 그는 작은 축구장을 연상시키는 거대한 야적장에서도 희생자들의 시신이 널부러져 있었던 곳을 정확히 지적했다. 세 겹 네 겹의 시신들이 있던 곳. 아들 강씨는 어려서 너무 험한 꼴을 봐서 그런지 아니면 그의 말대로 종교 때문인지 분노하는 모습조차 평온해 보였다. 그는 아직까지 현장을 목격한 유일한 사람이다.

보은군 장안면 장안리(유족들은 장내리라고 부른다)에서 살던 강현중(당시 30대)이 나오라는 연락을 받은 곳은 밭이었다. 일하던 중이었다. 지서로 나오라는 연락을 받고 갔다가 보은경찰서로 옮겨진 뒤 희생되었다.

아버님은 좋으신 것만 알고 있고 그래도 동네에서 좀 이럭저럭 말씀이라도 하고 다니신 걸로 알고 있어요. 보도연맹 이런 거는 저는 잘 몰랐고요, 나중에야 보도연맹에 가입해서 돌아가신 것으로 알았어요. 그때는 몰랐어요. 어른들한테 들었고. … 아버지가 밭에서 일을 하는데 지서에서 오란다고 그래 가지고 그 연락을 받고 집에 와서 옷을 갈아입고 지서를 가셨데요.

아버지가 3형제예요. 작은아버지가. 차에 사람을 태워 가지고 가니까 뒤를 따라가 봤데요. 중간에 가서 서더니 순경이 아버지 보고 돈을 주면서 "가서 담배 좀 사오라"고. 아버지가 담배를 사다가 주니까 막 화를 내더래요. 그 순경이. 작은아버지가 그걸 봤데요. 나중에 알고 보니까 그걸 가지고 집으로 가라는 얘기를, 그걸 모르고 담배를 사 가지고 갔다고. 나도 그렇게 얘기만 듣고서. 그날 길상 암소바위라는 데서 돌아가신 걸로만 알고 있어요.

보은경찰서에서 하룻밤을 보낸 희생자는 1950년 7월 15일(음력 6월 1일) 길상리 암소바위에서 경찰에게 집단총살당했다. 당시 희생장면을 희생자 동생이 숨어 목격했다. 길게 판 구덩이 앞에 주민들을 줄지어 세워 놓고 총을 쐈다.

그날로 바로 돌아가신 게 아니고 그 이튿날이요. 보은경찰서에서 하룻저녁 주무시고 그 이튿날 거기에 다 모여서 총살을 당한 건데, 총살당하시는 것까지 작은아버지는 먼 데서 숨어서 봤데요. 저는 그때까지 몰랐고. 먼데서 숨어 보니까 사람을 쭉 세워 놓고선 총으로 쏘고. 쓰러지면 또 쭉 세워 놓고 또 쏘고.

강호영씨는 미륵뱅이 학살현장을 직접 목격했다. 당시 부채꼴의 기다란 구덩이 앞에 부친을 포함한 백여 명의 주민들이 세워져 총살낭한 뒤 암매장되었다.

작은아버지가 말씀하시는데요, 사람을 묶어 가지고 쭉 세워 놓고 총을 쏘니까 뒤로 자빠지는 사람도 있고, 옆으로 자빠지는 사람도 있고. 이렇게 와서 보고 발로 밀어서, 구덩이로 안 들어간 사람들은 발로 밀어 넣고 또 그 다음에 사람을 쭉 세워 가지고 또 쏘고 그랬다고 그러더라고. 쏜 사람들은 경찰이라고.

몇 명이나 쐈는지 그건 잘 몰라요. 한 30명 즈음 될 거예요. 작은아버지 말씀이 몇 명이란 거는 안 하시고 그냥 사람을 쭉 세워 놨다고만 하셨어요. 쭈욱 세워 놓고 총을 쏘고. 구덩이로 안 들어간 사람들은 와서 발로 밀어서 넣고 넣고 그랬다고 그런 얘기만 들었어요.

총살 당시 먼 거리였지만 작은아버지가 숨어서 모두 목격했다. 경찰은 참호 앞에 주민들을 줄지어 세운 후 여러 차례에 걸쳐 총살했다. 희생자들은 손을 앞으로 하여 허리와 연결된 새끼줄로 묶인 채로 정면에서 경찰이 쏜 총을 맞고 쓰러졌다. 눈은 가리지 않았다. 경찰은 참호에 빠지지 않은 희생자의 시신을 발로 차 넣었다. 이런 과정은 여러 차례 반복되었다.

한명 한명씩 맡아서 쏘았겠지요. (희생자) 앞에서 쐈지요. 앞에서 쐈대요. 눈은 안 가렸다고 그러는 것 같아요. … 그냥 세워 놓고. 말하자면 (반원을 그리며) 이렇게. 산이 이렇게 높으면 산 위에서 (위에서 아래로 반원을 그리며) 이렇게 쏜 거예요. 대개 원형을 (반원을 그리며) 이렇게 만들어 놨는데 반대로 놓고 위에서 쏘고 넘어뜨리고 쏘고 넘어뜨리고. 그런 형태가 되었어요. 이건 제가 봤기 때문에 확실해요. 일자가 아니라. 아주 정확해요. 지금도 그 생각이 나면 눈물이.

손을 앞으로 묶어 놓고 앞에서 쐈어요. 한 사람 한 사람 쐈는지 여러 사람을 쐈는지 거기까지는 잘 모르겠어요. 시신을 수습할 때 손이 묶여 있었어요. 새끼줄로 이렇게 묶여져 있었어요. 허리까지 이렇게 해서 다 그렇게 묶여져 있었어요. 전부 다. 그걸 다 풀었지요, 나중에. 칼로 끊고. 신발은 다 신고 있었어요.

이틀 뒤 마을 주민들과 함께 작은아버지가 시신을 수습하기 위해 암소바위로 갔다. 이때 아들 강씨도 함께 따라가 학살현장을 목격했다. 당시 시신의 머리 부분이 많이 부어 있었으므로 얼굴로는 신원을 확인할 수 없었다. 암소바위 현장은 산 방향을 중심으로 원호를 그리며 파진 참호에 두 겹 또는 세 겹의 시신이 얕게 매장되어 있었다. 참호의 길이는 10미터가 넘었으며 두세 겹으로 쌓여 있었으므로 희생자의 수는 적어도 100명을 넘어 보였다.

그 다음다음날 작은아버지하고 동네 어른들하고, 큰아버지는 안 가시고, 동네 사람들이. 그때는 저희 집이 조금 괜찮게 살았던 모양이에요. 동네 사람들하고 다 같이 아버지 시신을 찾으러 간 거예요. 처음에 저도 따라갔어요. 어려서 못 오게 하는 걸. … 암소바위라는 곳에 저도 따라갔는데, 가니까 사람 얼굴하나가 (큰 손짓을 하며) 이만큼 해요. 저는 직접 봤어요. 막 무서울 정도로 봐서. 그런데 얼굴을 봐서 사람을 못 찾아요.

그날은 찾다찾다 못 찾고. 맨 윗사람. 흙도 많이 덮어져 있지 않고 약간 이렇게 덮어져 있고. 다 비칠 정도로. 밑에 사람이 비칠 정도로. 또 재끼고 이렇게 반원쪽으로. 반대쪽으로. 저 끝에서 (쏜 것으로) 그렇게 봤는데. 저는 직접 어른들 쫓아다니면서 찾는 거 구경만 했지요. 아버지인가 아닌가.
(시신에) 단추가 낀 데는 살이 이렇게 불어 있었어요. 얼굴 형태를 안다면 거짓말이에요. 저는 (제) 눈으로 (직접) 봤는데, 얼굴이 막 부어 가지고요, 누가 누구인지 형태가 그렇게 모를 정도였어요. 총을 맞아서 그렇게 부었다고. 총으로 맞으면. 하여튼 엄청나게 부었어요. 많이 부어 있었어요. … (희생자

미륵뱅이 집단희생현장을 목격했던 유족 강호영씨는 주변 지형을 보고 당시 희생자의 시신을 수습했던 곳을 알려 주었다. 왼쪽부터 강호영씨, 김정남 유족회 총무님, 박용현 유족회장님, 글쓴이.

가) 많았어요. 정확한 거는 모르지만요, 두 줄도 있고 석 줄도 있고. 가운데는 석 줄 양쪽 끝으로는 두 줄, 이렇게 기억이 되거든요. 하여튼 파기 좋은 데는 석 줄, 파기가 나쁜 데는 두 줄 이렇게 되어 있었는데요, 사람들이. 제가 보기에는 백여 명이 넘는 걸로 보고 있어요. 굉장히 많았어요.

참호가 한 줄로 (손으로 원주를 그리며) 이렇게 파 있는데, 사람을 이렇게 세워 놓고 쏘면 뒤로 넘어질 것 아니에요. 그러면 대충 그 위에다 세워 놓고 또 쐈어요. 그 위에 사람이 또 넘어졌고. 또 세워 놓고. 그러니까 사람이 세 겹으로 쌓여 있었어요. … 호의 길이를 잘 모르겠어요. 굉장히 길었어요. (10미터 길이의 대회의실과 비교하여) 이것보다 더 길었어요. 어릴 적에 봐서 그럴지 모르겠습니다만 굉장히 길었어요. 깊이는 1미터는 되었을 거예요. 더 된 데도 있고 덜 된 데도 있고. 제 보기에는 땅이 파기 좋으면 더 파져 있고, 안 파지는 데는 덜 파져있고 그렇게 생각이 돼요.

유족들은 시신이나마 수습하기 위해 암소바위 현장의 희생자들을 휘젓다시피 하며 찾아야 했다. 이 때문에 그나마 알아볼 수 있는 시신들조차 훼손되었던 것으로 보인다. 강씨 일행은 3일만에 옷을 보고 시신을 수습해 장안면 종중산에 모셨다.

그걸 어떻게 알았냐면 시신을 찾기 위해 막 이렇게 꺼내니까. 못 찾으신 분들은 많이 훼손이 되었을 거예요. 왜 그러냐면 이리 휘젓고 저리 휘젓고 그래서. 하여튼 거기 찾느라고 꽤 오래 갔었어요. 저는 다행히 3일 만에 찾아 가지고 선산에 모셨어요. 그 후에도 머리에 남아 있을 것 아니에요. 못 찾으신 분들이 많다고 그랬는데, 제 생각입니다만, 시신이 훼손되었기 때문에 시신을 못 찾았을 거예요.

3일째 옷을 보고, 그때는 부기가 좀 빠지고. 옷을 보고 아버님을 찾아 모셨거든요. 제가 눈으로 보고 그런 거는 아버님 돌아가실 때 산에 가서 찾아다가. 장안 동네 뒷산이 저희 문중 산이었어요. 거기다 모신 것 외에는 나중에 들은 얘기 뿐이지요. 제삿날은 (나가신 날인) 음력 5월 29일이에요. 끌려가신 지 3일 만에 찾았어요. 동네 사람들이 거의 다 갔어요.

같은 마을에서 함께 희생된 주민들은 부친을 포함하여 모두 다섯 명이었다. 강씨가 직접 알고 있는 또 다른 희생자는 이현구의 부친 이연규였다. 이외에 장안면 봉비리 신기석, 장안면 장내리 이구삼의 희생사실에 대해 알고 있었다.

장내리에서 다섯 분이 돌아가셨는데 이름은 모르겠어요. 오래 되어 가지고. 이현구 아버지예요. 형 이선구는 죽고. 이연규씨의 아들. 장안면 봉비리 신기석을 처음에는 몰랐고 나중에 알았어요. 그 분도 면에 다니시던 큰아버지가 이야기해서 아마 장사 날짜도 알고 그러셨을 거예요. 이구삼씨도 알아요.

강씨는 부친의 죽음 이후 살기 위해 서울로 올라와 힘든 세월을 지내야 했다. 가장 억울한 것은 공부를 계속하지 못했다는 것이었다.

공사판 따라서 서울 올라가 살고, 취직이 힘들고 그래서 고향에서 살게 되었어요. 시골에서 서울 간 것이. 큰집에서 일 년 농사를 지으면 일 년 농사 쌀은 한꺼번에 갔다 줘요. 그러고선 애들한테 일체 끊어버리는 거예요. 그러니까 애들하고 학교 다녀야지요, 반찬도 사 먹어야지요, 나무도 해서 때야지요, 뭘로 하겠어요. 제가 했지요.

큰 딸 이길자씨는 어머니한테 "우리는 왜 아빠가 없어?"라는 질문을 많이 했고, 그때마다 어머니는 암소바위 현장의 참상에 대해 이야기해 주었다고 한다.

그때는 큰집이 야속하고 그랬는데, 커서 생각해 보니까. 어머니가 젊으니까 출가하면 그만 아니냐 하고 아무것도 안 대주고. … 그래도 어머니가 끝까지 저희 3남매를 키워 가지고. … 옛날 얘기하면 기가 막혀요. 제일 억울한 게 아버지 3형제인데 큰아버지 아들 사촌도 대학을 나왔고 작은아버지 아들도 대학을 나왔고. 다들 잘 살아요. 그런데 저만.

외속리면 장내리 이구삼

외속리면(현 장안면) 장내리 이구삼의 희생경위에 대해 딸 이길자씨(1942년생)와 이인용씨(1947년생)가 증언했다. 주요 내용은 부친 이구삼이 지서로 끌려간 뒤 보은경찰서로 이송되어 1950년 7월 15일 길상리 암소바위에서 희생되었다는 것이었다. 자매 사이인 두 증언자가 알고 있는 내용이 다른 경우가 있어 인용문 끝에 이름을 적었다.

딸 이길자씨는 보은군 외속리면 장내리에 살던 부친 이구삼(당시 30대)이 목수였으며 마을 이장 일을 보았다고 기억했다.

아버님은 키가 자그만 하니 굉장히 야빠르고 목수를 하셨는데. 거기 외속리 학교 이쪽 편에 지을 때, 내가 일곱 살 졸졸졸 따라다니고 했는데. 목수일 하는데 혼자는 안 했지만 그거 일 하는 데 같이 하셨어. 손재주가 좋아 가지고 목수일 하셨어. 이장도 보고 아마 그렇게 (하셨나 봐). 그러니까 이장 본 사람들을 다 불러갔다고 그랬었어. 그때. 이장 보고 좀 똘똘한 편이고 그래서 그렇게 되었데. … 전쟁 전에 마을에서 일 많이 했지요. 집 같은 거 무너지면 그런 것도 잘 고치고. 손재주가 좋아 가지고. 하여튼 목수라는 건 알아. _이길자

전쟁 전 도장을 찍어 보도연맹에 가입된 일이 있었는데 이 때문에 전쟁 후 지서로 끌려갔다.

아무것도 한 게 없는데 누가 도장을 찍으라고 해 찍었다고 그래. 파출소에서 와서 데리고 갔는데 우리는 어쩐 일이냐고 깜짝 놀라고 그러니까 "우리는 죄 없으니까 걱정 말고. 바로 올 거야" 그랬어. 그 당시 조그마하니까 몰랐는데 끌고 가서 저기 길상 암소바위인가에서 총살 나고 그런 소리만 들었어. _이길자

사람 관계가 넓은 편이어서 지역에 아는 사람들이 많았던 부친은 연행 직후 지서 근무자가 도망가라는 뜻으로 담배 심부름을 시켰다고 한다. 희생자는 죄 지은 것이 없으니 도망갈 수 없다며 담배를 사서 지서로 다시 들어갔다고 한다.

보은경찰서로 바로 가지 않고 지서로 갔는데 지서에 누가 아버지 보고. 아버지가 발이 넓었어요. 담배를 사 오라고 아버지에게 돈을 주고 했는데, 피하라고 줬는데 그걸. 죄 없는데 그걸 왜 하냐면서 담배를 사 가지고 들어갔다. 그길로 묶여서 끌려갔다고 그러더라고. 이후 보은경찰서로 끌려가셨다가 암소바위에서 희생되신 거예요. _이길자

얼마 후 지서에 갇혔던 주민들이 모두 보은경찰서로 끌려가 길상리 암소바위에서 집단희생당했다. 희생당한 날은 1950년 7월 15일(음력 5월 30일)이었다. 총살당하는 모습이 인근 주민들에게 알려졌고 희생자 유족들에게도 전해졌다.

둘째 딸 이인용씨는 부친의 시신에 총을 맞은 흔적이 없었던 데다가 발 뒤꿈치가 모두 벗겨졌다는 것을 모친에게 들었다고 한다. 이로 보아 생매장 당하다시피 한 것이라고 주장했다.

모친과 부친의 이종사촌이 암소바위로 가서 시신을 수습했다. 희생자의 몸집이 작은 편이었던데다가 새치머리였으며, 입고 있던 옷의 바느질 솜씨를 보고 모친이 찾았다. 희생자들 사이에 끼인 채 발견된 부친의 시신은 총상을 입지 않았으나 발뒤꿈치가 모두 벗겨진 것으로 보아 죽기 전 심하게 몸부림 쳤던 것으로 보였다.

거기서 총소리가 나서 동네 사람들이 거기서 총살당했다고 해서 어머니가 아는 분들하고 거기를 가셨었대요. 시체들이 많으니까 분간을 못 하시고 찾을 수 없어서. 보니까 어머니가 옷을 해 입은 걸 봐서. _이인용

아버지가 키가 자그만 하니 머리에 하얗게 새치가 생겨서 그거를 보고, 바느질 한 것을 보고 찾았대. 그런데 다른 사람들은 총살을 맞아서 다 이렇게 (부어) 있는데 (아버지는) 몸 상태가 그대로 있더래. 우리 아버지는 체신이 작아서 큰 사람들 사이에 끼여 있어서. 총살을 안 맞아 가지고. 발을 이렇게 몸부림 쳐서 뒷굼치가 훌렁 까져 있더래요. 그러니까 생죽음 한 거야. _이길자

장내리에서는 강호영(보은지역 미신고위원장)씨의 부친 외 1명 등 모두 3명이 지서로 끌려갔다고 알고 있었다. 부친을 잃자 모친은 친가가 있던 탄부면 벽지리로 이사해야 했으며 타성받이라 이후 힘들게 살아야 했다.

당시 살던 곳은 보은군 외속리면 장내리였어. 지금은 장안면으로 바뀌었데요 거기서 돌아가시고 너무 저거 하니까 외갓집 동네로, 탄부면 벽지리로 이

사를 갔어요. 돌아가시고 얼마 안 있다가. 거기는 다 타성받이들만 있고 하니까, 우리 어머니가 젊으니까, 어린애하고 살기 어려우니까 친정동네에 그리로 이사를 가셨어요. _이길자

우리 남동생을 스무 살 때 장가를 들였는데 공부를 안 가르쳤어요. 공부해서 뭐 하냐고. 기술 배우라 하고 막 이랬으니까. 공부를 했는데 취직이 안 되니까. 그래서 다시 기술을 배웠어. 기술직으로. 공무원은 안 된다고 해서. 빨갱이 자식은 취직이 안 된다고 해서 공부를 안 하려고 하는 걸 내가 어거지로 시켰는데 다시 기술직으로 해 가지고. 기술자로 그런대로 잘 풀렸어요. 그런데 우리 남동생은 일찍이 죽었고. _이길자

두 딸은 아버지의 희생사실로 인해 새롭게 현대사를 배우고 있었다. 아버지의 죽음은 시대를 잘못 만난 우연함 때문이 아니라 이승만 정부가 계획적으로 저질렀던 국민보도연맹사건 때문이었다는 것을 깨달았다.

이길자씨는 면담을 준비하면서 며칠 동안 잠을 못 이루는 병이 났다고 한다. 하지만 희생경위를 요약한 서류를 준비한 것만으로도 억울함의 반절은 벗어난 것 같았고 면담을 마친 뒤에는 편안함까지 느낄 수 있었다고 했다.

이렇게만 하더라도 마음이 푸근하더라고. 이거 하고 나서 병이 났었어요. 머리 속에 잊었던 걸 캐내가면서 생각하려니까 잠이 안 와. 서류만 내 놓고도 우리 아버지 억울함 반절은 벗었다 생각이 들어서. _이길자

보도연맹이 뭔지 뜻을 몰랐어요. 언젠가 <그것이 알고 싶다> 보니까 우리 아버지가 저것 때문에 그런가 보다 생각을 했지요. _이인용

여전히 가해집단은 자신들의 범죄행위를 인정하지 못한다. 병들었으면서도 치료를 거부하는 그들에 비해 피해자의 유족들은 이제야 인식하기 시

아들 전상삼씨는 허리띠로 쓰인 부친의 넥타이를 보고 시신을 수습했다고 증언했다. 그는 2006년 보은군청에 진실규명을 신청했으나 군청은 사건이 신청대상에 해당 되지 않는다며 접수해 주지 않았다고 한다.

작하고 있다. 한국사회가 갖고 있는 집단적 정신병리현상의 치유는 이렇게 피해자부터 먼저 인식하는 것에서 시작되는 것 같다.

수한면 성리 전순태

전순태의 희생경위에 대해 아들 전상삼씨(1947년생)가 증언했다. 주로 어머니와 고모로부터 부친의 희생사실에 대해 들었다는 전씨는 기억하는 것이 많지 않았다. 주요 내용은 희생자가 1950년 7월 7일(음력 5월 22일) 같은 마을 민갑식씨와 함께 수한지서로 연행되었다가 보은경찰서로 넘겨져 1950년 7월 15일(음력 5월 30일) 길상리 미륵뱅이 암소바위에서 총살당했다는 것이었다.

그가 알고 있는 부친 전순태는 수한면 성리의 야학 선생님이었다고 한다.

> 그때 아버님이 성리에서 야학 선생을 했데요. 부락에서. 동네에선 조금 괜찮았데요. 지금 저는 잘 몰라요. 아버님 기억도 못 해요. 그때 네 살이었고 아버님 얼굴도 몰라요. 아버님 피해 당하신 것은 옛날에 어머님하고 고모님한테 들었어요. 끌려가 가지고 총살당했다고.

연행 당시 수한지서 경찰은 회의가 있다며 부친을 끌고 갔다.

수한지서에서 경찰이 나와 가지고 지서에서 회의가 있다고 해 가지고 같이 갔다는 거예요. 그래 가지고 한 이틀 되어도 안 오시고. 보은 유치장에 있다가. 수한지서에서 다시 보은경찰서로 넘어갔데요. 거기서 안 돌아 오신 거지요. … 수한지서로 갔다가 경찰서로 넘어갔다고. 어떻게 넘어가셨는지 모르지요. 수한지서에서 보은경찰서로 넘어갔을 때 밥을 날랐다던가 하는 거는 제가 (모르겠네요).

전씨는 미륵뱅이에서 주민들이 총살당했는데 모친과 고모가 학살현장에 찾아가 허리띠로 쓰인 넥타이를 보고 시신을 찾아 수습했다고 한다.

시신을 수습하러 갔지요. 고모님하고 갔었데요, 어머님하고. 가서 보니까. 아버님이 넥타이를 (허리에) 매셨데요. 넥타이를 가지고서 허리띠 하신 것을 보고 (시신을) 찾았데요. 넥타이를 알아 가지고 그걸로 찾았다고 하더라고요. 제사일은 음력 5월 29일(양력 1950년 7월 14일). (음력) 22일에서 26일경에 끌려갔다는 거예요.

진실화해위원회는 수한면에서는 교암리 민갑식의 희생사실을 확인했다. 아들 전씨는 조사가 진행된다는 사실에 대해 민씨의 유족을 통해 알게 되어 2006년 함께 군청에 찾아가서 신청서를 접수하려 했으나 담당 공무원이 해당되는 사건이 아니라고 하여 접수를 취소한 적이 있었다고 한다. 전씨는 지금이라도 빠른 시일안에 조사가 재개되어 희생자의 명예회복이 이루어지길 바라고 있다.

그때 (진실화해위원회가) 조사할 적에 제가 보은군청까지 갔었어요. 그런데 뭐 해당이 안 된다, 뭐가 없다 그래서 안 했거든요. 구청에서 그걸 잘못 파악했었나 보죠. 같이 갔다가 저는 안 되고 그 양반은 되고. 그때 군청 회의실에서 그랬었는데. 빠른 시일 안에 해결되길 바랍니다.

보은지역 조사를 마치며

1948년 5·10단독총선거는 제주 뿐 아니라 전국에 심각한 영향을 끼쳤다. 속리산 부근도 영향이 있었던 것이 확인는데 당시 언론은 충북경찰청이 40명의 경찰로 구성된 토벌부대를 산외면에 파견했으며 작전 결과 다이너마이트 등을 갖고 있어 빨치산으로 보이는 장동권 등 13명을 검거했다고 한다. 인근 옥천에는 청산 월명광산이 있었다.(《경향신문》, 1948. 6. 29.) 보은에서는 이들 토벌경찰의 활동을 지원하기 위해 경찰후원회까지 조직되었다.

경찰의 토벌작전은 1949년으로 이어졌다. 1월 19일 옥천경찰서가 보은 마로면까지 진출하여 체포 작전을 벌였으며, 1월 22일 보은경찰서는 보은 마로면 오천리 절골을 공격하여 1명을 살해하고 6명에게 총상을 입혔다. 교전했다고 하나 경찰 측의 피해가 없었다는 것으로 보아 주민에 대한 일방적인 공격이었을 것으로 보인다. 다음 기사로 보아 마로면 오천리에 대한 공격은 같은 지역에 대한 보은경찰서와 옥천경찰서의 합동 작전이었다.

〈모의중의 남로당원 '절골'서 일망타진〉
지난 22일 보은지구에서 발생될 공비토벌대 전과가 벌어지고 있는데 탐문한데 의하면 청원군 문의지서와 옥천 청산 월명 광산을 습격한 무장공비 10여 명은 보은군 마로면 오천리 절골이라는 고을에서 남로당 보은군 간부들과 집결하여 보은경찰서 모지서를 습격 모의 중이라는 정보를 탐지한 보은경찰서에서는 금월 22일 불효를 기하여 기동대 형사대를 출동시켜 공비 본기지를 급습 교전한 결과 공비 한명 사살 중상포로 6명의 대전과를 올리는 외 군내 적색 극렬분자 다수를 체포하였으며 경찰측의 피해는 없었다고 한다.
_《경향신문》, 1949. 2. 20.

보은에서 진행된 경찰서의 토벌작전은 1949년 3월 15일까지 20건이 발생하여 연행된 관련자가 96명에 이르렀다고 한다. 당시 언론에 따르면 〈국가보안법〉의 실시 후 진행된 것이라고 하므로 1948년 12월 이후 불과 만 3개월 사이에 발생한 사건들이었음을 알 수 있다. 이도 놀랄만한 일이었는데 이보다 더울 놀랄 일은 보은내에서만 좌익계 청년 중 전향한 사람만 1만 4천명에 이른다고 한 것이다. 충북 전체를 말한다는 것이 보은으로 잘못 쓰였을 수 있겠지만 아무튼 대단한 규모로 보인다.

〈보은 좌익계 청년 전환자 1만 4천〉
충북 보은경찰서에서는 보안법 실시 이래 지난 3월 15일까지 동경찰서 관내에서 20건이 발생하엿는데 관계자 96명이라 하며 그리고 동서관내 청년 1만 4천명이 좌익계열에 참가하였었는데 그 동안 경찰의 부단한 노력으로 현재 도피자 4명을 제하고는 전부 전환하여 각자 생업에 힘쓰고 있다 한다.
_《동아일보》, 1949. 3. 20.

이런 상황임에도 1949년 6월 8일 산외지서, 14일 수한지서가 습격을 받았다고 한다.(《경향신문》, 1949. 6. 18.) 24일에도 내북지서가 공격을 받았으며 26일 내속리지서에서 교전이 있었다고 한다. 이 교전에서 경찰은 피해를 입지 않았으나 빨치산 측은 1명 사망, 2명 중상을 입었다고 한다. 이들이 갖고 있던 무기는 수류탄 한 개 뿐이었다.(《경향신문》, 1949. 7. 31.)
1949년 11월 충북지역의 전향자가 2천명을 넘어섰다고 한다. 보은은 258명으로 진천 1천 6백여명, 제천 269명의 뒤를 이었다.

〈충북의 전향자 2천명을 돌파〉
충북도경찰국발표에 의하면 23일 현재 전향자수자 수는 2천 4백 18명에 달하고 있다 하는데 그 중에는 여자가 71명이나 끼어 있다고 한다. 또한 카빈총

1정, 99식 1정, 동실탄 570발을 휴대하고 자수하여 온 자도 있었다 한다. 그런데 전기 전향자수자 수의 내용을 각 경찰서별로 보면 다음과 같다.
▲진천 1,627 ▲음성 16 ▲충주 6 ▲제천 269 ▲단양 7 ▲청주 92 ▲괴산 7 ▲보은 258 ▲옥천 69 ▲영동 67 계2,418 _《동아일보》, 1949. 11. 25.

1950년 6월 전쟁이 발발하자 보은에서도 국민보도연맹사건이 발생했다. 진실화해위원회 조사에 따르면, 후퇴하여 수리조합 사무실에 주둔한 국군 2사단 16연대(G2) 군인 10여 명이 보은 보도연맹사무실에서 명단을 받아 경찰을 지휘하여 주민들을 연행했다.

보은경찰서에 갇혔던 50여 명과 산외지서에 갇혔던 20여 명이 7월 15일 내북면 서지리에서 희생되었다. 같은 날 보은면, 수한면 보도연맹원 50여 명은 보은면 길상리 미륵뱅이에서, 마로면 보도연맹원 20여 명은 마로지서로 연행돼 관기리 야산에서, 탄부면 주민들은 하장리 '줄밭골'에서 희생된 것으로 조사되었다.

2009년 11월 보은지역 국민보도연맹사건에 대한 진실화해위원회 조사 결과 보은면 2명, 산외면 15명, 수한면 1명, 외속리면 1명, 마로면 5명, 탄부면 2명 등 모두 26명의 희생자를 확인했다. 당시 희생지로 본다면 보은면 길상리에서 7명, 교사리에서 2명, 내북면 서지리에서 8명, 마로면 관기리에서 6명, 탄부면 하장리에서 1명, 미확인 2명이었다.

이번 유족면담을 통해서 새로 나타난 희생자는 산외면 봉계리 곽명기, 산외면 길탕리 신창휴, 마로면 세중리 남정섭, 산외면 아시리 구연식, 탄부면 당우리 이갑용, 이삼용, 이○용, 장안면 봉비리 이사용, 신기석, 장안면 장내리 강현중, 이구삼, 수한면 성리 전순태 등 12명이었다.

곽명기, 신창휴 2명은 내북면 서지리에서, 남정섭, 구연식 2명은 마로면 관기리에서, 이갑용, 이삼용, 이○용 3명은 당우리에서, 이사용, 신기석, 강현중, 이구삼, 전순태 5명은 보은면 길상리에서 희생되었다.

  이번 면담에서는 지난 진실화해위원회 조사에서 확인되었던 희생지인 보은면 교사리, 탄부면 하장리의 희생자는 확인되지 않았다. 유족 곽순기가 말하는 들깨뜰, 유족 신시우가 말하는 길탕리 뒷산은 내북면 서지리를 말하는 것으로 판단된다. 이번 면담을 통해 드러난 새로운 희생지는 당우리 뒷산 보덕중학교 뒤 골짜기로 보인다.

총살 후 기름으로 불을 질러 _옥천

김정자 유족은 옥천에 유족회가 없었으므로 전국유족회로 연락을 취했고 괴산유족회 이제관 회장님을 소개받았다. 그리고 다시 박용현 보은유족회장님을 통해 2015년 5월 19일 보은읍사무소 면담 장소까지 찾아오게 되었다.

  나는 보은지역의 유족을 만나면서 옥천지역의 보도연맹사건을 만나게 되리라는 생각을 하지 못했다. 미리 준비한 것이 없었으므로 상식 수준에서 판단하기로 하고 일단 말씀을 들어보았다. 그리고 이제 이를 계기로 미흡하나마 1950년 7월 옥천에서 벌어진 국민보도연맹사건의 전후를 재조명하게 되었다.

청성면 산계리 김기윤

딸 김정자씨(1942년생)는 청성면 산계리 신기마을에 살던 부친 김기윤

진실규명 신청이 있었다는 사실을 뒤늦게 알게 된 김정자씨는 이제야 증언자들을 찾아다니며 부친의 희생 경위를 추적하고 있는 중이다.

(1918년생)이 국민보도연맹에 가입했다는 이유로 경찰관과 면직원에 의해 청성지서로 끌려갔으며 다시 트럭에 실려 옥천경찰서로 이송된 뒤 희생되었다고 증언했다.

그때 김씨는 여덟 살이었고, 트럭에 실려 가는 모습은 외삼촌 등 주민들이 목격했다. 신기마을에서 희생자와 함께 외삼촌 정도원의 동생 정동원, 한홍구의 동생이 끌려가 희생되었다.

> 그때 제 나이 여덟 살 즈음 되었을 거예요, 아마. 지금도 생생하거든요. 저희 아버지하고. 외삼촌이 바로 옆집에 살았어요. 한홍구씨 동생하고. 그렇게 세 사람을 새벽에 와서 잡아갔어요. 잡아간 게 보도연맹에 도장을 찍었다고 면직원하고 경찰관하고 와 가지고 세 명을 잡아갔어요.
> 그래서 제가 너무 분해 가지고. … 외삼촌이 나이가 좀 많았어요. 지금도 살아 계셔. 그 외삼촌 동생도 같이 갔어. 그러니까 청성지서에서 모아 가지고 전부 묶어 가지고 트럭에다 싣고 옥천으로 간다고 떠나는 모습이 마지막이었어요. 그건 외삼촌이 보신 거지. 청성지서 바로 옆에 살았어요.

며칠 뒤 총살당했다는 소문이 돌자 외삼촌 등 가족들은 시신이라도 찾기 위해 학살현장을 찾아갔다. 하지만 시신들을 큰 구덩이에 몰아넣고 기름으로 불을 질렀으므로 시신을 구별할 수 없었다고 한다. 제사를 음력 5월 29일 지내므로 희생일은 음력 5월 30일이다. 양력으로 1950년 7월 15일.

김씨는 당시 옥천경찰서로 끌려갔던 주민들이 주로 희생된 곳이 동이면 평산리였으므로 부친 역시 같은 곳에서 희생되었을 것으로 생각하고 있다.

> 그래 가지고 며칠 있다 옥천에서 연락이 왔데요. 시체 찾아가라고. 그래서 외삼촌하고 큰아버지, 엄마, 할머니, 다 갔데요. 옥천을 갔는데 큰 구덩이를 파 놓고 거기다 총살하고 기름을 뿌리고 불을 질러서 아무도 못 찾았어요. 거기 온 사람들도 (시체를) 찾아간 사람이 드물데요. 기름을 뿌려서 새카마니 몰라 가지고. 남의 시체는 못 가져오잖아요.
> 거기가 옥천 어딘가는 지금 모르겠어요. 2년 전에 옥천군 동이면 평산리라는 데가 있어요. 옥천신문에 났더라고요. 동이면 평산리에서 산을 파헤치니까 시체가 무지 나왔는데 그게 보도연맹의 시체라고.
>
> 산계리 신기부락에서 세 분이 같이 갔어요. 청성지서에는 장수리 이런 데서 잡혀오신 분도 몇 명되었데요. 청성에서 다 묶어 트럭에 싣고 옥천으로 떠나는 모습이 마지막이었어요. 트럭이 몇 대였는지 그거는 잘 모르겠는데요. 트럭에 묶여 다 실리는 모습만 보고 서로 눈만 마주쳤데요.

부친의 희생 후 김씨의 호적은 큰아버지에게로 옮겨졌다.

김씨는 옥천군 동이면 평산리에서 유해를 발굴했다는 내용의 《옥천신문》기사를 본 뒤 카메라와 녹음기 들고 다니면서 증언을 채록했다고 한다. 이후 옥천군청을 찾아갔지만 신청을 받아주지 않았다. 신청기간이 지났다는 이유였다.

옥천지역 희생사건을 어떻게 봐야 하나

해방 직후 옥천지역 사회는 당시 언론자료만으로도 다른 어느 지역보다 통일정부 수립 문제를 중심으로 활발한 활동이 있었다고 평가할 수 있어 보인다.

1947년 7월 27일 옥천에서는 2차 미소공동위원회를 축하하고 민주적인 임시정부 수립을 촉구하는 시민대회가 열렸다. 같은 날 전국 각지에서 비슷한 행사가 열렸고 이를 경찰이 실탄 공격하여 모두 6명이 사살당하고 5명이 총상을 입었다. <7·27 인민대회사건>으로 부르는 이 사건으로 인해 6명의 사망자 중 4명, 총상 중상자 5명 중 3명이 옥천에서 발생했다. 해산 과정에서 체포된 옥천 주민만 6명에 달했다.(《경향신문》, 1947. 7. 31.)

같은 해 9월 2일에는 우익단체 계몽대가 청산면 지전리에서 활동하면서 이에 반대하는 5천여 명의 군중과 충돌했다. 당시 언론은 모인 군중들을 동원된 좌익이라고 기술하면서 계몽대원 2명이 사망, 5명이 중상당했다고 보도하고 있다.(《동아일보》, 1947. 9. 5.) 옥천경찰서는 즉시 기동대를 출동시켜 진압시켰다고 하는데 진압과정에서 또 다른 피해가 있었을 것이나 이에 대한 설명은 없다.

5·10선거를 둘러싼 갈등과 단독정부 수립, <국가보안법>의 시행과 반정부 세력에 대한 전면 공격, 그리고 국민보도연맹 조직에 이르기까지 대한민국 현대사를 관철했던 쟁점은 옥천지역에서도 고스란히 나타났다.

선거 직후인 1948년 5월 25일 청년 수십 명이 옥천경찰서로 연행당해 외부와 연락을 차단당한 채 조사를 받았으며, 경찰은 6월 13일 이중 이한영 등 13명이 관공서 습격 계획을 세웠다면서 '옥천지구 인민유격대' 조직 사건으로 발표했다. 제시된 증거물은 수류탄 등이었지만 당시 관행으로 보아 이를 그대로 신뢰하기 어렵다.(《경향신문》, 1948. 6. 29.)

10월 1일에는 옥천 정거장앞 다리 부근에서 경찰의 만행을 비판하는 유인물이 배포되었다.(《동아일보》, 1948. 10. 3.) 이에 경찰력만으로 주민들의 반대활동을 억압할 수 없다고 본 옥천경찰서는 자경단을 조직해 치안활동 보조기구로 활용했다.(《동아일보》, 1948. 12. 8.)

월명광산이 있던 청산면에는 빨치산의 활동과 이를 진압하기 위한 토벌작전도 빈번하게 있었다. 1949년 1월 19일 월명광산이 습격당하자 기동대가 보은군 마로면까지 토벌작전을 벌였으며 이러한 작전은 3월 남로당 옥천군당 책임자라며 김기영 등 50명을 체포하기에 이르렀다.(《동아일보》, 1949. 1. 25.《경향신문》, 1949. 3. 20.)

청산면에서 벌어진 충돌은 1949년 8월 경찰의 탄압이 시작되면서 다시 반복되었다. 옥천경찰서는 8월 초부터 준비하여 9월 3일에는 공비 30명이 있다며 청산면 한곡리를 공격했으며 남로당 옥천군당원이라며 1백여 명에 이르는 주민들을 연행했다.(《경향신문》, 1949. 9. 10., 1949. 9. 17.)

이렇게 연행된 주민 200여 명은 1949년 11월 30일 귀순자 좌담회를 갖고 전향 사실을 공개했다.(《동아일보》, 1949. 12. 4.) 이들은 예외 없이 국민보도연맹에 가입해야 되었을 것이다.

한국전쟁 전후시기 옥천지역의 주민들이 집단희생된 사건은 1994년 지역언론에 의해 알려지기 시작했으며, 1997년 홍수로 인한 토사유출에 의해 유골이 드러나 공개적으로 확인되었다.

동이면 평산리 들미 희생현장 부근에 살던 주민 이종학씨는 집단학살사실을 알고 있었으며, 사건 후 약에 쓴다며 희생지에 가매장된 유골을 파가는 행위를 막기 위해 1976년 현장에 1미터 두께에 이르는 복토작업을 했다고 한다.

《옥천신문》은 1994년 7월 2일 이와 관련해 국민보도연맹사건으로 지역내 주민 400여 명이 희생되었다며 "군내에서 현재까지 보도연맹에 관련되어 총살을 당한 장소로 알려진 곳은 대체로 3~4곳에 달한다. 목격자들의 증언으로 볼때 군서면과 옥천읍의 경계 지점인 말무덤재(현재의 공원묘지 자리), 군서면 오동리 기독교 침례수양관 앞의 논, 군서면 월전리 속칭 용바위

앞 논 등 세 군데를 비롯하여 동이면 평산리 들미지역, 군서면 사양리 속칭 골령이재 너머, 청산면 하서리 뒷산 등이 학살 장소로 꼽힌다."고 보도했다.

  3년 지난 1997년 7월 5일 수해로 인해 동이면 평산리 들미에 가매장되었던 유해와 유품 2백여 점이 노출되었으며, 유골은 7월 15일 군서면 월전리 공원묘지에 안장되었다.

  공식적인 조사는 진실화해위원회가 활동을 시작하면서부터 진행되었다. 조사결과 옥천에서는 연행된 주민들이 옥천경찰서 유치장과 각 지서 창고로 연행되었으며, 총살은 7월 17일부터 시작되어 20일까지 이어졌다. 희생 장소는 동이면 평산리 들미, 군서면 월전리 말무덤재와 용머리바위, 군서면 오동리 강당뜰 등이었다.(월전리와 오동리는 이웃해 있다) 당시 5개의 유치장에 30여 명씩 갇혀 있었으며, 창고와 운동장에도 100~150여 명이 수용되어 있었다. 한 트럭에 40~50명씩 실려 가 총살당했는데, 희생자 수는 모두 300여 명에 달했을 것으로 보인다. 가해를 지휘한 자들은 헌병이었다.

  진실화해위원회 조사결과 진실규명 결정된 54명 중 청성면 산계리에서 국민보도연맹사건으로 희생된 주민은 이경우(당시 39세)였다. 진실화해위원회는 청성면 국민보도연맹원들이 청성지서와 청산지서를 거쳐 청성면 화성리에서 총살당했거나 옥천경찰서로 연행되어 월전리 등 군서면 내 세 곳과 동이면 평산리에서 희생된 것으로 확인했다.

  이로 보아 청성면 산계리에서 살았던 희생자 김기윤의 경우 역시 청성면 화성리에서 희생되었을 가능성이 있으나 옥천경찰서까지 이송되었다면 동이면 평산리나 군서면 세 곳 중 한 곳에서 희생되었을 가능성이 높아 보인다.

헌병들이 군화발로 밟고 다녀 _대전 골령골

대전에서 예비검속된 보도연맹원들은 대전경찰서, 유성경찰서, 대전형무소 등에 며칠 동안 감금되었으며 일부는 바로 산내면 낭월리 골령골 현장으로 끌려가 희생되었다. 대전형무소에 감금되어 있던 보도연맹원들은 충남의 여러 지역에서 끌려온 경우였다.

2014년 12월 18일 희생자 이은상의 아들 이기영(1927년생) 노인을 서울 방배동에서 만났다. 한국전쟁 발발 전후시기는 물론 일제강점기와 해방 직후 시기, 전쟁 후 연좌제 피해에 이르기까지 20여 년을 넘나드는 노인의 증언은 근현대 인물과 정치적 사건에 대한 상식이 없이는 이해할 수 없었다. 글쓴이의 이해 수준에서 증언을 정리했으나 여전히 부족한 것이 많이 남아 있다.

대전시 선화동 이은상

고향이 보은이었던 이 노인은 해방 전부터 독립운동 조직과 관련된 활동을 했다고 한다. 해방 직전 황해도에서 말단 공무원으로 있으면서 독립동맹에 관계한 사실이 발각되었으나 직장 상사의 도움으로 풀려나게 되었고 이후 신의주까지 가게 되었다.

> 원래 고향은 충청북도 보은이지. 일제 때. 학교 때문이 아니고 공무원. 지금말하자면. 황해도에 있다가. 거기에서 (조선)독립동맹에 조금 관계했어요. 나는 그 당시에 항일운동은 몰랐고. 지금으로 말하면 첩자, 간첩이지. 노무동원계획표를 몰래 꺼내서 필사를 하는 거야. 그 사람한테, 독립동맹사람한테 포섭을 당해서 (그것을) 제공해 줬어요. 석 달인가 제공을 해 줬는데 그 사람이

원대복귀한다고 하더라고. 명함을 내달라더니 한 쪽을 찢어. 후임자가 그걸 가지고 오면 그에게 똑같이 제공하라는 거야.

(어느 날) 출근을 했는데 일본 형사들이 가자고 그러더라고. 과원들이 (연행당하는 모습을) 다 봤어요. 일본 형사들한테 잡혀간 거라. 과장이 은율군에 출장을 갔을 때야. 고문실에 끌려가서. 소(쇠)좆매라고 있습니다. (잡혀 온) 중국사람이 "모른다"고 하더라고. 그 사람한테서 내 명함이 나온 거야. 그 사람이 날 안다고 그랬으면 나는 골로 가는 거야. 과장이 뛰어오면서 고문하지 마라는 거야. 끌려가면 고문당하는지 알거든. 그래서 고문을 안 당하고 과장 손에 끌려서 나온 거예요.

형사들이 가택수색을 다 한 거야. 거기서 일기장이 나왔는데 꼬투리를 잡더라고. 지금도 일기장을 안 씁니다, 겁이 나서. 과장이 신의주 시장으로 발령이 났는데 나더러 블랙리스트에 들어가 있으니까 신의주 따라오라고. (그래) 따라갔지. 밥 사먹을 때가 없어서 고생을 많이 했습니다.

해방 후 보은으로 돌아 온 이 노인은 보은군청에서 일했는데 좌익활동으로 보은경찰서의 사찰 대상이 되었다. 이를 피하기 위해 1947년 서울로 올라와 성균관대학교에 입학했다. 부친은 보은경찰서에서 잡으려고 하니 내려오지 말라고 당부했다.

서울에서는 독립촉성국민회 선전부장의 집에 하숙하면서 한민당 간부들의 심부름을 하기도 했다. 이 노인은 당시 자신이 건네는 물건이 무엇인지 몰랐는데 나중에 알고 보니 주로 경찰서장 등 매관매직을 위해 거래되는 뒷돈을 건네주는 심부름이었다. 당시 경찰서장 직위에 해당하는 경감이 30만 원, 경위는 10만 원이었다고 한다.

이를 인연으로 조병옥 측으로부터 부평 경찰학교에 입학하라는 권유를 받았지만 거절했다. 당시 경찰학교가 부평에 있었다는 증언은 진실화해위

1927년생인 이기영 노인의 증언은 일제강점기, 해방 직후와 한국전쟁 전후, 이후 연좌제 피해에 이르기까지 한국 사회의 모습을 적나라하게 보여 주었다. 다양하고 풍부한 이 노인 증언에서 독재시대를 견디고 살아남은 한 지식인의 처절한 몸부림을 느낄 수 있었다.

원회 조사 당시 수도권 지역 경찰 출신 증언자로부터 여러 차례 들은 일이 있었다.

(내가) 서울로 올라가기 전 보은군청에 있으면서 노동당 세포를 조직했습니다. … 내가 (대)학교 다니기 전에 보은군청에 있었어요. 그때 (보은경찰서 사찰계 형사가) 군청에 와서 (팔장을 끼고) 고냥 이렇게 쳐다보고 있더라고. 나를 노리고 보는 거야, 언제든지 (잡아가려고). 사찰계 형사이니까. … 한 친구가 있었는데 "보은경찰서에 끌려가서 기영이 너한테 (좌익활동의 책임을) 다 미뤘다" 그래요. "(내가) 잘 했다" 그랬어요. 나는 그럴 수밖에. 아버지가 올라 오셔서 "너 방학 때 오지 마라. 보은경찰서에서 너를 잡으려고 그런다." 1947년도 (이야기)예요.

제가 47년 9월에 서울로 올라왔습니다. 저만 올라왔습니다. 그래 성균관대학을 들어갔습니다. 예과 야간이지요. 제가 하숙한 집이 백종덕*씨라고 창신동에. 이 양반이 개척교회 독립촉성국민회 선전부장입니다. 이 사람이 최태용 목사**하고 일을 같이 했습니다. (최목사) 그 양반이 그 후 대한농민회 회장을 했습니다. 이승만 박사 개인 예배라고 하나. 개인 예배를 드리고 그랬는데. 이 박사가 이 양반을 문교부장관 하라고 그랬어요.

이 양반이 장관은 안 하겠다, 대한농민회를 달라 그랬어요. 덴마크 협동조합

---

* 백종덕에 대해 한국학중앙연구원이 발행한 ≪한국민족문화대백과사전≫은 1963년 자유당재건을 주장했던 중심인물로 서술하고 있다.

** 최태용 목사에 대해 ≪한국민족문화대백과사전≫은 1897년 함경남도 영흥에서 태어나 1950년 한국전쟁 중 사망했으며, 해방 후 독립촉성국민회 총무, 농민회 부회장, 국민훈련원 원장을 역임했다고 서술하고 있다.

과 같이 대한농민회를 기초로 협동조합을 구현하겠노라. (그가) 청진동에 국민지도자 훈련소라는 것을 만들었어요. 각 군 농업학교 출신을 데려다가 국민지도자 훈련소에 입소를 시켜서 세 달 동안 훈련을 시켰습니다. … 내가 왔다갔다 하면. 그때 (대)학생이니까. 그 훈련생들이 볼 적에 나를 대단한 사람으로 아는 거예요. (내가 어울린 사람들이) 그 당시에 기라성 같은 사람들이었으니까요.

그 전에 무슨 일이 있었냐면. 송필언이라고. 청양군 화성면 사람입니다. 그 형이 한민당 청년당원이에요. (나를) 사직동에 데리고 가더라고요. 임승호씨라고 동양제대 경제학 상학부를 나와서 한민당 재무부장 했어요. … 나는 그 양반이 누군지도 모르고. 한 열흘쯤 지났는데 나 더러 사직동 임선생한테 가보라 그래요. 가니까 빵집에 가면 누가 있을 테니 그 사람한테서 (뭘) 받아와라 그래요. … 돈 30만 원 보따리를 받았어요. 뭔지도 모르고.

그 당시 경위는 10만 원, 경감은 30만 원입니다. 경감은 발령을 받으면 경찰서장으로 바로 나가요. 그래 그 돈을 가지고서 조박*한테 전화를 건 거야. 다이렉트로 비서실로 들어가게 해라 말이야. 실장한테 얘기를 해 놔라. 나는 그게 돈 인지도 모르고 전달해 준 거야. 한 서너 번 했습니다. 그걸로 기화로 해서. "그러지 말고 부평 경찰전문학교에 석 달 가면 너를 경위로 발령해 주고 경찰장학생으로 학교를 다니라" 이거야. 나는 순사는 안 한다고 그랬어요.

서울에서 지내던 이 노인은 이승만 측 인사들의 활동과 관련된 일들을 했으나 보은에서는 여전히 사찰대상이었으므로 쉽게 고향으로 돌아갈 수 없는 처지였다. 이후 보은으로 돌아갈 수 있었지만 우익청년단에게 끌려가 고초를 당했으며 결국 조병옥과의 인연으로 무사히 풀려나올 수 있었다고 한다. 풀려난 뒤 보은경찰서장은 이 노인에게 "아버지 좀 가만히 계시라고 그래"라고 했다.

---

* 미군정 시절 경무부장 조병옥을 말한다.

풀려 나와서 집에를 오니까 용현이 어머니가 도련님하고 용현이 아버지*가 우리 집으로 갔다 이거야. 아버지하고 용현이 아버지하고 걱정을 하더라고. 그 이튿날 보은경찰서에 뛰어 가서 서장에게 (조병옥의 친필 명함이 있는) 봉투를 줬어요. 그랬더니 (서장이) "아버지 좀 가만히 계시라고 그래" (당시 아버지가) 군당위원장이셨으니까

이 노인의 증언에 따르면, 부친 이은상은 해방 후 보은군에서 인민위원회 활동을 했으며 이후 노동당 보은군당위원장이었다고 한다. 부친은 서울에 있는 이 노인을 만난 뒤 민족청년단 간부로 위장하고 보은에서 활동을 했다. 당시 이승만 정부는 민족청년단보다 대동청년단을 신뢰했으므로 민족청년단 활동을 하는 이은상을 불편하게 여겼고 이 때문에 보은경찰서장으로부터 부친의 활동을 말리도록 하라는 권유를 받았던 것이었다.

아버지가 올라 오셨길래. 민족청년단, 족청이라고 있습니다. 완도사람인데 김(씨). 학병을 나가서 중국군에 투항해서 광복군이 된 거예요. 이청천(이범석을 말하는 듯) 장군하고 같이 내려온 거예요. 이 사람이 내 하숙집에 족청 명단을 쌓아 놓은 거야.
아버지가 쌀 가지고 오셨길래 거기다 이걸 니꾸사꾸(ruck sack)에 잔뜩 집어넣어 가지고 "아버지, 족청으로 위장하기 위해서 이걸 가지고 돌아다니시오." (그랬어)

아버지가 입회원서니 입당원서니 조직강령이니 하는 것을 한 짐 지고 가셨어요. 형사들이 아버지 뒤 따라 다니다가. 대동청년단이라고 있었습니다. 미군정이 그걸 믿었지 족청을 믿지 않았습니다. 아버지가 마로면에 가서서 족청을 꾸렸던 모양이야. 형사들이 줄줄 따라다니면서. 그래 서장이 "아버지 가만히 좀 계시라고 그래" 그러면서 "나하고 서울 올라가기 전에 술 한 잔 합시

---

* 박용현 보은유족회장의 부친 박원근을 말한다. 보은 국민보도연맹사건으로 길상리 암소바위에서 희생되었다.

다." 그래서 무사히 보은에서 지내고 서울로 올라와서 ….

부친은 보은에서 요시찰대상이 되자 탄압을 피해 대전으로 이사했다. 하지만 1950년 3월 빨치산 군자금 조달책으로 모함을 당해 대전경찰서로 연행되었다. 유치장에서 부친을 면회할 수 있었는데 공중에 매다는 등 극심한 고문을 당해 손목이 탈골된 상태였다.

제가 얘기할 수 있는 것은 아버지가 대전에서 보도연맹으로. 사실 이 양반이 보은에서 피해 왔습니다. 대전으로. 왜냐하면 아버지는 박헌영 이강국하고 올라가서 일선이 되었어요. 아버지가 그 전에 인민위원회에 주욱 관계를 하시다가. 해방 후부터 노동당 군당위원장을 했습니다.

전쟁이 났는데 아버지가 대전으로 피신해 오시면서. 가산을 일부 정리해서 이 사람 저 사람한테 사기를 당했습니다. 돈을 전부 다 없앴어요. 지금 말하자면 사기당했다고 말할 수 있지요. 3월에 집에 오고 싶었어요. … 영광에 한 사람이 있었어요. 전구공장을 하던 부잣집 사람이었어요. 당시 선거(지원 활동)에 20만 원에 팔려가게 되었어요. 국회의원 선거운동인 거지요. 아마 2대 때일 겁니다. 대전을 지나가는데 내리고 싶어. 내려서 집을 갔는데 어머니가 네 아버지 잡혀갔다 이거야. 대전경찰서로.

그래 대전경찰서 가니까 도경 사찰과로 가라고 하더라고. 그때가 3월이었어요. 6·25 전이지요. 나는 영광을 못 내려가고, 아버지를 구출해야 할 것 아닙니까? 당시 사찰과에 홍경감이라고 있었습니다. 형사는 정종만이라고 순경이 있었습니다. 대전경찰서 사람인데요. … (손을 구부려 보이며) 아버지가 손을 이러고 있어요. 탈골이 된 거라. 하도 고문을 당해서. 뭐 그냥 등신이 다 되었어요. 고문을 어떻게 시켰는지 공중에 매달아 별짓을 다 하고. 그래 어떻게 (구해 낼) 방법이 없습니다.

3장 국민보도연맹원, 자식에게 해 될까 봐 저승길 트럭에 오르다

보은에서 피해 다니던 사람들이 아버지한테 와서 돈을 달라고 그런 모양이에요. (그 분이) 이상균입니다. 이상균한테 내 바지를 주면서 돈을 얼마 줬던 모양이에요. (그가 체포된 뒤) 아버지를 빨치산 군자금 조달 책임자로 몰은 거야. 모진 고문을 시킨 거예요. 그러면서 아버지를 구출하려고 별짓을 다했어요. … 경찰에서 고문하고 그럴 적이에요. 당시 사찰과장으로 새로 온 사람이 아버지 친구의 동생입니다. 김. 그 사람 이름이 (생각이 안나요). 일건 서류를 전부 넘기는데 도경 사찰계 형사 하나가 오면서 아버지를 빼내겠다는 거야. 내가 왔다갔다한 효과가 난 거예요. 일한 분들은 전부 검찰로 넘어가고 아버지만 그냥 나오신 거예요. … 그때 등신이 다 되었어요. 아버지께서 "어떻게 나만 나왔냐?" 그러시더라고요. 아버지 친구의 동생이 사찰과장으로 충청북도에서. 김 뭣인데. 그 양반이 뺀 거야.

부친은 대전경찰서에서 석방된 직후 국민보도연맹에 가입해야 했고, 이 노인은 이후 서울로 돌아와 학교를 계속 다녔다. 사법고시를 준비했지만 전쟁의 발발로 시험을 치를 수 없었다.

그걸로 해서 아버지가 보도연맹에 들어간 겁니다. 대전에서. (보도연맹에) 들을 수밖에 없을 것 아닙니까? … 그래 6·25가 날 적에 서울로 올라 온 거예요. 전진한씨라고 대한노총 노동운동하던 사람입니다. 우익이지요. 전진한씨가 관련된 중앙노동훈련소라고 있습니다. 거기서 숙식을 하면서 학교를 다닌 거예요. 지금 필동에 있었어요. … 내가 그때 사법고시, 조선 변호사 시험이라고 있었어요. 당시 전부 일본 책을 가지고 공부할 때예요. 내가 법률서를 전부 모았어요. 육법하고 국사하고. 그게 전부 19,870페이지입니다. 다 외워야 돼요. 열심히 공부를 했어요. 만일 6·25가 안 났으면 됐을지도 모르고. 그 책을 전부 내려놨습니다.

전쟁이 나자 이 노인은 한강철교 폭파 직전인 6월 27일 한강을 건넜으며 피난 열차를 타고 대전으로 내려와 부친을 만났다. 당시 임시정부가 있던 대전에는 서울에서 피난 온 정부 요인들이 가득했고 인민군 측과 적대적일 수밖에 없었던 서북청년단 등 이북출신들도 많았다.

> (전쟁이 나자) 어디 갈 데가 없었어요. 6월 27일 한강철교가 끊어지기 전에 노량진에 와서 거기서 자고는 피난 열차를 타고 대전을 내려왔습니다. 대전까지 오니까 엄청났어요. 조사가 심하더라고요. 조사를 마치고 나와서. 아버지는 아주 안심을 하더라고요. "너, 잘 왔다"고. … 6·25가 일어난 거예요. 패전해서 다 대전으로 집결해요. 중앙 요로 사람들이 전부 대전으로 집결했어요. 조병옥 박사도 내려와서. 정부 수립 후니까 (조병옥은) 직책이 없었어요. 친구들도 우리 집에 집결했어요. 선화동으로. 학교 다니던 친구. 서북청년단도 있고 별 놈 다 있었어요.

대전에서 다시 후퇴하던 이승만 정부와 국군, 미군은 7월 초부터 소개작전을 시작했다. 이미 이 전쟁의 전개과정을 알고 있는 듯 이들이 벌인 초토화작전에는 주택 뿐 아니라 형무소 정치범, 국민보도연맹원 등 사람들도 포함되었음을 직접 목격하고 겪었다.

노인은 푸른 옷을 입은 대전형무소 재소자들이 GMC트럭에 실려 산내 골령골로 끌려가는 모습을 부친과 함께 목격했다. 얼마 뒤인 1950년 7월 13일에는 부친이 경찰 3명에 의해 집에서 끌려 나갔다. 끔찍한 세월이었다. 이 노인은 한독당원이었던 친구와 함께 부친 석방 운동을 논의하던 중 친구까지 잡혀가 보도연맹원과 함께 희생되는 일을 겪었다. 이제 남은 대상은 이 노인 자신 뿐이었다. 피신하는 것 외에 다른 방법이 없었다.

> 대전에 미군 2사단이 주둔해 있을 때입니다. 본전동을 가니까 휘발유를 뿌리면서 피난가라 이거예요. 미국 놈들이. 불을 지르는 거예요. 지금은 무슨 동인지 모르지만. 주인은 자기 가게를 태우니까 미군을 붙잡고 사정하는 거야.

당시에 소문으로 아버지도 (형무소 재소자 학살 사실을) 알았지요. 왜냐면 "오늘 형무소 사람들을 끄집어 내서 막 그냥 (죽였다)"(고 하셨으니까요). GMC에 납작 엎드리게 시켜놓고 거기를 헌병들이 군화발로 밟고 다니는 거야. 등허리를. 쇠고랑을 채웠는지 모르지만 그냥 납작 업드려서 한 트럭씩 싣고 가서. 산내면에서.

산내하고 교도소하고 거리가 한 7~8키로 되지요. 가는 것을 아버지도 보고 나도 다 보았어요. 재소자들이지요. 죄수복을 입었으니까. 새파란 거. 새파란 옷을 입었으니까. 전부 다 쪼그려 엎드려 있고. 그 위로 헌병들이 밟고 돌아다니는 거야. 내 눈으로 몇 번 봤으니까. 여러 번 봤어요. 한 트럭에 아마 30명. 왜냐면 전부 좌악. 대전형무소 사람들, 죄수복 입은 사람들을 전부 그렇게 데리고 가더라고.

1950년 7월 13일 (부친이) 끌려가시는 것을 목격했어요. 7월 13일 아버지가 검거된 거예요. 6·25전쟁이 나고 경찰이 와서 아버지를 데리고 가더라고. 50년도 7월 13일이에요. 그 당시 나는 아버지를 꺼낼 수 있을 것으로 알았어요. "아버지 걱정 마시라"고 (했어요). (그런데) 어디로 갔는지는 모르지요. 형사들 세 명이 바깥에 있습디다. 나는 그렇게 될지 몰랐어요.

가만히 보니까 내 친구가, 그 사람은 한독당인데. 대전에 동방신문사라고. 백수철이 있습니다. 그 사람이 공주중학교를 나와서 학생연대장을 했데요. 나하고 같이 돌아다니면서 아버지를 어떻게 구출할 건지 이야기하는데 이 친구가 그날 잡혀간 거야. 한독당으로 해서. 보도연맹하고 같이 죽었지. 한독당이라고, 김구 선생 계열이라고. 그러면서 나한테 위협이 들어오더라고. 대전경찰서 형사가 와서 "학생도 피해" 그러는 거야. 학생도 곤란하다는 거야. 왜냐면 아버지 관계도 있고 학생 뒷조사를 하니까 뭐가 있고. 그래서 내가 피해 있었어요.

이 노인은 당시 연행된 부친의 행방을 알 수 없었으나 국민보도연맹원들

2015년 3월 대전 골령골 발굴 현장에서 20여 구의 시신이 발굴되었다. 유해 부더기가 두 줄로 발굴되는 것으로 보아 5미터 정도 너비의 긴 참호형태 구덩이에 두 줄로 총살당한 것으로 보였다.

의 희생사실로 보아 산내 골령골에서 함께 희생된 것으로 판단하고 있다.

    산내에서 돌아가셨다는 것은 알지요. 왜냐면 대전형무소 죄수들을 산내면에서 학살한 것을 당시 목격했으니까. 산내면에서 우리 아버지 보도연맹원들도 전부 거기서 죽였을 것이라고 추측은 하고 있었지요. 죄수복이 새파란 옷인데. 보면 알지. 옷 입은 것을 보면 알지요.

    부친의 희생 이후 이 노인은 모친과 함께 피난을 떠났다. 공교롭게도 골령골이 있던 산내면에서 피난 생활을 하게 되었는데 그곳에서 전투가 벌어졌다. 계속되는 피난 생활 중 쌀이 떨어지자 선화동 집으로 쌀을 가지러 갔다 오면서 인민군 측이 미군포로들을 대전경찰서 앞 건물 옥상에 올려놓은 모습을 목격했다. 미군이 폭격을 하지 못하게 하려는 의도로 보였다.

오는 길에 의용군으로 징용당했으나 미군 비행기가 폭격하는 틈을 타 도 망나오기도 했다.

나는 어머니 모시고 피난 간 데가 하필 대덕군 산내면입니다. 내 앞에 보도연맹을 전부 데려다 가는 거였어요. 학살하러 가는 거였어. 나는 그런 줄도 모르고 산내면을 간 거지요. … 딘 소장이 인민군한테 포로가 되었고. 7월 23일, 아마 25일 즈음 되었을 거예요. 어머니하고 있으면서 쌀이 떨어졌길래 집에서 쌀자루를 쥐고 집에서 나오는데 대전경찰서 앞에 미군포로들을 옥상에 올려놓더라고. 하도 폭격을 하니까.

쪼그만 여자들 셋이. 여맹원들이야. "동무 이리 오시오" 그러는 거야. 나는 당원이지. 그래 여학교 학생들이 "동무! 의용군으로 가야 된다" 그러는 거야. 나는 "건방진 소리 말아라"고 말이야. (하지만 어쩔 수 없이) 끌려 나갔는데 미군 폭격기가 나타났어. "항공" 그러면서. 쌀자루는 빼앗기고. 우리 어머니한테 쌀자루는 보내 준데. 가만히 생각해 보니까. 폭격은 하고 있는데, 의용군에 가게 생겼다 말이야. 거기서 뛰었지요.

이 노인은 의용군에 끌려갈 뻔한 뒤로 모친의 권유에 따라 7월 말 보은으로 내려갔으며 이후 토지개혁 실행위원장, 보은군당 등기과에서 일했다. 인민위원회 일을 하면서 이북에서 나온 사람들과 충돌이 잦았는데 주로 일본식민시절 배운 말이 습관적으로 나왔기 때문이었다. 인민위원회 일을 하면서 개인감정 때문에 그 가족들이 부당하게 내무서로 잡혀 온 경우도 있어 힘 닿는 대로 풀어 주기도 했다고 한다.

어머니께서 보은으로 가라고 했어요. 보은에 가면 군대는 안 갈 것 아니냐는 거였어요. 보은을 내려가는데. 도 인민위원회에 가서 여행증명서를 하나 써 달라고 해서 받아 가지고, 보은을 내려간 거예요. 그러니까 7월 말이지요. 그때부터 두 달 동안 부역을 한 겁니다. 군당에서 일을 했지요. 당원으로. 보은면 토지개혁 실행위원장을 나더러 하라고 하더라고요.

8월 초이지요. 그걸 마치고서 도 간부부장이 도당에 가서 강습을 받고 오라는 거예요. 선발된 거예요. 보은에서 열 댓 명 되었어요. 갔는데 이북에서 온 사람들이. 내가 추구하던 공산주의는 그게 아닌데. 내가 말도 못하게 핍박을 받았어요. 세 사람을 오라고 그러더라고요. 지금 말하자면 등기과라고 있습니다. 사람등기. 호적계나 마찬가지지요. 그 교육을 받는 거예요. 그러다가 내가 일본말이 자꾸 나오는 거예요. 그러니까 이북에서 온 사람들이 잡아간다는 거야. 싹싹 빌었지요. 사실 일본교육을 많이 받고 공무원도 하고 그래서 일본말이 가끔 나옵니다. 설득을 해서 겨우 풀려나온 거예요.

거기서 교육을 받고 보은으로 복귀하니까 노동당 보은군당 등기과에. 책임자는 이북 사람이야. 등기과 직원이 된 겁니다. 노동당 당원으로. 당원들 호적관계를 취급하는 거예요. 거기서 일한 것 뿐이에요. … 그러다가 청파동에 육군본부 감찰차장인 사람 부인이 내무서에 잡혀갔었어요. 내가 내무서에 가니까 이 여자가 발발 떨더라고. 그래 내가 덮어놓고 꺼내면서 "내가 책임 져. 이게 무슨 짓이여" 그러면서 소리를 질렀어요. 그 여자를 데리고 나왔습니다. 나는 노동당 당원인데 그런 짓을 많이 했습니다.

아는 형이 선전부장 요직에 있었습니다. 그 사람이 어디에서 용하게 잡아와. 자기가 박해를 당했기 때문에 보복심에 덮어놓고 미운 거라. 덮어놓고 "권총 내놔라" 그러는 거야. "잘 지켜" 그러면서 나가면 "야 임마, 내 빼". 그 사람들은 나 때문에 살았기 때문에 "이기영 때문에 살았다" 그래. (나는) 내무서장한테 다치게 하지 말자고 부탁을 했다고.

1950년 9월 말 국군 수복을 앞두고 또 다시 혼란이 시작되었다. 죽전에서 이발소에 있을 때였다. 수복 경찰에게 잡히면 죽음을 피할 수 없다는 것을 알았으므로 청주까지 피신했고 더 이상 올라가지 못하게 되자 빨치산

대열에 합류하게 되었다. 이후 입산 생활이 불가능하다고 판단하고 대전으로 내려왔지만 여기도 죽음으로부터 안전한 곳은 아니었다.

다 폐쇄되고 없으니까 죽전에 있었다고. 죽전에 있으니까 반대 쪽에서 "와~" 하고 소리가 나더라고. "대한민국 만세" 소리가 나오고. 그래 이발하다 말고 그냥 산으로 뛴 겁니다. 죽전리. 뛰어서 그 사람들하고 산에 가니까 이미 피해 온 사람들이 있어요. 인민군 패잔병도 있고요. 그 사람들하고 청주까지 갔어요. 낙동강전투에서 완전히 무너졌으니까.

잡히면 죽지요. 청주도당까지 같이 간 거예요. 청주도당에서 빨치산을 조직합디다. 나도 빨치산 대열에 들어간 거예요. 어느 산모퉁이까지. 청주에 산이 있었어요. 청주 산에 있으면서 대기를 시킨 거예요. 밤에 입산한다고. 옆에 장락진이라고 친구가 "나는 입산을 하면 사흘을 못 가. 몸이 약해서 사흘이면 죽어. 그러니까 여기서 뛰어야 겠어". 이 친구가 지금 "뛰라"고 옆구리를 찌르더라고. 그래 나는 뛰고. 뒤에서 따발총을 쏘더라고.

얼마 뛰니까 총소리가 멎은 거예요. 대전을 향해서. 신탄진 강을 건너다가 인민군 패잔병이 올라오더라고. "나 충북도당 레포요. 나 대전에 간다"고. 임기응변으로 피한 거예요. 신탄진 강을 건너다 완전히 물에 젖은 거예요. 분주소 소장한테 바지 좀 내놓으라고 했어요. 8월 말 추웠어요. 거기서 인민군 장교복을 얻어 입었어요. 대전 어머니한테서 하룻밤을 잤어요.

충남도경 경감인가가 나한테 왔더라고요. "학생, 여기 있으면 안 돼" 그러면서 피하라는 거예요. 아버지 관계도 있고. 그래 공주로 갔어요. 공주 시내 들어가서 보니까 외숙모가 야단을 치면서 외숙도 돌아가셨는데 어떻게 왔느냐고. 거기서 쫓겨났어요. 그때 공주 시내가 동무, 동지 한 마디로 잘못하면 거시기 될 때였어요.

이 노인은 공주에 있을 당시 혼란상황에 대해 이야기했다. 상대방이 누구인지 몰랐으므로 동지 동무를 잘못 말하면 곧 죽음을 피할 수 없는 상황이었다. 공주 공장에 가니 태극기가 걸려 있었으므로 전쟁 전 받았던 노동훈련소 신분증을 보여 주고 우익청년단원 행세를 했다. 이로 인해 노인을 일민단 단원으로 알고 부단장을 시키기도 했지만 결국 신분이 드러나 체포당했다.

> 공주군 자치위원회를 내 손으로 만들었어요. 거기서 공주 결사위원회를 만들어서 치안을 담당한다, 그래서 공주경찰서에 간 거예요. 거기에서 공주중학교 물리선생하는 사람을 만났어요. 그 사람이 신의주 영림서에 근무하던 사람인데. 공주군 자치위원회를 고발한 겁니다. "이기영이 신의주 사람이다." 내가 신의주 구청에 있었어요. 이북에서 내려 온 사람인데, 저 사람이 공산당이라고.

고발당한 이 노인은 공주에 주둔하고 있던 미군 17연대 CIC에 연행되었다. 경찰은 아직 조치원에 있을 때였고 그 외 모든 치안은 미군이 담당하는 상황이었다는 노인의 증언은 매우 흥미로운 것이었다.

정작 노인을 공격한 사람들은 미군이 아니라 유치장 안에 갇혀 있던 사람들이었다. 이들은 이 노인이 일민단 부단장이라는 우익청년단 간부로 알고 있었기 때문이었다. 이런 모순된 상황에서 어떠한 변명도 통하지 않을 것 같아 당하고 있을 수밖에 없었다고 한다.

함께 잡혀 온 사람들은 인민군 포로로 취급되었고 이 노인 역시 군인은 아니었으나 인민군 측 민간인 보급대원으로 취급되어 포로수용소로 향했다고 한다. '포로가 되면 이제 죽지는 않겠구나' 생각하는 순간 공주경찰서 사찰계가 다시 조사한다며 끌어내렸다. 다시 죽음의 그림자가 드리워지는 순간이었다.

미군 17연대 1대대인가가 있었어요. 공주에 주둔하고. 공주 CIC한테 들어간 거야. 미군 17연대 CIC에 잡혀가서 유치장에 들어간 거예요. 그 때가 9월이지요. 며칠인지 몰라요. 그때는 공주경찰서가 조치원까지만 와 있고 못 들어올 때입니다. 전부 미군들이 와서 (치안을) 할 때입니다. 사흘을 공주경찰서 유치장에 잡혀 있을 때입니다. 미군 CIC. 그 사람들이 일민단 부단장 하던 새끼가 왔다고 막 때릴 것 아닙니까? 직싸게 맞았어요. 거기 포로들한테. 뭐라고 변명할 수가 없을 것 아니에요. 내가 누구라고 얘기해야 소용 없었어요.

거기 먼저 포로를 잡아 놓은 사람들이 많았어요. 그 사람들한테. 사흘 만에 나를 꺼내서 조사를 하더군요. 나는 사실 공주 계룡산에 피난을 와서 이렇게 되었다. 보은 얘기를 쑥 빼야 할 것 아니에요? 서울에서 학교를 다녔고. 주욱 이 얘기를 해서 공주경찰서가 완전히 복구될 적에. 인민군 포로들 명패를 붙여 지엠씨 트럭으로 실어갔어요. (포로가 아니라) 전투 중 민간인 억류자로 취급을 해서. 포로 아닌 포로로 해서 수용소로 갔어요.

나는 포로로 가면 산 거 아닙니까? 포로로 차에 탔는데 공주경찰서 사찰과에서 일민단 결사대 세 사람은 민간인이기 때문에 다시 조사를 해야 하니까 내리시오 그래요. 그래 나는 포로로 가기 전에 내린 거예요. 공주경찰서 사찰계 형사들한테 조사를 받았어요.

공주경찰서 유치장에서 조사를 다시 받았으나 무사히 석방된 이 노인은 서울로 갔다가 예산에서 광시지서에 다시 붙잡혔다. 막 잡혀 들어간 지서 유치장 안에서 조금 전 주민 10명을 끌고 나가 학살했다는 말을 듣고 이러다가 자신도 죽을 것이라고 판단했다. 어떻게든 살기 위해 당시 제헌 국회 의원이었던 윤병구의 인척관계를 이용해야 했다.

대전에서 탈출을 해서 공주를 거쳐서 청양 이모부 집에를 갑니다. 거기서 며칠 있다가 서울로 올라왔어요. 서울에 전진한씨한테 찾아갔지요. 함경북도로 가라는 거예요. 거기 대한노총이 함경도만 없다고. 함경남도로 갈래 북도로 갈래 그러더라고. 그래 그거라도 갈까 하다가. 친구들한테 얘기를 하니까 가지마라 (그래). 왜냐면 이북에 한국군이 너무 빨리 전진을 했기 때문에 아주 위험하다, 가지 마라. 친구들이 그러더라고. 친구들은 내가 부역했다는 것을 알지요.

서울로 올라와서 갈 데가 없더라고. 밥 먹기도 힘들고. 노량진 이모부 집에 갔더니. 이모부라는 사람이 나보다 성균관대학교 1년 선배에요. 내가 부역한 걸 알기 때문에 기피. 자기 집에 와 있는 걸 싫어하더라고. 하루 묶는데. 자기네 집에 내려가 있으라는 거야. 청양을. 내려오다가 예산 광시면 지서에서 붙잡혔어요. 여행증명서 내라고. 없으니까 지서 유치장에 집어넣더라고요. 지서 안에서 뭐라고 그러냐며는 지금 10명을 데려다 죽였다 이거야. 그때는 경찰관이 마음대로 재판도 없이 죽일 때에요.

예산이란 데가 박헌영 고향이 아닙니까? 가만히 보니까 나도 큰 일 나겠더라고. 그래 유치장 밖으로 지나는 지서장에게 "야 임마! 내가 누군 줄 알고 여기다 집어넣어" 막말을 했어요. 쳐다도 안 볼 것 같아요. 당시 윤병구*가 국회의원이었습니다. 내 이모부에 고모부에 아들이 윤병구의 사촌형입니다. 윤병선. "윤병선 어머니를 데려오라"고 소리를 질렀어요. 내가 윤병구 윤병선을 꺼내니까 지서주임이 내놓더라고요. 윤병선 어머니가 우리 사돈학생을 가두었다고 지서주임을 붙들고 막 뭐라고 했어. (그래서) 거기서 무사히 나왔어요.

예산 광시지서에서 겨우 풀려난 이 노인은 이후 국민방위군으로 경산까지 갔다가 청양을 거쳐 거제도 포로수용소에 취직했다. 일본 밀항에 실패한 후 입영 영장이 나왔고 이를 피해 부산 포로수용소로 갔으나 다시 제2훈련병으로 제주도 훈련소에 들어가 훈련을 받았다. 훈련도중 폐결핵으로 입원했으며 3개월 만에 휴전이 되어 이등병으로 제대했다.

---

* 윤병구는 1911년 예산에서 태어났으며, 해방 후 민족청년단 예산군단장, 제헌국회의원을 지냈다.

이모부 집에 숨어 있으면서 제재소 일을 하고 그랬어요. 이모부 동생 부인이 나를 학대를 합디다. 일꾼들에게 밥을 주면서 이빠진 뚝배기를 나한테만 줍디다. 그런 수모를 당하고 1·4후퇴를 맞아 경산까지 갔습니다. 경산에서 50대대 훈련병이었어요.
(이게) 국민방위군입니다. 국민방위군이 도둑놈입니다. 착취하는 거예요. 친구가 나를 데리고 가서 의무대 행정병을 시켰어요. 경산에서 의무대 양정계장을 했기 때문에 편하게 있었지요. 3개월 있다가. 경산 자인면. 경산에서 방위군이 해산되면서 집으로 가게 됐는데 대전에 오니까 안 되겠더라고. 나한테 마수가 뻗치더라고.

국민방위군까지 갔다 왔는데도 그래요. 그래서 또 청양으로 뛰었지. 한 두어 달 있다가 어떻게 하다 어머니가 찾아오셨어요. 어머니가 대전 집을 팔고 논산으로 가셨다는 거예요. 돈을 허리에 차고 다니시는 거예요. 그래 어머니 돈 좀 주시오.
연합대학이 대전하고 부산하고 각 도에 있었는데 대전이나 부산이나 내려가면 안 되겠고 그래서 전주연합대학으로 가려다가 기차 안에서 (한) 여자를 만났어요. 그 여자 말이 거제도를 간다고 그래요. 거제도에 여동생이 포로병원 간호장으로 있다 그래요. 그래서 그 여자를 따라서 거제도를 간 거야. 순천으로 해서. 아무도 모르고 그 여자만 따라서 간 거야. 포로수용소에. 우선 밥은 먹어야 하니까.

거기서 포로수용소 8237헌병 사령부에 취직을 했어요. 서비스구락부에 취직을 했는데. 여기서 밀선이나 잘 타서 일본으로 도망가자 했어요. 내가 지금도 일본어로 책을 읽어요. 서비스구락부에 미군 여자들이 다섯 명이 있었어요. … 여의사 송이라고 있었어요. 우리나라 사람이지. 하루는 자기가 아는 LST 선장이 일본 사세보에 있는 "일미유선주식회사"에요. 선장 선원이 전부 일본 사람이에요. … 일본 요코쓰카로 13일 동안 밀항하다 실패했어요. 내가 구락부에 돌아오니까 파이어(해고)가 안 되었어요.

거제도 포로수용소에 52년 2월에 가서 53년 1월까지 있었어요. 1년 가까이 있었는데. 거기서 영장이 나오더라고. 순경들이 내 손목시계를 봐요. 시계를 끌러 주는 겁니다. 그러면 영장은 없어요. 그냥 가는 거예요. 양담배 한 보루 주고 시계 끌러 주면 개들이 그냥 가요. (하지만) 면제가 아니에요. 한 달 만에 또 와요. 그때는 다른 놈이 오지요. 로렉스 같은 것, 미군 PX 한 군데에 세 개씩밖에 없을 때에요. 거제도 안에 있는 PX에서는 사질 못해요. 왜냐면 세 개 네 개씩밖에 없으니까.

그때 양갈보들이 많이 있었어요. 거제도에. 포로수용소에. 흥남부두에서 10만 명을 거제도에다 내려놓은 거야. 그게 함경도에서, 흥남부두에서 피난 온 사람들이에요. 10만 명을 거기다 다 풀어놓았으니까. 천막이 엄청나요. 아주 비참하더구만. 거기서 내가 함경도 음식을 먹게 되었어요.
주로 북에서 온 사람들이 우리 구락부에 한 20명 들어왔으니까. 왜냐면 서울서 깡패, 가다, 어깨. 이런 놈들이 있어요. 그들이 어떻게 해서든지 거제도 포로수용소의 요직을 다 가지고 있는 거야. 어떻게 들어왔는 지도 모르지요. 고현(리)에 포로수용소가 있었는데 인민군 포로가 16만 명, 또 중공군이 2만 명, 또 여자 포로들이 5천 명. 그렇게 주둔하고 있었지요. 전쟁 포로로. 흥남부두에서 피난 온 사람들이 10만 명. 국내 민간인들도 있지요. 거제도 도민들이 있고, 포로수용소 사령부에 근무하는 민간인들이 있었어요.

그래서 (거제에서) 부산으로 도망을 왔습니다. 거기 포로경비대대가 전부 헌병들입니다. 121, 111 두 개 대대가 있었어요. 대장이 부산 가면 가 있을 데가 있느냐고 그래요. 가야리 포로수용소로 갈 수밖에 없어. 헌병이 나를 데리고 가니까 배 안에서 건들지 않았어. 한국 헌병이. 부산 가야리에 포로수용소가 또 있습디다. 거기 아는 장교한테 거제도에서 영장이 나와서 도망 왔다고 했어요. 숙소에 숨겨 주더라고.… 얼마 후 수용소가 양산으로 이동했는데 돌아다니다가 붙잡혀 제2국민병으로 끌려갔네. 제주도 훈련소까지 갔습니다. 13일째 되던 날 간부후보생 시험을 쳤어요. 합격을 했어요. 아침에 기침을 하니까 피가 쏟아져요. … 그래서 거기서 참전용사가 된 거예요. 휴전 후 3개월 만에 이등병으로 제대를 했어요. 이등병으로 참전용사가 된 거지요.

이 노인은 전쟁이 끝난 후에도 청양군 화성면 이모부 고향에서 숨어지내면서 도피자로 신고되어 다시 잡혀가기도 했다. 쌀 한가마니를 주고 풀려나온 노인은 다시 서울로 올라와 자수하고 신분을 정리하게 되었다. 당시 자수를 도와준 사람은 국회의원 김선우였다. 하지만 그럼에도 여전히 연좌제 피해를 입었으며 취업하지 못해 안정된 생활을 할 수 없었다.

청양경찰서 화성지서에서 나를 조회했습니다. 자수하기 전이니까 도피자 아닙니까? 집으로 와서 데리고 갑디다. 화성지서 유치장에 집어넣더라고. 조서를 꾸미길래, 형사한테 살려 달라고 그랬지. 이모부 아버지가 지서로 찾아와서 지서주임하고 이야기하는 동안 내빼라는 거야. 나는 안 된다고. 쌀 한가마를 갖다 주고 무슨 짓을 해서 풀려나왔어요. 겁이 나니까 이튿날 서울로 뛰었지요. 김선우 의원을 만나서 자수를 하게 된 거고.

55년이었는데. 우리 고향출신 국회의원을, 김선우라고, 이제 3기 때입니다. 그 양반을 종로 1가에서 만났어요. 그 양반이 대한청년단장도 하고. 그래서 내가 뒷걸음질을 쳤거든요. 나를 잡아가려고 오는 거다 하고. 겁이 나서. 그러니까 "너 외아들인데, 너희 집 이제 문 닫으려고 그러느냐"는 거야.
그러면서 명함을 주더라고. 내가 내무분과 위원이니까 무슨 일이 있으면, 만일 경찰에서 잡으러 오면 나한테 연락을 해라, 그리고 이 명함을 제시해라. 그러면 자기가 달려오겠다 이런 얘기를 하더라고. 그러니까 안심이 돼서. 헤어졌어요.

아리랑이라는 잡지가 있었습니다. 그 당시에. 오소백이 주간인데. 내가 프리랜서로 일을 할 때예요. 취직을 못 하니까. 부역자로 내빼고 다니고 그럴 때니까. 신정목이라고 농림장관 하던 사람이 있습니다. 군정 때에. 박정희 정권 때에. 오소백이가 나한테 신중목을 인터뷰 해달라 그래요. 그 양반을 면회하려

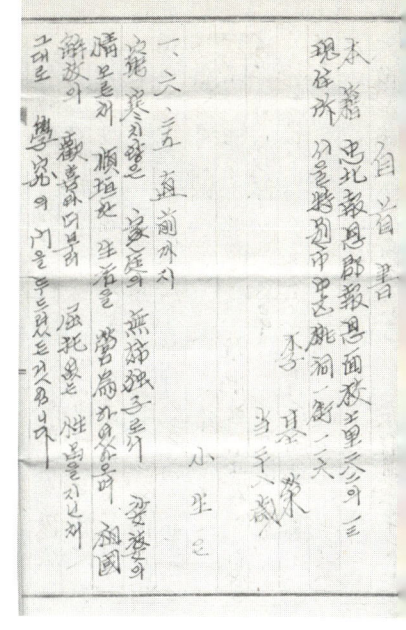

이기영 노인이 부역자의 멍에로부터 벗어나기 위해 작성한 자수서. 1955년에 작성된 문서로 김선우 국회의원을 거쳐 충북도경에 제출되었다. 이후 죽음의 공포에서는 벗어날 수 있었지만 연좌제의 굴레에서는 벗어날 수 없었다.

고 하다가 건너편에서 김선우 의원을 만났어요. 나를 보고 막 뛰어오더라고. "한 달 동안 왜 연락이 없었냐? 나 을지로 6가로 이사를 했는데. 내가 내일 보은을 내려가니까 너를 데리고 가야겠다" 그러는 거야.

전쟁 전 이야기지요. 그래 그 사람 말 듣고서는 안심이 되고 그냥 있었어요. 55년도입니다. 김선우 의원이 뭐라고 얘기하냐면 "내가 연말에 보은에 데리고 갈 테니까 자수서를 써라" 이러는 거예요. 제가 카피를 하나 하고 보은경찰서에 제출한 거예요. … 그래서 한 보름 동안을 보은경찰서에 있었습니다. 당시 사찰주임이 나한테 와서 "내가 책임질 테니까 보은을 떠나라" 그러는 거야. "아니 김선우 의원이 나를 데리고 와서 자수를 시킨다고 해서 왔는데 왜 자수를 안 시키고 나를 이렇게 보름 동안을 거시기 하느냐?" 그러니까 그 사람들이 "내가 책임을 질 테니까 하여튼 보은을 떠나시오. 내일 아침에 첫 차로" 그 말을 듣고 떠났습니다. 그러니까 1월 15일경이지요.

그 이튿날 서울에 오니까. 그때는 이집 저집 돌아다닐 때에요. 숨어 다닐 때이니까. 갔더니 저를 지명수배 올렸어요. 종로서에서 왔다, 중부서에서 왔다 그러니까. 왜 우리 집에서 잤냐고 그러니까. 나한테 막 야단을 하더라고. 이제

갈 데가 없잖아요. 그래서 김선우 의원한테 갔습니다. 막 그냥 폭언을 했지요. 나를 죽이려고 그러느냐고. 잘 데도 없고 그러는데 말이야.

김선우 의원이 자기가 그때 충북도경에 얘기를 안 했다, 보은경찰서 형사들한테만 얘기를 하고서는 그냥 나왔다. 그러니 걱정하지 마라면서 자기 집에서 자라고 하더라고. 이튿날 도경 사찰과장한테 전화를 걸더라고요. 이기영이 내 사람이다 말이야. 그래 무마가 되었어요. 그래서 (다시) 보은경찰서에 내려갔습니다. 그렇게 자수가 된 겁니다. … (하지만) 그 뒤에도 전력을 문제 삼았지요. 뭐든지 취직이 안됩디다. 가정도 파탄되고. 강경에서 중학교 선생 노릇을 했어요. 그것도 그만두고 나와서 대전에서, 청주에서 살았어요.

    이 노인은 부친 외에 자신이 알고 있는 다른 희생자들을 기억해 냈다. 그에 따르면, 카바이트를 만들던 삼척개발주식회사 사장 박충호 부부가 부역했다며 학살당했으며 보은에서는 부친과 의형제 격이었던 보은읍 장신리 최병한이 군경에 의해 학살당했다.
    최근에는 진실화해위원회에서 조사신청을 받는다는 소식을 듣고 찾아갔으나 이미 신청기간이 지났다며 접수를 받아주지 않았다고 한다. 2013년부터 대전유족회에 가입하여 매월 회의에 참석하고 있으며 희생지인 대전 산내에 위령탑을 세우고 부친의 이름이라도 추모비에 기록되는 것이 이 노인의 마지막 바람이었다.
    말 그대로 파란만장했던 청춘시절, 대한민국은 그렇게 유능한 청장년들을 죽음으로 내몰고 살아남은 자들의 팔다리를 옭아 매었다. 비굴한 척이라도 해서 살아남은 피해 집단과 이들을 지배해 특권을 유지한 가해 집단이 공존해 온 지 65년이 지나고 있다.

강변 마을마다 학살당한 시신이 떠밀려 와 _ 부여

진실화해위원회에서 조사되지 않았던 부여지역 유족들을 2014년 6월만 나게 되었다. 부여유족회의 부탁에 따른 것이기도 했지만 고양시에 거주하던 유족들 면담을 거의 마쳤기 때문에 가능한 일정이었고 또 다른 측면에서는 만나보지 못했던 사건에 대한 기대도 있었다. 충남지역에서는 홍성, 아산지역 유족을 면담한 경험이 있었지만 조사를 완결시켜 본 적이 없었다.

 2014년 6월 12일 이평훈 유족을 비롯하여 이병구, 김기호, 박순임, 박순이, 유정애, 강은모, 강현백, 강증구, 강현소, 강명모, 김완중, 임재경 유족과 같은 마을 주민 손덕재, 이성희, 강상모, 류승열 유족, 7월 29일에는 서울에서 이장훈, 유은순 유족, 2015년 3월 24일 강성모 유족을 만났다. 여기서 소개하지 못한 분들까지 포함하면 부여사건 조사 과정에서 만난 분들은 20명이 넘는다.

 이틀에 걸쳐 만난 유족들의 증언에서 부여지역에서 발생한 이승만 단독정부 수립 직후의 토벌작전, 전쟁 직후의 국민보도연맹사건, 수복 후 벌어진 부역혐의사건을 모두 만날 수 있었다. 전쟁 전 장암면 장하리 강병선의 희생사실은 1장에서 살펴보았고 부역혐의사건은 6장에서 살펴 볼 예정이다.

장암면 북고리 강태구

강태구의 희생사실에 대해 큰아들 강은모(1933년생), 작은아들 강성모(1937년생)노인으로부터 증언을 들었다. 두 형제의 증언을 종합하면, 장암면 북고리에 살던 부친 강태구는 전쟁 전 반정부 활동으로 경찰에 쫓기다 자수했으나 전쟁 발발 직후 부여경찰서로 끌려가 구드레나루터에서 희생되었다는 결론을 얻을 수 있었다.

장암면 북고리에 살던 부친 강태구(당시 40세 정도)는 전쟁 전 반정부 활동에 가담하여 경찰에 쫓겨 다녔다. 그러던 중 처가 병으로 사망하게 되어 남겨진 7남매가 이미 연로한 어머니 손에서 자라게 되는 상황이 벌어졌다. 하는 수 없이 가정을 돌보기 위해 자수를 하게 되었고, 1년 뒤 전쟁이 벌어졌다.

내가 그때 열 여덟 살 먹었으니까. 우리 어려서 보니 아버님이. 뭐 보도연맹이라고 그러나. 그것을 하신 것 같아. 어려서 거기에 관심이 없어서 모르지만. 우리 아버지가 독신이거든요. 할머니가 살아계셨어요. 어머니는 아버님이 잡혀가기 1년 전에 돌아가셨어. 손님을 오래 앓다가 돌아가셨어.

아버님이 피해 다니시면서 뭘 했던 것 같아. 그런데 어머니가 돌아가시고 할머니가 살아계시니까. 할머니 손자가 내 밑으로 네 살 먹은 것까지 있었어. 어머니 돌아가실 때 막내가 세 살 먹었었거든. 그때 안 죽고 살았어.
그래 가지고 아버지가 자수를 했어요. 할머니 혼자 우리 7남매를 기르려니까 (아버지가) 자수를 하고 집에 와 계셨어. 그랬는데 6·25 사변 때 어느 날 (잡혀갔어).

전쟁 전에 아버님께서 피해 다니는 것은 내가 알았어. 무엇을 하는 지는 몰랐어도. 피해 다니고, 잡아가고, 붙잡혀 가고, 또 나오고. 결국 끄트머리에 가서 어머니가 돌아가시고 보니까 아버지가 자수를 한 거야. 자수하고 집에 계시다가 붙들려 가서. 보도연맹에 가입했으니까 피해 다니고 그랬겠지.

어머니를 도와 아이들을 돌보던 부친이 전쟁이 발발하고 1950년 7월 12

사건 당시 18세였던 강은모 노인은 부친이 연행 당하는 모습을 직접 목격했다. 부여경찰서를 찾아 갔지만 면회를 시켜주지 않아 만날 수 없었으므로 끌려가는 모습이 부친이 남긴 마지막 이미지였다. 64년 동안 지울 수 없었던.

일(음력 5월 27일) 부여경찰서에서 나온 3~4명의 사복형사에게 끌려 나갔다. 당시 끌어가던 사람들이 부여경찰서에서 나왔다고 하므로 강 노인은 할머니와 함께 부친 면회를 갔다. 하지만 부여경찰서는 가족들에게 희생자를 면회시켜 주지 않았다.

가족들은 며칠 뒤 구드레나루터에서 유치장에 있던 사람들을 총살시켰다는 소문을 듣게 되었다. 강변에서 학살이 있었으므로 시신이 강물에 떠내려 갔다. 강 노인은 끌려간 날인 7월 12일 제사를 지낸다고 하며 진실화해위원회 조사결과 학살이 벌어진 날은 7월 14일이었으므로, 희생자가 부여경찰서 유치장에 갇혀 있던 기간은 이틀이었다.

6·25 막 났을 때야. 그때 부여경찰서 사복경찰들이 왔어요. 형사들이 와 가지고 조사할 게 있다고 밤에 붙들어 갔다고. 전쟁이 나니까 바로 잡아갔지. 자수하고 집에 있는 사람을 잡아갔어. 차라리 피해 다녔으면 안 잡혔을지 모르지만. 자수해서 집에 마음 놓고 있으니까, 애들하고 할머니하고. 사법경찰관이 조사할 것이 있다며 데리고 갔다고.

끌려가시는 것을 직접 봤지요. 저녁에 자다가. 할머니가 "왜 이러냐?"고 소리지르고. 세 명인가 네 명이 잡으러 왔어어. (복장은) 사복이었어. 부여경찰서에 조사할 것이 있어 데려간다고. 부여경찰서에서 나왔다고 했으니까 그 이튿날 할머니를 모시고 내가 (부여경찰서로) 갔어요. 열 여덟 먹었으니까 경찰서를 갔어. 가서 면회신청을 했다고. (그런데) 면회를 거절당했어요.

그냥 와서 며칠 있으니까 들리는 말이 구드레나루터로 밧줄을 묶어 가서 총살을 시켰다고 그러더라고. 그러니 시신들을 못 찾는 거 아니야.
제사는, 그러니까 데려간 날짜로 제사를 지내거든. 끌려간 날짜가 5월 27일, 음력. 5월 27일로 제사를 모셔. 아버지를 데려간 날로. 제사도 내가 모시고 있으니까.
장암지서를 거쳐서 가셨는지 그건 모르지요. 부여경찰서에서 나왔다고 하니까 그리로 간 줄만 알고 있지. (단호하게 가해자는) 군인은 아니야. 사복 경찰이야. 부여경찰서에서 나왔다고 했어. 내가 들어서 하는 소리야.

인민군 점령 당시 큰 홍수로 학살당한 시신들이 금강변 마을로 들어왔다. 각 마을에서 시신을 수습하라는 지시가 있었고 그에 따라 북고리에서도 한 사람의 시신을 황바위에 묻는 모습을 목격했다. 강 노인은 부친이 부여 백마강변에서 학살당했을 것으로 보나 전쟁 초기 연행된 주민들의 경우 대전형무소로 끌려갔다고 하므로 대전 산내면 골령골에서 돌아가셨을 가능성도 있다고 생각하고 있다.

그러다 홍수가 났어요. 금강물이 뿌옇게 내려갔어. 시신이 떠 내려와 가지고 부락 부락마다 밀려 걸린 거여. 그러니. 그때는 인민군 때이지. 이북에서 넘어왔을 때야. 부락 부락이 자기 부락에 걸린 시신을 자기 부락에서 갖다 묻으라고 했어. … 나도 혹시 우리 아버지 시신이 걸렸나 찾다가 못 찾고 남의 시신만 갖다가 묻은 데도 내가 알아. 묻은 곳은 모르지만 그 근처는 내가 알아. 황바위라고 거기에다 묻었어. 한 사람 묻었어.

내가 본 시신도 총에 맞았어요. 그러니까 우리 아버님도 여기서 돌아가셨나, 누구 말로는 대전 산내 가서 죽였다는 말도 있고. 알 수가 없어. (시신을) 찾을 도리가 없어. … 옛날 대전형무소 자리, 거기 목동에 샘이 있거든. 거기에

다 것을 담았다는 이야기를 들었어. 내가 그 근처에 살아요. 혹시 우리 아버지가 그 샘 속에 안 들어있나 그런 생각을 하며 살아요. 지금도. 여기 있나, 산내에 있나, 백마강에서 총 쏴서 버렸나, 별 생각이 다 들어.

부친의 죽음 후 강 노인과 동생들은 비참한 생활을 피할 수 없었다. 성인이 되어서도 희생자의 손자들까지 연좌제의 영향을 피할 수 없었다.

그 다음에는 어린 것들만 있으니까, 아버님 돌아가시고. 우리 집은 끝났지 뭐. 그때 재산이 뭐가 있어요. 땅, 아무것도 없었어요. 송곳 박을 데 하나도 없었어. 아버지가 그렇게 돌아다니고 그랬으니 뭐. 아버지가 원래 술을 좋아했거든.

연좌제 피해 같은 것, 신원조회 같은 것 그런 거 당했지. 우리 아들이 군인 갔는데 육본으로 떨어졌거든. 신원조회 걸려 가지고 운전하다가 전방으로 쫓겨났지. 그래도 연대장 차 하다가 제대했어요. 장갑차도 하고. 할아버지 덕분에 그런 일도 당했어. 게 하나만 그렇게 당했어. 삼형제인데 다른 애들은 방위 받았으니까.

강 노인은 마을에서 부친과 함께 희생당한 사람으로 강판구 외에 이미 진실화해위원회에 의해 진실규명 결정 받은 강연구가 있다고 했는데, 보고서에 진실규명된 희생자 이름은 강일구이다. 강판구, 강연구는 전혀 다른 희생자일 가능성이 있다. 한편, 강 노인은 희생자의 아들이라는 이유로 국군 수복 후 장암지서 방공호에 갇혀 심하게 매질을 당해 죽음의 문턱까지 갔다 왔다. 국군 수복 후 강 노인이 당한 피해는 5장에서 다시 소개한다.

글쓴이는 2015년 3월 24일 강 노인의 동생 강성모씨(1937년생)로부터 약간의 차이는 있었지만 희생사실을 보완할 수 있는 증언을 들었다. 강씨는

2007년 진실화해위원회에 신청서를 냈으나 기간이 지났다며 접수를 받지 않았던 사연에 대해 이야기해 주었다. 강씨는 사건 당시 부여중학교 1학년 학생이었다.

희생자는 전쟁 전 서울에서 경성전기를 다녔다고 한다. 전국노동자평의회 등의 사회활동을 접한 경험이 있을 수 있어 보였다. 부여로 내려 온 뒤로 이장을 맡는 등 마을에서 지도적 역할을 했다고 한다.

> 아버지는 한량으로 일도 잘 안 하시고 할머니하고 어머니하고. 애들이 8남매였어요. 젖먹이까지 있었는데 어머니가 젖먹이 낳고 바로 돌아가셨다고. 거의 챙길 사이가 없었지.
> 원래 아버지가 서울에서 경성전기를 다니셨어요. 농촌에서 보면 그때 조금 눈을 떠서 가지고 경성전기도 다니고 하다가 말하자면 고향에 와서 이장 하신다고 노상 면서기하고 술 드시는 바람에 논밭 있는 거 다 팔아 가지고 그러시다가 돌아가신 거예요. 그때 돌아가실 때가 40세였어요. 왜 그걸 아느냐면 아버지가 40세에 돌아가시고 어머니는 그 전 39세에 돌아가시고.
> 아버지를 보면 돌아다니며 활동을 많이 한 것은 아닌 것 같아요. 처음에 어떻게 잘못되어 가지고 거기서 잡으러 다니고 도망만 다니다가 자수해서 끝나 버렸어요.

강씨는 한국전쟁 당시 40세였던 부친이 1950년 7월 12일(음력 5월 27일) 경찰에 의해 부여경찰서로 바로 끌려가 희생되었다고 알고 있고, 같은 시기 함께 끌려가신 분들이 구드레나루에서 돌아가셨다는 것으로 보아 그렇게 짐작하나 시신을 수습하지 못했으므로 대전 산내에서 돌아가셨을 가능성을 무시할 수 없다고 했다.

그는 북고리에서만 세 명이 희생되었는데 가족들이 피해를 볼까 봐 더 이상 말하지 못하는 세월을 보냈다고 하소연했다. 결국 이 때문에 신고의 시

아직도 부친의 억울한 죽음을 말하기 두렵다는 강성모씨. 힘들게 용기를 냈지만 진실화해위원회는 접수기간이 지났다며 받아주지 않았다고 한다.

기를 놓치게 되었다며 다시 조사해 줄 것을 바란다며 증언을 마쳤다.

> 가족들이 피해를 보니 어디 가서 쉬쉬하고 말도 못하잖아요. 그때 부여경찰서로 끌려가서 돌아가셨다는 이야기를 남들한테 말도 못하고. 말 좀 하려고 하면 신원조회를 했어요. 지금이야 참 세월이 좋아지고 회복이 되어서 그런 불안 때문에 오히려 덮어두고. 이거 신고할 때에도 그런 거 신경 안 쓰려고 그러니까 (신고를 못 했었다고). 나중에 보니까 신고는 해야 할 것 같고 그러다 가 보니까 (접수시기가) 지나갔고.

진실화해위원회는 접수를 받지 않았지만 2009년 강태구에 대해 희생자로 '추정'된다는 판단을 내렸다. 북고리에서 함께 희생된 주민이 3인이고 마을 주민들이 이 사실을 알고 있었으므로 조금 더 조사 여유가 있었으면 좋았겠다는 아쉬움이 남는다.

장암면 장하리 강석빈, 강진모

희생자 강석빈에 대해서는 아들 강정구(1950년생)씨가, 희생자 강진모에 대해서는 아들 강현소(1949년생)씨가 증언했다. 이 두 장하리 희생자들은 2009년 진실화해위원회에서 미신청사건 희생자로 진실규명 결정을 받았지만 통보받지 못했으므로 국가배상소송에 참여하지 못했다. 관련된 증언은 보고서에서 확인되지 않는다. 사건 당시 갓난아기였던 유족들의 증언 내용은 많이 부족하지만 같은 마을 주민의 목격 증언을 보완하여 소개하고자 한다.

아들 강정구씨는 희생자 강석빈이 전쟁 전 경찰에 자수한 뒤 농사를 지었는데, 전쟁 발발 직후인 1950년 7월 8일(음력 5월 23일)경 늦은 모내기를 한 뒤 저녁에 옷을 갈아입고 나갔다고 한다.

> 아버지가 어떤 좌익운동을 하셨는지 구체적인 것은 제가 (모릅니다), 어떤 단체에 있다가 자수를 했데요. 자수를 해서 아무 이상이 없으니까. 늦모를 심었다고 그래요. 5월에 모내기를 하고서 저녁에 옷을 갈아입고 나가셨는데. 저 앞에 가셨는데 그냥 경찰한테 동행해서 끌려가셨나 봐요.

유복자였던 강정구씨는 큰아버지 집에서 자랐으며, 성인이 되어서도 아버지의 삶과 죽음에 대해 누구로부터도 들을 수 있는 기회가 없었다.

> 그런 일이니까 아버지에 대해서 누가 알려 주는 사람도 없고, 말을 해 주는 사람도 없고. 그러니까 그 내용에 대해서는. 아버지의 행적이라던가 역사가. 전혀 들을 기회도 없었고. … 서두에도 말씀 드렸지만 제가 유복자예요. 아버지 제사를 음력으로 5월 27일에 모시고 있거든요. 그날 제사를 지내게 된 원인이나 동기도 모르고. 제가 성장을 해서 큰아버지가. 제가 큰아버지한테 입적을 했지요. 호적이 큰아버지한테 되어 있다가 몇 년도 이던가 호주 상속을 받아서 호적을 만들었는데. 그렇게 있는 동안에 큰아버지 큰어머니 손에서 성장을 했어요. 제가 4살 때 어머니가 개가를 해서 가지고, 홍산리라는 데로 개가를 하셨었는데. 어린 시절이니까. 큰아버지가 거두어 주셨지만 그 나름대로 애환이 있었고. 설움도 있었고 그랬지요. 그래서.

성인이 되면서 서울로 올라와 건축일을 시작했다. 가난하고 힘들게 살았

사건 당시 유복자였던 강정구씨는 성인이 되어서도 부친의 희생사실에 대해 알지 못했다. 80년대 중동지방 건설경기 붐이 일어났을 때 해외에 나가지 못하면서 그제서야 어렴풋이 짐작할 수 있었다고 한다.

으므로 연좌제의 억압을 느낄 수 없었지만 80년대 건설노동자로 중동에 가려다가 좌절했던 경험이 있었다. 실기시험은 합격했었으므로 신원조회에서 문제가 있었을 것으로 짐작하고 있다.

내가 19살 때 무작정 상경을 했어요. 한 30년 객지생활을 하다가 어떻게 계기가 되어서 고향에 들어와 살았는데. 제가 객지에서 내려와서 지은 집이 아버님 명의로 되어 있던 것을 상속을 받아서 그 밭에다, 거기 300평 되는데 그 위 200평 정도를 사서 합쳐서 집을 짓고 살았어요.

객지에 나가서 건축 일을 하고 살게 되었는데 온 지가 한 16~7년 되네요. 97년도에 제가 시골에 내려왔어요. 그 전에는 건축 일을 하다 보니까 해외로, 사우디로다가 파견근로를 나가려고 했는데 그게 안 되더라고요. 신원조회를 하는데 하여튼 못 가게 되었어요. (고향에 돌아와서) 농사짓고.

신원조사된 것을 확인하진 못했어요. 시험에는 합격이 되었었는데 나중에 통보가, 틀린 걸로 왔더라고요. 신원조회를 한 건지, 안 한 건지 모르겠지만 하여튼 그 현장에서 실기시험에는 합격을 했는데. 그때는 현대에서 기능공들을 소집을 해 가지고. 뭐 조적이라던가 미장이라던가 철근이라던가 이런 것들을 전부 다 실기로 시험을 봤어요. 그때는 전두환대통령 시절이었을 거예요.

강현소씨는 부친 강진모의 희생사실에 대해 할아버지로부터 들을 수 있었다. 부친은 무뚝뚝한 성격이었고, 전쟁 발발 직후 부여경찰서로 연행되었다. 제사는 음력 5월 29일 지내고 있는데 같은 마을 희생자들보다 제사

희생자 강진모의 아들 강현소씨는 당시 두 살이었다. 성인이 되어 외항선을 타려다 신원조회에 걸릴 것이므로 포기했다고 한다. 일찌기 할아버지로부터 부친의 희생사실에 대해 들어서 알고 있었기 때문이었다.

일이 늦는 것은 며칠 동안 살아 돌아올 것을 기다렸기 때문이었다.

사건을 목격했던 같은 마을 주민 강상모 노인은 보도연맹사건의 피해자라며 반정부 활동을 중단하고 "생업에 종사하는데 그걸 와서 데리고 갔지. 그것이 마지막이었어"라며 "제사일은 그믐날 29일로 하고 있어요. 음력 5월 23일 즈음 끌려가셨나 봐요"라고 했다. 부여경찰서로 연행된 후 구드레나루터로 추정되는 곳에서 희생되었다. 제사일이 음력 5월 27일(1950년 7월 12일)이므로 희생일은 하루 뒤인 1950년 7월 13일로 추정된다.

2014년 6월 12일 장암면 장하리 마을회관에 모였던 유족과 주민들의 증언을 통해 사건 후 벌어진 일들을 어떻게 기억하는지 들을 수 있었다. 앞의 강정구, 강현소 외에 강상모, 강현백, 강명모씨가 참여했다. 각 인용문 끝에 증언자의 이름을 적었다.

인민군 점령기 상류인 구드레나루터에서 희생된 주민들의 시신이 하류인 장하리에 떠밀려 오기도 했다. 유족들이 시신을 찾아다녔으나 부패되어 신원을 확인할 수 없었다. 각 마을 유족들은 자기 마을에 떠밀려 온 시신들을 임시로 수습했다고 하는데 이는 앞의 강은모 노인의 증언에서도 확인된다.

할아버지 생전에 제가 들은 이야기인데요, 강변에 시체가 겁나게 떠밀렸데요. 혹시나 해서 어머니하고 찾는데 그 더운 여름에 일일이 속옷 같은 것도 보

강상모씨는 희생자의 이름은 물론 장암면에서 해방과 전쟁을 전후하여 벌어진 크고 작은 사건들을 모두 기억하고 있었다.

고 찾느라고. 며칠을 그랬는데 결국은 못 찾았다고 해요. 그 악취를. 그러니 얼마나 애들을 쓰셨겠어요. _강현소

구드레에서 집단 사살을 했는데 시체 수습을 안 하고 강으로 떠밀려서 내려왔는데. 여기가 하발치(하류)이니까 여기 백사장에 떠밀려 있었고. 냄새들이 진동하고 그래서. 가족들이 나름대로 찾아보려고 했는데, 그때는 여름이고 시신이 부패하고 훼손되고 그러니까 시신을 알아 볼 수가 없는 거지요. _강정구

나도 어렸을 때인데 죽은 거를 기억은 하지. (강현소를 가리키며) 이 사람 큰증조할아버지. 그 때가 마침 비가 왔어. 6·25 때 비가 왔거든. 우리 할아버지가 참외가 먹고 싶다고 해서 보리 몇 덩이를 가지고 황바위를 갔어. 내가 어른들 심부름을 잘 했거든. 황바위 그 아래 밭에 가 있는데 이 사람 외숙되는 김종언인가하고, 뚱뚱한 사람 그게 누구야, 그 사람하고 둘이 있어. "뭣 하러 왔나?" 그러시길래 참외를 찾으러 왔다고. 참외를 여섯인가 일곱 개인가를 주드만. 그걸 넣고 있는데 그 아래에서 삿갓을 쓰고, 그때는 우장이여, 오는데 보니까 이 두 양반이 술을 얼큰히 잡쉈어. 이 사람 외숙되는 사람이 저 양반네 죽었다고 그랬더니 가버리더라고. 그걸 내가 확연히 알아. … 그때 여기 시체가 많이 밀렸어. _강상모

강상모 노인은 장암면에서 국민보도연맹사건으로 희생된 주민들을 모두 기억하고 있었다. 장하리에서는 강준모, 강순모, 강윤모, 강석빈, 강진모, 강주구가 희생되었고, 북고리에서는 강태구, 강판구, 강연구가 희생되

장암면 장하리 마을회관에 유족과 주민들이 모여 65년 전 마을에서 벌어졌던 참상에 대해 돌아보고 있다.

었다.

구룡면 금사리 절골 김일환

희생자 김일환의 아들 김기호씨(1941년생)를 2014년 6월 12일 구룡면 금사리 자택에서 면담했다. "아무것도 모르고, 농사만 지으시고 무식했지. 배운 게 없으니. 말하자면 법 없이도 살 분이라고 하셨지"라며 말문을 열었다.

아들 김씨는 구룡면 금사리에서 농사짓던 희생자가 전쟁 전 불순분자로 몰렸다고 기억하고 있다. 배운 것 없이 농사나 짓던 사람을 사상범으로 취급한다는 것을 이해할 수 없었다. 무슨 사상운동을 했던가 국민보도연맹에 가입했던가 그랬다면 그나마 덜 억울했을 것이라고 한다.

이 동네 이름은 절골이고, 저 동네 이름은 수엥이. 저는 어려서 모르고요. 그때 여덟 살이던가 아홉 살이었던가. 6·25 나던 해 그렇게 되었어요.
알기 쉽게 얘기하면, 사상범이라고 할까? 그걸로 몰려서, 그러니까 불순분자로 몰려 가지고, 농사짓고 한사람도 있고, 아무것도 모르는 무식자거든요, 대부분. 근디 운동한 것도 없고 그러는데, 어디 가입하라고 해서 했는데. 그것을, 겉표지를 떼어내고 (다른 것을) 붙여서 당인가 뭐인가로 몰려서 그랬다고 하더라고요.

아버님께서 전쟁 나기 전에 어떤 활동 하셨던 것은 전혀 없어요. 청년단 활동 그런 거 하려면 배운 게 있어야지. 농촌에서 땅만 파고 있는 사람이 뭐 아

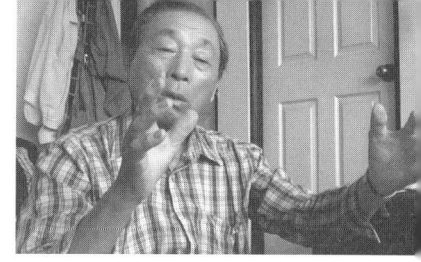

아들 김기호씨는 사람을 죽였으면 무슨 죄목이라도 남아 있을 것 아니냐며 자료를 공개하라고 주장했다. 팔순을 바라보는 그는 지금까지 부친의 시신을 찾지 못한 것이 한이라고 했다.

는 게 있어야지. 그러니 억울하지. 차라리 그런 운동이나 뭐 하고서, 보도연맹 가입해 가지고 운동이나 뭐 하고 그랬으면 억울하지나 않을 건데, 전혀 (그런 거 없었어).

희생자는 끌려 나간 날인 음력 5월 26일 제사를 지내고 있는데 그 날은 1950년 7월 11일이다. 바로 구룡지서로 연행되었다고 한다. 모친은 이 소식을 듣고 밥을 한 번 날랐으나 이후 부여경찰서로 이송되었는지 지서에서 사라졌다. 돌아가신 곳을 모르니 시신을 수습할 수 없었다.

돌아가신 때가 제적등본에는 없어요. 제사일은 음력 5월 26일이네요. 5월 26일이 끌려가신 날이지요. 음력으로. 보도연맹은 이 근래 들어봤어요. 보도연맹가입 표지를 떼어내고서 보도연맹인가 뭘로 해서, 가입시킨 걸로 해 가지고 불순분자로 몰려 가지고 그랬다고 하더라고요. 초등학교 다닐 때인데, 그때만 해도 어렸을 때, 파출소 앞을 다니는데, 저 뭐여, 저도 아름아름 하지요.

아버님께서 구룡지서로 끌려가셨지요. 구룡지서로 끌려가서 어떻게 되었는지 그 내막을 모르지. 간 것만 알지 다 어디로 다 데려갔으니까. 어디서 집결을 시켜서 사형을 시켰으니까 소식이 없는 거지. 시신은 못 모셨지. 아유, 행방불명되어 찾을 수가 없었는데, 어떻게 시신을 모셔. 못 모시지. 그때 가신 분들 (시신을) 하나도 못 찾았어요.

어디로 간지 모르니까 찾으러 못 다녔지. 그때 파출소 갔을 때 식사인가 뭐 해 가지고 어머니께서 한 번 간 것 같아요. 근데 오래 두지 않고 다른 데 갔기 때문인데. 한 번인가는 식사 해 가지고 가셨던 것 같아요. 어머니께서 밥을 날랐으니까 지서까지 끌려간 것은 분명해요. 본서까지는 못 가 보았지요.

김씨는 당시 부친과 함께 금사리에서 끌려간 주민은 절골 유병기, 서재석, 수엥이 김주영, 김○○ 등 모두 5명이었다고 기억하고 있다. 희생자 고만석은 전쟁 전 부여경찰서로 끌려갔다가 대전형무소에 수감되어 있던 중 1950년 7월 대전 산내면 골령골에서 희생된 것으로 판단되었다. 이미 앞 2장에서 희생된 사연을 소개했다.

이 동네에서 다섯 분인가 몇 분이. 그런데 한 분은 아프다고 해서, 안 끌려가서 명대로 살다가 돌아가셨어요. 살게 되신 분은 유석구. 함께 끌려가신 분은 유병기, 서재석, 김주영? 주영이던가. (그리고) 그 분 이름이 김 뭐시기든가. 유병기 이분은 딸이 논티에 살고 있어요. 딸이 하나 있었는데. 고만석이가 아래 동네이고. (그런데) 누가 빠졌네.
금사리만 다섯이에요. 이 동네에서 셋, 저 동네에서 둘. 여기 서재석이라는 분하고 아버지하고 유병기는 이동네고, 저 너머가 김주영하고 김 누구인데. 고만석이라는 사람도 이 아래 동네이고.

부친과 마을 사람들의 죽음 외에 그가 기억하는 전쟁의 모습은 부서진 차 한 대와 폭격에 무너진 학교 정문, 학교 앞 전나무에 박힌 파편이었다.

인민군이 들어왔을 때 기억나는 것은 없고. 6·25 뒤에 차가 있었는데, 도로변에 차가 한데 총 맞아 가지고 처박혀 있어 가지고. 그거 알고. 초등학교 교정 정문에다 폭격해 가지고 정문 양쪽이 부서졌고, 학교 앞에 전나무에 파편 박혀 있는 것은 알지.

전쟁 발발 직후 국민보도연맹사건 피해 외에 국군 수복 후에도 주민들이 부역혐의로 학살당했다고 한다. 김씨가 기억하는 피해로 희생자 김주영의 동생 김기덕의 경우가 있다. 그는 형의 죽음 후 인민군 점령 하에서 일을 보았는데 이 때문에 국군 수복 후 체포되어 징역을 살았다. 형기를 마치고 석방되기 직전 사망했다고 한다.

> 수복되어서 피해 당하신 분, 끌려가고 그런 사람들이 있지요. 이 너머에서 김주영인가의 동생 김기덕이. 그때 6·25 때 뭐 했다고 끌려가 형무소에서 형 다 살고 나오는데, 나올 날이 며칠 안 남았는데 쇼크 받아서 출상, 장례까지 나간 게.

아들 김씨에게는 연좌제 피해를 당한 기억은 없었다. 연좌제 피해조차 배우고 가진 유족들에게 해당되었던 모양이다. 배운 것 없이 농사만 짓는데 거칠 것이 없었다고 한다. 그것이 오히려 김씨에게는 한이었다. 연좌제 피해를 당할 정도라도 배울 수 있었으면 한이 덜했을 지도 모른다.

> 내가 배운 게 없어서 어디 취직을 못 해 그런 피해는 없었지. 내가 배워서 취직을 하려고 했으면 피해가 있었겠지. 내가 배워서 취직한다고 하면 연좌제에 걸린다고 하지만 내가 배우들 못 해 가지고. 농사만 짓고 있으니까 걸리진 않았지. … 아버지 돌아가신 바람에. 못 배운 게 한이 맺혀서.

> 제가 독자거든요. 나를 가르친다고 저 들판 가운데 밭이 있는데 일 년에 세 번 하는 모시라고 있어요. 그것을 밭에다 가져다 놓고서는 뭔 일인가를 한다는 얘기를 들었거든요. 나를 가르친다고. (그러다가) 아버지가 돌아가시니까 초등학교 졸업하고 바로 그래서 아무것도 못하고 농사만 지은 거지. 배우지도 못하고. 아버지를 일찍 여의어서 제가 배우지 못해서 여대껏 고생했고. 또 아버지 시신도 못 모셨으니까 한이 되는 거지.

김씨의 또 다른 한은 희생자의 시신을 수습하지 못한 것이었다. 그는 최근까지도 부친이 끌려간 이유라도 알고자 면사무소와 군청에 찾아갔으나 자료가 없다며 확인해 주지 않았다.

> 나는 시방도 죄목을 알고 싶어서. 저번 때 면사무소 가서 그거 자료, 저기 뭐여, 말하자면 전과자료 있느냐고 했더니 못 찾는다고 하더라고. 죄목을 알고 싶어서 그랬더니, 면에서 군에 가 보라고 해서 군에 가니까 그런 거 없다고 하더라고. … 무슨 죄가 있으니까 끌려갔을 거 아니에요.

구룡면 금사리 수엥이 김주영

희생자 김주영의 아내 박순임(1922년생) 할머니를 2014년 6월 12일 구룡면 금사리 자택에서 만났다. 93세의 할머니는 "내가 남편이 어떻게 해서 잡혀갔는지 어떻게 알아요. 집에만 살아서. 집에서 일만 했는데 무슨 죄를 져요. 집에서 일만 했는데. 순전 집에서 일만 했어요."라며 면담을 시작했다.

할머니는 이야기가 본격화되자 거침없이 남편에 대한 원망과 그리움의 감정을 솔직하게 드러냈다. 희생자를 기억하는 순간만큼은 할머니의 시간도 멈춰있다. 할머니의 눈은 지금 당장이라도 저기 열려있는 싸리문사이로 들어올 것 같은 남편에게 머물러 있다.

남편 김주영은 공부를 잘 했다. 국민학교를 졸업했음에도 돈이 없어 졸업장을 받지 못했다. 이 때문에 취직이 어려웠다. 논티에서 점원으로 일하며 월급을 모아 송아지를 샀고 소로 키워 지금 할머니가 살고 있는 집을 샀다고 한다.

> 집에다 일감 해 놓고. 돈이 없어서 졸업장도 못 타고. 어디 들어 가지도 못하고 집에 있다가. 학교에서 공부는 잘했다고 하데요. 공부는 잘 해서 상도 탔데요.

2014년 인터뷰 당시 93세였던 박순임 할머니는 사건 후 64년이 지났음에도 남편이 싸리문을 열고 들어 올 것 같다고 한다. 희생자에 대한 할머니의 시간은 1950년 국민보도연맹사건 당시에 멈춰 있다.

그랬다고 하는데 논티 사람 상 보는데 가서. 그 집에서 점원으로 있어서, 그 집에서 월급 받아서 송아지를 한 마리 사다가 저 위에서 길렀다는데, 송아지 한 마리 사다가 먹여서 키우다가 팔아 가지고 이리로 내려 앉았어.
내가 (시집) 오니까 작년에 이리로 이사 왔다고 그러데, 여기. 그러고서 여기서 살아요. 우리 시누이가 아홉 살 되었는데 지금은 일흔 일곱이유. 그럴 동안 여기서 혼자 살아요.

결혼 당시 할머니는 남편 이름도 몰랐는데 나중에 친정 아버지 돌아가시고 그 비석에 써 있는 이름을 보고서야 알게 되었다고 한다. 희생자는 결혼 후 함경남도 흥남에서 목공일을 배웠으며 전쟁 전에는 집에서 공장을 차리고 목수 일을 했다. 전쟁 전 학교 동창생들이 집에 자주 놀러왔다. 서산경찰서가 이를 반정부 활동으로 여겼던 모양이다.

남편은 경주 김씨지요. 김주영이라고 썼데. 이름도 몰랐는데 친정에 아버지 비석 세워 써 놓은데 보니까 김주영이라고 썼데. 농사도 안 짓고. 일을 못 하니까 흥남 가서는 목수 일을 배웠어요. 함경남도 흥남 가서 7년을 거기 가서 살았어요. 7년을 살고 집에 와서는 여기다가 공장을 짓고서는 날마다 일만 했어요. 어디 가지도 않고.

목공 일만 하니까 그 전에 학교 다니던 사람들이 더러 놀러 오데요. 놀러와 앉아서, 일하는데 놀러들 와서 얘기들 하고 놀기도 하고 그러다가 돌아가더라고. ⋯ 그때 놀러왔던 사람들은 학교 다닐 때, 학생일 때 (어울리던 사람들). 집에서 일만 했지요. 날마다 집에서 일하니까 어쩌다가 학교 동창들. 시집오니까 목수 일 하니까 뭘 맞춰 가려나. 그런 거 맞춰서 도로 가져가데요. 뭐 짜 가지고 가면. 문도 짜고 그러면 그런 것도 실어가고. 그런 것만 했어요. 일만 하고.

그러던 1950년 7월 어느 날 아침이었다. 경찰에서 나온 듯한 사람이 남편 보고 따라오라고 했다. 남편은 그를 따라 나간 뒤 여태껏 돌아오지 않고 있다. 65년째.

아, 저녁에 자고 아침에 나오는데 부르데요. 데리고 가니까 따라 나가서 가데. (나는 밥하러) 보리쌀에 물 묻히고. 그 사람 따라가더니 안 오잖아. … 뒷방에서 자는데 나오라고 하데요. 누가 나오라고 했는지 나는 모르지. 경찰인지 뭔지도 모르고. … (옷) 입은 데로 따라서 가데요. 나오라고 하니까 따라가더니 안 오잖아요. 가더니 그만 두어 버렸어요, 그냥.

찾아보기는 어디를 찾아봐요. 생전 집에서만 살았는데. (지서라도 쫓아가 보지 않고) 집에서만 살아서 몰라요. 오기만 바랬지. 아무것도 안 했어요. 가기만 하고 안 들어 왔어. 밥도 안 갖다 줬어요. 밭 매고 집에 오면 점심 먹고 (다시) 가는 데 뭐. 그 때가 음력 5월이에요. … 집에서만 살았는데 어디서 소리를 들어요? 날마다 오기만 바랬지요. 기다리기만 했어요, 그저. (문을 가리키며) 오는가 하고 저기만 쳐다봤지요. 안 오더만 그래요. 어디를 내가 돌아다녔어야지. 집에서 일만 하고 살았어요.

당시 남편과 함께 끌려간 마을 사람들이 더 있었다. 할머니는 모두 다섯 명으로 기억한다.

마을에서 같이 끌려가신 분들을 모르지. 나는 누구누구인지 몰라요. 다섯이요. 그랬다고 말이 있더만. 아파서 못 가 살았다고. 나는 정신이 조금 빠져서 금방 한 소리도 잊어버려서 말을 못 해요. 올해 구십 셋이요. 국민보도연맹이라고 몰라요.

이미 2장 대전형무소사건 희생자 고만석의 경우에서 살펴보았듯이 김주영을 비롯한 구룡면 금사리 희생자들은 1949년 〈국가보안법〉위반 혐의로 부여경찰서까지 끌려간 뒤 대전에서 재판까지 받은 뒤 석방되었다가 전쟁 발발 후 국민보도연맹사건으로 다시 끌려가 집단희생당한 것이었다.

구룡면 금사리 절골 유병기

희생자 유병기의 딸 유정애씨(1947년생)를 2014년 6월 12일 구룡면 금사리 삼거리 가게에서 만났다. 유씨는 사건 당시 너무 어렸던 데다가 사건 후 홀로된 모친은 혼자 살 수 없어 재혼했으나 일찍 돌아가셨으며 살아생전 부친의 희생사실에 대해 아무런 말도 하지 않았다고 한다.

유씨는 금사리 절골에 살던 주민 3~4명과 함께 희생되었다는 사실은 알고 있으나 구체적인 희생경위나 이유에 대해서 아는 바가 없었다.

> (성함은) 유병기. (당시 연세는) 그것도 몰라요. 집에 안 돌아 오시니까 돌아가신 건지, 어떻게 된 건지 확인도 못 했지. 당시 돌아가셨다고 생각하는 이유는 안 오시니까. 안 오시니까 돌아가신 걸로 알지요. … 어머니도, 나가서 안 오시니까, 기다리다 기다리다 혼자 살 수 없으니까 재혼을 했지요. 그런 줄만 알아요. 절골에서 돌아가신 분이 세 분이라고 하더라고요. 무종이네 하고. 김무종. 영국이? 세 분. 그렇게만 알지. 부친까지 네 분.
>
> 지금은 애들이 다 약아서 저기한데 그때는 몰라. 여자도 벌이가 좋아서 혼자도 살 수 있는데, 그 전에는 뭔 벌이가 있어요? 엄마가 재혼을 해서 그냥 산 거, 그것만 알아요. 친정 아버지가 작년에 돌아가셨어요. 얻은 친정아버지. 그

사건 당시 4살이었던 유정애씨는 이후에도 부친 유병기의 희생사실에 대해 들을 수 있는 기회가 없었다. 절골에서 부친까지 네 명이 희생되었다는 사실은 알고 있었다.

것만 알지 모르겠어요. 좋은 소리 아니니까 자꾸 물어볼 것도 없고, 얘기해 주기도 그렇고. 아들이라면 제사를 지냈을까 모르는데, 딸이니까 그냥 시집 와서 사니까 모르겠어요.

1950년 멈춰 버린 그들의 시간

1장 강병선의 희생사실에서 보았듯이 단독정부 수립 직후인 1948년 11월 주민들에 대한 부여경찰서의 공격은 이미 시작되었으며 <국가보안법> 제정 후에는 반정부 세력에 대한 공격이 본격화된 것으로 보인다.

1949년 2월 11일 부여경찰서는 은산면 태양리를 공격하여 주민 2명을 체포하였다. 당시 언론은 이들 2명이 부여군 유격대장과 정지사(丁志社) 책임자였다고 보도했다.(《경향신문》, 1949. 2. 20.)

1949년 6월 서울에서 국민보도연맹 중앙조직이 출범하자 전국에 지부 조직을 만들려는 시도가 있었다. 대부분 국가보안법 위반자 중 석방자가 대상이었으므로 그 수는 제한적이었다. 이 때문에 이승만 정부는 일반 주민들의 국민보도연맹가입을 독려했다. 특별한 반정부 활동이 없었던 주민들도 한꺼번에 잡혀가는 이상한 현상이 벌어졌다.

부여경찰서 사찰계는 1949년 7월 부여군 특공대라며 주민 30여 명을 연행했다. 1구 책임자는 체포하지 못했으나 2구 책임자 조동관, 3구 책임자 조병무를 체포했다고 한다. 부여군 남면 어디에서 벌어진 사건인지 확인되지 않지만 기사 내용으로 보아 3개 구로 이루어진 일개 리 전체를 공격했던 것으로 보인다.

〈공산도배를 타진〉
북한 인민괴뢰정권의 폭도와 결탁하여 소위 남한특공대를 조직하고 대한민국을 전복 파괴하려는 공산도배들의 지하공작이 전개되고 있던 차 천도가 무심치 않아 부여경찰서 사찰계에 탐지한 바 되어 악당 삼십여 명이 사전 미연에 일망타진되어 전율할 사실이 백일하에 폭로되었다 한다. 이제 그 자세한 내용을 듣건대 전라방면에서 넘어 온 공산도배들이 부여군 특공대를 조직하려고 지하공작이 활발히 전개되어 산중 훈련을 받고 있다는 정보를 얻은 부여서 사찰계에서는 오형사 주임의 총 지휘 아래 형사대를 총동원 불면불휴의 대활동을 한 결과 드디어 남면 방면으로 출동한 형사대에 체포된 자를 문초한 결과 의외에도 부여군 특공대 총책임자였다 한다. 이에 힘을 얻어 지난 20일에는 제2구 책임자인 조동관과 제3구 책임자인 조병무의 약 30명을 전광석화적으로 무난히 체포하여 개가를 올리게 되었다는 바 아직도 제1구 책임자만은 고비원주하여 체포되지 않았다 한다. 이에 체포된 자만은 목하 오형사 주임의 담당으로 예리한 문초를 진행 중이라는 바 문초에 따라서 그 조직체와 음모계획 등이 백일하에 폭로되리라 한다._《경향신문》, 1949. 8. 4.

위 사건의 연장선으로 보이는 사건이 발생했다. 부여경찰서는 1949년 8월 27일 각 면의 남로당 군책 간부를 체포했다고 발표했다. 언론에 발표된 명단은 다음과 같다.(《경향신문》, 1949. 9. 9.)

· 초촌면 연화리 남로당 부여군 책임자 이중갑(24)
· 장암면 북고리 동군 부책임자 강연구(22)
· 남면 신흥리 동군 선전책임겸 조직비서 박종갑(25)
· 남면 삼룡리 남로당 군재정 책임자 권영(26)
· 삼룡리 동 부여군 인민군부책 박종선(21)

・삼성동 충남여맹책임자 박춘자(23)
・삼성동 충남여맹연락원 임건례(16) 외 10여 명

  장암면 주민들은 위 주민 중 북고리 강연구가 국민보도연맹사건의 희생자였다고 증언하고 있다.
  2006년 진실화해위원회에는 강철민 등 3명이 신청했다. 조사결과 부여경찰서 유치장에 갇혀 있던 주민 50여명은 1950년 7월 14일 두 대의 트럭에 실려 백마강 구드레나루터에서 경찰에게 총살당한 사실이 확인되었다. 신청 접수된 희생자 강일구, 유인길, 유인성 등 3인 외에 강진모, 강윤모, 강준모, 강명구, 강순모, 강석빈 등 6명을 추가로 확인했으며, 강태구를 희생자로 추정했다.
  2009년 1월 부여지역 국민보도연맹사건에 대한 진실화해위원회 조사결과 신청사건 희생자 3명과 미신청사건 희생자 6명을 진실규명으로, 1명을 진실규명 '추정'으로 판단했다. 미신청사건의 경우 모두 장암면 장하리와 북고리 주민들이었다.
  이번에 알게된 장암면 북고리, 장하리 국민보도연맹사건 희생자들은 이미 진실화해위원회에서 판단을 받았지만 조사관이 직접 유족을 면담한 경우는 아니었고 진실규명 결정을 통보받은 바도 없었다고 한다.
  한편, 구룡면 금사리의 경우는 그 동안 전혀 알려지지 않았던 국민보도연맹사건 희생자들이었다. 지난 진실화해위원회의 조사 외에 이번 면담을 통해 새롭게 확인된 부여군 국민보도연맹사건 희생자는 구룡면 금사리 절골 김길환, 유병기, 서재석, 수엥이 김주영, 김○○ 등 5명이라고 할 수 있다. 희생지는 구드레나루터였을 것이다.

똑똑하면 뭐 해요, 죽을 일 하고 다니는데 _서산 운산면

서산지역 국민보도연맹사건 희생자의 증언을 직접 들은 것은 이번이 처음이었다. 주로 국군 수복 후 희생사건을 다루었던 나로선 한석현 유족으로부터 서산경찰서 지곡지서에 의한 피해 정도를 알고 있었다.

박영남 할머니의 증언을 들으면서 국민보도연맹사건을 이해하기 위해서는 해방 직후와 단독정부 수립 전후 지역의 정치 또는 사회 상황을 먼저 이해해야 한다는 것을 다시 한번 깨달았다.

남편 정제문을 비롯한 마을 청년들의 회합, 그리고 이에 대한 공격은 이제 낯설지 않은 광경이었다. 경찰의 공격을 받은 청년들은 체포되어 재판에 넘겨지거나 국민보도연맹원이 되었을 것이다. 이승만 정부에 의해 체계적으로 차별받은 주민들이 2등 국민으로 추락하는 과정이었다.

이들은 당시 무슨 생각을 했을까? 민족통일이라는 거대담론? 아니면 생존권 문제? 청년들이 갖고 있었을 '정의감'이 그 중 하나였을까? 이제 더 이상 말해 줄 기억전달자가 사라져 가는 오늘날, 박 할머니로부터 들을 수 있었던 운산면 가좌리 청년들의 이야기는 무엇보다도 소중하다.

운산면 가좌리 정제문

희생자 정제문의 처 박영남(1924년생) 할머니를 2015년 3월 17일 부천 자택에서 만났다. 자리에는 아들 정명호씨(서산유족회장)가 함께 했다.

올해 93세이신 박 할머니는 너무 오래 살아서 그런지 회춘을 하는 것 같다며 다시 까매지는 머리카락과 딱딱해지는 잇몸을 보여주며 미소를 지었다. 하지만 아직도 65년 전의 고통때문에 진통제와 수면제를 지어 드시고

박영남 할머니는 해방 직후 남편 정제문의 활동을 인공 일이라고 했다. 늦은 밤 마을 청년들이 사랑방에 모여 회의를 하던 모습을 기억하고 있다. 할머니는 남편에 대해 "똑똑하면 뭐해요, 죽으러 다니는데"라며 암울했던 시대의 한 청년운동가의 죽음을 안타까워 했다.

있다는 말은 인터뷰가 끝날 즈음에나 했다.

남편이 끌려가던 때가 27세였을 때였다는 말씀을 시작으로 할머니는 한 시간이 넘도록 긴 기억의 보따리를 풀어나갔다.

(아들을 가리키며) 스물 여섯에 낳았어요. 이 아들을. 그리고는 스물 일곱에 영감을 끌어갔어요. 그러니까 두 살 먹었었지.

곁에 있던 아들 정씨는 두 살이래 봐야 만 7개월이었다고 했다. 할머니는 소리를 잘 못 듣는다시며 크게 말해 줄 것을 당부했지만 질문하기 전에 이미 필요한 이야기들을 차근차근 다 해 주었다. 이를테면 나이만 여쭈려고 했는데 생일까지 말이다.

고생한 거를 말하면 책으로 몇 권이 될지 몰라요. (지금) 아흔 세 살. 아흔 세 살 먹을 때까지 살았네요. 말씀을 좀 크게 해 주세요. 귀가 잘 안 들리니까. 이름은 박영남. 생일은 8월 19일. 음력으로. 나는 열 아홉 먹고 영감이 두 살 덜 먹었어요. 열 일곱. 열 일곱 먹어서 장가 왔었어요.

(결혼해서) 산 곳이 운산면이에요. 운산면 대지리. (운산면 가좌리 · 정명호). 운산면 가좌리 2구? (남편은) 열 일곱 먹어 장가들어서 서울 어디서 무슨 사업한다고 하룻밤 자고 가데요. 그렇게 해서 여섯 달만에 집에 왔어요. 동짓달에 장가들고 가 가지고서 여섯 달만에 (나를) 만나보러 왔데요. … 정제문이라고 했는데 어째 사진이 없는지 몰라요. 아들은 아비의 얼굴을 몰라요. 코도 크고 입도 크고, 이마는 좀 좁고. 성품은 착했지요.

일제강점기인 19세에 정제문(결혼 당시 17세, 다른 이름 정기남)과 혼인하여 운산면 가좌리에 살았다. 당시 남편은 중국인이 운영하는 서울의 한 제약회사에서 근무했으며 9개월 뒤인 해방 직후 일을 그만 두고 서산으로 내려와 당시 인민공화국과 관련된 활동을 했다.

> (서울 가서) 약 장사하는 데 있었데. 중국 사람 회사에 가 있었는데 중국 사람이 장가 못하게 해서 휴가 줬을 때 (장가를) 들었어요. 여간 독하지 않더래요. 그 회사 사장이요. 그렇기 때문에 하룻밤 자고 갔어요.
> (남편 이름은) 정제문. (다른 이름은) 정기남이. 여섯 달만에 휴가 왔다가 또 갔었어요. 왜정 때. 그래서 또 석 달하고 아주 집에 왔데요. 그런 뒤로부터 인공 일을 하러 다녔어.

할머니는 서산 집 사랑방에서 있었던 청년들의 모임을 기억을 하고 있었다. 늦은 밤이었다.

> 밤 12시에 물을 달라고 해서 물을 떠가지고 가보니까, 방이 셋이었는데 사랑방으로 사람들이 많이 왔었어요. 그래서 물을 떠서 주고 났는데, 왜 그러나 하고 들으려고 하니까 방으로 들어가라고 영감이 밀어닥치데요. 못 듣게. 무슨 궁리를 하니까. 인공(해방 직후 인민공화국) 시작할 때이지요. (나는) 인공인지 뭔지 몰랐어요.

시아버지는 남편의 활동에 반대하였다. 집에 들어오지 못하게 할 정도였으나 시어머니는 쌀을 대주는 등 남편의 활동을 남 모르게 지원해 주는 눈치였다. 당시 마을 청년활동의 중심은 유기찬이라는 사람이었는데, 그 또한 남편에 이어 연행되었다.

> 그때 그렇게 모여서 회의하고 그랬는데 그 뒤부터는 어디로 나다니데요. 나

다니는데 우리 시아버지가, 무슨 일인지 알고 그러는지 모르고 그러는지, 작대기 들고서 대문 앞에 가 "오면 패 죽인다"고. 아들을. 그러니까 우리 시아버지가 아들이 그렇게 하고 다닌다고. 오기만 하면 패 죽인다고 대문 앞에서 지키고 있었어.

(그래) 집에를 못 왔어요. 다른 데로 돌아다니면서 그 일을 했어요. 보도연맹. 그렇게 해서 집 구경을 못 했어요. 그때 아들을 낳아 놓고서도, 나간 뒤로부터는 집에를 못 왔어요. 시아버지 무서워서. 그래 시어머니가 자루에다 쌀 조금씩 가져다가 어디로 보내주데요.

(마을에) 유기찬이라는 사람이 그 일을 꾸몄어요. 그 사람도 잡아갔어요. 거기서 한 동네에 살았어요. 유기찬은 한 30세. 남편보다 나이가 넘었지요. 아주 잘생겼었어요. 훤칠하고 네모나니. 그 이가 그렇게 일을 꾸몄어요. 그 애는 (어디) 갔기 때문에 못 잡아가고. 그 날 못 잡아가고 나중에 잡아갔어요. 사흘(뒤에 잡아갔어요).

1949년 겨울 셋째인 정씨를 낳았을 때, 경찰서에서 보도연맹 가입을 위해 남편의 도장을 받으러 왔다. 하지만 시어머니의 강력한 반대로 도장을 주지 않고 돌려보냈다고 한다. 할머니는 이전에도 남편이 여러 차례 경찰서로 잡혀가 곤욕을 치렀다고 기억했다.

그래도 나는 무슨 일인지 몰랐어요. 나중에 아들을 낳고 있는데 바깥에서 누가 찾데요. 도장 달래요. 그러니까 시어머니가 "도장 주지 마라" 그러니까 그 사람들이. … 내가 딸 둘 낳고 시아버지가 얼마나 구박을 했는지 몰라요. 그런데 손자 낳으니까 그때는 좋다고 그랬는데. 도장 달라고 하니까 주지 마라. 그 사람들이 "이 집 아주머니 아들 낳아서 좋게 생겼네" 대문 앞에 온 사람들이 그러면서 가데요. "이 아주머니 인제는 위로 받게 생겼다" 좋다고 소리를 치더라고. 어린 애 낳고 드러누워 있는데 들리데요. 금줄을 띠웠으니까. 고추 달았다고.

그때부터 무슨 일인지 알았어요. 인공 일. 보도연맹. 그렇게 해서 그 뒤로부터는 (남편이) 피해 다녔어요. 경찰들이 잡으러 와서. 경찰 일도 숫하게(겪었어요). 잡아 가서.

아들이 두 살(생후 7개월) 되던 1950년 7월 10일(음력 5월 25일) 남편은 가문 날씨에 샘을 파기 위해 논에서 일하던 중 경찰서에서 나온 하얀 평상복을 입은 사람 두 명을 따라 갔다. 집에서 빨래하고 널어놓은 옷으로 갈아입고 서산경찰서로 갔다.

아들 두 살 먹었을 때, 날이 아주 가물어서 샘을 파러 시아버지, 시어머니, 영감, 나. 네 식구가 샘을 파러 갔어요. 논으로. 이 아들을 등에다 업고. 두 살 먹었을 때인데. 샘을 파는 데, 하얗게 (옷을) 입은 사람 둘이 나오라고 하데요. 정제문이 나오라고. 그러니까 나가데요. 그래도 왜 그러는지 몰랐어요. 샘을 파고 집에 와 보니 잡아갔데요.

(끌고 간 사람들은) 아무도 못 봤어요. 시누이 하나, 어린 애 업은, 두 살 먹은 아기 업고 있을 때, 그 시누이하고, 지금 대문이라고 제삼이라고 (남편 동생). 그렇게 일러 주었데요. "형 어디로 갔느냐?"고 그러니까 샘 파러 갔다고 순경들에게 일러 줬다고. 순경들이 하얀 옷을 입고서. 순경 옷이 아니었어요. 그냥 한복 입고 하얗게 입었데요. 샘 뒤로 나오라는데 보니까 모자도 안 쓰고 그냥 위 아래 하얗게 입었데요. 총은 안 멨고요. 그래도 왜 데리고 가는지 몰랐어요.

다음날인 7월 11일 서산경찰서로부터 밥을 가져오라는 기별을 받고 할머니는 아들을 업은 채 쌀과 밥을 들고 유치장으로 갔다. 경찰은 밥을 받지 않으면서 "오늘부터 밥을 끊었다"고 했다. '밥을 끊었다'는 말은 곧 죽음을 의미했으므로 할머니는 그 자리에서 정신을 잃었다.

경찰은 배운 것 없는 남편이 똑똑하다고 칭찬했지만 할머니에게는 비아냥 거리는 말이었다. '죽을 일'을 하러 다녔던 사람이었기 때문이었다.

그렇게 해서 옷 해 드리고 그랬는데, 하룻밤 자고 나니까 밥 해 주라고 기별이 왔데요. 어제 잡아갔는데 오늘 기별이 왔어요. 그래서 아들 두 살 먹은 거 업고 쌀 조금 해서 이고, 또 밥을 냄비 하나하고 해서 서산군청(서산경찰서 · 정명호)에 가니 큰 느티나무가 아름드리로 정자나무가 있는데 (거기가) 넓데요.

경찰서에 가 보니까 이렇게 샛문을 해 놓고서 그리로 밥을 디밀어 주더만요. 창문을 이렇게 해 놓고서는. … 면회를 안 시켜 줘요. 패서 상처가 아물어야 보여준데. 그러면서 그러대요. 똑똑한 영감을 두었다고. 그러면서 소학교 배웠어도 대학교 배운 이만큼 똑똑했었어요. (그런데) 똑똑하면 뭐해요, 죽을 일 하고 다니는데. 스물 다섯이었어요.

거기 가서 앉아 있는데 태안에서 왔다고 어떤 할머니가 구럭에다가 밥을 갖고 앉아서. 그래서 "아주머니는 왜 이렇게 구럭에다 밥을 가지고 왔느냐?"고 했더니 "우리 아들들이 경찰서에 있는데 밥을 가지고 왔다"고 그러데요. 그래서 밥을 넣으려고 하는데 또 누가 오면서 "오늘부터 밥을 끊었다"고. 가라고 이렇게 하데요. 그래서 내가 기함하면서 나 자빠졌어요. 이 아들을 안고 있다가 그만 쓰러졌는데. 그 구럭에다 밥을 갖고 온 할머니가 "정신 차리라"고 "정신 차리라"고 그래서 얼마 있다가 깨어 보니까 두 살 먹은 아들은 그 할머니가 안고 있고, 정신 차리라고 이렇게 나를 흔들데요. 그 뒤로 어떻게 정신 차려 가지고 어린 애를 업고서 집에를 왔어요.

집에 온 다음 7월 13일(음력 5월 28일)이었다. 집 근처 시부모와 함께 담배 밭을 매던 중 남쪽 멀리서 엄청난 총소리를 들었다. 남편과 함께 끌어간 사람들을 학살하는 총소리였다고 생각했다. 남편의 제사는 끌려간 날로 지내고 있으나 이날 돌아가셨을 것으로 믿고 있다.

그때 담배를 심었어요. 담배를 심어서 시아버지 시어머니 나, 이렇게 담배 밭을 매는데 "땅땅땅땅땅땅" 총소리가 나요. 그러니까 우리 시아버지가 "아이고, 사람 다 갓다 죽이네"

얼마 뒤 같은 마을에 사는 유기연씨로부터 서산경찰서 앞에서 희생자가 포함된 수많은 주민들이 5대의 트럭에 실려 나가는 모습을 목격했다는 말을 들었다. 그는 경찰이 남편을 첫 차에 가장 먼저 끌어올렸다고 했다. 남편은 동아줄로 손을 뒤로 묶인 채 다음 사람과 이어 엮여 있었다고 했다.

할머니는 기억을 종합하여 1950년 7월 10일 논에서 끌고 가 7월 13일 죽인 것이라고 했다.

그렇게 유기찬(나중에 유기연으로 정정함)이란 사람이 차 위로 뒤로 결박해서 차 위로 착착착착 끌어 올렸다고 일러줘서 그때만 알았지 아무것도 못 봤어요. 성은 기연이고. (잠시 생각한 후, 본 사람이) 기찬이가 아니라 기연이. 아주 부자였는데. 작은 아들이 가서 봤데요. 유기연씨가 (보도연맹원들이) 동아줄로 뒤를 결박(당)해서 착착착착 (실리는 것을 봤어요). 차가 다섯 대 났데요. 짐차.

차가 다섯 대였는데 그 중 첫 번에 끌어가는 것은 우리 영감이. 그 중 먼저 끌어 올리더래요. 게(유기연)는 아니까. 보도연맹으로 같이 다닌 사람은 많지만 얼굴은 모르고. 유씨라는 하나만 알고. … 그렇게 경찰서에서. 차를 잔뜩 대 놓고서 엮어서. 동아줄로 사람을 엮어서. 뒤로 결박해 갖고서. 끌어 차로 올리더래요. 게가 그걸 똑똑히 보았데요. 그 애가 그걸 일러주데요.
그렇게 차에로 결박해서 엮어서 끌어 올리더라고 그러는데, 총소리 날 때 갖다 죽였데. 그러니까 5월 28일(양력 7월 13일)이에요. 가져가기는. 5월 25일(양력 7월 10일) 논에서 끌어가고. 하나 안 잊어버려요. 아주 환해요. 그 때 일이 환해요. 그렇게 해서 삭망도 지냈네요. 3년을 삭망 지냈어. 상 놓고서.

총소리를 들은 후 시어머니와 6촌 시아주버니가 3일 동안 양대리(현 서산시 양대동) 다리밑과 메지골, 대전 산내 골짜기 등 학살되었다고 소문이 난 장소를 찾아다녔다. 하지만 시신이 너무 많고 부어 있어서 찾지 못했다. 끌려갈 때 짚신을 신었으며 손목시계를 차고 있었다. 희생 당시 나이 25세. 제사는 끌려간 날로 지내고 있다.

할머니는 운산면 가좌리 보도연맹 활동의 중심이었다는 유기찬 역시 희생자가 끌려간 지 3일 뒤 끌려가 희생되었다고 했다.

그래 우리 시어머니하고 6촌 시아주버니하고 대전으로 어디로 신체를 찾으러 가도 못 찾고. (다른 희생자들) 어깨에 꿰고 말장 나자빠지고 했는데 (부패해서) 부어 가지고 알아 볼 수가 없더래. 대전 산내면. 시어머니하고 시아주버니하고 다니다 다니다 못 찾았어요.

총소리가 난 곳은 담배 밭에서 남쪽일까? 양대리에다도 죽이고 대전에다도 죽이고. 양대리는 다리 밑에다 죽였더래요. 신체를 떠들어 보고 찾아도 없더래요. 대전으로 갔는데도. 아주 산골 산골에다가 죽였다는만. 그런데서 못 찾겠데요. 못 찾았어요. 찾으러 사흘을 다녔어요. … 그래서 그 옷 보고 찾으려고 했는데 못 찾았데요. 양대리하고 대전하고. 어디라고 하더만. 그때는 고무신이 없었어요. 그러니까 짚신. 삼은 짚신. 금니 같은 것은 없고. 시계는 있었어요. 손목시계. 허리띠는 갖띠 끼었데요.

국군 수복 후에도 부역혐의 학살이 있었다. 인민군 점령기에 서산 운산면 처가로 피신 왔던 태안경찰서 경찰관 조씨가 내무서 측에 잡혀 죽은 적이 있었는데 국군 수복 후 이를 복수한다며 그의 아들 조○○이 이복산 등 운산면 주민 11명을 살해했다고 한다.

경찰 아들 조○○라는 이가 제 아비 죽였다고 운산 사람 열 한명을 죽였어. 그러니까 다 운산 사람들이야. 갖다 죽인 게 다 운산 사람이야. (태안)경찰이었는데 운산이 처갓집이어서 그리로 피하는 것을 보고서 그 사람들이 갖다 죽여 가지고 조○○라는 이가 열 한 명 죽였어. 운산면에다가 나란히 세워 놓고 죽였다고 그러데. 죽은 사람으로 그 사람 하나만 알아요. 이복산이란 사람 하나만 알고요.

할머니는 남편의 사망 후 정신줄을 놓은 시아버지를 피해 친정에서 지내야 했으며 명절 때 제사를 위해 시댁을 방문하는 정도의 관계가 6년 동안 이어졌다고 했다. 화병으로 고생하시던 시아버지는 환갑이 채 되기 전 사망했다.

시아버지가 마음이 이상해져서 손자고 뭐고 식구들을 못 건디게 해서. 남의 집에 가 자고 다니고 이렇게 하는데. 건딜 수가 없어서 내가 친정에 데리고 다니면서 (애들을) 키웠어요. 6년을 친정에 업고 다니면서. 친정은 서산 인지면 산동리라고. 설 세고 추석 세려면 시댁에 왔었지요. 시아버지는 (홧병으로) 환갑 안에 돌아가셨어요.

아들은 아버지가 인공활동을 했다며 운산면에서 주는 장학금을 못 받게 하는 등 억압을 받으며 할머니 역시 신경증으로 최근까지 약을 먹어야 한다고 했다.

이 아들이 고등학교 때 장학금을 타 가면서 학교를 배우는데 그 면장 도장을 받아 가지고 오라는데 (면장이) 안 해 줘. 인공사람이라고 안 해 줘.

집에서 자는 줄 알고 새벽에도 순경들이 오고, 밤 중에도 순경들이 오고. 그래서 내가 신경성이 있어요. 지금도 신경성이 있어 가지고 아들이 약 사다 주고 병원에 데리고 다니고.

희생자의 아들 정명호씨는 2009년 6월 30일 진실화해위원회 홈페이지를 통해 진실규명을 요청했으나 위원회는 서산지역에 대한 조사보고가 완료되었으므로 조사대상이 아니라는 답변을 받았다. 그의 요청문은 이렇다.

> 저(1949년생)의 부친(1925년생)께서는, 조모님과 모친의 말씀에 의하면 1950년 5월 25일(음력) 사복형사 두 명에 의하여 서산경찰서로 연행된 후 소식이 없어 수차 면회를 갔으나 허사였고 조모님과 일가 친척들은 희생지역을 두루 다니면서 시체라도 수습하려고 총소리 나는 곳을 며칠을 헤매였으나 찾지를 못했다고 말씀하셨습니다.
> 경찰서 주위분들의 증언에 의하면 대전형무소로 이송되어 희생되었다는 소식만 들을 수 있었다고 합니다. 그후 조부님께서는 장남을 잃은 후유증으로 고생하시다가 저의 나이 12세에 세상을 뜨셨고 8남매를 두신 조모님께서는 생활능력 부족으로 고모 4분 삼촌 두 분을 초등학교도 못 마치는 불운한 자식으로 키우셨습니다.
> 저의 모친께서는 외아들인 저를 키우기 위해 외갓집을 전전하시며 온갖 고생을 하시면서 고등학교까지 마칠 수 있었습니다. 저는 나이 60이 넘었어도 부친의 얼굴을 몰라 꿈에서라도 볼 수 없는 불효자식으로 평생을 살고 있습니다. 이 현실을 누구에게 하소연 하겠습니까?
> 언론을 통해 요즘에는 유해를 많이 찾은 보도를 보았습니다. 고령이신 저의 모친께 유해조차 찾지 못한 죄, 제삿날마다 무어라 거짓말만 해야 할까요? 요즘에는 자주 병원 응급실로 모시고 갈 때마다 가슴이 답답하고 서럽습니다. 5년만 더 사셨으면 하고 혼자 하늘을 보고 사정을 해 봅니다.

유해라도 찾아 모셔야

이 서산사건에 대해 명장근 등 6명이 진실화해위원회에 진실규명을 신청했다. 조사결과 서산경찰서는 1950년 7월 9일부터 12일까지 100여 명이 넘는 주민들을 성연면 일람1리 메지골에서 총살한 사실이 확인되었다. 모두 16명의 희생자 신원이 드러났다. 서산에서 경찰이 철수하기 시작한 날은 7월 12일로 확인되므로 서산경찰서는 후퇴 직전 학살했던 것이었다.

경찰이 100여 명이 넘는 사람들을 메지골로 끌고 가는 모습이 목격되었는데, 끌려가던 주민들은 양손을 뒤로 묶인 채 허리 부분이 서로 엮어져 있었다고 한다. 현장에 시신들이 30미터 정도 길게 널려 있었고 몇몇은 총상을 입었음에도 살아서 산을 내려갔다고 한다.

운산면 가좌리에 살던 희생자 정제문은 1950년 7월 10일 가문 논에서 샘을 파다가 모이라는 통보를 받고 나가 서산경찰서 유치장에 갇히게 되었다. 다음날 처 박영남 할머니가 밥을 가지고 경찰서를 방문했지만 만나지 못했을 뿐 아니라 "밥을 끊었다"는 말까지 듣게 되었다. 집으로 돌아 온 박씨 할머니는 7월 13일 남쪽에서 나는 큰 총소리를 들었고 같은 날 남편을 비롯한 주민들이 서산경찰서 앞에서 다섯 대의 트럭에 실려 나가는 모습이 목격되었다. 할머니를 비롯한 가족들이 시신을 찾기 위해 메지골, 양대리 다리 밑 학살지는 물론 대전 산내면 골령골까지 다녔으나 결국 찾지 못했다.

박 할머니의 증언에 따라 희생자 정제문이 서산경찰서 유치장에 갇혔던 점, 5대의 트럭에 다른 희생자들과 함께 실렸다는 점을 종합하면, 비록 희생일에 있어 7월 12일과 하루가 다르지만 지난 진실화해위원회의 조사결과와 크게 다르지 않아 보인다.

7월 12일(또는 13일)에 서산경찰서를 출발한 차량 5대가 대전 산내면 골령골로 향했을 가능성이 없다고 할 수 없으나 150~200명에 이르는 주민들이 메지골과 대전으로 양분되어 희생되었다고 보기 어렵다. 시신을 찾지 못했으므로 확언하기 어려우나 메지골 또는 양대리에서 희생된 것으로 보는 것이 합리적일 것이다.

93세의 박 할머니는 남편의 억울한 죽음을 겪어 놓고도 억울하다는 말 한 번 못하고 속으로 삭히면서 살아 왔다. 그런데 이제 그 세월조차 얼마 남지 않았다. 할머니는 남편의 시신을 수습하지 못한 것이 마지막 한으로 남아있다고 했다. 65년 된 희생자의 유골이 드러나는 것, 이조차 두려워하는 한국 사회는 도대체 어디에서부터 바로잡아야 하는 것일까?

함창면 창고가 콩나물시루처럼 끌려온 사람들로 빡빡 해 _상주

2010년 1월 초 상주군 은척면과 공성면, 청리면을 돌아다녔다. 아마 싸돌아 다녔다는 표현이 맞을 정도로 이리저리, 좌충우돌했다. 폭설주의보는 끝났지만 농촌지역에 내린 폭설은 그대로 쌓여 있었고 특히 속리산 자락의 은척면은 차 바퀴나 사람 발이나 푹푹 빠져들어갔다.

그해 만난 상주는 1950년 6월전쟁의 진실 중 하나를 깨닫게 해 준 곳이다. 청리면과 공성면은 수복하던 국군 1사단의 만행을 맞닥트렸던 곳이었다. '낙동강가인 상주가 수복된 날이 언제였더라? 인천상륙작전이 9월 15일이니까 같은 날 아닐까? 늦어도 20일 정도? 그래야 10월 1일 38선을 돌파하지.'라고 생각했다. 하지만 이 생각은 틀렸다.

상주가 알려 준 진실은 이랬다. 수복하던 국군이 상주에 주둔한 날은 9월 25일. 그날 밤 주둔 국군은 여성동맹원이라며 16세 소녀가 포함된 마을 여성들을 윤간 살해했다. 이날 공성면 산현리 청장년만 10명이 살해당했다. 국군 1사단이 낙동강전선에서 북진을 시작한 날은 빨라야 24일이었다. 그리고 2개월 만에 수복한 지역에서 벌어진 만행은 해방군의 것이라고 할 수 없었다. 한국전쟁사가 다시 쓰여져야 한다는 것을 직감했다.

비슷한 사건은 계속되었다. 미군의 예비사단이었던 국군 1사단은 10월 초까지 속리산 부근에서 토벌작전을 벌였다. 말은 인민군 패잔병 소탕이었다지만 조사자의 귀에 들리는 건 주민들 피해뿐이었다. 누군가 했던 '깊은 산이 있는 곳에는 언제나 깊은 상처들이 남아 있다'는 말이 떠올랐다.

2015년 다시 상주를 만났다. 은척면 옆의 이안면에서 벌어진 국민보도연맹사건이었다. 희생자 채홍운의 처 성복연(1930년생) 할머니를 2015년 7월 28일 서울 은평구 증산동에서 만났다. 86세이신 할머니는 핵심을 놓치지 않으려는 듯 미리 정리해 둔 쪽지를 읽으면서 인터뷰를 시작했지만 딱딱한 면담 분위기는 그리 오래 가지 않았다.

이안면 중촌리(현 이안리) 채홍운(채영우)

상주군 이안면 중촌리에 살던 남편 채홍운은 사건 전 마을에서 정미소를 경영하고 있었다. 집에서 부르던 이름은 채영우였다. "새동네에서 새부자가 나왔다"는 소문이 돌 정도로 사업이 번창했으나 산에서 내려 온 사람들에게 쌀을 주었다는 이유로 경찰에 잡혀가기도 했다. 이 때문에 국민보도연맹에 가입하게 되었다는데 이는 나중에 알게 된 것이고 당시 성 할머니는 전혀 몰랐다. 할머니 고향은 속리산이 있는 상주 화북면이었다.

> 제 남편은 채홍운이거든요. 상주군 이안면 중촌리 주민들과 함께 보도연맹에 가입했다고 해요. 그 당시에 저는 보도연맹이 뭔지도 모르고, 아무것도 모르는데. 그 당시 우리는 마을에서 자그마한 정미소를 하고 있었어요.
>
> 정미소를 하고 있기 때문에 겨울에는 밤새도록 (일을) 하고 그래요. 시골 정미소에서. 밤에 누가 와서 쌀을 좀 달라고 했어요. 배가 고프니까 밥해 먹으

성복연 할머니는 남편의 생사를 확인하기 위해 밥을 나르는 사람으로 변장하고 함창읍 창고 안을 목격할 수 있었다. 한 가운데 있던 남편을 포함해 200여 명이 시루안의 콩나물처럼 쪼그려 앉은 채 가득했다.

려고 쌀 달라고 했겠지요? 나중에 들으니 그 사람들이 산에 숨어서 산데요. 산에서 살면서 배가 고프니까. 우리 정미소를 아니까 밤에 찾아와서 달라고 했지요.

정미소가 쌀을 안 줄 수가 없지요. (그래서) 줬지요. 얼마나 줬는지 몰라요. 산에서 밥해 먹는 거니 쪼끔 줬겠지요. 그 사람들이 많이 가지고 다닐 수가 없잖아요. 그런데 그 사람이 나중에 붙잡혔어요. 붙잡혀 가 취조를 하니까 고문 중에 "정미소에서 쌀 갖다 먹었다" 그걸 불었던 거예요. 그래 가지고 잡혀 간 거예요. 제가 아는 건 그거예요.

그 당시에 내가 왜 그런 가 몰랐어요, 그걸. 그냥 그랬기 때문에. 나중에 왜 그러냐고 시동생에게 물으니까 "그 당시 보도연맹이라고 있는데 거기에 형님이 가입했다"고 그랬어요. 가입했기 때문에. 데리고 갈 때는 뭘 조사한다고 데리고 갔어요. … 일본에 가서 공과 계통의 공부를 했어요. 그 동네에서는 새 부자 났다는 소문이 났지요. 농사 조금 짓고 정미소 하니까. 거기가 새 동네인데 "새 동네에서 새 부자 났다"고 소문이 났었어요.

(결혼은) 열 여덟에 했어요. (바깥 어르신 돌아가실 때 내가) 스물 하나. (바깥 어르신 연세는) 저보다 여섯 살 위이니까 스물 일곱. 제가 알기로는 그 사람들한테 쌀을 준 게 죄가 된 거야. 다른 거는 모르기 때문에. 쌀을 한 번 줬는지는 잘 모르지. 제가 다른 거는 몰라요. 상주 화북에는 그런 사상에 대해서 아무것도 들어 본 적도 없고. 아무것도 몰라요. 우리 친정은 화북면. 시집살이는 별로 힘들지 않았는데. 여러 가지 부족한 게 많으니까. 좋은 어른들 만나서 지

냈기 때문에 그리 힘들게 살지 않았어요.

남편은 1950년 7월 중순 "조사할 것이 있다"는 두 명의 경찰을 따라가 이안면에 이웃한 함창면 양곡창고에 갇혔다. 이안면보다 함창면의 창고가 훨씬 컸기 때문이었다. 당시 마을에서 함께 끌려간 주민은 10여 명에 달했다.

> 1950년 7월에 10여 명의 마을 주민들과 함께 경찰에 연행되어 갔어요. 그렇지. 아까 그랬잖아요. 그냥 데리고 갔다고. (마을에서) 10여 명이. 우리 집에서는 우리 양반 나가는 것만 봤지 다른 사람 붙잡아 가는 거는 못 봤지요. 묶어 가지고 가는 것도 아니고 그냥 데리고 나갔어요. 두 사람이 와 가지고. "왜 그래요" 그러니까 "뭐 좀 물어볼 게 있다"고. 복장은 경찰복이 아니고 그냥 평복. 형사들처럼.

> (바로 잡혀간 곳이) 함창읍이지요. 그때는 함창면이지. … 이안에서도 다 그리 왔을 거예요. 하여튼 창고가 굉장히 큰 데. 쫙 깔고 앉았어요. 대략 한 200명 되지 않을까 싶어. 빡빡했으니까. 저희 남편은 중앙에 있더라고. 이쪽에서 앞뒤로 중앙. (남편이 머리를 만지며) 이렇게 신호를 해서 알았지요. 그냥 이렇게 봐서는 누가 누군지도 몰라요. 빡빡하게 있어서.

할머니는 남편이 끌려가고 얼마 뒤 창고에 감금되었던 주민들이 트럭 하나에 실려 나가 살해당했다는 소문을 듣게 되었다. 할머니가 기억하는 당시 정황은 진실화해위원회의 조사와 일치한다.

조사된 바에 따르면 16일과 17일에 낙동면 성동리 성골에서 학살이 있었으며 그 다음에 23일 낙동면 구잠리 부치데이고개에서 또 학살이 있었다. 할머니가 창고에 가기 이전에 이미 갇혔던 주민들 일부가 트럭 한 대로 끌려 나갔다는 소문은 정확한 것이었다.

　이후 할머니는 남편이 살아 있는지 알고 싶어 주먹밥을 나눠 주는 아줌마로 가장하고 창고에 들어가게 되었다. 창고에는 200명에 이르는 사람들이 쪼그려 앉아 있었다. 한 가운데에 있던 남편이 머리를 만지며 신호를 보내왔고, 이를 알아 본 할머니는 남편이 아직 살아 있음을 확인하고 창고에서 나왔다.

> 함창 중고등학교 옆에 큰 창고가 있는데 그 창고 안에 모두 구금되어 있었어요. 그래 가지고 이제. 그 다음에 들리는 소문이 뭣이냐 하면, 한 트럭으로 사람들을 꽉 실어 가지고, 트럭으로 한 차를 벌써 처형했다고 그런 소문이 들렸어요. 그러니까 우리는 마음이 초조하고 불안하지요. 거기에 가서 죽었는가 싶어서.
>
> 그렇게 있었는데, 그래 가지고 함창읍 창고 앞에 갔어요. 거기에 아줌마들이 밥을 날랐었잖아요, 왜? 주먹밥을 나중에 줘요, 점심을. 그 사람들한테 부탁을 해 가지고 제가 밥 나르는 사람같이 그래 가지고 그 안에 들어갔어요. 창고가 굉장히 넓어요. 다 가마떼기 깔고 그냥 요렇게 (앉아) 콩나물 같이 꽉 박혀 있어요. 이렇게. 그렇게 가 가지고 제가 알 수가 없어요. 그래 가지고 제가 이렇게 보니까 남편이 저를 보고서 (머리를 뒤로 넘기며 살짝 손을 드는 행동을 하며) 이렇게 신호를 보내요. 그래 가지고 '아이고 살았구나!' 하고 마음을 놓고서 집으로 돌아왔지요.
>
> 창고에서, 경찰이라고 생각이 되는데. 아줌마가 나보고 들키면 안 되니까 빨리 나가라고 그래요. 그래서 나왔어요. 군인들은 본 기억이 안 나네요. 과거 기억이 희미해요. 너무 오래 되었고, 그때 나이도 어렸고, … (남편은) 창고에 쪼그리고 앉아서. 고문당하고 그런 거는 없고. 몰라. 잠깐 들어갔다 나왔는데 고문당했는지는. 다들 줄줄이 쪼개서 앉혀놨는데. 콩나물시루 같았어요.

창고에서 희생자의 얼굴을 보고 나온 뒤 며칠 지나지 않아 창고에 갇힌 사람들이 상주로 이송된다는 소문이 났다. 할머니는 남편의 모습이나마 보고자 차가 지나갈 길로 나갔다. 길을 지나는 트럭마다 창고에서 끌려 나온 주민들이 가득 차 있었고 트럭에 사람들이 너무 많아 남편의 모습을 찾을 수 없었다. 다시 며칠 지나 트럭에 실렸던 사람들이 모두 총살당했다는 소문이 돌았다.

> 그랬는데 며칠 후에 또 들리는 말이 상주로 간다고 그래요. 거기는 함창인데. 그래서 며칠 후에 상주로 간다고 해서 우리는 길가에 서서 보고 그랬어요. 트럭에 빡빡히 싣고 지나가는데 (남편이 누구인지) 뭐 알 수가 없지요. 사람은 몰라요. 그 차가 상주로 간다는 건 알았지요.
> (창고에서 나오고) 며칠 뒤, (2~3일) 그 정도. 오래된 거는 아니고. 그래 간다고. 우리 어머니는 (그 소문을) 어떻게 들었는지 몰라도 그래 가지고 들었지요. 이리 지나간다고. 마을 앞으로 트럭이 지나가더라고. 멀리서 이렇게 바라다 봐도 (차에) 꽉 찼어. (누가 누구인지) 모르지요.
>
> 함창면에서 상주로 가려면 중촌리 바로 앞으로 지나가는데. 지나간 트럭이 한 대가 아닌데. 두 대가 지나갔는지 (그 이상이었는지) 모르겠어. 한 대는 아니었어요. 그리고 며칠이 흘렀지요. 그런 다음에 죽었다는 정보를 들었어요. 상주로 간 다음에 며칠 있다가 들리는 소문이 상주 낙동의 무슨 산이라고 하던데 그 근처에서 처형을 당했다 그런 소문이 들렸어요. 그래 인제는 다 죽었는가 보다 생각을 했는데.

상주로 이송되고 다시 며칠 뒤 끌려간 주민들이 상주 낙동 어디에선가 모두 총살당했다는 소문이 돌았다. 진실화해위원회 조사결과에 따르면 창고에 갇혔던 주민들이 2차로 총살당한 날은 7월 23일이었으며 장소는 낙동면 구잠리 산54번지 부치데이고개였다.

이 소문을 들은 시어머니는 새벽에 일꾼을 데리고 시신을 찾으러 가 하늘색 와이셔츠 등쪽 천을 잘라 만든 손수건으로 허리띠를 삼은 남편의 시신을 발견하고 관에 수습해 집으로 왔다. 하룻밤을 지내고 장사를 지냈다.

우리 시어머님이 굉장히 자상하시고 아들을 애쓰고. 부모는 다 그렇지요. 뭐 말도 못해요. 일꾼을 하나 데리고서 찾으러 갔어요. 아까 얘기한 데로 찾을 수가 없어. 시체들이 수북이 널려 있는데 찾을 수가 없어서. 손수건이. 왜 와이셔츠 뒷판이 크잖아요. 그거 가지고 손수건을 만들었는데 하늘색이었어요. 하늘색 보들보들한 거예요. 그래서 그걸 가지고서 허리를 맸어요. 그걸 보고서 찾았어요.

집에 갈 때는. 새벽에 일찍 모시러 갔었는데 저녁에 해걸음에 들어왔어요. 보는 사람들이 있으니까 낮에는 못 다니지요. 그래 해걸음에 일꾼이 관을 가지고 가서 관에다 다 넣어 가지고 (수습을) 다 해 가지고 왔어요. 집에 와 가지고 하룻밤을 집에서 지냈지요. 그 이튿날 장사를 지냈어요. 그것밖에 제가 몰라요. 죽은 날이 7월 23일이라는 그런 소문이 들려서 그걸 알지. 본 거는 아니고. 죽었다고 그렇게 했어요.

낮에는 못 다니거든요. 비행기가 공습을 했기 때문에. 그래서 아침에 일찍 일꾼을 데리고 가고. 가 가지고 시신을 찾아서 모셨어요. (돌아가신 곳) 동네까지는 모르고 상주 낙동 거기 어디라는 것만 알아요. (현장에) 시신이 많데요. 많이 쌓여 있기 때문에 찾을 수가 없다 이거야. 만들어 준 손수건으로 허리 맨 거. 뒤적거려 그걸 보고 찾았다고. 여름이니까 또 빨리 상하잖아요.

당시 20여 호가 살던 중촌리에서 10여 명이 함께 끌려가 희생되었다. 남편의 사돈격인 송씨네 두 사람과 채장진(홍제아버지), 채헌식, 구복대기 아들 등이 희생되었다고 한다. 진실화해위원회는 2009년 10월 이안면 중촌리에서 송병조, 송병규, 채장진 등 3명에 대해 진실규명 결정을 내렸다.

나중에 들었지요. 누구도 끌려갔다 그런 이야기. 아는 사람은 그 송씨 집에. 우리 시할머니의 여동생이 송씨 집으로 시집을 갔어요. 그때는 그게 사돈간이 되는가 고모가 되는가 하여튼 그런 뭐가 있어요. 두 형제가 다 갔지 아마, 송씨 집에. 그렇게 알고 있어요. 그리고 또 이름을 모르니까 홍제 아버지. (이름을) 내가 모르니까. 우리 8촌 시누이라고 하는 분의 아버지도 그때 같이 갔고. 그리고 또 그 마을에 채헌식이라고 하는 동장. 동장도 같이 갔고. (홍제 아버지가 채장진이야 – 딸 채명숙) 그건 그렇고, 우리 학렬이 식자이고 그 아래 학렬인데. 이름을 모르겠네. 구복대기 아들 말이야. 이름을 모르겠네.

한 10여 명 된다고 들었어요. 그 마을이 얼마 안 되요. 한 20호 더 되나? 그런 마을인데. 조금 눈 떴다 하는 사람들은 다 갔던 것 같아요. 송씨네는 (지금도) 그 마을에 살고 있을 거야.

상주에 인민군이 진입한다는 소식을 들은 유족들은 산골로 피난갔다가 돌아왔다. 전투가 있었는지 집 벽에 총알로 뚫린 자욱이 있었고, 인민군들은 발이 아프니까 발싸개 하느라고 이불을 찢어서 썼다고 했다. 마을이 폭격을 당하진 않았다.

할머니는 남편의 죽음 이후 대구에서 신학을 공부했으며, 연못에 빠져 죽을 시도를 하는 등 몸과 마음 고생이 심했지만 종교의 힘으로 오늘까지 극복하고 살아왔다고 한다. 연좌제의 피해도 있었는데 주로 당시 월북한 희생자의 형 때문이었다고 알고 있다.

1950년 7월 함창면 양곡창고의 모습이 기억되다

상주지역은 대구 10월항쟁의 영향을 직접 받은 곳으로 전쟁 전까지 긴장이 줄어들지 않았다. 1949년 10월 13일 후동면 상촌동에서 돌을 던지며

양 민 피 살 자 신 고 서

피살당시	본 적	경북 상주군 이안면 중촌리					
	주 소	상 동					
	직 업	농업	성 명	채영우	성 별	남	생년월일 1925. 2. 3.
	피살연월일	1950. 6. 29.	피살장소		상주군 낙동면		
피살경위	군관계	보도연맹으로서 경찰이 군의 지시를 받아 당 지서에 집합시킨 후 소속미상인 군에 인치되었음					
	경찰관계						
유족대표	본 적	경북 상주군 이안면 중촌리					
	주 소	상 동					
	직 업	농업	성 명	성복록	성 별	여	유족연생 31
	피해자와의 관계	피해자의 처					

우와 여히 신고하나이다.
1960년 6월 일
우 신고인 성복록

제4대 국회 양민학살사건진상조사보고서 [6-8] 10쪽

자료를 정리하던 중 1960년 양민피살자신고서 전산복원 자료에서 상주 이안면 이안리 희생자 채영우에 대한 것을 발견했다. 채영우는 집에서 부르는 희생자 채홍운의 다른 이름이다. 신고자 성복록은 증언자 성복연의 '연'을 '록'으로 잘못 읽은 것으로 보인다.

저항하는 주민 1명이 경찰에게 사살당했으며(《경향신문》, 1949. 10. 18.), 10월 19일에는 상주읍 개운지 뒷산에서 3명이 사살당했다.(《경향신문》, 1949. 10. 26.)

상주지역 국민보도연맹원들이 경찰서 유치장과 양곡창고에 갇혔다가 7월 17일 낙동면 성동리 성골, 7월 23일 낙동면 구잠리 부치데이고개(산54번지)에서 희생되었다. 진실화해위원회가 확인한 희생자는 모두 23명. 당시 가해자는 상주경찰서와 국군 6사단 9연대 헌병대였다.

이안면 중촌리에서 정미소를 하던 희생자 채홍운은 이승만 정부의 탄압을 피해 산에서 숨어 살던 주민들에게 쌀을 빼앗긴 적이 있었고 이 때문에 국민보도연맹에 가입하게 되었다.

전쟁이 나자 1950년 7월 15일경 상주경찰서 이안지서는 희생자 등 중촌리 주민 10여 명을 함창면 양곡창고로 끌어갔다. 당시 창고에는 200여 명의 주민들이 갇혀 있었다. 창고자리에는 오늘날 함창중고등학교가 세워져 있다.

7월 17일 경찰은 창고에 가두었던 주민 일부를 낙동면 성동리 성골에서 총살했다. 이 소문을 들은 희생자 처 성복연 할머니가 밥을 나르며 창고 안에 살아 있는 희생자를 목격했다. 무사하니 안심하고 나왔지만 이는 순간에 불과했다.

며칠 지난 7월 23일 성 할머니는 창고에서 끌려 나와 상주로 가는 사람들이 실린 트럭을 보았고, 얼마 뒤 트럭에 실린 사람들은 바로 낙동면 구잠리에서 모두 총살당했다는 소식을 들었다. 가족들은 시신이나마 수습하고자 희생지를 뒤져 와이셔츠로 만든 손수건으로 허리띠를 삼았던 희생자의 시신을 발견했다.

4·19혁명 후 국회에서 발행한 《제4대 국회 양민학살사건진상조사보고서》에 기록된 이안면 중촌리 희생자는 홍승만, 김해창, 채장진, 채유식, 박순식, 채점복, 채영우 등 7명이었다. 여기 적힌 채영우가 희생자 채홍운인데, 성 할머니는 당시 신고서를 작성한 기억이 없으며 했다면 시어머니가 했을 것이라고 한다. 다른 희생자의 〈양민피살자신고서〉에 희생지를 '부치대'라고 적은 것이 눈에 띈다.

여기서 조사를 멈춘다면 형평에 어긋나 _합천

희생자 이병현의 아들 이영주씨(1945년생)를 2015년 3월 24일 전국유족회 사무실에서 만났다. 이제는 많이 극복했다지만 중풍으로 사지를 넘나들었던 이씨는 아직도 한쪽 몸이 불편하다. 이씨는 그때 아프지만 않았다면 진실화해위원회에 신청서를 제출했을 것이라며 증언을 시작했다.

부친 이병현(당시 38세)은 전쟁 전 국민보도연맹에 가입했다는 이유로 전쟁 발발 후인 7월 21일 산청 방아재 골짜기로 끌려가 희생되었다고 한다. 경남 합천은 전쟁 전부터 사회적 갈등이 심각하게 벌어졌던 곳이었다.

봉산면 계산리 이병현

경남 합천군 봉산면 계산리 부농이었던 이병현은 아들 이씨가 어려서 다니던 국민학교에 후원을 많이 했다고 한다. 당시 살던 집은 산 아래에 있었으므로 빨치산들이 쉽게 드나들 수 있었으며 이들이 올 때마다 쌀을 빼앗아 가기도 했다.

아무런 근거도 없었지만 식량을 제공했다고 의심했는지 부친은 경찰에게 쫓겨 집에 잘 들어오지 못했다고 한다. 이후 국민보도연맹에 가입되어 경찰서나 지서로 불려다니기도 했다.

> (이름은) 이병현이시고요. 연세는 서른 여덟. 을묘생이에요. 토끼띠. 기억나는 것은, 우리 사랑채가 있었는데. 부자로 살았으니까. 사랑채에서 화롯불 쬐다가, 아버지랑 저랑 이렇게. 불덩어리가 내 무릎에 떨어져 가지고 (다친) 형태가 지금도 있어요. 아파서 몹시 울었던 기억. 그 외에 기억이 안 나요. 6·25 때 막 폭격을 하니까 피해야. 산골짜기에 굴 파고 들어간 기억이 나고. 그런

아들 이영주씨는 정부가 가입시켜 놓고 정부가 학살하는 경우는 있을 수 없다며 당시 민간인 희생자에 대한 진실규명은 국가의 의무라고 주장했다.

데 아버지는 안 오시더라고. 그런 거 보면 경찰들한테 붙들려 다니고 그랬었나 봐.

(하시던 일은) 농사인데 부락에서는 제일 잘 살았데. 백석을 했다고 그러니까. 내가 다니던 국민학교에, 아버지가 산이 많으니까, 나무 같은 것을 다 희사를 했다고 하더라고. 부락에서 아버지를 고맙게 생각하고 그랬는데, 잘 사니 못 마땅하게 생각한 사람들이 있었겠지. 더러는.

낮에는 산에 올라가 있다가 밤에 내려와서. 합천은 산악지대에요. 묘산면 경우에는 전쟁 전에도 토벌작전으로 피해를 입었지. 같이 인접해 있으니까. 우리 집이 동네에서 제일 위로 붙어 있었어. 산에서. 그래서 (빨치산) 그 놈들이 우리 집에 들어오기가 쉬운 거야. 총칼 들이대고 쌀 내라, 부잣집이고 그러니까.

가끔 이야기를 들어 보면 보도연맹 가입을 하셨는데, 이제 집합도 시키고 그랬을 것 아니에요. 지서 경찰서에 불려 다니고. 그런 얘기를 하더라고. 우리 다 돌아가시고 누님 한 분밖에 없어. 그 마을에.
전쟁 전부터 고초를 겪으셨고 보도연맹에 가입하셨고. 전쟁 중 지서로 끌려가셨어요. 얘기 듣기로는요. 그때도 굴을 파 놓고 피신을 안 하신 것을 보면 계속 불려 다니고 그런 것 같아. 내 추측에.

연행당하던 날 희생자는 목화밭에 거름을 주던 중이었다. 끌려간 날은 음력 6월 3일로 1950년 7월 17일이었으며 처음 끌려간 곳은 봉산지서였다.

하루 지나 합천경찰서 방향으로 이송되었으며, 7월 21일 진주형무소 가는 길에 있는 산청군 생비량면 화현리 방아재에서 희생되었다. 당시 같은 마을에 살던 봉산면 면서기 최경만도 끌려가 희생되었다.

> 목화밭에 거름 주고 있다가 중간에 형사한테 붙들려 가지고. 그 뒤로 경찰서로 갔는지, 그래 가지고. 7월 21일 붙들려 (가신 것으로 나와요). 하여튼 경찰서로 붙들려 가 가지고 거기서 그냥 48명을 차에 싣고 방아재라는 데에. 진주에 있어요. 거기 골짜기에 쳐 넣고서 총살을 시켰다고 그래요. 돌아가신 날은 7월 21일 그 무렵이에요.
> 아버님 끌려갈 때 저는 모르지요. 하여튼 모르고 아버지가 방아재라는 데에서 굴비 엮이듯이 엮여 가지고 총살을 당했으니까. 합천경찰서로 밥을 날랐다던가 그런 적은 없었어요. 합천경찰서가 거리가 멀어요. 30리예요. 경찰서로 끌려갔으니까 가해자는 경찰일 것이라고 생각해요.

희생자의 시신이나마 수습하기 위해 어머니와 당시 20살이었던 형이 함께 방아재를 뒤졌다. 현장에는 시신이 쌓여 있었고 빨갱이 가족으로 몰릴까 봐 제대로 시신을 찾을 수도 없는 처지였다. 당시는 희생자 시신을 찾으러 갔다가 총살당하는 경우도 많았으므로 결국 희생자의 시신 찾기를 포기하기에 이르렀다. 이씨에 따르면 현장이 밭으로 훼손되긴 했지만 지금도 유해 발굴이 가능할 것이라고 했다.

> 방아재에서 굴비 엮듯 엮여 가지고 막 총살을 시켰다니까. 어머니가 그러시더라고. 어머니도 들으신 이야기겠지. 그러니까 (방아재로) 찾아가셨겠지. … 형님(이봉주)하고 두 분이 아버지를 찾아갔었데요, 방아재라는 데를. 어머니하고. 제일 밑에, 쉽게 표현해서 처박혀 있었는지 뒤져봐도 안 보이더래. 뒤져 봤지. 못 찾았지.

시신이 마구 쌓여 있었다고 했어요. 쌓여 있어서 못 찾았어요. 그때만 해도 또 안전한 상태에서 찾을 수 없는 상황이잖아요. 빨갱이 가족으로 몰려 가지고. 너희도 빨갱이 가족이니까 하면서 총 쏴 버리면 그대로 죽는 거 아니에요, 당시는. 그냥 묻었을 거예요. … 지금도 발굴하면 유해가 나올 수 있지요. 나오지요. 방아재에 지금 밭을 만들어 놨다나 어쨌다나. 밭을 만들 때 거기서 유골이 나오고 했었데요. 진주 강병현 회장님이 그런 얘기를 하더라고. 진주에서 (방아재가) 얼마 안 되잖아.

지난 진실화해위원회의 조사활동으로 희생자와 함께 끌려가 희생된 최경만은 미신청희생자로 2009년 진실규명 결정을 받았다. 이씨는 희생된 최경만의 딸과 함께 진실규명을 신청하려 했으나 몸이 아픈 바람에 시기를 놓쳤다. 이씨는 부친을 포함해 계산리, 저포리 등 인근 지역에서 모두 5명 정도가 당시 사건으로 희생된 것으로 알고 있다.

마을에서 함께 피해 당한 사람은 아까 이야기한 대로 최경만이란 사람. 진실규명 되었어요. … 최경만씨 살던 동네는 우리하고 틀리는데 얼마 안 떨어져 있어요. 한 1키로나 떨어져 있지. 최경만씨 이분의 아들 딸이 있는데 딸은 나하고 초등학교 동창이고 아들은 나보다 세 살 적고 그렇거든요. 딸이 지금도 초등학교 동창회를 해요. 동창 이영주의 아버지도 피해자인 걸 알고 있어요.

한창 진화위에 신고할 때, 아까 옥이 누님의 딸이 그 동네에 같이 살아. 최경만이 (딸) 우리 동창하고 같은 동네에 살았어. 누님이. 그러니까 나도 자기네 아버지하고 같은 피해자 잖아요. 옥이씨 누님의 딸이 봉순이라는 애인데 게한테 너희 외할아버지도 보도연맹으로 돌아가시지 않았냐고, 이야기해라. 내가 그때 이 병(중풍)에 걸려 가지고 들어 누우니까 누가 이 일을 제대로 보겠느냐 그래서 (신청을) 안 했데요. … 그렇게 해서 누락이 되었어요. 그때 이야기만 해 주었으면 이렇게 안 되었지요.

계산리 저 밑에 부락이 또 하나, 거기서 돌아가신 분이 방 누구신데 그 분은 이야기만 들었지 저는 잘 몰라요. 계산리에 좀 더 있는 걸로 아는데. 한 두 분 더 있는 걸로 아는데. 계산리에서 다섯 분 정도. 그 분 최경만씨는 면서기였으니까. 면하고는 떨어져 있어요. 10리? 합천경찰서로 끌려갔을 거야. 방씨는 봉산면 저포리라고 그러는데. 동네가 지금은 다 수몰이 되었어요. 합천댐 때문에. 다른 사람도 있을 텐데 저는 그렇게밖에 모르지. 초등학교 동창애 애한테 물어보면. 나보다 더 잘 알더라고.

희생자의 억울한 죽음은 남겨진 가족들에게도 어두운 그림자를 드리웠지만 심각한 피해는 입지 않았다고 한다. 이씨는 법원 공무원으로 일할 기회가 있었는데 신원조회 결과 부친이 국민보도연맹사건으로 희생되었음이 확인되었다. 하지만 법원 측은 이씨를 채용했다.

생존해 계시는 큰 누님이. 보통 그때에는 결혼하고 친정집에 1년 있다가 가고 그랬거든요. 우리 풍습이 그래. 그런데 1년을 못 채웠어. 왜냐하면 아버지가 그 해에 그런 낭패를 당했으니까 집에 있기도 싫고 어차피 시집으로 갈 거 당겨서 간다는 취지로 해 가지고 일찍 갔어요.

내가 군대 갔다 와 가지고 여기 가정법원에 특채 비슷하게 그런 케이스가 있어 가지고 근무를 하려고 하니까 조회를 해 볼 것 아니에요. 신원조회를 하니까 아버지가 그러니까. 총무과로 온 거예요. 조회의 내용에 대해 듣기만 한 거지. 아버지가 보도연맹으로 돌아가셨다고. 그렇게 피해를 봤다고. 이런 사실이 있으니까 귀 기관에서 알아서 하세요 그랬다니까. 그래서 내가 근무를 했어요. 알아서 하라고 하니까 채용을 하더라고. 내가 그때 한 9년 근무를 했어요. 나름대로 착실히 근무했다고 시계도 하나 받고 표창도 받고 그랬어요. 그때가 77년도.

이씨는 정부에 의해 가입하였던 국민보도연맹원을 정부가 총살한 행위는 원한을 살 일이라고 분노했다. 그리고 조사를 중단하는 행위 역시 형평에 어긋나는 것이라고 지적했다.

> 아무런 죄도 없는 백성을. 보도연맹 그것도 자의로 가입한 게 아니잖아요? 정부 종용에 의해서 가입을 해 가지고 그렇게 끌려가 가지고 총살을 당하시고. 그 원한을 어떻게 말로 표현합니까. 아까 말했듯이 시골에서 부자로 살던 집안이 일시에 가장이 그렇게 되어 버리니까 한 마디로 나중에 거지 신세가 된 거지. … 저는 미신청자 아닙니까. 여기서 멈춘다면 형평에 어긋나는 거예요.

진실규명을 위한 조사를 다시 시작하라

합천지역은 국군의 토벌작전으로 전쟁 전부터 내전 상태와 다름없는 고통을 겪었다. 1949년 9월 4일 지리산 공비토벌대에 연행되어 묘산면 장터 앞 창고에 갇혔던 60여 명의 합천읍 인곡리 주민 중 정기수 등 5명이 공개 총살당하기도 했다.

진실화해위원회 조사결과에 따르면, 합천지역의 국민보도연맹원들은 7월 18일경부터 회의에 참가하라는 등의 이유로 검속되기 시작했으며, 7월 21일 합천경찰서는 당시 군내 주민 32명과 신원이 밝혀지지 않은 16명을 산청군 생비량면 화현리 방아재로 끌고 가 삼가지서장의 지휘 아래 집단 살해했다.

삼가지서는 합천경찰서로부터 '7월 31일 저녁 9시까지 후퇴하라'는 지시를 받고, 후퇴하기 직전 합천면의 이이영 등 12명과 신원이 확인되지 않은 40여 명의 주민들을 용주면 용주지서 뒷산, 합천면 계림리 야산 등으로 끌고 가 집단 살해하였다. 대병지서도 가두었던 국민보도연맹원들이 모두 살해했다.

한편, 사건 발생할 당시 합천지역(봉산면 권빈리)에서는 미 24사단과 국군 17연대가 1950년 7월 30일부터 8월 3일까지 주둔했는데, 그 동안 봉산면 국민보도연맹원들이 상현리, 행정리, 권빈리 등 세 곳에서 희생된 사실이 증언에서 확인되고 있다. 권빈리 권빈재는 7월 27일 거창지역 주민들이 희생된 곳이기도 하다.

아들 이영주씨의 증언을 정리해 보면, 희생자 이병현은 전쟁 전 빨치산 활동과 관련되었다는 이유로 국민보도연맹에 가입되었으며 7월 17일 연행되었다가 다음날 합천경찰서에 감금되어 7월 21일 방아재에서 집단희생당한 것으로 판단할 수 있다. 가족들이 방아재를 뒤졌으나 찾지 못했는데, 당시 경찰의 살해 위협, 시신의 훼손이나 부패로 찾지 못한 경우가 대부분이었다.

희생자가 봉산면에서 살았으므로 권빈재 등 면내 지역에서 희생되었을 가능성도 있으나, 7월 17일(음력 6월 3일) 합천경찰서로 끌려간 뒤 희생되었고 이 소식을 들은 희생자의 처가 시신 수습을 위해 방아재로 찾아갔던 점으로 보아 희생자가 사망한 곳이 방아재가 분명해 보인다.

대전 산내면 골령골 대전형무소사건 집단희생지의 경우 밭으로 쓰였음에도 유해 발굴이 가능했던 것으로 보아 이곳 방아재 역시 유해발굴의 가능성이 높아 보인다.

하루가 다르게 병들고 약해지는 것이 느껴진다는 아들 이씨는 더 악화되기 전에 꼭 새로운 진실규명 조사를 하는 것이 국민을 위한 국가의 의무라고 강조한다. 국민의 억울함을 풀어 주지 못하는 국가를 국가라 부를 수 없을 것이다. 더군다나 국가 스스로 저지른 범죄가 아니었던가?

두개의 전쟁 _소결

전쟁이 나자 미국과 이승만 정부는 전략적 후퇴를 결정했다. 이미 예정된 시나리오 중 하나에 따른 것이었고, 거기에는 피난민 등 민간인들에 대한 전략도 포함되었을 것이다. 물론 적 진영에 남겨질 국민들도 포함해서.

지난 진실화해위원회의 조사결과 이제 한국전쟁의 전개과정과 국민보도연맹사건의 전개과정을 비교할 수 있다. 국군과 미군은 대략 경부고속도로의 동쪽에서 지연전투를 벌이며 후퇴했으며, 서쪽에는 소수의 경찰이나 해병대가 별 전투없이 낙동강전선으로 후퇴했다. 이는 1950년 7월 한 달 동안 진행되었던 지연전투와 후퇴전략의 큰 흐름이다.

그런데 이 전략과 전투는 전쟁에서 수행된 것이라고 하기에는 이해할 수 없는 측면이 너무 많았다. 7월 5일 오산전투나 7월 20일 대전전투를 비롯해 낙동강에 이르기까지 대규모 전투라지만 대부분 하루전투에 그쳤다. 대규모 전투의 횟수도 실제 몇 회 안 되어 보인다. 반면 후퇴하는 국군과 경찰이 저지른 국민보도연맹사건은 엄청났다. 희생자 수나 발생 빈도는 전투의 수십 배를 넘어 보인다.

결국 이승만 정부는 두개의 전쟁을 치르고 있었다고 할 수 있다. 하나는 강력하게 무장한 적군을 상대로, 싸우는 '척'만하는 후퇴 전쟁이었고, 다른 하나는 남겨두면 침략군을 편들 것 같은 비무장의 나약한 민간인들을 학살하는 전쟁이었다.

전쟁은 흔히 자기 영토와 국민, 주권을 지키기 위한 무력 사용으로 정의한다. 이승만 정부는 한국전쟁 초기부터 자기 국민을 죽이기 시작했다. 국민보도연맹원 학살은 이승만 정부가 이들을 자기 국민으로 취급하지 않았다는 것을 의미한다. 이러한 전쟁은 전쟁이라기 보다 본질상 쿠데타의 모습과 가깝다.

이번 3장을 통해 국민보도연맹사건의 희생자들을 역사 속에 자리매김해야 할 필요성을 느꼈다. 그들은 식민 사회에서 성장했으며 해방 후 통일독립정부의 수립을 당연하게 받아들였던 사람들이었을 것이다. 해방 후 가장 치열했던 사회 모순의 중심에 있던 사람들이었다.

나는 이들의 피해규모가 20만 명에서 30만 명에 이른다는 주장에 동의한다. 희생자들은 일제강점기의 고통을 이겨낸, 그나마 '옳은 말 한 마디라도 할 줄 아는' 사람들이었을 것이다. 국민보도연맹사건과 형무소사건은 비참했던 역사를 소중하게 기억하고 있는 이 한 세대를 통체로 없애버리는 결과를 낳았다.

보은 탄부면 당우리 희생자 이삼용은 자신이 도망할 경우 자식이 피해를 당할 것이라며 저승길로 가는 트럭에 몸을 실었다. 그는 후손들의 미래를 생각하며 죽음의 길을 피하지 않았다. 우리가 한국전쟁 민간인 희생자들의 죽음을 잊어서는 안 되는 이유 역시 '미래'에 있을 것이다.

4장
수복 직전 피해와 알고 싶지 않은 진실

옛날에는 다른 부락이 넘보지 못할 정도로 젊은 사람들이 벅적댔었어요. 그랬다가 6·25사변 나서 다른 사람들이 우리 부락을 개떡같이 취급을 했어요. 젊은 사람들이 하나 없었어요. 지금도 나이 먹은 사람들로 나 하나예요. 동네가 참 평화롭고 부촌으로 살다가 6·25사변 나서 갈라지는 바람에 동네가 망했어요. 참 좋은 동네인데 그때 버렸다고 그랬어요. _고양 김중배 유족

한국전쟁 초기 남한지역에 대한 인민군의 점령은 1950년 6월 25일 시작되어 대략 9월 28일까지 진행되었다. 비교적 안정적인 점령정책이 이루어진 것은 경기지역에서 임시인민위원회가 구성되었던 7월 5일 전후부터 인천상륙작전 시작 직전 인민위원회가 해산되기 시작한 9월 10일 전후로 볼 수 있다. 2개월을 조금 넘는 기간이었다.

앞서 보았듯이 전쟁 전 반정부 활동 탄압, 전쟁 직후의 재소자 학살과 국민보도연맹사건을 저지른 정통성 없는 정부가 '전략적 후퇴'를 한 마당에 어떤 일이 벌어졌을지 상상하는 것은 우리에게 그다지 어려운 일이 아닐 것이다. 지난 진실화해위원회의 활동을 통해 국군 수복 직후부터 벌어졌던 학살사건들의 전모가 어느 정도 밝혀졌기 때문이다.

인민군 점령시기 피해는 수복 직후부터 미군 측에 의해 광범위하게 조사되었으며, 부역관련 재판 과정에서도 검찰에 의해 조사되었다. 여기서 확인되지 않은 피해는 이후에도 지난 독재정권들에 의해 충분히 발굴되어 반공정책의 정치적 수단으로 쓰였다. 게다가 2005년 이후 진실화해위원회에서 2010년까지 다시 보완 조사되었다. 무려 60년을 넘게 조사되었다고 해도 지나치지 않다. 하지만 그럼에도 여전히 규명되지 않은 경우들을 만날 수 있다.

왜 이런 일이 벌어지는 것일까? 지난 정권들이 '진실'보다는 '정치적 이용'에 더 관심이 있었기 때문이었을까? 이용가치가 없으면 쳐다보질 않았고 게다가 이 사건들 역시 국가의 '국민보호 책임'을 묻고 있으므로 국가로서는 매우 불편한 진실이었을 것이다.

한국전쟁 참전유공자들이 자신들에 대한 처우를 강화시켜달라면서 정작 공격의 방향을 정부에 두는 것이 아니라 반독재 민주화세력에 두었던 이유 역시 독재세력으로부터 이용가치를 인정받는 것이 더 중요했기 때문일 것이다.

  수복 직전 인민군 측에 의한 피해 유족 면담과정에서 여전히 과장되거나 증오에 가득한 일방적인 기억들을 만나기도 했지만 이제라도 억울한 죽음의 진실을 밝혀보자는 진지한 성찰도 만날 수 있었다. 여전히 조사가 충분하지 못하다는 점을 반성하면서 고양, 영암, 순천의 사례를 살펴보자.

개구리가 경칩에 나왔다가 _고양

1947년 2월 16일 민청원과 독청원이 충돌한 원당면 사건 이후 100여 명의 주민들이 서대문경찰서로 연행되었다. 같은 해 3월 11일에는 만취한 원당지서 순경이 총을 쏘아 원당학교 이사 장기창을 살해하고 최명석, 김동규에게 중상을 입혔다. 1948년 12월에는 남로당 고양군 당부책임자라며 이용운 등 10여 명이 서대문경찰서로 연행되었다.

  1950년 6월 25일 전쟁이 나고 인민군이 3일 만에 고양지역에 진주했다. 당시 전방이었던 고양지역은 국군 1사단(사단장 백선엽)의 방어구역이었다. 전쟁이 발발하자 1사단 12연대는 김포와 인천으로, 13연대는 6월 28일과 29일 고양지역의 행주나루와 이산포나루를 통해 한강을 건너 후퇴했다.

  고양지역의 주민들은 라디오 방송을 통해 "아군이 북진하고 있으니 동요하지 말라"는 대통령의 목소리를 들으면서 안심하고 있었다. 피난길을 떠난 일부 주민들 역시 국군의 우선 후퇴 보장과 한강인도교 파괴 등으로 피난의 기회를 놓쳤다. 국군의 무기력한 후퇴 또는 전략적 후퇴의 결과, 남겨진 주민들은 살아 있는 한 부역자라는 가혹한 운명을 벗어날 수 없는 처지가 되었다.

인민군 측은 점령 초기, 대한청년단 간부 등 우익인사들을 연행해 충성을 요구하며 고문을 가했다. 일종의 보복이었다. 전황이 불리해지자 점령군의 동원정책은 희생자를 포함한 일반 주민들에게도 억압적으로 작동했으므로 거센 저항을 불러일으켰다.

1950년 7월 5일에는 고양군 임시인민위원회가 조직됐다. 7월 20일까지 선거관리 조직을 준비하고 24일까지 유권자 등록사업을 마감했으며, 25일부터 29까지 9개면 95개 리에서 리 인민위원회 선거를, 30일에는 군 인민위원회 선거를 치렀다. 선거결과 당선자는 모두 549명에 달했다.

중면 마두리 등에서는 시달림을 덜 받을 것으로 판단하고 우익성향의 주민들로 인민위원회를 구성하기도 했다. 금정굴사건의 희생자는 물론 가해자였던 의용경찰대원, 치안대원, 태극단원 역시 점령자의 요구로부터 자유로울 수 없었다.

1950년 9월 15일 인천에 상륙한 미 해병대는 9월 20일 능곡에 진입했다. 인민군 측은 인천상륙작전을 이미 알고 후퇴를 준비하고 있었다고 하며, 3개월 남짓 유지되었던 점령체제가 중단되었고 지역사회는 또 다시 혼란의 소용돌이에 빠져들었다. 인민군 측은 유엔군 측에 도움 될 만한 인적·물적 자원들을 제거하고자 했던 반면, 수복하는 유엔군 측은 수복지 치안회복보다는 북진이라는 성과에 더 집착했다.

고양지역에 있어서 인민군 측은 9월 12일 떠났다는 주장이 있으며, 실제 유엔군이 능곡을 수복한 날은 9월 20일이었고 일산리 등 고양 전지역을 수복한 날은 9월 28일이었다. 인민군 측은 떠났으나 유엔군 측의 수복은 이루어지지 않는 무정부 상태가 일주일 이상 지속되었던 것이다.

이 시기에 주민들이 희생되는 사건이 발생했다. 인민군 점령 후 지하화했다는 대한청년단 의용대, 태극단, 타공결사대 등은 인천상륙작전 후 무장 저항활동을 본격화했다. 이들은 인민위원회 간부를 암살하거나 후퇴하는 인민군을 공격하는 등 적극적인 군사적 공격을 시도했지만 이는 당시까지 후퇴하지 않았던 인민군 측의 반격을 초래했다.

이러한 무장 저항활동이 계기가 된 것인지 분명히 확인되지 않으나 이후 상당수의 주민들이 내무서로 끌려가 9월 28일 전후로 희생되었다. 인민위원회 등 점령체제는 이미 해산한 뒤였으며 후퇴하는 인민군 측과 수복하는 유엔군 측, 그리고 지하활동하던 우익 준군사조직 등 세 종류의 무장조직들이 활동했다. 일산리가 수복되던 날인 9월 28일, 이들 사이에 무력충돌은 없었지만 어느 한 쪽에서 주민들이 학살당하고 있었음은 객관적 사실이다.

고양내무서에 갇혔던 주민 20여 명이 뒷산 방공호에서, 태극단원 등 수십 명이 덕이리 은장마을과 자방마을 방공호 등에서 희생되었다. 1952년 공보처 통계국이 간행한 《6·25사변 피살자명부》에서 인민군 점령기 동안 고양시에서 희생당한 50명의 명단이 확인된다.

미 해병대가 행주나루를 통해 고양지역에 진입한 날은 9월 20일이었으며 전 고양지역을 수복한 날은 9월 28일이었다. 수복되던 날 희생되었음에도 적대적이었던 양쪽 무장세력 사이의 충돌은 없었으며, 가해자들의 신분과 이후 행방에 대해서도 알려진 것이 없었다.

가해자가 부역자들이었다면 수복 후 고양경찰서에 연행되어 금정굴에서 총살당했을 것이다. 그러나 금정굴 희생자 중 이 사건과 관련된 경우는 아직까지 확인되지 않는다. 반면, 오히려 금정굴사건 가해자인 의용경찰대원 중 2명이 이와 관련되었을 가능성이 높다는 사실이 확인되었다.

2015년 7월 고양시의회 회의록에 따르면 고양시 현충공원에 안장되어 있는 54위의 태극단원 중 16위를 제외한 38위는 가묘였다. 1970년대 공원 조성 당시는 모두 49위였으므로 이후 안치된 5위를 제외하면 공원조성 당시 안치된 희생자 중 시신이 있는 경우는 11위로 보인다.* 이들 중에는 당시 희생자와 이후 참전유공자 등이 뒤섞여 있다. 태극단의 경우만으로는 지하투쟁했다고 주장하는 경우 외에 당시 일반 주민들의 희생경위나 수, 희생자의 성격 등을 알 수 없다. 어떻게 이런 일이 벌어졌는지도 아직 명쾌한 설명이 없다. 보훈단체들은 지금도 이들의 죽음을 해명하려는 시도를 하지 않고 있다.

지난 진실화해위원회에서 신청을 받아 조사했거나 중단 또는 기각한 사건들은 벽제면 오금리(현 오금동) 사건, 신도면 타공결사대 사건, 고양내무서 뒷산 사건이었다.

벽제면 오금리 사건은 1950년 10월 1일 밤 오금리 주민 12명과 서울 피난민 5명이 스스로 타공결사대라고 주장하는 자들에게 잡혀가 학살당한 사건이다. 1명 생존자의 증언으로 희생사실이 알려졌다.

한편, 타공결사대는 인민군 점령기 신도면에서 활동하던 부역자로 구성된 반공청년단으로 신도지서를 도와 1950년 11월까지 치안활동을 했다. 당시 언론은 이들에 의한 피해자가 200여 명에 이른다고 보도했다. 그러나 같은 해 12월 이들은 김창룡의 군검경 합동수사본부에 잡혀가 부역자들이었다며 처벌받게 되었다. 그 결과 타공결사대는 졸지에 우익 치안조직에서 좌익 부역조직으로 취급되었다.

사냥이 끝나고 잡혀 먹히는 개꼴이 된 이들도 억울한 측면이 있었겠지만 더욱 혼란스러운 것은 희생자 유족들이었다. 희생자들은 고양경찰서에 의한 피해자에서 인민군 측에 의한 피해자로 변질되어 버리는 이상 현상에 부딪쳤다. 오금리 주민들의 주장도 엇갈린다. 희생자 유족들은 가해자들이

* 고양시의회 제7대 제195회 제1차 문화복지위원회 회의록(2015년 7월 8일)

타공결사대가 아니라 후퇴하는 빨치산이었다고 주장하는 반면, 일부 마을 주민들은 타공결사대가 맞다고 했다.

유족들로서는 좌익조직에 의한 희생이 되어야 반공이 국시인 사회에서 살아가기에 유리했을 것이다. 그래야 우익인사의 죽음으로 주장할 수 있고 따라서 연좌제의 피해를 받지 않았을 것이다. 군사정부의 지원도 일부 받았다.

진실화해위원회에 접수된 신청사건 중에는 군검경 합동수사본부에 끌려간 뒤 군법회의에 넘겨져 사형당한 신도면 삼송리 원씨가 있었다. 재판에 의한 피해라면서 기각당했지만 타공결사대 부대장이었다는 그가 주로 한 일은 대원들이 훈련용으로 쓰는 목총을 지게로 나르는 일이었다고 한다. 250명의 대원 중 30여 명이 군검경 합동수사본부에 끌려갔고 이 중 사형판결을 받은 사람은 정작 대장이나 감찰 등 살해에 가담했던 자들이 아니었다. 사형 판결을 받고 집행된 사람은 원씨 혼자뿐이었는데, 무슨 이유 때문에 그 혼자만 사형당했는지 판결자료에서는 확인되지 않는다.

같은 시기에 벌어졌던 고양내무서 뒷산 사건은 벽제면 성석리 김현수 가족 8명의 희생사실 때문에 비교적 자세히 확인된다. 하지만 의문은 여전히 풀리지 않는다. 같은 마을 희생자 이태희와 그의 처남 경씨의 죽음이 새롭게 확인되었지만 앞의 김현수 집안 사건과 독립적으로 발생한 것으로 보인다. 같은 벽제면 설문리 남신호의 경우는 그 동안 소문으로 알려졌던 벽제관지 학살사건을 다시 볼 수 있는 기회가 되었지만 실제 조사과정에서 확인한 사실은 유족의 주장과 많은 차이가 있었다.

벽제면 성석리 김현수 등 8명

이 사건은 진실화해위원회에 의해 이미 진실규명되었다. 보고서에는 1950년 9월 30일 김현수 등 일가족 8명이 고양내무서 뒷산에서 지방좌익에게 집단희생당했다고 설명하고 있다. 이번 면담을 통해 구체적인 연행경위나 발굴경위를 보완할 수 있었다.

벽제면 성석리 마을은 크게 두 파의 김씨가 대성이었다. 각 집안의 장손으로 보자면 반정부 성향의 김현모 집안과 친정부 성향의 김현수 집안으로 구분할 수 있었다. 각각 5형제였다. 전쟁 중 양쪽 집안에서 학살당했거나 의용군으로 징집 또는 납북된 사람들이 60명이 넘는다고 한다.

1950년 9월 말에는 친정부 성향의 김현수 집안 8명이 인민군 측에 의해, 10월 중에는 반정부 성향의 김현모 집안 5명(김현세와 그 가족)이 고양경찰서 치안대에 의해 살해당한 사실이 확인되었다. 나는 이미 2007년 2월 22일 성석동 자택에서 김중배(1934년생) 노인을 만나 증언을 들은 바 있으며, 2014년 5월 7일에는 고양내무서 뒷산에서 희생된 김현수의 아들 김응배 씨(1945년생)를, 2014년 5월 15일에 김중배 노인을 다시 만날 수 있었다.

두 김씨 집안은 전쟁 전까지 가깝게 지내던 사이였다. 해방 후 홍기세를 중심으로 대동청년단이 만들어지면서 반정부 성향의 김현모 집안이 청년단에 가입하지 않는다며 홍씨로부터 심한 테러를 당했으며 고양경찰서 원당지서에 의해 쫓기기도 했다고 한다.

당시만 해도 김씨 집안 사이의 거리는 멀지 않았지만 1950년에 들어오면서부터 점점 멀어져 갔다. 희생자 김현수는 대한청년단 간부로 활동을 했으므로 당시 단장이었던 홍씨와 가까운 사이였다. 다음의 증언은 김응배 유족의 것을 제외하고 모두 김중배 노인의 것이다.

집안에서 8명을 잃은 김융배, 김중배 유족은 전쟁으로 인한 좌우갈등으로 김씨 집성촌이 몰락했다고 증언했다. 양쪽 김씨 집안 내 피해자만 60여 명에 이르는데 모두 외부인들의 소행이었다.

이 부락이 같은 김해김씨 집안인데 파가 두 파로 갈라져 있다고. 그래 가지고 형님이니 아우니 하고 무척 가깝게 지냈다고. 다 한 집안이야. 파가 좀 다르지만 가깝게 지냈는데. … 요 아랫집이었는데 그 집안도 5형제이고 우리 집안도 5형제로 무척 번잡했다고. 그 사람들이 적색분자 물이 들어 가지고. 그 때는 그 사람들이 물이 들은 것인지 확실하게 몰랐는데.

6·25사변 나기 전에 그러니까 8·15해방 되어 가지고 벽제면에 대동청년단이라는 게 있었지 그때. 대동청년단이 대한청년단보다 먼저 된 거지. 그 때 대동청년단장이 누구였었냐며는 여기 성석리에 사는 홍기세씨였다고. 그 때부터 육모방망이 하나씩 해서 벽제면을 다니면서 그 적색분자들을. 적색분자들이 그 청년단에 가입을 안했다고 (때렸어).

아버지(김현수)가 본시 대한청년단 간부로 있었어요. … 동네마다 조금씩 배운 사람들을 추려 가지고 대한청년단 간부로 데리고 다니면서 빨갱이들을 들춘 거야. … 손으로 돌려서 앵앵대는 게 있었어. 메고 다니면서 냅다 돌리면 그걸 듣고서 죄 나와요. 나오면 그 사람들을 데리고 어느 부락에 누구누구 있다고. 그 부락에 가서 빨갱이 물든 사람들을 끄집어내서. 현모 아우 형제도 홍기세가 건드려 가지고, 패고 그랬어요.

내가 초등학교를 졸업하고 중학교를 가려는데 아버지가 뭐라 하셔. 그 때 중학교 가려면 서울로 갔어. 여기는 없었으니까. 돈이 없으니까 요 식사리에 한문 가리키는 글방이 있으니 거기 1년만 다니다가 가라고 하셨어. 그런데 그 선생이 조금 이상이 있는지를 대충 아신 모양이라. 글방에 다니는데 아버지께서 그 글방 선생이 이상한 기운이 있으니 혹시 누가 다니는지 좀 알아봐라 그러시더란 말이야.

그런데 여기 형제 두 분이 거기 가끔 오더라 이거야. 무슨 이야기를 하나 캐 보라고. 그런데 뭘 알아들을 수 있나. 우리는 바깥에서 공부하면 안에서. 그 영감들하고 딴 사람들하고 오더라고. 그런데 원당지서에서 툭하면 그 영감을 체포하러 온단 말이야. 그리곤 그 양반 언변에 경찰들이 맥을 못 추고 가 버리 잖아. 6·25사변 나기 석 달 전에 아버님이 "거기 그만둬라" 그러서. 그 영감이 적색분자로 뭔가 물든 사람이니까 너 잘못하면 버리겠다 그만두어라 그러시 는거야. 그래서 그만두었어요.

전쟁 전 고양경찰서의 탄압을 받던 김현모 집안 형제들은 전쟁이 나고 사흘만에 인민군이 고양지역을 점령하자 인민위원회 일을 했으며 그 집안의 남자들은 의용군으로 나갔다고 한다. 김중배 노인은 서당 훈장이 원당면 인민위원장, 장손 김현모가 성석리 인민위원장을 했다고 기억했다.

금정굴사건에서 발굴된 김현룡의 형사사건기록에 의하면 맏형 김현모는 성석리 인민위원회 선전책임자를 맡고 있었던 것으로 나타난다. 김현룡은 10월 4일 일산리에서 체포, 서대문경찰서로 인계되어 서울지방검찰청 조사 뒤 12월 14일 서울형무소에서 영양실조로 사망했다.

(서당을) 그만두었더니 아닌게 아니라 6·25사변나니까 그 양반이 원당면 위원장자리에 올라갔잖아. 그 양반 이름이 한충석이야. 이 영감(김현모)은 성석리 위원장이 되었고. … 그렇게 돼 가지고 집안이 갈라져 버린 거잖아. 우리 집안하고 그 집안하고 거리가 점점 멀어지잖아.

인민군 점령 초기 대한청년단이나 경찰서원 등 이승만 정부의 입장에서 활동한 인사들은 예외 없이 내무서로 끌려가 고초를 겪었다. 보복 차원에서 극심한 고문을 겪은 인사들도 있었지만 대부분 며칠 만에 협조를 약속하고 풀려나왔던 것으로 확인된다.

한편, 인민군이 고양지역을 점령하자 전쟁 전 대한청년단 활동을 했던 김현수 집안은 김현모 집안과 입장이 바뀌게 되었다. 대한청년단원이었던 희생자 김현수는 벽제면 내무서로 연행당해 협력을 강요당했다. 그는 생존을 위해 어쩔 수 없이 인민위원회의 일에 협조해야 한다는 선택을 했던 것으로 보인다.

그는 곧 풀려났다. 인민위원회 일을 보던 아는 사람이 풀어 준 것이라고 하는데 아마 앞의 경우와 크게 다르지 않았을 것으로 보인다.

> 그러더니 일주일 있다가 그 인민위원회 뭐를 보던 사람이 아버지하고 학교다닐 때 같이 통학하며 가깝게 지내던 사람을 만나가지고, 어떻게 그 사람이 내보내줬어. 다른 사람들은 다 그냥 행방불명되었어. 그렇게 해서 오셨는데 그 때부턴 겁을 내시면서 그랬어. 찾아온다고.
> 그래서 아버지가 우리 집안 젊은 사람들을 모아놓고 "이렇게 하다가 잘못하면 큰 일 나니까 우리 집안에서도 젊은 사람 몇을 인민위원회에 뭔가 다녀야 저 사람들한테 주목을 안 받는다" 그래 가지고 세 사람인가 몇 사람을 거길 다니게 했잖아.

우익단체 출신 인사들은 다시 내무서로 연행될까 봐 조심하는 사이 8월이 지나고 9월이 다가왔고 인민군 측은 전선에서 밀리기 시작했다. 9월 15일 인천상륙작전이 시작될 즈음 이미 혼란은 시작되었다. 인민위원회는 해산되었고 핵심으로 일하던 인사들은 국군에게 잡히면 죽는다며 살기 위해 월북을 시도했다.

무정부 상태의 시기, 즉 인민위원회는 무력화되고 국군은 아직 진입하지 않은 상태가 시작되었다. 9월 20일 고양 능곡에 미군이 진입했지만 전역을 수복한 날은 9월 28일이었다. 미군은 서울로 진격하는 전투에만 주력했다고 한다.

후퇴하는 인민군 측은 성석리 마을의 우익출신 인사들을 벽제지서로 연행해 갔다. 당시 인민위원회 조직이 붕괴되어서 그랬는지 연행해 간 사람들은 내무서원이 아니라 평상복을 입은 빨치산들이었다고 기억한다.

1950년 9월 20일경 인민위원회 일에 참여했던 성석리 김현수 집안의 한 청년(김씨의 7촌 김현각)이 마을에서 붙잡혀 벽제내무서로 끌려가는 일이 발생했다. 희생자 김현수 집안 사람들은 이런 상황을 목격하고 미군이 수복한 능곡으로 가기 위해 길목에 있던 풍동으로 피신했다.

> 9·28 되어가고 부락이 혼란스럽고 그런데. 7촌 되는 아저씨가 나보다 두 살 더 먹었는데 여기서 콩을 털다가 빨치산들 몇 놈이 오더니 붙들어 가잖아. 총으로 한 방을 쏘니까 이 사람이 (우리 집) 안으로 뛰어 들어와서 안에서 붙들렸잖아. 그래 저 산으로 가서 죽인다고 데리고 간 거야. 이 아저씨가 울면서 나는 여지껏 청방(민청)사무실을 다녔는데. 그 때 완장도 있었데요. 호주머니에 있었는데. 이런 것까지 가지고 있는데 왜 날 죽이느냐고. 그 사람들이 생각에 차마 죽일 수 없으니까 어디로 데리고 갔냐면 벽제 청방 무슨 위원인가로 데리고 갔잖아.
>
> 그 아저씨 총을 쏘고 붙들려 갔다고 하니까 동네가 아수라장이 되었어요. 그 때 아버지는 나이가 서른 다섯이었거든. 그러니까 그냥 가자 그래 가지고 막 도망갔지 뭐야. 다 도망가고 나 하나만 남았지 뭐야. … 아버지가 나가시면서 다른 사람은 다 데리고 가면서 아들은 내 팽겨쳤냐고 그랬었는데, 어머니한테 아들 잘 챙기고 있으라고 그러고 나가셨다고 그래. 그래서 지금도 다른 식구는 다 챙기면서 아들은 내 버리고 가셨는지.

마을에서 무슨 일이 벌어졌는지 모르고 놀러 나갔다 온 김 노인은 어머니와 집에 있던 중 희생자 김현수 등을 잡으러 온 빨치산들을 만났으나 무사할 수 있었다. 다음날에는 벽제지서에서 풀려난 7촌 아저씨가 김씨의 집으로 돌아왔다. 평소 알고 지내던 친구의 도움으로 풀려났으나 또 끌려갈까 두려워 자신의 집으로 돌아가지 않았던 것이었다.

그 때 평양서 피난 나온 나하고 동갑내기가 아랫집에 있었는데 그 놈하고 놀러 갔다가 내가 하나 빠졌잖아. 집에 돌아오니까 어머니가 새파랗게 질려버렸어. 왜 그러냐고 그랬더니 다 도망갔다고 그래. … 어머니는 (나에게) 밥을 먹이려고 밥상을 막 갖다 놓고 있는데 (누가) 총을 들고 들어오는 뭐야. 대문으로. 아 그래 가지고 파싹 주저앉아 버렸어, 내가. 그 때는 내가 키가 조금 적었다고. 그러니까 들어오더니 나를 훑어 보고 그러지 뭐야. 그래서 잠자코 밥만 먹는 시늉을 했지 뭐. 주인 어디 갔냐고 그래. 뒤로 해서 방으로 들어 와 가지고 집안을 다 뒤져 보는 거야. 셋이 들어와서. 아버지는 나가 있으니까 모르지만 (그들이) 날 보고 가자고 그랬거든. 내 간이 콩알만 해졌었어. 그 때 그 사람들은 다 모르는 사람들이에요.

그 이튿날 아침에 7촌 아저씨가 우리집으로 들어왔잖아. … (벽제내무서가) 지금은 관산에 있지만 그때는 고양리 고양초등학교 있는데 거기 있었어. 그래서 나는 건 눈물밖에 없지, 뭐. 바깥에서 보초를 서는 사람이 아는 사람 같더래잖아. 이렇게 보니까 같이 일산역에서 통학 같이 한 친구더라 이 말이야. 아는 체 하면서 "너, 여기 왜 왔니?"고 그러더래. "아무 죄도 없이 집에서 콩 털다 붙들려 왔다" 그랬더니 "너 있다가 밤 12시 즈음에 내보내 줄 테니까 수단껏 집에 가라" 그러더래. 고양리에서 집에 오는데 길이 무척 고달프잖아. 그래서 밤 12시 즈음 되니까 슬며시 내 보내주더래. 거기서 밤새 길도 모르면서 온다는 것이 기껏 우리 집으로 왔잖아. 김용희이라고 그러고. 아마 (그 분 이름이) 김현각일 거예요.

(김현각을) 들어오라고 그래서 아침에 밥을 해 주고. 밥을 먹고 났더니 그 아저씨가 우리 누이네 집으로 가자 이 말이야. 그래 거기 가면 뭐 하냐고 그랬더니, 지금 군인이 능곡까지 들어왔다는데 (풍동) 식골에 가면 무슨 소리가 있을 테니 식골 누이네한테 가자는 거야. 어떻게 알았는지 군인들이 인천으로

상륙을 해서 능곡으로 들어왔다는 거야.

고양지역의 전선은 풍리를 경계로 9일 동안 형성되었고, 이 기간 동안 인민군 측에 있던 우익인사들, 정확히 말해 부역의 의심을 피하려는 주민들의 대탈출이 계속되었다.

청년이 벽제내무서로 끌려가던 날 김현수 집안의 가족들도 가만히 있을 수 없어 친척이 살고 있던 풍리 식골로 향하게 되었다. 어떤 가혹한 운명이 기다리고 있는지 알 수 없었지만 혼란스러운 상황에서 선택할 수 있는 최선의 길이라고 판단했던 것이었다.

> 이 분들께서 같이 도망 다니다가 풍동 식골. (거기가) 풍동이에요. 거기 아는 집 창고에 가서 숨었는데. 그 집 주인이, 몇 촌 매제 되는 사람이 바깥으로 잠그고 신고를 해 가지고. … 거기 왕배 고모부인가 그 사람이 열쇠로 잠그었다고 그렇게 들었는데. 그 사람이 언제인가 왕배하고 한번 왔어. 민자네 형님이 "염병할, 여기가 어딘 데 낯을 들고 이 동네를 들어오냐?"고 면전에서 막 그러더라고. … 아버지한테는 집안 매제뻘 되는 사람이지. 여기서 내가 그 이름을 (말할 수 없어요).

이틀 뒤 김씨와 7촌 아저씨도 풍리의 친척집으로 피신했지만 풍동 역시 인민군 패잔병이 많았다. 7촌 김현각은 가족들과 함께 있는다며 풍리에 남았으며, 김씨는 죽어도 집에서 죽겠다며 혼자 집으로 돌아왔다.

> 어떻게 아버지만 따라간 거지. 아버지가 데리고 그리 갔다가. (풍리 이씨네 집으로 간 이유는) … 그때 나는 들락날락하면서 들리는 거 보며는 인천상륙작전을 해서 지금 능곡으로 들어왔다고 이 소리를 하더라고. 난 그때 들었거든. 그런데 나 보고 식골로 가자고 그러잖아. 하도 가자고 그래서 식골로 가니까 산에 인민군이 꽉 찼어.

(그런데) 그 집 영감(이씨의 아버지)이 나를 보고 막 욕을 하는 거야. "여기를 왜 왔냐?"고. (그래서) "아저씨, 나는 집으로 가오" 그랬어. 내가 집에 간다니까 (반대로) 그 영감이 못 가게 꼭 붙드는 거야. "임마, 산에 인민군이 꽉 찼는데 어디를 가냐"고. 내가 간다니까 이 영감이 겁을 내고 그러잖아. 가다 죽어도 간다고 말야. 내가 성질이 팍 하는 게 있어 가지고.

친구가 풀어 줬다는 아저씨(김현각)가 "너 지금 가면 나도 가겠다"고 그랬어. 그래서 둘이 지금 9사단 자리 거기로 왔어요. (그런데 그때) 할아버지가 풀지게를 지고 오시지 뭐야. 그때 할아버지가 69세인데. 여기 왜 왔냐고 야단하시지 뭐야. "지금 동네에는 빨갱이들이 들어와서 그냥 쫓아다니는데 너 어디를 가려고 나왔냐"고. … "할아버지 그럼 그리 갈께요". 할아버지가 눈물을 흘리면서 돌아서서 가시지 뭐야. 거기가 지금 9사단 자리예요. 할아버지가 고개를 넘어가자 그 아저씨 보고 "나는 할아버지한테 식골로 간다고 그랬는데, 그냥 집으로 가요. 내가 죽어도 집에서 죽지 식골에는 안 가." "그래 너는 가라. 동네에 빨갱이들이 들어왔다는데 식골로 도로 가겠다"고. 거기서 나하고 헤어졌지 뭐예요.

풍리에 숨어 지내던 희생자 김현수 등 일가족 8명이 인민군 측에 의해 연행되었다가 1950년 9월 30일 경 고양내무서 뒷산에서 학살당했다. 연행되게 된 경위는 풍리에 피신하는 동안 김왕배의 고모부 이○○씨(별명 갑진)가 열쇠로 창고 문을 잠갔고 그 뒤 내무서에 고발했기 때문으로 알고 있다. 풍리 식골에 있는 매부 이씨의 사촌 집에 있다가 애니골 매부 집으로 옮겼으나 그 곳에서 누군가의 고발로 고양내무서로 끌려가게 된 것이었다.

우리 아버지는 이 사람들을 데리고 지금 애니골 6촌 누님댁에 갔어요. 어떻게 하다가 그리 갔잖아. 이 양반들도 능곡으로 가려다가 인민군에게 막히니까. 거기에서 6일인가 일주일 정도 피신해 있었는데 이틀 앞두고 어디로 피했으니까 뒷수소문해서 쫓아다닌 거잖아. 그래 가지고 고발이 들어갔잖아.

불과 이틀 앞두고.

나하고 도망 다니던 사람(7촌 김현각)은 저희 누이네 집에 있다가 죽는 날 집안 형들이 있다니까 그래서 같이 그렇게 (희생)됐지. 그래서 집안에 나 하나만 살았지. 그래 가지고 돌아가셨다니까.

그리 가 가지고 거기서 같이 돌아가신 거지. 그때만 해도 우리 집안 사람들은 ○○(이씨)이란 사람이 사상이 뭔지 모르고 지냈어. 본시 그 사람이 깡패 비슷했어요. 왜냐면. 기운이 장사였어요. 처갓집에 오면 술 먹고 현필이 아버지하고 맨날 싸움을 했어요. 큰 일에 오면. 그래 가지고 식골 갑진이 갑진이 했다고. 그 사람 별명이 갑진이라고요. … 말하자면 저희 누이네 집으로 간 거지요. 그래 같이 있다가. 자세히 모르지만 벽장에 숨어 있었데. 지금은 별로 없지만 벽장이라는 게 있잖아요. 다락. 나하고 같이 있던 사람(김현각)도 거기 가서 (잡혀갔어).

(일자를 메모한 종이를 꺼내며) 이게 그때 9월 양력이고 8월 음력이거든요. 그래 내가 23일인가 24일 거기 간 거 거든요. 그때 빨갱이들이. 동네고 뭐고 앞을 휩쓸고 다녀요. 동네 빨갱이들은 다 나가고, 동네 빨갱이들은 다른 데로 가고, 내가 다 아는 사람들이니까. 다른 데 사람들이, 모르는 사람들이 와서 휩쓰는 거예요. 우리 동네를. 누구네 집, 누구네 집, 점을 찍어 가지고. 그렇게 휩쓰는데.

그때 내가 식골 갔을 때도 산 뒤로 인민군들이 많았거든요. 거기서 능곡까지가 그렇게 힘들었다고 그러더라고요. 능곡을 간다고 여기까지 오셨다가 몇촌 누이네 집이고, 또 조카들도 있고. 그러니까 여기서 머물다가 이런 일을 당하셨구나 그랬어. 그런데 식골 동네 사람들은 상한 사람들이 별로 없었어요. 풍리 사람들은 별로 해 본 사람들이 없었어요.

제삿날은 음력 8월 18일이었다. 일반적으로 제사일은 사망 전 생존했던 날을 기준으로 제사를 치르므로 진실화해위원회는 제사일 다음날인 음력

8월 19일 희생된 것으로 판단했다. 즉 1950년 9월 30일에 희생되었다고 보았던 것이다.

하지만 김중배 노인의 증언은 이와 달리 시신을 수습한 날을 제사일로 삼고 있다고 했다. 고양내무서 뒤에서 난 총소리를 듣고 다음날 시신을 수습했다는 김 노인의 증언에 따르면 실제 희생일은 음력 8월 17일인 1950년 9월 28일로 볼 수 있다.

> 음력 8월 18일(1950년 9월 29일)이 제삿날이에요. 내가 생각하기로는 서울 수복 돼 가지고 애들이 북한으로 도망가면서. 그때 고양군 사람들이 많이 죽었잖아요. 도망가면서 죽인 거예요. … 제삿날이 (시신을) 파낸 날로 알고 있어요. 우리 아버지, 작은아버지, 6촌 형 제사가 한 날이에요. 그리고 총각들은 제사도 안 지내고, 몇 촌 아저씨뻘 되는 두세 분은 17일이에요. 누가 끌어가서 죽였는지는 모르지.

김 노인은 1950년 9월 29일 일산에 살던 주민들로부터 전날 밤 내무서 뒤에서 총소리가 많이 났다는 소리를 전해 듣고 마을 사람 넷이서 리어카를 끌고 현장을 찾아가 내무서 뒤 언덕에 있던 방공호에서 부친 등 8명의 시신을 수습했다. 이미 가까운 곳에 살던 희생자의 유족들이 방공호 속에서 시신들을 꺼내 놓은 상태였다.

> 일산경찰서 뒤에서 그날 저녁에 총소리가 났다고 누가 그러더라고요. 그래서 9·28 되고 그 날 아군들 들어오니까 동네 사람, 집안사람 몇 분하고 시체나 찾아보자고 고양경찰서(고양내무서) 가니까 주욱 묶어 가지고 거기서 찾았어요. 금방 가서 금방 캐와 가지고 그 이튿날 장사지내고. 그렇게 돌아가셨어요. 시신은 총 맞아서. 그 때는 나도 같이 가서. 리어카 세대에 싣고 왔어. 신체는 찾았는데 리어카 3댄가 4대에 싣고 와 장사지냈어. 총을 가슴에 맞은 사람있고 머리에 맞은 사람있고. 철사에다 이렇게 주욱 묶어서. 아니면 같이 묶어서

한 사람 쓰러지면 다 쓰러지게 같이 묶었잖아. (희생지의 위치는) 지금 복지관이 있어요. 바로 그 뒤예요. 거기 (시신이) 많았어요.

방공호처럼. 거기다가 죄 놓고 철사로 그냥. (두 팔을) 묶어 놓고 그냥. (팔목) 여기에 자국이 있었어요. 총으로 쏘면 그리 쓰러지고 쓰러지고 그래서. 거기다 그냥. 먼저 온 사람들이 시체를 찾느라고 죄 끄집어낸 거야. 그날 저녁에 금방 끄집어낸 것처럼 얼굴이 변하지도 않았어요.

다 알아볼 수 있었어요. 나도 가자고 그래서 갔었는데. 무시래기 엮듯이 엮어 가지고 이렇게 쓰러지고 쓰러지고. 어디를 맞아서 돌아가셨는지 나도 모르겠어. 그러니까 금방 돌아가서 그런 거니까 변하지도 않았어요. 동네 사람들이 고맙게 와서. … 할아버지가 뭐라고 그러시냐면 언제 죽은 지도 모르고 그러니까 오늘 장사 지나면 장사 지낸 날로 제사일을 해라. 그래 가지고 할아버지가 18일을 정해 주신 거라 이 말이야.

희생자 8명 중 미혼자 2명을 뺀 6명의 제사가 치러지고 있다고 한다. 3명은 음력 8월 18일, 나머지 3명은 음력 8월 17일이 제삿날이다. 김중배 노인은 제사를 지내는 음력 8월 18일(1950년 9월 29일)이 시신을 수습한 날로 할아버지의 요구로 제삿날로 정한 것이므로 희생일은 그 이전일 것이라고 한다.

증언을 종합하여 정리한다면, 8명의 희생자들은 1950년 9월 22일경 성석리 안골에서 풍리로 피난했으며 9월 25일경 고양내무서로 연행, 9월 28일 내무서 뒷산에서 집단희생당했다고 볼 수 있다. 하지만 김 노인은 증언 말미에 다른 말을 했다. 7명은 내무서 뒷산에서 희생되었지만 1명은 마을 뒤에서 희생되었다는 것이었다. 잘 몰라서 그런 것인지 더 이상의 증언은 없었다.

(부친과 함께 돌아가신 마을 주민) 김현수, 김현주, 김순배, 김한배, 김경배, 6촌 김현배, 김홍배, 김용희 이렇게 여덟 분인가 봐. 한 사람은 따로 붙들어다 요 너머에서 쏴 죽였어.

9·28수복 후에도 성석리 주민들의 죽음은 계속되었다. 이번에는 인민군 점령기 이에 협조하던 김현모 집안 사람들이었다. 부녀자와 어린 아이들처럼 월북하지 않고 남아 있던 가족들이 그 대상이었다.

거기 9사단이 오는 바람에 다른 곳으로 옮기고 이랬는데. 그렇게 되니까 동네 빨갱이 잡는 것도 동네 사람들이 아니라 외지 사람들이 들어와서 다 휩쓸어 갔지. 우리 동네에서 6·25사변 나서 한 60~70명 되었어요. 죽은 사람이. 젊은 사람이라고는 나 하나밖에 없었어요.

희생자 김현수 등 8명의 죽음 이후 살아남은 가족들은 국군 수복 후 부역 혐의로 리 사무소에 끌려 나와 잡혀 있는 김현모 형제와 가족들의 모습을 목격했다. 치안대장 홍기세로부터 보복으로 이들을 죽여도 좋다는 말을 들었으나 희생자의 가족들은 차마 그렇게 하지 않았다. 서로 가까이 지내던 사이였던 김현모의 부인이 그 중에 있었다고 하는데, 이들은 모두 안골 뒤 골짜기인 뒷골에서 학살당했다. 김현모 친인척 중 살아남은 사람은 이웃마을에 피난해 살고 있었던 김현세의 어린 딸 한 명 뿐이었다. 다음은 당시를 목격했던 김웅배씨의 증언이다.

내가 기억나는 거 딱 하나가, 그 사람 부인이 우리 어머니하고 같은 동네 친구에요. 조그만 고개 너머 사는데. 외양간 앞에서 키질하고 있는데. 그때 그 사람 남편이 뭘 했는지 알아? 그때는 아버지 돌아간 후니까. 그런데 문간에서 권총소리가 나는 거야. 그래 봤더니 홍기세라고. 그 양반이 치안대장이었어요. "이 년이 어디 와서 지절거리고 있냐"고 붙잡아 가고 그랬어요. 그거는 내가 봤어요.

우리 어머니가 나중에 그러더라고. 언제 리 사무소에서 유족 다 내려오라고 그러더래요. 그래 내려갔더니 좌익 세력들 가족들, 남자들은 다 이북으로 가고 없으니까. 남은 가족들을 모아 놓고 "당신들 원 푸는 대로, 낫으로 찍어 죽이든 쇠스랑으로 찍어 죽이든 마음대로 하라"고 그러더라고. (어머니께서) 내 남편 죽은 것도 억울한데. 그 가족들이 아마. 우리 동네 뒤에 뒷골이라고 있어요. 거기서도 많이 죽었다고 그러더라고.

인민군에게 끌려간 사람들 중에는 살아 돌아온 사람들도 있었다. 김중배 노인은 국군 수복 후 인민군에 나갔다가 돌아온 김현모 집안 형제 중 한 사람이 집으로 왔다가 잡혀간 사실을 기억하고 있었다. 앞에서 살펴 본 김현룡이 당사자일 가능성이 높아 보인다. 김경복으로도 불린 김현갑은 1·4후퇴로 풀려나와 마을에서 살았다고 한다.

(김영자의 부모형제인 김현세, 차기순, 김봉기 등의 죽음에 대해) 그 마누라가 차씨예요. 그러니깐 하여간 현모 3형제가 넘어간 거는 확실하지. 누군가 하면 현모 조카 하나가 인민군으로 나갔잖아. 제1차로 제 조카들을 여섯인가 일곱이 인민군으로 다 나갔잖아. 그런데 9·28 되고 바로 이집이야. 집안인데 그 사람 집은 여기고. 여기 들어왔지 뭐야. 타작을 하려고 광에 가서 가마니를 찾는데 가마니 속에 들어 숨어 있었데잖아. 그 때는 집안이라고 숨겼다간 다 들려가니깐 갖다가 치안대에 고발했지. (그래서) 치안대에서 데리고 내려왔지 뭐야. (그 후) 모르지 어떻게 되었는지. 인민군 복장 입고 들어왔다잖아. 그 소리만 들었지.

성석리가 좀 넓어요? 감내, 두테비. 이 쪽 사람들이 와서. 더러 아는 사람들은 알고 그러지만 나는 그 사람들을 알지도 못하지 뭐예요. 모르는 사람들이 와서 죄 집어넣고. 그런데 6·25사변으로 북한까지 갔다가 내려 온 사람이 있잖아요. 거기도 몇 사람이 왔어요. 의용군 나갔다가 1·4후퇴 와서. 지금 나 사는 곳에 가마니에 숨었다가. 집안 조카지만 어떻게 하냐 이 말이야. 바로 얘기해서 끌고 가 버렸어. 그때 그렇게 더 들어온 사람들이 있었어요.

빨갱이라도 말이 조금 유식한 사람들. 그 사람들을 바로 죽이지 않고 고양경찰서로 끌어갔나 봐. 창배 아버지 그 양반들이 바로 죽을 사람들인데 고양경찰서로 끌려가서 경찰하고 저거 해 가지고, 말빨이 그러니까 영감이 영천감옥소*로 갔어요. 그 영감이 거기까지 갈 영감이 아니었거든. 거기 가서 있다가 1·4후퇴 때 제들이 내 줘서 여기를 온 거지. 그 영감은 죽었는데, 우리 윗집이에요. 이름이 김경복인데. 그러니까 현갑이죠. 그 사람이 그렇게 살아왔어요. 동네 사람 알지도 못하게 집에 와 있지 뭐야.

1·4후퇴 때에도 후퇴하던 국군이 마을 빨갱이들을 죽인다고 했으나 무사히 넘어간 일도 있었다. 하지만 그 역시 또 다른 비극이 아닐 수 없다.

1·4후퇴 때 패잔병이 여섯 명이 들어왔었어요. 국군. 찬배네 사랑에 있었어. 내가 거기에 갔더니 여기 빨갱이 안 남았냐고 그래. 가다가 다 죽이고 간다는 거야. 아침에 진배네 집에 들어 가지 뭐야. 또 다 죽나보다 그랬더니. 들어갔는데 찬배 고모. 17살 먹은 처녀가 있었어요. 처녀가 나왔지 뭐야. 이 선임자가 여자한테 반해 버렸지 뭐야. 진배 할아버지 보고 딸을 나를 주면 그냥 가겠다는 거야. 딸이 가겠다는 거야. 그래 죽이지 않고 두고 간 거야. 여태 데리고 살잖아.

한국전쟁은 성석리 두 김씨 집안의 몰락을 가져왔다. 수백 년 동안 화목하게 살아왔던 한 마을 공동체는 전쟁 발발 불과 3개월만에 완전히 파괴되었다. 이후 모습에 대해 김중배 노인은 다음과 같이 안타깝게 기억했다.

---
* 서대문형무소를 말한다.

그래서 우리 부락이 말이죠, 옛날에는 다른 부락이 넘보지 못할 정도로 젊은 사람들이 벅적댔어요. 그랬다가 6·25사변 나서 다른 사람들이 우리 부락을 개떡같이 취급을 했어요. 젊은 사람들이 하나 없었어요. 지금도 나이 먹은 사람들로 나 하나예요. 동네가 참 평화롭고 부촌으로 살다가 6·25사변 나서 갈라지는 바람에 동네가 망했어요. 참 좋은 동네인데 그때 버렸다고 그랬어요.

군사쿠데타로 권력을 잡은 박정희 군부독재정권은 즉시 인민군 점령정권에 의한 희생자들을 발굴했다. 정권의 정당성을 반공주의에 두었기 때문이었을 것이다. 1963년 10월 고양군은 희생자들의 제사를 지내주기도 했으며 내각수반 김현철이 준 표창장과 메달을 주기도 했다. 하지만 보상이나 연금은 없었다. 제사도 세 번에 그쳤다.

이후 이산가족 상봉 때 의용군으로 갔다가 북으로 올라갔던 김현모 집안 사람들로부터 연락이 왔었다고 한다.

9월 28일은 일산리가 수복된 날이기도 하며 태극단원들이 은장마을 지하 방공호에서 희생된 날이기도 하다. 즉 이는 후퇴하는 인민군 측과 수복하던 유엔군 측이 공존하던 날 학살이 벌어졌다는 것을 의미한다. 그렇다면 가해자들은 누구였을까?

분명한 것은 무장하고 남아 있던 자들이 이를 저질렀다는 것이다. 그럼 당시 누가 무장하고 남아 있었을까? 인민군 측이라면 그 시기까지 활동했던 사람들이 유력한 용의자로 보아야 할 것이다. 연행 당시 상황을 직접 겪었던 김중배 노인은 당시 주민들을 잡으러 다니던 자들은 얼굴을 모르는 이웃마을 사람들이었을 것이라고 했다.

동네 빨갱이들도 우리 동네는 가만히 놔 두고 다른 동네를 휩쓸어 가지고 그냥 나간거야. 나갈 때 (동네 빨갱이들이) 들어오는 것을 하나도 못 보았어요.

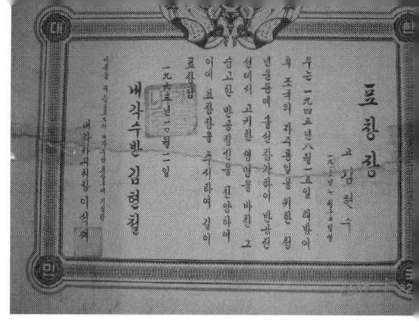

희생자 김현수에게 주어진 표창장. 5·16쿠데타로 집권한 군사정부는 1963년 내각수반 이름으로 한국전쟁 당시 인민군 측에 의해 희생된 민간인들을 위로한다며 표창장을 주었다. 이후 3년 동안 위령제를 지내주는데 그쳤다.

그리고 다른 사람들이 우리 부락을 다 휩쓸고 나간거야.

그러니까 이쪽 부락에서는 아무렇지도 않은 사람이 다른 부락에 가서 못 되게 한 사람이 있더라고. 그 쪽에서는 그 사람을 죽여야 한다고 하는데 이 쪽에서는 그 사람이 아무 저기도 없는데 이렇게 나온단 말이야.
지금 우리 동네에서도 그런 사람이 있어요. 우리 마을에서는 아무 이상이 없는 사람인데 어떻게 된 거야. 저기 마골이나 감내 사람들이 보면 아주 못 되게 군 사람이라고. 그 사람들이 다 죽어서 없기는 하지만. 이제 그렇게 나오더라고. 그러니까 내가 생각하기에 부락 근처에서는 서로 아는 사람이니까 차마 그렇게 못하고 다른 데 가서 그 짓하고 돌아다녔다는 거지.

금정굴사건과 관련된 형사사건기록에 의하면, 희생자 집안인 김현구씨는 인민군 점령기 때 오홍석이 가족들을 잡으러 왔었다고 주장했다. 국군 수복 후 치안대 활동했던 오씨가 인민군 점령기 내무서 일을 도왔다는 주장이었는데 오씨는 이를 무고라고 주장했다.

미군이 코앞까지 다가 온 상황에서 도망가느라 여유가 없었던 부역 주민들이 학살에 가담했을 가능성은 높지 않아 보인다. 반면 오홍석 등 부역했던 의용경찰대원들에 의한 피해일 가능성도 배제할 수 없어 보인다. 이들은 수복 직전과 수복 직후 모두 무장하고 있던 집단에 속해 있었을 것이기 때문이다.

벽제면 성석리 이태희

이태희의 희생사실은 금정굴사건 희생자 이춘희의 희생경위에 대해 면담하던 중 알게 되었다. 2014년 5월 8일 파주 자택에서 만난 그의 사촌 이오희(1936년생) 노인의 증언에 따르면 이춘희와 이태희는 사촌 사이였다.

이 노인의 소개로 희생자의 아들 이재봉(1948년생)을 2014년 7월 18일 성석동 진밭 마을회관에서 만났다. 앞의 김현수 일가족 8명 희생자와 마찬가지로 국군 수복 직전 인민군 측에 의해 풍동 경계에서 잡힌 또 다른 희생자였다.

아들 이씨의 증언은 1950년 9월 벽제면 성석리에 있었던 또 다른 비극의 한 측면을 보여준다. 희생자 이태희(당시 26세)는 일제강점기 징용을 다녀온 뒤 큰 병을 얻었다.

> 제 아버지는 옛날에 남양군도로 징용당하셨어요. 거기 갔다와서 6·25가 닥쳤지. 해방되어서 집에 있는데 그때 병을 얻었지. 먹지를 못 하니까. 첫째는 먹지를 못 해서 병이 든 거예요. 어머니가 말씀해 주셔서 알지 뭐야. 아버지가 쓰시던 담요하고 각반하고 일본 모자 쓴 사진 한 장하고 그걸 가지고 왔다는 거요. 이까짓 걸 뭐하냐고. 죽은 사람 것 다 필요 없다고. 죽은 사람이 돌아왔으니 얼마나 좋았겠어요.
>
> (아버지는) 스물 여섯에 돌아가셨어요. 우리 어머니가 스물 일곱에 과부 되었어요. 살아 돌아왔는데 무슨 양식이 있어야지. 보리하고 감자하고 갈아서 드렸는데 허겁지겁 잡수셨다는 거야. 그게 언친 거지요. 그때부터 병을 얻고 시름시름 하는 거야. 그러다가 결국은 돌아가셨는데 ….

국군 수복 직전 퇴각하던 인민군 세력들은 우익 인사에 대한 탄압을 강화하고 있었다. 이런 상황에서 희생자와 그의 처남 경○○(이름을 기억하지 못함)은 인천상륙작전 후 능곡에 미군이 진입했다는 소식을 듣게 되었다. 더 이상 견딜 수 없다고 판단한 두 사람은 9사단 앞길을 통해 풍리을 넘어 능곡으로 가던 중 마을 주민 누군가의 고발로 잡혀 내무서로 끌려갔다. 가족들이 면회를 갔으나 만날 수 없었다.

> 능곡 쪽으로 가시다가 잡혀서 돌아가셨어요. 돌아가시기 전에 이모부가 저희 집을 오셨데요. "여보게, 내가 능곡에서 봤는데 거기 해방군이 왔다고 하네". 성함이 경 뭐인데. 경씨예요. 원체 일찍 돌아가셔서 이름도 잊어 먹었네. 그 양반이 면장을 했었어요. 그 당시에 중면 면장을 했었어요. 여기 일산. 중면 면장의 동생이라고 하던가. 하여간 면장했다는 소리는 들었어.
> 인민군들이 이장이나 면장, 면서기를 많이 찾아다녔잖아. 사실상. 그래서 그 양반이 견디다 못해서 피난 나와 가지고. "여보게 더 이상 숨을 수 없네. 저 놈들이 발악을 하니까 우리 도망가세"
>
> 지금 백마사단본부 자리 넘어가다가 보이지 않는 빨갱이가 있다고. 그 쪽으로 넘어가려고 했던 거지요. 백마사단 너머로 길이 나 있어요. 그리로 해서 능곡으로 같이 가려다 잡혀 들어간 거예요. 누구인지 모르지. 여기 아는 빨갱이가 얘기를 해 가지고 인민군한테 잡혀 들어간 거예요. 여기 일산경찰서(내무서)에 잡혀서 2~3일 있었다나? 두 분이 다. 사식을 넣어 준다나 그랬데요. 그런데 면회를 안 시켜 줬데요. 도로 싸 가지고 왔다는군.

끌려간 지 2~3일 뒤 추석 명절이었다. 1950년 9월 26일 부친의 시신이 도살장(현재 홀트학교 앞 논으로 한뫼도서관 부근)에서 발견되었다는 소식을 듣고 모친이 수습했다. 전날인 9월 25일 희생되었고 현장에 5~6명의 희생자가 함께 있었다고 한다.

이재봉 유족은 민간인들을 죽음으로 몰고 가며 인간성을 파괴하는 전쟁은 더 이상 있어서는 안된다고 강조했다.

음력 8월 15일 여기서 명절 차례를 지내려고 하는데 거기서 죽은 걸 누가 봤다는 거예요. 그래 그냥 할아버지가 "가 보자". 가 보니까. 지금의 홀트 앞 논. 그 논이 수렁이야. 거기 도살장이 하나 있었어요. 소 잡는 도살장이 있었어. 애들이 경찰서에서 나오면서 안되겠으니까 거기서 그냥 쏴 죽였다는 거야. 5~6명을. … 보니까 얼굴을, 인상착의를 모르겠다고 그러시더라고.

옷을 보고. 돌아가신 지 한참 된 거야. 발견한 날이 15일이니까 14일에 제사를 지내요. 그날 돌아가셨을 것이라고 추정하고. 얼굴 보니까 모르겠다는 거야. 옷을 보고 찾았다는 거예요. … 어머니밖에 모르지요. 할아버지는 뭘 입고 나갔는지 모르지요. 그러니까 어머니가 같이 간 거야.

이씨는 가해자가 마을에서 활동하던 좌익들이었을 것이며, 부친이 희생된 원인은 너무 일찍 서둘렀기 때문이었을 것이라고 한다.

동네 빨갱이가 시켰다고 그런 얘기를 많이 해요. 어려운 얘기죠. 그렇게 빨갱이가 많았어요. 이쪽이 오면 이쪽 박수치고, 저쪽이 오면 저쪽 박수치고. 그 시대에 뭐. 어쨌든 그 빨갱이한테 붙들렸어. 고양경찰서 갔혔다가 며칠만에 죽었다고 그래 가지고 그게 바로.

아버지 경우는 맨날 숨어 있었는데. … 아버님의 경우에 특별히 미워하는 사람은 없지. 청년을 다 잡아갔잖아요. … 빨리 평화군을 맞이 해 같이 싸우자고 가다가 당한 거니까. (잡히게 된 게) 누구(때문이)라는 이야기는 안 나오더라고. 공작하던 사람들은 집에 안 있잖아요.

애들도 정보를 알고 다 뛴 거예요. 하여간 도망가는 건 다 죽이고 가는 거야.

선량한 백성들만 죽은 거지. 개구리가 경칩에 나왔다가 밟혀 죽던가 얼어 죽던가 그러는 거야. 우리 아버지도 마찬가지야. 해방군이 왔다고 좋다고 쫓아가다가 죽은 거나 마찬가지 아닙니까. 그렇게 봐야지요.

국군 수복 이후 부역하던 주민들이 다시 고양경찰서 편에서 활동하기도 했다. 이씨는 그렇기 때문에 이런 경우가 인민군 측에게 당하는 것보다 더 억울한 일이었다고 지적했다. 진짜 부역하던 고양경찰서 의용경찰대원들에 의한 죽음은 실제 사실이었으므로 이씨의 주장은 타당했다.

그리고 나서 청년단 조직이 생겼잖아요. 회복이 되었으니까. 하여간 숨어서 살든, 따로 붙어서 살았든, 그런 사람들이 다시 또 이쪽 편에 서서 또 하고. 그래서 차라리 인민군한테 (총) 맞아 죽으면 괜찮은데 그래서 아는 아군한테 죽는 게 더 억울하다는 거예요. 금정굴사건이 천하에 고약한 게 그거야. 한 사람만 들어가면 와르르 들어가잖아요. 수십 명이. 그리고 위에서 쏘고 갔다는 얘기가 속출하는 거예요.

협조를 한 사람은 또 아군한테 (총) 맞아 죽는다니까. (그런데) 죽이겠다는데 (협조를) 안 할 사람이 어디 있냐 이 말이야. 그런 사람들도 인민군 편이야 하고 죽였다니까. 그게 더 많다는 얘기예요. 그게 거의 야… 원래 인민군 밑에서 부역하다 넘어온 놈이 있잖아요.

희생자 이태희는 앞 성석리 사건의 희생자 김현수처럼 5·16쿠데타 후 내각수반이 수여한 훈장을 받았다. 3년 동안 위령제도 열렸을 것이다. 이후 국립묘지에 모신다는 말이 있었지만 실행되지 않았다고 한다.

5·16혁명 때 내각수반이 훈장을 주는데. 순국청년훈장인가? 그거 하나 줬다고 그럽디다. 받긴 받았는데 그게 무슨 혜택이 있어? 그 사람들 다 국립공원묘지에다 모신다고 그랬었는데 말이 그랬지. 우야무야 끝났어. 시민회관에서

합동으로 제사를 했어. 위령제를 해준다고 참석하라는 것은 왔어. 그때 내가 중학교 다닐 때인가.

이씨의 모친 민씨는 고양 현천리에서 피난생활을 하는 동안 유엔군 수복을 겪게 되었고 그때 만난 미 해병대가 방공호에 피신해 있던 마을 여자들이 끌려가는 것을 목격했다. 끌려간 여성들은 겁탈당했을 것이다. 이씨는 이런 결과를 부르는 전쟁이 반복되어서는 안된다고 강조했다.

어머니 얘기하시는 거 보면 6·25는 정말 있어서는 안되고. 암만 전쟁이어도 외세가 개입해서는 안된다는 얘기예요. 솔직한 얘기로 인민군은 여자 요만큼도 안 건드렸데요. 여자 건드렸다 그러면 총살이래. 아군이 들어오면 그냥. 말도 못해요. 어머니도 그냥. 화전 비행장 너머가 어머니 친정이에요. 현천리. 거기 잘 살았지요. 민씨네가 고종황제 때까지 출세했잖아요. 명성황후까지. 우리 이 서방네는 쪼그라드는 형편이고. … 전쟁 나고 먹을 것은 없고 그러니까 나를 업고 현천리를 가셨데요.

걸어가서 거기 있는데 미군이 들어왔다는 거지. 거기도 자체적으로 방공호가 있잖아요. 숨어 있는데 걔들 야광시계를 들이대고 (비춰보고) 막 그랬데. (여자들을 끌고 가려고 해) 막 나쁜 놈들이라고 그러는 거야. (어머니는) 아무래도 딸이 있으니까 여기(이 마을)에 다시 돌아와 있는데. 인민군이 장악했을 때는 인민군이 우리 집에 살았다는 거예요. 밥해 달라고 그러고. 애들까지 죽일 텐데 밥 안 해줄 수 있어? 밥해 주고 그랬는데 (인민군들은) 절대 안 그랬다는 거야. 미국놈들이 참 못 된 거지. 옛날 노인네들 아닌 게 아니라 그때 그 시절에 있던 분들 물어보면 다 그 이야기를 해요. 정말 인민군은 깨끗했다는 거야. 여자들한테.

이씨는 일제강점기 희생자의 징용피해사실에 대해 조사를 신청했지만 증명이 부족하다며 인정하지 않고 있다고 했다. 이씨는 이 역시 억울한 일이라고 주장했다.

> 나는 일본 놈이 더 미우니까. 솔직하게 말해서 어차피 아파서 돌아가실 분이야. 인민군이 죽이지 않았어도 그 양반은 어차피 돌아가신다 이 말이야. 병이 아주 심해 가지고. 섧었으니까 견딜만큼 견뎌서 그렇지 … (병을 일본 때문에 얻었으므로) 일본놈이 더 밉다 이거야. 일본 놈한테 피해보상 뭐 했었잖아요. … 거기에 자료가 있냐 이 말이야.
>
> 우리한테는 자료가 없지. 사진 한 장하고 담요 한 장. 담요도 없어졌으니. 사진 하나밖에 없지 않느냐. 인정할 수 없다. (보상을) 받으려고 한 것도 아니고 일본놈들이 괘씸하니까 한 번 했지만. 그렇게 소극적으로 해 가지고 그렇게 억울한 걸 어떻게. 그 사람들이 찾아 줘야 하는데 적극적이지 않아.

피해사실에 대한 입증책임을 피해자에게 요구하는 것은 가해자인 일본 정부의 논리로 부당한 일이었다. 이런 측면에서는 한국전쟁 민간인피해자에 대한 한국정부의 논리 역시 일본 정부와 같다.

벽제면 설문리 남신호

희생자 남신호의 동생 남영호(1928년생) 유족을 2012년 10월 12일 지하철 3호선 대화역 지하 카페에서 만났으며, 2014년 4월 9일 백석동 자택에서 다시 만났다. 형 남신호가 인민군 점령기 대한청년단 등 우익활동을 했다는 이유로 벽제관에 감금되었다가 1950년 9월 29일 후퇴하는 인민군 측에 의해 희생되었다고 주장했다.

1949년 국군 17연대 창설멤버였던 그는 여순사건과 이후 국군토벌, 한국전쟁을 연달아 겪은 역사의 산 증인이었다. 형의 희생경위를 비롯하여

수복 후 같은 마을에서 있었던 희생사실을 증언해 주었다. 가장 중요한 증언은 남 노인의 당시 삶 자체였다.

주관적이거나 과장된 측면에 주의하면서 먼저 인민군 측에 의한 한국전쟁 민간인 희생자로 보이는 그의 형 남신호의 희생경위에 대해 살펴보고 이후 한국전쟁 전후 그의 경험을 살펴보고자 한다. 한국전쟁 당시 군인이었으므로 남영호 노인이 알고 있는 큰형의 희생경위는 막내동생 남준호씨로부터 들은 것이다.

벽제면 설문리에 살던 희생자 남신호는 일제강점기 해군으로 강제징병되었다. 싱가포르에서 돌아와 진해에 정박해 있던 중 미군의 공습을 받았으며, 이를 틈타 고향으로 도망와 양주에서 숨어 지냈다고 한다.

> 우리 형님 남신호가 왜정 때 해군으로 군인을 나갔어요. 강제로 그때 당시 싱가포르 함락이라고 많이 떠들었습니다. 노래도 부르고 왜정 때 야단났었습니다. 한번 군함타고 출항하고 나갔다 오면 진해로 들어오거든요. 그때 당시에 B-29라고 있었어요. 미군폭격기인데 진해로 폭격을 한 겁니다. 폭격 당시에 형이 탈출했어요. 왜정 때 집을 나간 형님이 저녁에 집으로 들어왔어요. … 얼마 안 돼서 고령산 속 양주에서 숨어 있었어요. 요번에도 6·25가 나가지고. 그 중이 이쪽 사상을 가지고 있어서 은신하고 있었거든요. 그때 은신한 게 한 두 사람이 아니었어요. 이성주 국회의원. 몇 사람이 거기 가서 있었는데.

희생자는 양주에서 숨어 지내다가 8·15해방을 맞았으며, 우익청년단체원으로 활동했다. 이승만 단독정부 수립 후 대한청년단 고양군 감찰위원이었다고 한다. 같은 시기 설문리 마을에 배유성 등이 국민보도연맹원이었다고 한다.

> 형님이 (고령산에) 숨어 있다가 해방이 된 거예요. 나와서 그냥. 나라를 위해

할 일이 있으니까 청년단체에 들어간 거예요. 대한청년단. 그것이 요즘으로 말하면 경찰대행심이지요. 청년단체 대장은 과거에 이성주* 국회의원같은 사람들이고, 우리 형님은 고양군의 감찰위원이었어요.

(마을 분들 중에 보도연맹으로 기억나는 사람은) 배유성이, 정두완. (정두완은 국군 수복 후) 그때 죽었어요. 보도연맹도 모르고. 빨갱이 그냥 섞어서 죽었어요. 거기서 그냥 일을 하다가 이쪽에서 이북 놈들 들어오니까 빨강 완장 차고. 속된 말로 내무서에서 일 보고. 이쪽 사상이 투철한 사람은 봐서 비밀리 잡아가라고 찌르고 (그랬어).

인민군이 고양군을 점령하자 형 남신호는 일제강점기에 피신했던 양주 고령산으로 다시 피신했으나 결국 잡혀 벽제분주소 벽제관에 갇히게 되었다. 그러자 막내동생 남준호가 밥을 날랐다. 그러던 중 인천상륙작전 소식을 듣게 된 동생은 이를 희생자에게 알려 주려 했으나 감시가 심해 그러지 못했다.

우리 형님은 6·25 때 대한청년단 단장이었고, 인민군 들어왔을 때 두 번 붙들려 갔던 것 같아요. 지방빨갱이가 고발을 해 가지고 거기를 잡으러 왔더라고. 그때 붙들려 와 가지고는 벽제관에다 잡아 가두어 놓고 있었어요. 그 뒤는 논이고. 산이고 논이고 그래요. 이쪽으로. 거기를 내 아우가 매일 밥을 날라 주었습니다.
하루는 라디오를 들으니까 아군이 진격해서 들어오는데. 벌써 인천상륙작전 해 가지고 서울 탈환하고 내일은 파주 봉일천까지 들어온다는 것이 뉴스로 들어오는 거예요.

큰형님이 고양 벽제관에 갇혀 있는데, 빨리 형님한테 얘기해서 탈출하던가 어떻게 해야지 급하면 저 놈들이 다 쏴 죽일 것이다 해 가지고. 내 아우가 벤

---
* 제3대 보궐선거와 제4대 총선거에서 당선되었다. 당시 대한청년단 총본부 부단장이었다.

또 밥을 집에서 해 가지고 도시락을 싸서 … 오늘 저녁에 탈출하라고 편지를 밥 속에 집어넣은 거예요. 그런데 이놈들이 어떻게 알고 도시락을 하나씩 조사를 하는 거예요. 내 아우가 나까지 죽었구나 싶어. 발견되면 거기서 쏴 죽이는 거예요. 내 아우가 얘기를 해 줘서 아는 겁니다. 몇 사람 안 남았는데 이렇게 (휘 저어서) 밥 속에 손을 집어넣어서 편지를 꺼내어 주물러서. 발견되면 저도 죽는 거니까. 그렇게 해서 밥을 주었습니다. 밥을 주면서 말은 못 하고. 편지는 갖고 있지만 말은 못하는 거지요.

며칠 뒤 인민군이 벽제관에 갇혀 있던 주민들을 집단학살하고 후퇴했다. 막내동생 남준호는 이 소식을 듣고 같은 마을 형과 함께 벽제관 앞에서 학살당한 시체들을 뒤졌으나 논의 물에 불어 신원을 확인할 수 없었다고 한다. 남 노인은 시신을 발견하지 못했지만 여기서 돌아가셨을 것이라고 추측하고 있다. 남 노인은 최근 고양시에 납북자로 신고했다.

그 날 진격해 가지고 탈환하고 그 이튿날 가 보니까 논에서 다 쏘아 죽여 버렸어. 죽은 걸 보니까 논에 물이 차 있었고 띵띵 불어서 죽었어요. 사람이. 그냥 봐서는 찾을 수가 없어요. 시신을 못 찾았어요. … 죽었나 하고 살펴보니까 도대체가 띵띵 불어서 찾을 수가 없어서 못 찾고 왔어요. … 나머지 분들은 누구였는지 몰라요 우리 형님만 아니까 내가 얘기하는 거지요. 다른 사람은 얼마나 당했는지 몰라도. 차라리 붙잡혀갔으면 살아 있을런지도 모르지요. … 또 우리 추측 상 이북으로 끌려갔는지. 이북으로 갈테니 같이 가자고 그러고 같이 끌려갔는지, 죽지 않기 위해서. 그것도 또 모르지요.

남 노인은 국군 수복 후에도 설문리에서 희생된 주민들이 있다고 증언했다. 국민보도연맹원이었던 정두완은 1950년 9월 23일 국군이 수복 한 뒤 국군 측에 의해 부역혐의로 희생되었다고 한다.

우리 형님은 국군이 들어오자마자 죽었고, (정두완) 이 사람은 내가 생각하기에 국군이 들어와서 있다가 (죽었을 거야). 우리는 9·28수복하고 하루 있다가 그런 거야. … 이 정두완씨는 자기 집에 있다가 나중에 죽었을 거야. (이웃 정두완) 이 양반은 집에 있다가 국군도 들어오고 그러니까 동네 사람이 빨갱이였다고 해서 죽은 거예요. 동네 사람들이 때려 죽이다시피 했어요. 이분 (정두완)은 수복한 국군에게 당한 것이 맞아요.

남 노인은 전쟁 중 피해를 입은 민간인들에 대해 국가가 적절한 책임을 져야 하며, 추모비를 만들어 형의 이름을 올려야 명예가 회복되는 것이라고 했다.

형의 억울한 죽음에 이어 남영호 노인은 한국전쟁에서 직접 겪었던 경험과 보았던 장면들에 대한 증언을 담담하게 이어갔다. 약간의 과장이나 시간 순서에 대한 혼란이 있었지만 70년에 이르는 세월조차 노인의 기억을 얼마 지우지 못했던 것 같다. 노인의 기억은 놀랄만큼 정확했고 풍부했다. 증언에 착오가 있다면 그건 아마 대부분 질문자의 지식이 부족했기 때문일 것이다.

17연대 창설과 함께 시작된 남 노인의 병사 생활은 여순사건과 전쟁 전 옹진반도의 충돌, 옹진반도의 전쟁과 후퇴, 대전 정비와 오산 스미스 부대 전투, 17연대의 서울수복작전으로 이어졌다. 이후 부상으로 제대했다.

남 노인은 17연대 창설 멤버 중 현재 남아 있는 유일한 생존자로 보인다. 대부분 전쟁 초기에 전사한 것이 그 원인이었겠지만 고급장교의 생존율을 감안한다면 당시 국군 사병 증언의 생생함은 무엇과도 비교하기 어려운 소중한 것이었다. 남 노인의 증언을 만나는 것은 전쟁의 참모습을 살펴보는 좋은 기회였다.

남 노인이 살던 벽제면 설문리는 파주와 경계에 있었다. 어려서 다니던 국민학교는 파주에 있는 대원간이학교였다. 설문리에는 한문학당이 하나 있었다고 한다.

해방이 되자 대한청년단에서 활동하던 형의 권유로 군에 입대했다. 입대 시점에 대한 남 노인의 기억은 두 가지이다. 10용사 사건 후 입대했다는 기억과 17연대가 창설되던 해 겨울 입대했다는 기억으로.

> 전쟁 나기 전에 1년인가 군대 있었어요. 해방되어 가지고 얼마 있다가 형의 권유로 군인을 나간 거지요. 왜정 때는 남의 나라를 위해 나갔는데, 내 나라가 있는데 왜 군인 안 나가냐고 나가라고 해서 내가 지원한 거예요. … 개성까지 38선이었어요. 당시 군 에피소드라면 10용사 사건이 유명했었지요. 대한민국이 아주 들썩들썩했었습니다. 폭탄을 가지고 가서 터트렸어요. 그런 사건이 있었어요. 나는 그 다음에 군에 입대했어요. … 겨울에 입대했어요. 시흥에서 근무했습니다. 17연대 창설할 때였어요. 제가 17연대 창설자입니다. 7연대 사람들이 와서 창설했어요. 7연대가 선배들이었지요.

10용사 사건은 1949년 5월 3일 국군 1사단 방어구역인 개성 송악산에서 발생했고, 17연대는 7연대를 골간으로 하여 1948년 11월 20일 시흥에서 창설되었다. 그러니까 입대 연도에 대한 남 노인의 기억은 1년의 차이가 난다. 17연대가 입대 후 시흥에서 용산으로 옮겼다는 기억과 여순사건 등 토벌작전에 대한 기억으로 보아 1948년 겨울에 입대했던 것으로 보인다.

남 노인은 시흥에 주둔하던 17연대가 용산으로 옮긴 뒤 여순사건이 발생했으며, 명령에 따라 순천으로 내려가 지리산 토벌작전에 투입되었다고 한다. 여수와 순천지역의 토벌작전으로 한 해를 넘긴 17연대는 옹진반도로 주둔지를 옮겼다.

군에 입대했는데. 입대해 가지고, 완전히 17연대 입대해 가지고. 어느 정도 완전 편성되어 가지고 지금 전쟁기념관, 용산에 있어요. 그 부대로 배치를 받았습니다. 거기서 있다가 여수순천반란사건이 터졌어요. 거기 출동했다가 지리산 공비토벌을 말도 못하게 했었습니다. 그 해에 지리산에서 한 해를 보낸 거지요. … 저, 순천으로 갔지요. 그때 당시에 벌써 14연대든가, 4자 들어가는 연대는 지금 다 없어져 버렸어요. 그때 내려간 순간에 어떻게 되었냐면 시내에 공비들이 죽어 가지고 있는 것을, 얼굴에 타마구 칠을 전부 해 가지고. 쇠스랑으로 콱 찍어 가지고 질질 끌고 가고 그런 장면이 나오더라고. … 여수 순천 일대를 다 공비토벌한 거지요. 그 해 겨울에. 그게 끝나자마자 옹진으로 건너간 거지요. 사변 전에.

여순사건 발생일이 1948년 11월 21일이고 사건 직후 이를 진압하기 위해 투입된 국군 중에는 17연대가 없었다. 그리고 국군 17연대가 수도경비사령부에 속하게 된 때가 1949년 6월 20일로 확인된다. 따라서 남 노인이 여수와 순천지역 토벌작전에 투입된 때는 1949년 6월 이후로서 그가 목격한 살해당한 공비들은 희생당한 민간인들이었을 것이다.

1950년 3월 1일 17연대가 옹진반도로 배치되었다. 국군 1사단 12연대가 방어하던 지역을 넘겨 받은 것이었다. 남 노인은 여기서 6·25전쟁을 만나게 되었다.

해가 뜨자마자 인민군은 격렬한 포격 후 탱크를 앞세우고 공격해 들어왔다. 소총으로 저항했지만 소용없었다. 주변의 동료들은 모두 전사하고 혼자만 남게 되어 어쩔 수 없이 후퇴해야 했다. 트럭을 타고 부두로 나왔지만 후퇴를 체계적으로 지휘하는 장교는 없었다. 사병들은 살기 위해 물에 뜰 수 있는 것이라면 어떤 것이라도 껴안고 바다에 뛰어들어야 했다. 다행히 바다에는 탈출한 병사들을 구조하기 위해 해군 상륙선이 대기하고 있었다.

옹진반도에서 6·25가 일어났어요. 당시 우리가 (북한군 측) 정보는 듣지요. 고지에 이렇게 서 있으면 황해도 추야시가 보입니다. 이북 땅이에요. 쌍안경으로 이렇게 내려다보면 기차가 오는 게 다 보여요. 괴뢰군 기차. 보면 대포가 몇 문 싣고 오는지 다 보입니다.

6·25 나는 그날 교대하고 자고 있는데 그 뒤에서 포 소리가 "펑! 펑!"나고 야단났어요. 그래 비상이 걸려 뛰어올라가 보니까 벌써 해가 뜨자마자 제네들이 쫙 깔렸어요. 머리에 뻘건 모자 쓰고. 탱크가 좌악 올라왔어요. 그러니 우리 M1총으로 쏴 봤자 소용없어요. 거기서 같이 나간 친구 5~6명이 다 죽었어요. 포에서. 나도 총알이 스쳤어요. 화약 냄새가 나더라고요. 내 옆에 있는 동료들이 다 죽었어요.

여기서 나 혼자만 남아서 어떻게 할 건가? 산위 봉우리 전방에 요렇게 교통호가 파 있었습니다. 교통호를 돌아보니 소대장이니 중대장이니 다 저 뒤에 도망가 있더라고. 혼자 싸워 봤자 새 발에 피에요. 그래 나도 도망갔어요. 어찌나 포가 떨어지는지. 거기서 포가 떨어지면 그리로 들어가고, 또 포가 떨어지면 그리로 들어가고 그랬어요. 그래 폭탄이 떨어진 데가 오히려 안전합니다. 포가 편차가 생기거든요. 같은 자리에 두 번 안 떨어지지요. 그렇게 나오다가, 옹진 부포로 가는 도로가 있어요. 도로에 나오니까 차가 미어져요. 후퇴해 나가느라.

달리는 트럭을 잡아다가 기어 올라가는 거죠. 달리는데. 부포에 오니까 참 한심해요. 자동차는 좌악 깔려있고, 휘발유 기름통이 지천에 쌓여 있습니다. 쌀이, 군량미도 쌓여 있어요. (연대장) 백인엽이 "이놈들, 이걸 다 불 지르고 나가라"고 그랬어요. (그래서) 그걸 불 질러 버렸어요. 불 지르니까 연기가 그냥 시커멓게 나왔어요. 나중에 드럼통이 터지는데 그냥 말도 못하지요. 6월 25일 당일. 거기서 "니들 살려면 알아서 해라"고 그러더군요. 마음대로 바다에 뛰어들어가 나가라고 그래요. 그러니 겨드랑이에 긴 거 하나씩 끼고 뛰어들어가는 거야. 어느 놈은 자동차 타이어 바람을 빼고. 너무 팽팽하면 가다가 터져 버리거든요. 그래 칼로 주부의 바람을 뺐어요. 그렇게 나가는 사람도 있고. 막대기 조각을 가지고 바다로 나가는 사람도 있었고요. 그렇게 바다로 나갔어요.

바다에 보면 봄에 꼭 오리들이 물에 있는 것 같았어요. 그래요 사람들이. 바다에 나간 사람들이. 살아가려고. 일단 바다로 나가는 거지요. 그렇게 나가다 죽으면 죽는 거고, 살면 사는 거고. 우리가 꼭 살려고 그랬던 건 아니에요. 그래도 생명이 붙어 있으니깐 그냥 그럴 수밖에 없었어요. … 어느 정도 한참 나가니까 해군 상륙선이 오더라고. 오면서 잡아채더라고. 구조하려고. 아군 LST가 한 10리 밖에 어느 산이 이렇게 있는데 위장을 하고 있어요. 거기 직사포를 맞으면 안되니까. (구조)배가 "뿌"하고 그 앞으로 가면 그냥 뛰어내려야 되었어요. 망을 내려 놨으니까. 망을 기어 올라갔어요. 그렇게 실어 나른 거예요. 살아서 인천으로 왔습니다.

옹진반도에서 탈출한 남 노인이 탄 구조선은 인천으로 향했다. 인천에서는 비행기끼리 공중전이 벌어지고 있었지만 남 노인을 비롯한 17연대 병사들은 당시까지도 남북 사이에 전면전이 벌어졌다는 사실을 모르고 있었다고 한다. 17연대의 후퇴는 전방부대가 뒤로 빠지고 예비부대가 전방으로 투입되는 것으로 알고 있었으며 심지어 당시 국군 1사단 12연대가 해주로 진격하고 있다고 알고 있었다.

말도 못하게 큰 LST배로 갔어요. 1개 연대가 가서. 거기서 잠을 못 자가지고. 그리고 (배 안에) 있는데 김희준 대령이 와서 총을 "빵빵" 쏴요. 들으라고요. 이 양반이 말하기를 "너희들은 오늘 배를 타고 인천으로 간다"고. … 인천에 도착해서. 거지도 그런 상거지가 없어요. 찢어지고 살이 너덜너덜 나오고. 백인엽이 육본으로 가서 양복이고 군복이고 한 차를 싣고 왔어요. 너희들 마음대로 입으라는 거예요. 학교 마당에다 줄서 (옷을 골라) 입었어요. (그 뒤) 기차를 타고 (인천에서) 대전으로 올라왔어요.

인천에서 공중에 기총사격이 나고 비행기끼리 사격을 하고 그래요. 그런데도 그때까지도 우리는 38선이 터진 것을 몰랐어요. 몰랐어요. 옹진에서만 전투가 벌어진 줄 알았어요. 9연대장이 하는 말이 "23연대가 오니까 옹진을 내주는 거다" 그러더라고요. 군인들 사기를 높여주려고. 후퇴하면서 전쟁이 일어났다는 말은 안하고. 그러니까 군인들 사기가 문제거든요.

근데 참 군인들은, 우리가 6·25가 났는데도 그때 군인들은 6·25가 난 지를 별로 몰랐어요. 왜 그랬냐면, 상관들이 우리 12연대가 황해도 해주로 진격한다고 (했어요). 우리는 옹진을 내 주었지만 우리는 진격하는 중이다, 이렇게만 얘기를 하고. 군인들 사기 양성하기 위해서 그렇게 얘기한 거야. 나중에 알았는데.

인천에서 재집결한 17연대 병사들은 대전으로 이동하여 대통령 호위병으로 배치되었다. 옹진에서 전멸당하다시피 했으므로 대전에 있는 동안 병력을 보충하여 재편성한 뒤 오산으로 이동했다.

대전으로 올라오니까. 대통령이 대전에 있었어요. 아직까지 서울에서 쾅쾅거리고 싸우는데. 대전에서 민간인 젊은이가 소집되었어요. 저기서부터 열을 세워서 들어오는 거예요. 장교들이 앉아서 "너, 전쟁 할 수 있어 없어?" 묻습니다. 신체검사를 해서 뽑아요. 그렇게 피난 나간 사람들을 징집하는 겁니다. M1총 실탄 장전하는 것만 가르쳐 줘가지고 완전 편성해서 데리고 오는 거예요.

많이 죽었지요. 우리 일행들 다 죽고 없어요. 아무리 찾아봐도 없어요. 몇 사람밖에 없어요. 아주 섭한 감이 많아요. 우리 일행들이, 일개 소대가 보통 30~40명은 다 되는데. 다른 소대도 얼굴 다 아는지 모르지만 없어요. 우리는 연대 군번만 봐도 알아요. 다 죽었어요. (그래서) 신병들로 다 충원되었던 거죠. 대전에서 완전 재편성되어서 평택 오산으로 왔는데, 거기서 탱크가 막 들어오는 거예요.

대전에서 병력을 재정비한 17연대 1,400여 명의 병력이 평택을 넘어 인민군이 내려오는 오산을 향했다. 오산에는 이미 500명의 스미스 특수임무부대와 지원 포부대가 전투를 준비하고 있었다. 1950년 7월 5일 극심한 포격 후 전차를 앞세운 인민군의 공격이 시작되었다. 당시 남 노인이 속해 있던 17연대는 스미스 부대 뒤에 진지를 구축하고 있었다. 스미스 부대의 방어진지를 돌파한 인민군 전차 30대가 곧 17연대에 도착해 진지를 유린했다.

남 노인은 보병들의 수류탄 공격으로 두 세 대의 인민군 T-34 전차를 파괴했다고 기억했으나 《한국전쟁사》에는 4대의 전차가 미군의 포격에 파괴되었다고 기록되어 있다. 《한국전쟁사》의 서술에 따르면, 500여 명의 미군 선발대 중 200여 명이 전사한데 비해 1,400여 명의 국군 17연대원 중 2~6명이 전사했다.

(스미스 부대가 있던 곳) 네. 그렇게 오산 평택까지 내려왔어요. 오니까 벌써 인민군들이 내려오는 겁니다. 오산 전투에 참가했어요. 그때 군인들은 참 용감합니다. 죽는다는 거는 몰라요. 우리가 교육을 받기로 도로가 있고 탱크 바퀴가 이렇게 넓으면 여기(바퀴 아래)에 호를 팝니다. 이쪽에도 호를 파 위장하고 그 속에 들어갑니다. 탱크가 지나가면 수류탄만 가지고 올라가서 탱크 문을 엽니다. 폭파되면 그 자리에 멈춰 못가는 거예요. 그렇게 2~3대를 파괴했습니다.

(당시 오산전투에 참여한 17연대가 1,400명이 있었다는 기록에 대해) 그렇게 되었는지도 모르지요. 원래 17연대가 3천 명이었는데 나머지가 그렇게 되었는지 모르지요. 1개 사단이 9천 명인가 그랬어요. 우리는 그런 건 모르지요. 싸우느라. 전쟁사의 기록은 사실이에요.

오산 전투 후 남 노인은 청주를 거쳐 화령 전투에서 부상을 당했다. 화령 전투로 1계급 특진되었으며 훈장도 받았다. 경주 안강에서 다시 부상을 당해 부산 육군병원에 있었다. 부상이 회복된 후 낙동강 전선에 있다가 17연대의 서울수복작전에 참여하기 위해 인천행 배를 탔다.

> 경주 안강으로 해 가지고 낙동강으로 부산으로. 그 이상 후퇴를 못해요. 거기서 죽으라고 싸우는 거지요. 하여튼 낙동강만 내주면 부산 점령되는 거니까. 거기서는 다 죽든 말든 사수하라고 했다. 낙동강 물이 피바다가 되었다고 해도 과언이 아니야.

> 거기서 치열하게 싸웠습니다. 거기서도 내가 부상을 두 번 당했어요. … 또 전방으로 나와 가지고는. 우리 부대가 철수해서 어디로 갔냐면, 영도섬으로 나오라고. 부산 영도섬에 모이라고 하더라고. 영도섬으로 갔더니, 거기서 또 신병들 모집해서 완전편성해 가지고 인천상륙작전. 그래서 맥아더. 인천 월미도로 상륙해서, 그때 인천상륙 같이 해서 인천으로 들어온 거예요.

남 노인은 이를 인천상륙작전이라고 했고 연대장 백인엽 또한 《한국전쟁사》 인터뷰 글에서 역시 17연대가 9월 15일 인천에 상륙했다고 주장하고 있다. 하지만 그들이 인천에 상륙한 날은 1950년 9월 24일이었다. 남 노인도 이 사실을 알고 있었다. 17연대는 인천상륙작전에 참가한 것이 아니라 인천으로 상륙해 서울수복작전에 참여했다.

> (17연대가 상륙한 날이 9월 24일) 네. 그렇게 되었어요. … 그때 맥아더 후에 상륙한 건데. 월미도가 푹 빠져요. 흙이. 콩가루가 되어 가지고. 어찌나 짓이겼는지. 나무가 확 펴 있어요. 포탄에 맞아 가지고. 미 해병대하고 우리하고 같이 들어간 거지. 해병대가 먼저 들어가고 그 다음에 17년대가 들어갔죠. 그렇게 되었지요.

서울 수복할 때. 인천에서 들어와서 우리는 중부전선 망우리 저 쪽으로 진격
해 들어가고. (고양시 쪽을 가리키며) 이쪽으로 못 오고, 이쪽으로 오면 우리
사는 곳을 보겠는데, 내 마음대로 못하는 게 군인이라. 우리 있는 데는 가족이
다 죽었을 것이라고 생각하고 있었어요. 가족이 저 놈들한테 다 죽었을 거라
고 생각하고 있었고, 나 하나 살아서 대한민국에 충성하다 죽으면 그만이다
해 가지고. 그냥 살고 봐야겠다고, 그런 각오에서.

다시 부상당한 남 노인은 상이군인으로 제대하여 집으로 살아 돌아올 수
있었다. 하지만 벽제면 설문리 고향 집은 비행기 폭격으로 잿더미가 되었
고 모친은 산 너머 외딴 집에서 피난생활을 하고 있었다. 그 때서야 큰형의
죽음에 대해 알 수 있었다. 이후 미군을 상대로 한 장사에서 큰 돈을 벌어
집을 지었다고 한다.

송포면 대화리 심재원

대화리 희생자 심재원의 딸 심난옥(1926년생) 할머니를 2014년 7월 14
일 고양시 신원당마을 자택에서, 손자인 심현택씨(1948년생)와 심현태씨
(1949년생)를 2014년 6월 11일 고양시 주엽동 재단 사무실에서, 희생자의
처남 조종환씨(1934년생)를 2014년 7월 1일 대화동 자택에서, 희생자 조
카 심성기 후처의 재혼 전 아들 홍상욱씨(1937년생)를 2014년 7월 1일 파
주시 야당동 자택에서 만났다. 친인척 외에 대화리 금정굴사건 희생자 양
상석의 사촌 양귀석(1935년생) 노인이 심재원의 희생사실을 알고 있었는데
2014년 7월 21일 재단 사무실에서 만났다. 증언자가 여럿이므로 인용문
뒤에 각 이름을 적어 구분했다.

희생자 심재원(사건 당시 71세)은 마을에서 심혁규라고 불렀으며, 대화리

유지로서 구장일을 보았다. 심 할머니는 희생자가 대동청년단원으로 활동했다고 기억하는데 당시 연령으로 보아 단원으로 활동하기에는 적절하지 않았을 것으로 보인다. 하지만 후원자였을 개연성이 있다. 홍상욱씨는 희생자가 구학문을 많이 하여 문장이 있었고 점잖은 노인이었다고 기억했다.

해방 후 대화리에서 김인규 집안이 좌익활동의 중심이었으므로 우익활동을 지원했던 희생자와 반대입장이었다고 한다. 인규, 원규, 순규 등 형제들이 잘 알려졌다고 하는데 주민들은 대개 인기, 원기, 순기(또는 승기)라고 기억하고 있었다. 증언자들은 좌익활동을 "없는 놈들의 활동"이라고 표현했지만 대화리는 김씨 집성촌으로 김인규 집안 역시 대지주에 속했다.

> 아주 옛날에 저희 언니들 자랄 적에는 아주 어려우셨데요. 세간 나가지고. … 현미. 그걸 아버지하고 어머니하고 밤새도록 쪄 가지고 새벽이면 마차에다가 해서 서울 갖다 팔고 그러셔 가지고 땅을 사고. 옛날에 땅 값이 뭐 있어요? … (전쟁) 전에는 양아들하고 일꾼을 두고 농사를 지셨어요. 안팎 머슴 두고 살고. 며느리 얻어 가지고 손주 하나 두고. … 슬하에 딸이 셋인데요, … 돌아가셨을 때 연세가 칠십 하나예요. 우리 어머니가 쉬흔 일곱에 돌아가셨어요. 친정어머니가. 그래서 인제 서모를 얻어 가지고 사시다가 그렇게 난리를 겪으시고. … 아주 이름이 났었어요. 면에서도 대동청년단이라고. 옛날에 왜정시대에 그거 하시고 그래서. … 자식은 없고 재산은 있고 그러니까. _심난옥

> 그런데 없는 놈들, 김서방네라고 있는데 거기 김인기라고 그게 아주 빨갱이 두목이에요. 옛날서부터. 그리고 동생은 순기이고. 그래서 그게 빨갱이가 되어 가지고 거기 물을 들여 놓은 거야. 대화리를. 그래 가지고. 우리 아버님은 구장을 보고 그랬으니 그게 반대 아니에요. 옛날에. _심난옥

홍상욱씨는 전쟁이 나고 인민군 깃발을 단 트럭이 고양지역에 진입하던 모습을 기억하고 있었다. 당시 함께 있었던 주민 배사근은 국군 수복 후 희

조종환 노인은 희생자 심재원의 죽음으로 가족 공동체가 파탄에 이르게 된 과정을 담담히 설명했다. 노인의 증언은 단지 죽음만이 억울한 것이 아니었음을 보여 준다.

생되었다고 한다.

> 전쟁이 6월 25일 새벽 4시에 나지 않았어요? 우리는 그건 모르고 그냥 그날 모를 내려고 나갔는데. 모를 내려면 찌잖아요. 찌는 걸 잘못하면 그걸 건져서 논두렁에 쌓아 놔야 물이 빠지거든. 지게로 지고 가면 덜 무거우니까. 그 양반도 이북 일 보다가 돌아가셨는데. 배사근이라는 양반인데. "야 상욱아! 큰 일 났다. 전쟁 났나 보다" 일을 막 하고 있는데 인민군 기를 달고 트럭이 한 대 오더라고요. 법곳리로 가더라고요. 길가에서 일을 하니까 인민공화국이 들어왔다고 해서 기를. 그거 한 번 보고. _홍상욱

심 할머니는 인민군이 점령하고 8월 1일경 1차로 부친이 마을 양곡창고로 끌려가 감금되었다고 했다. 당시 남편 이상만도 부친과 함께 잡혀 있었는데, 형이 경찰이었다는 이유로 연행된 것이었다. 부친과 남편은 한 달 반 동안 감금되었다가 인천상륙작전이 시작되면서 풀려날 수 있었다고 한다.

> 6·25가 났을 적에 괜히 없는 놈들이. 인기 패들이, 빨갱이들이 저거 해 가지고. 죄도 없는 노인네를 창고에 달 반을 잡아놨는데. … 우리 영감은 형이 경찰이라고 한 창고에다 가두어 놓은 거예요. 남편은 이상만. 그 놈들이 밥도 안 주고 꼭 해다 먹여야 해요. 창고에. 밥을 해 가지고 내가 가면, 빨갱이들이 총을 메고 창고에 있으면. "너 영감 보러 왔지?" 그리고 "네 아버지도 저기 있어" 그렇게 놀리고 그래요.
> 밥만 디밀고 빈 그릇 나오길 기다리고 있으면. 우리 친정아버지가 사위를 곁에 놓고 견디실 거예요? 그게 글쎄. 그래서 우리 영감이. 그러니까 한 달 보름

4장 수복 직전 피해와 알고 싶지 않은 진실

인가 그렇게 갇혀 있다 나왔어요. _심난옥

인천상륙작전이 있던 때 풀려난 희생자는 열흘 뒤인 9월 25일(음력 8월 14일) 다시 5~6명의 마을 주민들과 함께 2차로 연행되었다. 심 할머니는 남편을 잡으러 왔던 마을 좌익에 의해 집에서 끌려 나오다가 주민들이 집 앞 우물가에 잡혀 있는 모습을 목격했다. 나중에 생존자 김형일로부터 잡혀 있던 주민들 중 부친이 있었다는 말을 들었다. 부친은 끌려 나오는 딸을 보고 그 자리에 주저앉았다고 했다. 끌려 나온 심 할머니 역시 함께 희생될 위험한 상황을 겪었으나 다행히 무사할 수 있었다고 한다.

나오고 나서 열흘도 못 되어서 그 놈들이. … 그 열흘 사이에 우리 영감은 조밭에 (숨어 있었어요). (잡혀가신) 음력 8월 14일은 잊어버리지도 않아요. … 우리 언니가 친정 옆에서 살았어요. 지금 위험하다고들 그러니 아버지도 어디 피해가서 계시라고 하니까 "내가 무슨 죄를 져서 피하냐" … 갈대 밭 같은 곳에 숨어 있으시다가 14일 날 저녁에 오셔서 저녁 잡수시고 계신 걸, 우리 언니가 "문기 아버지는 나갔으니 아버지도 얼른 빨리 거기 아팔고개 수수밭으로 가시라"고 그러니까 "나는 너무너무 피곤해서. 그 놈들이 나를 어쩌겠냐? 내가 무슨 죄가 있다고" 그러고 안 가셨데요. 그런데 그냥 새벽(에 끌려가신 거예요) _심난옥

우리 영감도 그날 들어왔어요. 그래서 내가 "왜 들어왔냐?"고 (해서) 피했거든요, 기세울이라는 데에서. 거기 집안네에서 닷새를 있다 왔어요. … 대문을 흔들고 그러니 빨리 일어나라고 그랬더니. 뒷문 미닫이 문을 열고 뛰어나가 도망을 가서 산으로 기어 올라간 거예요. 그놈들이 들어오더니 … 불도 못 켜게 해요. … 그냥 총을 들이대고 날더러 너희 사내 어디 갔냐 그러는데, 그게 김원기예요. 얼굴이. … (옷은) 저거. 군복. 인민군복 입었어요. 대가리는 뭘로 잔뜩 싸매고. 얼굴을 싸맸어요. 틀림없이 원기예요. _심난옥

그때 내가 뭐 때문에 정신이 나갔는지 무조건 모른다고만 그랬어요. 그랬더니 나오래요. 그래서 나갔지요. 아이를 젖먹이니까 업고 가니 아이를 내려놓고 오래요. 나는 창고로 데려 가는 줄 알고 젖 먹는 아이를 두고 가면 어떻게 하느냐고 그리고 그냥 처녀를 둘러서 업고 나가니까 밝은데. 큰 대문으로 나가고 샛대문으로 니기고. 빗장이 부러져서 활짝 열었더라고요, 그놈들이 떠밀어서. 나가니까 총을 공중에다 쏘더라고요.

그래 우물 앞에를 가니까 하얀 바지저고리 입은 사람들이 모두 잡혀서 대여섯이 주욱 있더라고요. … 우리 아버지가 내가 붙들려 나오는 걸 보고 거기서 주저앉으시더래요. … 사위는 안 붙들려 나왔는데 내가 나오니까 아버지가 펄썩 주저앉으시더래요. … 그걸 어떻게 알았냐 하면 김형열(일)이라고 살아난 사람. 그 사람(이 말해 줬어요). _심난옥

우리 뒷동산에 나무가 거 했어요. 우리 시집이 산이에요. 그랬는데 거기 꼭대기로 막 잡아끌고 올라가는데. 아이가 울고 그러니까 … 총 쏴서 죽인다고 총을 여기다 대고. 내가 잠자코 있다가 죽일 테면 죽이라고, 모르는 걸 어떻게 하냐고 그랬더니. 내가 죽을 팔자가 아니었는지 어떤 놈이 막 뛰어 올라오더니 "지금 동무가 배가 아파서" 우리 우물이 거기 있으니까 갱굴창이 있잖아요. 거기에 쓰러져 있다고 어떻게 하면 좋냐고. 빨리 오라고 그러니까 "이년 재수 좋았다"고 날더러 그러면서 총을 도로 어깨에 메면서 뒤도 돌아보지 말고 내려가라고. 그래서 내려오는데 다리가 떨려서 내려올 수가 있어요?

난 이제 살아 내려왔어요. 총을 안 쐈으니까. 내려와서 보니까 (배 아프다는 동무가) 데굴데굴 굴러요. 그걸 업고 가더라고요. 그런데 거기 붙잡아 놓은 사람들은 어디로 끌고 갔더라고요. 갱굴창에 있는 것만 업고 가더라고요. 그러면서 "너 아주 재수 좋았다"고 (그랬어요). _심난옥

심 할머니가 무사히 산에서 내려왔을 때 부친을 비롯하여 잡혀왔던 주민들은 어디론가 끌려가 사라지고 아무도 없었다. 희생자들이 대화리 양곡창고로 끌려갔다가 희생되었는지 아니면 바로 끌려가 희생당했는지 분

명하지 않다.

　현장에서 총을 맞고도 살아 돌아온 김형일(또는 김형열, 사건 당시 27세)이 알려 주어 희생자들의 시신이 수습될 수 있었다. 사건 직후 김형일은 10여 일 동안 외출을 피했으므로 그가 말할 때까지 아무도 피해사실을 알 수 없었다. 마을 사람들이 알고 있는 희생 경위는 모두 그의 증언에 근거하고 있다.

　희생자들이 집단희생당한 곳은 덕이리 자뱅이 방공구덩이라고 했다. 실제 위치는 덕이리 자방마을을 지나 한산마을 뒷산이었다. 그 너머로 가다 보면 숯고개(탄현)가 있었다. 그 동안 고양지역에서 후퇴하던 인민군 측에 의한 학살지로 잘 알려진 곳은 은장마을의 방공호인데 실제 그 위치는 알려지지 않았다. 은장마을과 자방마을이 이웃해 있으므로 같은 장소일 가능성을 확인했으나 심 할머니는 은장마을에서 있었던 태극단 희생사건에 대해 모르고 있었다.(은장마을에서는 고양 송포면과 파주 청석면 태극단원 13명이 희생되었다.*)

　　목서방네 형님이 오셔서 나 더러 … "심생원이 지금 자뱅이 방공구덩이에 계시다"고. 거기를 어떻게 아냐고 그러니까 대화리 김형일이가 살아서 우리집을 들어와서. 다리를 다쳐가지고 우리집에서 살려줬다고. … 은장은 글쎄 모르겠어요. 거기가 자뱅이 골목이라고만 알지. 자뱅이골이라는 말만 알겠더라고요. _심난옥

　　형일이는 총 쏘는 바람에 그냥 묻어서 뛰어 들어갔데요. 총을 맞지 않고. 우리 아버지가 젊은 사람들이나 살리라고 그 소리에 총을 디리 쏘니까 그 바람에 형일이는 쫓겨 들어갔데요. 우리 아버지 쓰러지는 바람에. 거기서 덜 맞은 사람들이 금방 죽겠어요? 소리 소리 지르니까 따발총을 구덩이에 데고 마구 휘

＊ 태극단 선양회, 《태극단투쟁사》, 2010, 61쪽.

둘렀데요. 그래서 형일이가 다리에 총을 맞았데요. _심난옥

다 갖다가 창고에 가두었다가 끌고 나가서 다 총살시킨 거지. 그 형일씨가 와서 증언하는 게, 군인들 삐삐선으로 이렇게 묶어서 세워 놓고 총을 쐈는데. 먼저 쏴서 총을 맞았는데 노인네들이 총을 맞아 가지고 자기 위에 떨어졌는데. 피 쏟아지는 소리가 꽈르륵 꽈르륵 나더라 이런 얘기까지 좌악 하면서. _조종환

유족들이 찾은 현장에는 시신 위에 소나무 가지로 가린 후 그 위로 흙이 덮여 있었다. 총상을 얼굴에 입었으므로 입고 있던 옷으로 희생자의 신원을 확인했다. 발굴 당시 희생자를 비롯하여 정세인 등의 시신이 함께 수습되었으며, 현장 생존자 김형일은 가해자가 누구였는지 몰랐다고 한다. 당시 발굴된 희생자 수에 대한 증언은 6~7명 또는 20여 명으로 차이가 있다.

장소는 다르나 같은 시기에 희생당한 마을 주민은 희생자의 다음 구장이었던 김문한, 이산포에 살던 김형태였다. 또 다른 희생자 김문한은 산염마을에서 희생된 것이라고 한다.

(유가족들이 다) 기별을 해 가지고 죄 가니까. 숯고개라고 골짜구니가 으슥해요. 거기다가 글쎄. 이놈들이 얼마나 급하면. 흙도 얼마 안 덮었어요. 형일이가 기어 나올 정도면 많이 덮지 않았지요. 솔개비를 해서 차곡차곡 덮어놓고 흙을 조금 덮어놨더라고. 그런데 우리 아버지는 옷을 보고 알았지 (얼굴을 가리키며) 여기가 없어요. 얼굴에 총을 쏴서 여기만 있고 여기는 없어요. 그래서 모시 적삼 입으시고 그냥. 그래서 거기서 찾아 가지고. _심난옥

그 구덩이에서 많이 꺼냈어요. 근데 밑에 사람은 알아 볼 수도 없어. 핏덩어리가 되어서. 피가 너무 흘러서. 우리 아버지는 그래도 위에서 여기만, 옷 위만 피이지 말짱하시더라고요. 양말신고 댓님치시고 말짱하더라고요. … 우리 형

제하고 심서방네 하고. 거기서 20명 더 꺼냈을 걸요. 꺼내는 것부터 다 보았지요. 우리 영감하고. 20명 정도. 뭐 여기 맞아서 저거하고 우리 아버지는 여기(머리)가 총에 없어졌어. _심난옥

(정세인은) 우리 아버지하고 동갑이세요. 무척 가까우셨어요. 칠십 일 세이세요. 그때 노인네는 정세연씨하고 우리 아버지예요. (나머지) 젊은 사람들은 면서기 이런 사람들이었어요. … 정세연씨도 부자예요. 장말(장촌)이라는 데에서 사셨는데. 그 양반은 꺼내는데 너무 끔찍해요. 너무 (총을) 맞아서. 따발총을 휘둘렀더니 오죽했겠어요.
김문한은 우리 친정하고 가까워요. 그이는 끌어다가 산염(마을)이라는 데에 갔다가. … 그 집은 어디로 끌려갔는지도 몰라서 시체도 못 찾았어요. 그런데 산염 갔다가 그렇게 돌아갔다고 나중에 그 소리를 들었는데. 모셔다가 장례했다는 소리는 못 들었어요.
(김형태) 그는 한강 가는 데. 일미. 이산포 가는데. 형태씨라고 그 분 알지요. 거기서 돌아간 건 모르겠는데. 그 이도 아버지하고 거반 비슷해요. 나이가. _심난옥

정세인은 장촌사람이에요. 그 분은 그런 건 모르겠는데, 하여튼 같이 돌아가셨어요. 김문한이란 분도 부역 일을 안 했어요. 돌아가신 날짜는 모르지요. 김문한씨는 대화리 분이지요. 그때 가만히 보면 적색분자나 다 한 데 돌아갔어요. 김문한씨는 여기 구장을 보신 분이에요. 우리 외가가 바로 김문한씨네 이웃이에요. 내가 갈 데가 없어 외갓집 가서 일도 하고 그랬는데, 김문한씨는 정말 잘 살고, 방앗간도 하고. 아무것도 안 하고 작은 마누라 모시고 책만 보시던 분인데. 구장 보고 그래서 인제 그렇게 된 거지요. _홍상욱

수습된 심재원의 시신은 송포면사무소 근처 심씨 선산에 모셨다. 대한청년단에서 시신을 수습해 장사를 지냈지만 험악한 분위기 아래에서 직계 가족들만 참여했다고 한다. 희생자 심재원의 시신을 수습하는 과정은 홍상

욱씨도 목격했다. 희생자의 얼굴에 총상을 입었고, 부패되어 알아보기 어려웠다고 했다.

> 그 사람이 여기 와서 심재원씨랑 정세인씨 이 양반은 거기서 같이 총살을 당했다 이래서. 그때는 아무도 못 가보고 경찰하고 대한청년단이 단체로 가서 파고 그랬어. 여기서 장례를 모시는 거는 봤어요. 여기 산에다 갔다. _조종환

> 빨갱이들 다 들어간 후에 집에 모셔다가 초상을 치렀어요. 안에 못 데려간다고 해서 사랑에다 시체를, 산에서 염을 해서, 7일장을 지냈어요. 면에서 노제를 잘 차려서 지내드렸어요. (다른 사람들은 아니고) 아버님만. 다른 사람들은 어떻게 했는지 모르지요. 우리 아버지 상여 나가는데 근감하게 나갔어요. 우리 산이 면사무소 바로 뒤에요. 우리는 딸 둘이라 상제가 없잖아요. 언니하고 나하고 둘이서 쫓아갔는데. 면서기들이 와서 제사를 지냈어요. _심난옥

학살 현장에서 생존한 주민은 연행한 사람들이나 현장의 직접 가해자가 누구인지 알 수 없었으며, 죽인 이유는 재산을 빼앗으려고 그랬다는 소문까지 있었다고 한다. 양귀석 노인은 내무서에서 총살했을 것이라고 했다.

> (김형일씨는 죽인 사람이 누구인지) 모르겠데요. 그걸 알면 좋게요. 나는 (김원기를) 알겠는데요. 김형일은 모르겠데요. 그냥 너무 겁이 나가지고 모르겠데요. 김형일씨는 그때 나이가 스물 몇. 내가 그때 스물 여섯이었으니까 그이는 스물 일곱이나. (인민군이 아니라면 지방빨갱이든 내무서원인지) 모르겠다고. 그래서 내가 원기가 있었다고 그랬더니 글쎄 나는 모르겠다고. … (죽인 사람이) 모르지요. 빨갱이들일 거다. _심난옥

> 내무서에서 죽였겠지. 인민군들이 그렇게 안 죽였을 거예요. 내무서나 치안 감찰들이 가서 죽인거지. 김형일씨야. 캄캄한 밤에 쐈으니까 뭘 알겠어. 그렇게 잘 사는 분들만 할미 동산에서 총살시켰다는 이야기만 들었지. _양귀석

조종환 노인의 증언에 따르면, 자뱅이골짜기에서 구사일생한 김형일은 국군 수복 후 사라지고 없는 부역자의 재산을 모두 빼앗아 자기 소유로 만들었다고 한다. 양귀석 노인의 증언 역시 결과론이지만 이 주장과 비슷하다. 김형일이 어깨와 허벅지에 관통상을 당한 채 살아나왔으며, 국군 수복 후 집안의 월북자, 부역자의 토지를 모두 받았다고 한다.

> 도피자들. 빨갱이들이 이북으로 가 버렸지요. 그 땅, 밭, 집 뭐 그 양반이 차지해서 농사짓고 그랬어요. 그러다가 돌아가셨어요. _조종환

> 인민군한테 피해를 당하신 분들도 많지만 그 사람들이 어디로 갔는지 (몰라요). … 돌아가신 분으로 내가 알기는 그 양반이 심재원씨인가? 그 분은 할미 한산부락 그 뒷동산에서 일곱 분인가 몇 분 끌려가서 돌아가시고. 한 사람이 거기서 살아 나왔어요. 김형일. 김형일이가 어깨 관통하고 허벅지 관통해서 거기서 살아 나와 가지고. 그때 이북으로 넘어간 사람들이 농사가 많았거든요. 그 사람들 거에 농사지어 먹다가 돌아가셨어요. _양귀석

심재원 등이 희생된 할미 뒷동산 너머 골짜기에 조그만 굴이 있었다. 지금은 예비군 훈련소가 되었다. 마을 토박이 주민들로부터 탐문한 결과를 종합하면 한산마을 뒤 예비군 훈련소 막사를 중심으로 오른쪽에 새벽구덩이, 왼쪽에 자뱅이골짜기가 있었던 것으로 파악된다. 새벽구덩이는 국군 수복 후 송포치안대에 의해 주민들이 학살당한 곳이다.

> (그 위치는) 할미 뒷동산은 그쪽 사람들이 알던데요. 산 너머 조그만 굴이 있었다고. 덕이리 한산부락이라고 그게 우리말로 할미부락인데 한산부락 뒤 골짜기에. 얕은 산인데 골짜구니가 있었어요. 거기 예비군 훈련소가 있던데. 지금은 다 아파트가 되어서 뭐. 자방마을 체 가지 못해서라고 해요. 은장, 자방이 붙었어요. 그리고 할미는 이 앞이고. 할미부락이 지금 로데오 거리에

요._양귀석

심 할머니 등 증언으로 보아 희생자 심재원(다른 이름 심혁규 또는 심혁교)은 1950년 9월 26일(음력 8월 15일) 자뱅이골짜기라고 불리는 곳에서 정세인 등 여러 명의 주민들과 함께 내무서원으로 추정되는 자들에 의해 집단희생당했음을 알 수 있다.

며칠 뒤인 9월 28일 미 해병대에 배속된 고양경찰서 경찰에 의해 일산 지역이 완전히 수복되었다. 인민군 점령기 숨죽여 지내던 대한청년단과 태극단 등 친정부 인사들이 의용경찰대, 치안대에 가입하여 부역 활동에 가담했던 주민들을 색출하면서 금정굴사건 등 새로운 집단학살이 시작되었다. 5장에서 다룬다.

김인규요. 아까 김승규라고 있잖아요. 그 사람의 큰형이에요. 김인규, 김원규, 김승규 그렇게 삼형제였었는데 인규는 큰 마누라의 아들, 원규하고 승규는 작은 마누라의 아들, 그래요. 김인규씨가 아주 잘 생겼어요. 키도 크고 아주 미남이었어요. 지금 이런 일이 없었으면 국회의원이라도 한번 해 먹었을 거라고 여겼거든요. 뜀도 잘 뛰고 인물도 잘 생기고. 그렇게 한 이가. 그 집 일꾼이 경상도 노랑머리라는 사람이 하나 와서 무상으로 남의 집에 살았는데. 그걸 뭐라고 하나 '세포'. 그 사람이 이용을 당해서. 그 바람에 김인규가 망한 거예요. 그래 김씨네가 망한 거예요._양귀석

지나간 얘기지만, 내가 그때, 우리 아버지가 아프셔서 야경을 못 도니까. 내가 그때 열 다섯이지만 키가 커서 야경을 돌러 같이 나가요. 그러면 거기 대화리 김씨네 젊은 사람들이 많이 모이더라고요. 그런데 그 사람들이 전부 보도연맹이에요. 내가 보도연맹이란 걸 몰랐거든요. 그러더니 6·25가 발발되니까 전부 빨간 완장을 차고 그 사람들이 나온 거예요.

그래 그 사람들하고 같이 나가서 순찰을 도는데 벽보 붙이죠, 삐라 뿌리죠. 그

걸 누가 잡아요. 경찰관 하나가. 대화리 파출소 밑에 의용소방대 사무실이 있었거든요. 거기서 앉아 있고. 순찰 돌러 다니면 이 사람들이 벽보 붙이고 삐라 뿌리는데 뭘 잡아요? 우리는 그것도 모르고 따라만 다니는 거지요.
꺼려하는 사람도 있겠지. 김인규 조카가 있는데 둘째 원규씨 아들이거든요. 그 사람이 말하는 걸 절대 못하게 하더라고요. 김씨 집안은 (이후) 피해를 많이 당했지요. 피해당한 사람들이 많지요. _양귀석

강변에서 죽는 사람도 있지만 심적으로도 피해를 많이. 내가 알기로는 김서방네도 7형제 손으로 한 200호 살았거든요. 일본말로 개명을 했을 때 가네오미, 기무라, 히로무라, 그렇게 세 성을 했어요. 그런데 히로무라는 우익 계통이고 가네오미나 기무라는 보도연맹에 많이 가입하고 그랬어요.
그래 가지고. 김형일이라는 이가 히로무라거든요. 우익계통. 서울에서 살다 왔다고 해 가지고 끌려갔는데. 그 이는 젊어서 미리 쓰러지면 살겠다 그래서 미리 쓰러졌는데. (총이) 어깨에 관통하고 허벅지에 관통하고 그래서 기어 나와 가지고 살았다고. _양귀석

김인규씨는요 6·25 발발되자 서울로 바로 갔어요. 서울시에서 양정국장을 했어요. 그러니 얼마나. 그 사람은 동네에서는 일체 누구 하나 털끝 머리카락 하나 건드리지 않았어요. 서울로 바로 갔어요. … 김인규씨네가 농사도 무지하게 많았어요. 산이고 뭐고 재산도 많았는데. 김인규 누이가 둘, 셋인가 넷이 있고. 조카가 둘이 있고 그래 가지고. 여기 산 사람들이 특별조치법으로 등기를 해 가지고 하나하나 팔아먹는데, 서로 나누어 먹는데. 그때 땅 값이 뭐 나가나요? 그 많은 땅이 흐지부지 다 없어졌지요. 송포에서도 부자, 고양시에서도 부자 노릇을 했어요. _양귀석

홍상욱씨에 따르면, 국군 수복 직후 송포면에 소년단이 조직되었다. 단원은 150명에 이르렀으며 강변에서 보초를 섰고 간첩신고에 동원되었다. 7년 동안 활동했다고 한다. 홍씨는 대동청년단 출신 김장○가 한강변에서

부역혐의 주민들을 많이 죽였다고 알고 있다.

> 그 당시 우리는 소년단을 조직해 가지고 고양경찰서의 형사들하고 심학산 뒤에 가서 보초도 서고 그랬어요. 소년단들을 데리고 가서 약삭빠른 너희들이 거기서 이런 거를 잘 좀 해라 그러면서 형사 하나에 네 명씩 따라다니고 그랬어요.
> 그게 뭐냐면 여기 일산에 우리 또래도 많지만 저기 오마리 새말이라는 데. 거기 젊은 친구들 다 죽었지만, 허의성이, 오덕환이, 오유환이, 오수재, 오태환이, 오상백이, 대화리 능태만 해도 양창석이, 나 홍상욱이, 강종석이, 양한석이. 하여간 많아요, 우리가. 그때 일한 게.
> 제식훈련도 하고. 또 송포에 수용소가. 장단사람들이 한 300호가 살았잖아요. 거기 젊은 애들, 우리 친구들. 내가 그 당시에 부단장이고. 단장이 일산에 오상백씨인데. 젊은 친구들 많이 모아서, 한 150명 모아서 한 7년간 일했어. _홍상욱

> 한강 하류에는 일반인들이 콩을 많이 심었는데, 거기에서 임진강하고 한강하고 주욱 내려오면 몇 월 며칠 사리가 있어. 초여드레 조금, 아흐레 무수, 열흘 한메 두메 그러는데. 그때 물이 밤에 12시 넘어서 들어오는 걸 이용해서 들어오거든. (손으로 빨대를 만들며) 이것만 들고 헤엄쳐 오죠.
> 그래 가지고 그 당시에 여기 노루메에 양 뭐 그 사람이 지령을 받고 나와서 자수시켜서 자수한 사람도 있지요. … 지령을 받고 내려왔다가 자수해서 민간에 다니면서 강연도 하고 그랬어요. 거기 가서 우리가 많이 보초도 서고 그랬지요.
> 그러니까 주로 어느 때, 그믐달에 많이 넘어온다, 간첩은 아침에 옷이 젖었거나 이슬을 많이 맞으면 그건 다 간첩이니까 빨리 보고해라. 뭐 그런 지시만 받았지요. … 우리 또래 애들을 막 잡아다가 투드려 패고 막 그랬어요. 조금 잘못하면 욕도 얻어먹고 발길로 차이고 그랬거든요. _홍상욱

공보처 통계국에서 1952년 발표한 《6·25사변 피살자명부》에는 대화리

희생자로 김형태(金炯泰, 53세), 이돈규(李敦揆, 23세), 심혁교(沈赫敎, 63세) 등 3인이 기록되어 있다. 김형태와 심혁교는 증언자들이 말하는 김형태와 심혁규 즉 심재원을 가리키는 것으로 보인다. 이들의 죽음은 이미 1952년 정부에 의해 확인되었던 것이다.

유족들과 같은 마을 주민들의 증언을 종합했을 때, 희생자 심재원의 죽음에는 상식과 다른 몇 가지 의문이 제기된다.

먼저, 끌려간 다음날 둘째 양아들 심준기가 의용군에 나갔음에도 희생자는 풀려나지 않았다. 심준기가 의용군에 나간 이유는 전쟁 전 민보단 활동을 했던 큰아들 심성기가 인민군 측의 탄압을 피하기 위해 동생에게 의용군을 가라고 권유했기 때문이라고 한다.

둘째 아들이 의용군에 나갔음에도 심재원이 인민군 측에게 희생된 원인을 납득하기 어렵다. 의용군으로 갔던 심준기는 행방불명 상태인데 가던 중 미군의 폭격에 의해 사망한 것으로 추정된다고 한다. 양주에 살던 셋째 양아들 심학기도 좌익활동을 했고 의용군에 나갔다.

> (심성기씨) 그 사람은 민보단이니 무슨 단체에 있었기 때문에. … 그래서 내 말은 심성기가 심준기한테 작은아버지가 한 게 있으니까 네가 의용군을 나가라 그런 것 같아. 민보단인지 뭔지 했으니까. … 국군 수복 후에 심성기는 전혀 피해 안 봤지요. _조종환

> 돌아가시게 된 이유는 모르겠는데. 하여간 그 형택이 아버지(심준기)가 의용군 나가셨으니까. 그러니까 양자를 하셨는데, 그 양반 아들이 양자인데, 거길 나가셨고. 또 그 양반의 진짜 동생. 심성기, 심준기, 심학기 그랬거든요. 심학기씨도 의용군 나가셨어요. _홍상욱

다음 의문은 가해자가 누구였을까에 대한 것이다. 조종환씨나 홍상욱씨

는 인민군이 아니라 지방좌익이나 내무서원으로 생각한다고 했다. 심난옥 할머니는 자신을 위협하여 끌고 나간 자가 비록 얼굴을 가렸지만 김원규 같았다고 했으나 현장 생존자 김형일은 학살자들이 모르는 사람들이었다고 한다.

　대한민국 정부가 희생자에 대한 위령사업을 차별화했다는 사실도 의문이 아닐 수 없다. 같은 시기에 비슷한 곳에서 희생당한 태극단원들이 보훈대상이 되어 고양시 현충공원에 안장되었고, 유족들은 일정한 보상금을 매월 연금형태로 지급받고 있다. 그에 비해 심재원 등의 민간인 희생자들은 정부로부터 아무런 지원을 받지 못했다. 1950년 10월 1일 오금리에서 타공결사대에 의해 희생당한 선유리 주민 13명도 마찬가지였다.

인민군이 와도 보초 서고 수복 후에도 보초 서고_영암

영암지역은 여순사건의 영향을 직접 받았다. 영암경찰서에 의해 피해를 입었던 국군 4연대 출신 군인들이 경찰에 악감정을 품고 국군 14연대의 여순반란에 가담했다고 한다. 여순사건 후 군경 후원을 위한 시국수습대책위원회를 개최하고 협의회를 발족했으며, 1949년 7월 17일에는 무장빨치산 15명이 영암면 회문리에서 김상태, 조장환을 살해했다. 김씨는 국회의원 김준연의 숙부이자 해남경찰서장 김준종의 부친이었다.

　영암에서는 국군 수복 직전과 직후 한쪽에서는 부역혐의로 주민들이 희생되는 동안 다른 한쪽에서는 후퇴하지 못한 인민군 측에 의해 주민들이 희생되는 사건이 동시에 발생했다.

　9월 30일 영암내무서와 덕진분주소에 감금되었던 주민 15명이 덕진면 금강리 강정마을 뒷산에서 총살되었다. 구림면에서는 국사봉으로 입산하지 못했던 잔존 세력들이 10월 2일과 3일 면사무소, 지서, 수리조합, 학교, 교회를 불태웠으며, 10월 7일 지와목 주막에서 기독교인 6명을 포함한 28명을 가두고 불을 질러 살해했다. 10월 8일에는 서호면 성재리 주민 100여 명이 마을 입구 무덤등으로 집결되었다가 이중 20여 명이 경찰가족이라는 이유로 같은 마을 청년들에게 타살당했다. 같은 날 서호면 소산리 우산각에서도 20여 명이 희생되었다고 한다.

복귀한 영암경찰서는 1950년 10월 6일 영암면 농덕리 문남식 등 6명을 총살했으며, 10월 8일에는 영암면 용흥리 탑동마을 주민 10여 명을 총살했다. 《한국전쟁사》에 의하면, 10월 13일 영암경찰서는 50명의 무장병력과 1,500명의 비무장병력을 공격하여 이중 87명을 사살하고 1명을 생포했다.(739쪽) 진실화해위원회는 1950년 10월 9일 군서면 해창리에 들어온 경찰이 피신하지 않고 마을에 남아 있던 50여 명의 주민들을 소집한 후 이 중 김재봉 등 3명의 주민을 총살했다고 밝혔다.

영암면 회문리 최봉진, 최한진, 박정수

희생자 최봉진 최한진의 동생 최영순(1938년생) 할머니를 2014년 4월 4일 고양시 자택에서 만났다. 할머니는 고양시 원당지역에 배포된 실태조사 안내 홍보물을 보고 연락을 주었다. 말을 하면 속이 상하므로 일절 덮어놨었지만 홍보물을 본 뒤로 돌아가신 모친이 꿈에 보이는 등 잠을 제대로 잘 수 없었다고 했다. 한국전쟁 민간인 희생자 유족들 대부분이 겪고 있는 고통을 최영순 유족도 겪고 있었던 것이다.

작은오빠 최한진은 인민군 점령기 광주형무소(교화소)에서, 큰오빠 최봉

최영순 유족은 두 오빠와 형부의 죽음에 대해 누구에게도 말하지 않고 지냈지만 이제라도 왜 그런 일을 겪어야 했는지 알아야겠다고 했다.

진과 형부 박정수는 국군 수복 후 경찰서에서 보초를 서던 중 빨치산 공격에 의해 희생되었다. 할머니가 당시 살던 곳은 전남 영암군 영암면 회문리였다.

큰오빠 최봉진(당시 나이 27세)은 전쟁 전 구례와 곡성에서 경찰관으로 근무했으며 작은오빠 최한진은 함평경찰서에서 근무했다. 최봉진은 전쟁 전 집에 일이 많아 경찰을 그만두었으며, 최한진은 인민군에게 호남지역이 점령당할 때까지 경찰관이었다.

우리 (큰)오빠가 21살에 결혼해 가지고. 일본에서 나와 가지고 결혼을 했는데 21살에 해 가지고는 일본 들어가셨다가. (징용이 아니라) 그냥 들어가셨어요. 들어갔다가 나오셔 가지고. 일본에서 해방되었잖아요. 그래 가지고 폭탄 던지고 난리가 나서 경찰로 들어갔지. 집에 와 가지고.

내가 그때 13살인가 12살인가 먹었어요. (큰오빠는 27살 정도) 작은오빠는 3살 차이예요. 24살. 또 셋째오빠는 학도대에 있었어요. 그래 가지고 큰오빠는 경찰로 들어갔잖아요. 큰오빠, 작은오빠 두 분 다 경찰이었요. 큰오빠는 집에 일이 많아 가지고 사표 내고 나왔어요. 전쟁 나기 전에 나왔지요. … 바로 읍에다 집을 하나 얻었어요. 낮에는 나오고 저녁에는 거기 가서 밥해 먹고. 그랬는데 나오니까. … 큰오빠는 경찰이었다가 집에 일이 많아서 나와 집에 있었어요. 큰오빠가 구례 곡성에서 근무했어요. … 큰오빠께서는 곡성경찰서에 계시다가 인민군이 들어왔을 때는 일이 많아서 영암에 계셨어요. 같은 시기에 작은오빠는 함평에 경찰로 계셨던 거고.

큰오빠는 경찰이었으므로 인민군 측의 압력 아래 어쩔 수 없이 보초를 서야했다고 한다.

인민군 들어왔을 때 저녁에 보초 섰어요. 그거는 무조건 해야 돼. 안하면 살 수가 없어. 나는 솔직히 말한 거예요. 어려서 본 거. 형부도 경찰에서 나왔는데 보초 서다가 그랬는가 봐. (형부 사시던 곳이) 그 너머 동네거든요.
보초 설 때 작은오빠가 안계셨지. 보초 설 때는 밥해 먹고 저녁에는 읍내로 갔어요. 우리 언니는 경찰 마누라니까 또 힘들잖아. 언니, 나, 올케들하고는 그리 숨으러 가고. 우리 아버지하고 엄마는 거기 동네 가까운데 있고. 쌀 같은 거 다 묻어 놓고 다니고.

(점령하자) 인민군이 조금 똑똑한 사람은 맨 날 세워 놨어요. 집에 계신 큰오빠를 많이 괴롭혔어요. 그래도 우리가 워낙 인심이 좋으니까, 친정 오빠들이 다 착하고 그러니까 그 사람들(지방 좌익)이 산에 가서도 우리 오빠들 죽어서 안됐다고. 그런 소리가 들려.

국군 수복 후에도 영암경찰서에서 보초를 섰다. 어느 날 인민군 패잔병과 빨치산이 경찰서를 습격했고 다음날 형부 박정수와 함께 시체로 발견되었다. 제사는 9월에 지내고 있다.

얼마 안 있다가 순경들이 진주했잖아요. 우리 오빠는 가고 없는데 영암경찰서가 막 난리가 났어요. 습격 와 가지고. 큰오빠는 큰아들이니까 아버지가 제대로 일을 잘 못하니까. 일이 많으니까. (인민군들이 들어왔을 때) 저녁에 보초를 서잖아요. 똑똑한 사람들. 그때 청년들 엄청 죽었어요.
큰오빠께서는 보초 서다가 돌아가셨지요. 경찰서를 습격했잖아요. 그 사람들이. 인민군들이 영암경찰서를 습격왔어요. 밤에, 동네 사람들이, 산으로 간 사람들.
우리 오빠(셋째)가 학도대인데 그 서에 있었지요. 학도대로 저녁에 경찰서에 있었는데 보초 서다 아침에 나오니까 큰오빠, 형부가 돌아가셨다고 그러더라고. 내가 직접 봤지요. 시체를 다 봤지요. … 두 분만 아니라 우리 동네에서 5~6명이. 똑똑한 사람들은 다 죽었어요.

경찰서 습격했다고 그래 가지고. 난리가 난 거에요. 누가 숨으니까 숨어 있는 사람 찾아 가지고 등 돌리라고 그러고 쏘아 버리데. 그 사람들이. 숨어 있는 사람을 찾아내 가지고 쐈어요. 그 사람들을 직접 봤지요. 쏘는 거. 그러니까 총소리 나면 미리 죽는다고. 겁나 가지고. 같은 날이 아니고. 숨어 있는데. 그 사람들이 댕기더니 막 나오라고 소리치면서 총 들이대면서. 우리 언니보고. 인민군들이지. 국방색 비슷한 옷. 담을 넘어야 경찰서를 들어가거든요. 경찰서가 다 타 버리고 벽뿐이 없어요. 거길 넘어가야 우리가 살거든요. 거기를 넘어가는데 그 밑에 여자가 죽어 가지고 있어요. 애기는 옆에서 막 엄마 일어나라고. 그 꼴을 보고 넘어서 우리가 경찰서로 들어갔어요. 셋째오빠가 학도대에 있으니까.

함평경찰서에서 근무했던 작은오빠 최한진(24세)은 전쟁 발발 후 경찰에서 다 모이라고 해서 나갔다가 후퇴하게 되자 총을 메고 산길로 집으로 왔다. 아버지가 마루 밑에 굴을 파고 숨겨두었다.

큰오빠가 자수를 권하여 자수한 후 내무서로 끌려갔다. 이후 광주형무소로 갔다는 소문이 있었으며 광주형무소에 있었던 사람이 오빠와 함께 있었다고 했다. 그 뒤로 돌아오지 않았다. 제사는 음력 8월 21일(1950년 10월 2일)에 지내고 있다.

작은오빠는 경찰들 모이라고 해 가지고. (전쟁 나고) 제일 처음에 연락이 왔나 봐요. 함평에 있었지요. 경찰로 있으니까. … 작은오빠는 함평 학다리, 그쪽으로 돌아다녔어요. 전쟁 전이지요. 그래 (전쟁 나고) 처음에 경찰들을 모이라고 했나 봐요. 밤에 우리 오빠가 나갔어요. 올케 말이. 올케 보고 "만약에 내가 안 오면 시골로 내려가라" 그랬어요. 기다려도 안 오니까 백 리 길을 걸어서 왔더라고요. … 그래 가지고 오빠가 총도 짊어지고 왔데요. 내가 어려서 직접 (작은오빠를) 봤어요. 밤에. 밤길로 그렇게 산으로 산으로 해 가지고. 오는 걸 알았어요. … 풀독이 올라서. 여수 쪽에서 우리집까지 오는데 오죽했겠어요. 그래 맹감 따먹고 그러면서 왔다고.

그래 가지고 아버지가 마루에 굴을 파놨어요. 그 속에 숨어 있는데. 시골에 동네 반란군이 많잖아요. 그러니까 숨기기가 참 힘들었어요. 대청마루 속에다가 숨겨 놓으셨어요. 우리 큰오빠 하는 말이 "자수를 해라. 자수를 해야 살지, 어떻게 이렇게 숨어 있을 수가 있냐." 참, 숨기다 보니 힘들지요. 그 사람들은 쫙 깔려있는데. 동네에서. 그래 가지고 작은오빠 말이 "경찰이 곧 진주한다. 몇 달 있으면 할 거다." 작은오빠가 잘 생기고 키도 크고 그랬어요. 덩치가 좋고 제일 잘 생겼어요. 그랬는데 어떻게 할 도리가 없으니까 큰오빠가 말을 했나봐. 동네 사람들에게 이만저만 하다고. 그래 자수하게 되었지요.

우리 오빠 걸어가는 걸 보니. 그때 내가 쬐그만 해 가지고 공부를 하겠어요? 우리 엄마가 울고불고 난린데. 미치겠데요. 그래 가지고 광목을 옷을 다 해서 입혀 가지고 서로 갔어요. 그래 가지고 서에서 한 번인가 집에 왔데요. 그 사람들하고. 와 가지고는 또 그냥 데리고 가데, 뭐. 오빠가 그냥 갔어요. 작은오빠가. 가 가지고 광주형무소로 보내 버렸어요. 그래 가지고 안 오셨어요. 둘째오빠께서는 형무소로는 들어갔어요. 하얀 옷 입고. 그것까지 다 봤어요. (희생장소가) 광주형무소일 것이라고 생각하지요. 그런 것 생각하면 내가 잠을 못 자지요. 우리 엄마는 맨날 울고 있고.

우리 형부하고 큰오빠하고는 같은 날이고. 둘째오빠는 광주형무소에서 문을 열어 줬데요. 문을 열어 줬다는데 안 오셔요. 그러니까 우리는 풀려났는지 모르지요. … (제사는) 작은오빠가 8월 며칠 날이고. 큰오빠와 형부는 9월. 9월 며칠 날인지 모르겠어, 제사를. 그 조카도 죽었으니까 제사를 안 지내요. 음력으로 해요. 둘째오빠는 8월 21일인가 되요.

사건 후 큰오빠 최봉진의 가족들은 보훈의 대상이 되었으나 둘째오빠의 가족에게는 아무런 보상도 없었다고 한다. 가장을 잃은 각 가족들의 생활도 힘들었지만 세 가장을 잃은 집안 자체도 몰락하게 되었다고 한다. 공부를 할 수 없었던 것이 할머니에게 가장 큰 한으로 남아 있다.

> 그 다음에는 아이고, 말도 못했지요. 과부들이 둘 있다면 벌써 아는 것 아니에요. 그렇게 농사를 많이 지어도 논도 금방 팔아먹게 되더라고. 그때 농사가 굉장히 잘 되었어요. 그런데 그 뒤로부터 흉년이 딱 들었죠. 누가 괴롭히지는 않았죠. 그런데 올케들이 속을 썩였어요. 우리 엄마는 맨날 울고. 정미소도 학교도 불에 타고 그래서 못 배운 것이 한이 되고.

영암군청이 피습당하는 등 영암지역의 국지적 충돌은 1952년 8월까지 계속되었던 것으로 나타난다. 《경향신문》, 1952. 8. 28.) 전선은 올라갔지만 뒤에 남아 있던 또 다른 전선은 최영순 할머니의 모든 것을 앗아갔던 것이었다.

한편, 광주교화소로 끌려간 최한진은 후퇴하던 인민군에 의해 희생되었을 것으로 보인다. 진실화해위원회 조사결과에 따르면, 경찰 등 끌려간 우익인사들은 9월 27일 집단학살당했지만 9월 28일에는 풀려났다고 한다. 당시 생존한 경찰관들은 인민군이 풀어 줬다거나, 인민군이 후퇴하고 없었으므로 파옥하고 나왔다고 증언하고 있으므로 작은오빠 최한진도 이때 살아서 나왔을 가능성도 없지 않다. 하지만 결국 고향으로 돌아오지 못한 것으로 보아 특별한 사정이 확인되지 않는 한 27일 희생된 것으로 보는 것이 타당할 것이다.

여순사건 후 군복 입은 빨치산에게 끌려가 _순천

1948년 10월 19일 여순에서 14연대가 봉기한 이후 진압군이 22일 매곡동에 진입하면서부터 집단학살사건이 발생했다. 23일에는 순천 북국민학교로 주민들이 연행되어 조사받았으며 24일부터 광란의 학살이 시작됐다.

진실화해위원회 조사에 따르면, 상사면에서는 1949년 초 도월리 김화현 등 90여 명에 이르는 주민들이 순천경찰서에 의해 희생되었는데 이는 다른 면들에 비해 상대적으로 피해자 수가 적은 편에 속한다.

이 시기에 빨치산 측에 의해 희생되었다는 사건을 만났다. 어린 나이에 겪은 일이어선지 지명이 다르고 기억의 일관성이나 객관성이 부족하다. 조사자의 판단이 잘못될 수 있으므로 더 많은 목격 증언으로 보완해야 할 필요가 있다. 일단 증언자의 기억을 중심으로 정리해 본다.

순천(승주군) 상사면 도월리 희생자 김영채

상사면 김영채의 희생사실에 대해 딸 김정례씨(주민등록상 1947년생, 실제 1940년생 추정)가 증언해 주었다. 2014년 4월 17일 고양시 자택에서 만났다.

김씨는 여순사건 이후인 1949년 3월 11일 상사면 도도리(도월리로 추정)에 살던 부친 김영채가 빨치산에게 끌려가 희생되었다고 주장했다. 지금은 저수지로 인해 마을이 수몰되었다.

> 전라북도 고창이 아버지 고향이예요. 거기서 태어나서. … 거기 전라북도 상하면 석남리라고 있어요. 석남리 거기가 고향이예요. … 거기가 아버님 고향

김정례 유족은 부친이 여순사건 후 국군복을 입은 빨치산에게 끌려가 희생되었다고 했다. 이후 국가의 도움을 받았지만 희생당한 부친을 대신할 수 없었다.

이예요. 저도 거기서 태어났거든요. 시방 칠십 여섯이에요. 토끼띠 생일이 4월 20일. 몇 년도 태어난 지는 모르겠네요. 시방 주민등록하고 틀려서. … 당시 살던 곳은 순천이예요. 아버지께서 고창에서 순천으로 이사하신 거지요. … 마을이름이 저기 상사(면) 도도리. 거기도 상암면이에요. 확실히 모르겠는데, 순천시 상암면 도도리라고 있어요. 거기 앞에 물 건너면 동네이름이 상사라고 있어요. 근데 거기서 살았어요. 세 식구가 있었어요. 아버지 엄마하고. 엄마가 병이 많이 들어서. 살아 있는데.

빨치산 반란 사건 때. 여순반란사건 때 … (손가락 엄지를 치켜세우며) 제일 산골이에요. 다 알아요. 동네는 수리잡이 되어 버렸어요. 다 들어가 버리고 없거든요. 그냥 큰 수리잡이 되어버렸어요. 저수지. 그때 당시는 그런 게 없었는데 시방은 가보니까 그렇게 되었더라고요.

1949년 3월 11일(음력 2월 12일) 순천 상사면 도월리에 살던 부친 김영채가 국군 복장을 한 빨치산에게 연행된 뒤 행방불명되었다. 당시 희생자는 마을에 들어 온 빨치산들을 토벌국군으로 판단하고 태극기를 흔들었다가 끌려간 것이었다고 한다.

끌려가실 때 저녁이니까, 우리 아버지가 우리 군인인 줄 알고 갑자기 그냥 태극기를 흔들었어요. 그 사람들이 군인이라고 해서 태극기를 흔들고. 나는 대한민국 지지한다고 하면서. 우리 아버지는 맘 놓고 군인인 줄 알고 했는데. 빨치산들이 아버지 끌고 가려고, 그렇게 거짓말을 한 것 같아요. … 끌려가신 것만 보고 어떻게 돌아가신 건지는 몰라요. 시신도 못 찾고. 제사가 2월 12일인가? 음력으로 그렇게 지냈어요. 엄마가 혼자 살았어요. 딸 하나 믿고. 끌려가신 날로 (제사를 지내고 있어요).

그 당시에 빨치산이라고 그러데요. 반란군이라고 그러데요. 무지하게 많이 귀찮게 해요. 아버지는 뭐 태극기를. … 태극기를 하면서 우리는 대한민국 시민이다. 그런데 너희들은 뭐 때문에. … 인제 나를 끌어다가 논두렁에다 엎어 놓고 쬐간한 것을. 그때 당시에 제나이가 7살이었어요. 빨치산들이 나를 못 살게 굴었단 말이죠.

김씨는 당시 7살이었다고 기억하지만 주민등록상 출생신고일과 많이 다르다. 부친이 빨치산에게 끌려간 뒤 마을에 들어 온 군인들에 의해 상사지서로 옮겨 지냈다.

7살 즈음 아버지 돌아가셨거든요. 날 이제 불라고. 뭘 아느냐고. 날 조사를 심하게 하는 거죠. 그러니까 빨치산들이 나에게 총을 들이대고. 그러니까 아버지가 죽어도 난 대한민국이다. 어린 것을 그렇게 하면 되느냐 하는 식으로 하신 것 같아요. 그랬더니 밤에 와서 끌어갔어요. 아버지를. 그때 몰라요. 너무 억울해요. (손으로 눈물을 훔치며) 너무 고생 많이 했어요. 그래 가지고 군인들이, CIC라고 하던가? 엄청 쎈 군인들이 싹 왔어요, 그 동네로. 와 가지고 몇 년을, 몇 년은 아니고 1년을 우리를 보살폈어요. 군인들이 와서 지키는 거지요. 밤으로.

군인들이 우리를, 엄마하고 나하고 데려갔어요. 구청으로, 아니 파출소인가 그런데 옛날에는 파출소라고 안하고 지서로 우리를 데려갔어요. 군인들이 못 지킨다고. 군인들이 어느 부대 소속인지 모르지요. 그냥 큰 무서운 군인들이라고. … 거기서 보호했어. 거기서 밥을 먹고, 거기서 군인들 심부름하고. 거기서 지냈어요. 그래 가지고 열 살인가, 열 살 아래인가 6·25가 돌아왔잖아요.

고창에서 6·25를 겪은 김씨는 서울 마포에서 살게 되었고 정부로부터 보훈대상으로 인정받아 지원을 받았다고 한다. 희생자의 처가 사망했을 때 영구차 지원도 받았다고 한다.

> (군인들이) 학교까지 시켜주겠다 하고. 엄마가 혼자 살았어요. 딸 하나 믿고. 그래서 우리가, 요리 이사 온 것 말고. 뭐야. 마포에서 살았어요. 마포 대흥동 살았는데, 거기서 어떻게 넘어갔는지 배급을 타 먹었어요. 엄마가 아버지 억울하게 돌아가셨다고 정부에서 저기 뭐 연탄값, 쌀 이런거 타 잡숫다가 돌아가셨어요. 엄마가 돌아간 지는 한 20년 조금 못되는 것 같아요. 칠십 여섯에 돌아가셨거든요. 그래서 다 정부에서 대 주었어요. 연탄 값까지 그걸. … 엄마가 돌아가시니까 모든 것이 끝나더라고요. 차까지 나왔더랬어요. 동에서, 돌아가실 때. … 시집을 안 가고 그냥 살았거든요.

김씨가 가해자들을 빨치산이라고 판단하는 이유는 부친이 대한민국 편이었으며, 행방불명된 뒤 국군의 보호를 받았고, 이후 정부로부터 지원을 받았기 때문이라고 했다.

9월 28일 수복과 무정부 상태 _소결

전쟁이 나고 인민군이 점령했다. 세상이 바뀌었다고 했다. 경찰에게 탄압을 받던 인사들이 전면에 나서게 되었다. 인민위원회 구성은 대체로 순조로웠지만 의용군 모집은 그러지 않았다고 한다. 반면, 인민군 점령 전 피난 못한 경찰과 대한청년단원들은 내무서로 불려가 고문을 당하며 협조를 강요당했다. 이 과정에서 학살당한 경우도 있었다고 하는데 아직까지 구체적으로 신원이 확인된 경우는 없었다. 흔히 국민보도연맹사건이 발생한 곳에서 보복 학살이 있었을 것으로 짐작하지만 여기서도 구체적으로 확인되는 경우는 의외로 많지 않다.

　보복으로 보이는 가장 큰 피해는 수복 직전에 벌어졌다. 인민군 사령부의 명령에 의한 것이라고 하지만 정작 인민군이 직접 학살을 지휘하거나 가담한 경우는 형무소의 경우 외에 확인되지 않는다. 대부분 내무서로 연행된 뒤 저질러지는 것으로 보아 북한식 경찰조직의 지휘체계에 의한 것으로 볼 수 있다.

　이 때문에 수복 후 각 경찰서에 의한 부역혐의 학살이 보복으로 나타났다고 보는 견해가 있지만 가해자가 누구인지 알지 못한 상태에서 발생한 것으로 보아 이는 설득력이 떨어진다. 누가 가해자인지도 모르면서 보복했다고 볼 수는 없을 것이다.

　인민군 점령기 피해자 집단과 가해자 집단, 국군 수복 후 피해자 집단과 가해자 집단이 있었다. 인민군 측에게 부역하던 사람들이라면 국군 수복 직전에 벌어진 집단학살사건에 깊이 관여되어 있을 것은 분명하다. 그리고 국군 수복 후에는 가해 당사자나 또는 그 가족들이 보복의 대상이 되어 피해자 집단의 일원이 되었을 것으로 볼 수 있다.

　하지만 아직까지 여기에 해당한 경우를 만나지 못했다. 오히려 부역하던 사람들이 다시 경찰의 하수인이 되는 경우는 정부기록이나 면담을 통해 무수히 만났다. 이는 한국전쟁 전후 민간인학살에 대한 이념적 잣대가 한낱 자기 이해관계를 합리화하기 위한 수단에 불과함을 증명하는 것으로 보인다.

5장
도망갈 땐 언제고 이제 와 부역자라고

이건 무법천지 아닙니까? 경찰들이 후퇴하면서 쏴 죽여 버리고 9·28수복하면서 다 잡아다 쏴 죽여 버리고. 당시 우리처럼 부모 잃고 사는 사람들이 지금까지 고생하고 사는 거예요. 옛날에 연좌제 했어요. 그런데 지금 경찰서에서 (자료를) 떠들어 보면 아무것도 없습니다. _부여 이장훈 유족

6월 25일 전쟁이 발발했다. 침략을 준비하던 쪽만 아니라 침략을 당하는 쪽도 전쟁이 날 것을 알고 있었다. 어디까지 사실이고 실제 어느 정도까지 준비했는지 판단하기 어렵지만 남과 북 모두 침략을 유도한 뒤 반격하는 전략을 갖고 있었던 것은 사실이었다.

전쟁이 나기 직전 북은 공격력을 전방 배치했고 남은 병사들에게 휴가를 줬다. 앞의 국군 17연대 남영호 노인은 인민군 측의 병력과 장비의 이동을 훤히 볼 수 있었다고 했다. 전쟁의 징후가 38선 곳곳에서 나타났지만 당시 사병들로서는 이에 대해 판단할 위치가 아니었을 것이다.

국군 장교들 역시 전쟁의 징후를 보고 받고 있었다. 국방부 전사편찬연구소의 《한국전쟁사》에는 국군 수뇌부가 전쟁 전날인 6월 24일 북의 침략에 대한 정보를 안건으로 비상회의를 가졌다고 기록하고 있다. 회의를 마친 그들은 비상상황에 대한 판단과 정반대로 행동했다. 장교들은 클럽개장 파티장으로, 사병들은 외박 휴가로.

미 국방부는 전쟁 발발 일주일 전인 6월 19일 북의 침략을 가정한 시나리오를 완성했다. 이른바 '우발계획 SL-17'. 침략군을 낙동강까지 유인한 뒤 후방 상륙작전을 통해 전멸시킨다는 것이었다.

전쟁 초기에 있었던 이승만의 행동이나 국군 장교들, 심지어 국군 8사단 등 1개 사단의 열차 후퇴가 모두 낙동강 너머 대구를 향했다는 사실과 피난민들을 호남지역으로 돌리려 했던 시도를 보면 당시 이승만 정부는 미 국방부의 계획을 잘 알고 있었던 것으로 보인다.

특히 6월 25일 전쟁발발일 이승만 정부는 가장 먼저 부역자 처벌의 법적 근거를 만들었다. 제1호 대통령령인 〈비상사태하 범죄처벌에 관한 특별조치령〉이 그것이다. 침략자들이 강했든 아니면 유인전략에 말려들었든 낙동강 전선을 제외한 대부분 지역은 3개월 동안 점령군의 지배를 받게 되었다. 이제 인민군 점령지의 국민들은 모두 부역의 의심을 받게 되었다. 수복한 이승만 정부는 처벌대상이 무려 55만명이었다고 밝혔다.

인민군 점령하 3개월을 숨어지냈다는 시인 모윤숙은 수복한 뒤 이승만에게 매달려 "왜 버리고 갔냐"고 따졌다고 증언하고 있다. 그 뒤 특혜 받은 시인은 무사할 수 있었지만 55만명 대부분은 "재판없는 총살"을 당했거나 1심 재판을 받아 형장의 이슬로 사라졌다.

수복 후에도 서북청년단이 _서울 효자동

한국전쟁 중 국군수복 후 서울지역의 피해는 거의 알려져 있지 않다. 진실화해위원회에 신청된 사건들은 서대문형무소와 마포형무소사건 15건과 수복 후 사건 5건이 전부였다. 이들 사건들은 개별적으로 독립되어 발생한 피해로서 이것만으로는 일관된 어떤 경향을 파악하기에 많이 부족했다.

이런 상황에서 석진관(1936년생) 노인을 2014년 4월 14일 자택에서 만났다. 석 노인은 경산 자인면이 본적지이며 철원에서 태어났다. 전쟁 전후 시기 서울 효자동에 살면서 남로당 활동을 직접 겪었다. 외삼촌 최상린을 비롯해 외가 친인척 대부분이 좌익계열의 활동을 했다고 한다. 기억의 오류를 감안한다면 노인의 증언은 전쟁 전과 수복 후 효자동을 중심으로 한 서울의 모습을 짐작하는데 크게 도움이 된다.

서울 효자동 우선생

석 노인은 전쟁 전 어린 나이임에도 외삼촌의 좌익활동을 도왔다고 한다.

석진관 노인은 수복 후 부역자 처리 과정을 목격했을 뿐 아니라 어린 나이였음에도 직접 당하기도 했다. 그는 서울 효자동 등에서 활동했던 치안대는 주로 서북청년단이었다고 했다.

그러던 중 마포에서 잡혀 일주일 동안 감금당하기도 했는데, 이 때문에 외숙모가 자수했고 그로 인해 외삼촌도 잡혔지만 얼마 뒤 유준호 고려대 총장의 도움으로 풀려났다고 한다.

> 신문 안에 외삼촌이 쪽지를 끼워 주면 이걸 "신문 사세요"하면서 청계천 어디, 인사동 어디에 갖다 주어라. 그게 서울에 있는 남로당원 활동의 심부름꾼이야. … 최상린 삼촌의 심부름할 때는 외삼촌이 공산주의자인 줄도 모르고 했어요. … 그때 조선집 대문 똑똑똑 두드리고, 내가 문 열려고 하면 "열지 마라" 그러면서 지하실로 들어가시더라고. 그때 종로경찰서 서장이 노덕술이야. 노덕술이가 우리 외삼촌 잡는다고.
>
> 우리 외삼촌 막 도망 다닐 때 마포에. 마포나루 알지요. 마포에 큰 배가 내려서 도망가기 딱 좋았어요. 바로 강가 나루에 조그만 집을 얻어다 사셨는데, 거기를 경찰이 알았어요. … (경찰이) 벽에다 구멍을 뚫어 놓고 권총을 대고 "손들어". 그래 가지고 내가 잡혔어요. 그때가 매동국민학교 6학년이야. … 사직공원 옆에. 그냥 통에 때리고, 귀때기 때리고. "너희 삼촌이, 최상린이가 마포에 형사가 왔나 안 왔나 그거 염탐하러 왔지." (그래서) "아니에요. 거기 우리 누나보고 밥 좀 해달라고 한 거예요."(라고 했어요) 그냥 일주일 갇혀 있었어요.
>
> 내가 일주일 행방이 묘연하니까 (사진을 들여다보며) 외숙모가 자수를 했어. 그랬더니, "이 ○○아, 어린 조카를 시켰다"고 하면서 귀때기를 때리더라고. (그랬더니) 우리 외숙모가 "야, 일본 놈 앞잡이 놈들아! 혁명가의 아내는 아무나 되는 줄 아니, 이 개○○들아!" 그랬더니, 또 때려. 중간에 말리다가 내가 맞았어. … 그 바람에 우리 외삼촌이 잡혔어요.

전쟁 전부터 이승만 정부의 탄압을 목격하고 겪었던 석 노인은 인민군 점령기에 해방감을 느낄 수 있었다고 했다. 하지만 이런 느낌은 오래가지 않았다. 3개월 뒤 국군이 수복하자 어린 석 노인 외 가족들은 모두 월북했다. 홀로 남겨진 이유는 어리니까 별일 없을 것이라고 여겼기 때문이었다고 한다.

> 인민군 들어와서 3개월 그렇게 했어요. 인민군이 들어오니까, 3개월 금방 가지요. 우리 집에 인민군이 쌀도 갖다 주고, 신이 났어. 우리 세상 만난 것처럼. … 그런데 국군이 들어온다고 철수한다는 거야. 마차가 오더라고. 말 두 마리가 끄는 마차가. 다 타라고 해서 다 탔어요. "너도 타라"고 그러더라고. 외숙모가 "너 여기 있으면 죽어" (그러면서). 그런데 어머니가 내가 어린 거니까 괜찮겠지. (그랬어요) 그때도 효자동에 살았어요. … 괜찮다 그러면서 날 못 타게 하더라고.

남겨진 석 노인은 국군 수복 후 효자동에 있는 서북청년단 사무실로 끌려가 모진 고문을 당한 후 사무실에서 허드렛일을 했다. 방 하나에 20명 정도씩 갇혀 있었으며, 안쪽에 고문실이 따로 있었는지 비명소리가 끊이지 않았다.

> (가족들이) 간 뒤에 이틀인가 하루 만에 국군이 들어왔어요. 그런데 우리 집은 낮에 안 왔어. … 최부동에. 거기에 그 서북청년단이 있다고 그래 가지고. 그때는 경찰관이 없고 서북청년단들이 집집마다 돌아다녔는데, … 날 그냥 잡더라고. 그래 끌고 들어간 거야. 사직공원 정면을 바라보면 바른 쪽에 성당이 있어. 그 자리가 옛날에 큰 집이었어요. 거기를 헐어서 성당을 지었어. 거기로 잡혀간 거지.
>
> 처음에는 절대 때리지 않아요. 너 여기 왔지. 어머니 배속에서 태어나서부터

오늘날까지 기억나는 일을 쓰라고 종이 서 너장을 주어요. 공포에 떨고 있는데, 내가 썼지. 한 번 더 쓰래. 두 번 쓴 게 화근이야. 다르다. 그때부터 때리더라고. … 두 번째가 틀리니까 때리는데. 기절하고 똥, 오줌을 싸고 그랬어요. 그러니까 안 맞으려고. 중학생인데 뭐 알아요. 그냥 지들이 저쪽에서 수군수군하고. 한 놈은 새끼 빨갱이 빨리 죽여야 된다고 그러고. 한 분은 애가 착하다, 어른들이 시키는 대로 했어, 보니까. 그러니까 애는 사상하고 관계가 없으니까 내보내자 하고. 찬반이야.

집이 아주 큰데, 우리 방에 한 20명. 조선집 가옥이니까. 그리고 복도가 쭉 있어요. 그 비명소리가 나는 걸 보면 사랑채인가 봐. 고문하는 데 있고. 내가 내부구조를 잘 알지. 청소하러 다녔으니까. … (가해자들은) 전부 사복을 해서 거기 갇힌 사람인지 구분을 못 했어요. … 칼빈총을 가지고 있으면 부하고, 권총 찬 놈은 간부고. … 제일 악질이 최부동 필운동 서북청년단이야. 난 CIC와 서북청년단이 구분이 안 되는데. 내가 나중에 들은 바에 의하면 이승만의 사조직이라는 거.

내가 제일 어리고. 부인이 두 명 있었는데, 그 변소가 있었어. 어른들은 놔두고 날 거기 청소를 시켰어. 똥 푸는 구멍으로 도망을 가려고 했는데, 바로 그 구멍 앞에 보초를 서고 있어. 동네 옆에 아저씨가 보더니, "학생 그러면 죽어. 그러지마" 그러면서, 그 분이 참 고마운 분인데. 밥 먹다가 한참 자랄 나이인데 배고프다고 (밥을) 남겨서 주고. 어느 날 소문이 참 빨라요. 중공군이 들어와서 국군이 철수한데요. 감옥에 3개월 잡혀 있었어요. … 거기는 경찰이 지키는 유치장도 아니고 순 서북청년단.

국군 수복 후 효자동에서 인민위원회 일을 하던 우선생이 매를 맞고 풀려난 뒤 집에서 사망했다. 딸의 이름은 우영자였다.

우리 집 앞에 적치 3개월 동안 효자동에 동장 대역을 하던 우선생이라고 있어요. 인민위원회 일을 했어요. 그 분이 서북청년단에게 고문을 당해 가지고 피를 철철 흘리고, 들것에 실려 오시더라고.
잡혀 온 사람들은 적치 3개월 부역자. 보통 30대 이상. 내가 보기에는 그 이상이야. 40~50. 왜냐하면 우리 집 앞에 죽은 우선생이 50대야. 우선생은 매를 맞고 와서 집에서 죽었지. 동네에서 존경받는 분이었기 때문에 우선생님 우선생님 그랬지. 이름은 모르지. 딸애는 우영자라고 진명여중 1학년이었지. … (아빠가 그렇게 돌아가셔서) 그게 아주 기억에 생생해. 눈이 반짝반짝하면서 아버지 원수 갚는다고.

석 노인은 1·4후퇴 직전 17세 이하라며 석방되었지만 남아 있던 주민들은 홍제리로 보이는 인왕산 자락에서 모두 학살당했다고 한다. 이후 석 노인은 대전을 거쳐 고향인 경산으로 피난했다. 당시 경산에는 국민방위군이 피난 와 있었는데, 인민군 병사가 될 수 있다며 미성년까지 끌고 내려왔다고 한다.

그런데, 중공군이 들어왔다고 해. 어른들은 초죽음이야. 서북청년단이 그냥 가지 않을 거니까. 나보고 "학생은 이제 살았어." 이승만이가 열 일곱 살 이하와 부녀자는 내보내라는 지시가 내려왔어. 왜? 다 끌고 못 가잖아요. 다 죽이고 가라. (거기가) 인왕산 어딘데, 다 죽였어요. … 나는 풀어 주고 나머지 사람들은 홍제리로 추정되는 곳에서 학살하고, 자기들은 해산하고 내려간 거예요. 그때 서대문형무소 죄수들을 다 데려갈 수 없잖아.

날 부르더니, 집에 가라고 해. 그런데 하도 맞아서 이렇게 엉금엉금 기어갔어. … 나하고 부인하고 석방했어요. 그래서 집에 갔어. 그때는 가족이 나가서 한 달 동안 소식이 없으면 다 죽은 걸로 알았어요. 어머님이 깜짝 놀랐어요. 보따리를 싸 가지고 피난길을 떠나려고 그러던 거였어요. 한 2~3일만 늦어도 헤어졌지. 그래 가지고 대전에 갔어요.

(국민)방위군. 핫바지 부대라는 것. 군복 안 입고 조선옷 입고. 끌고 어디로

내려왔냐면 대구로 내려왔잖아요. 대구, 경산에. 내가 우리 집 마당에 창고가 있었는데, 거기에 일개 중대가 있는데, 어쩜 하는 짓이 내가 서울에 갇혀 있을 때하고 그렇게 같을 수가 없어. 그 버릇. … 핫바지를 패는데, 이건 오뉴월 복중에 개 패듯이 패. 내가 그렇게 맞은 거야. 그래서 사람은 자기와 감정이 없는데 때려진다고 때려집니까? 안됩니다. 벌써 인성이 달라. 나중에 물어보니, 그놈들이데. 나는 겁이 덜컥 났지. 나도 걸리면 어떻게 하나?

석 노인의 증언 중 가장 특이한 점은 '홍제리사건'에 대한 것이었다. 1950년 12월 15일 홍제리 영국군 주둔지 벌어진 이 사건은 독일 나치를 연상시키는 잔혹한 처형에서 비롯되었지만 정작 가장 중요한 진실은 희생자의 성격에 있었다.

밧줄로 엮어 묶였던 39명을 5명의 군인들이 돌아다니면서 총을 쐈으니 이를 가까이에서 목격한 영국군들은 지옥을 보는 듯 했다고 한다. 그런데 영국군은 이 중에는 2명의 여성과 2명의 8~13세 어린이가 있었다고 보고했다.

이승만 정부는 희생자들이 형무소 재소자들로 적법하게 사형을 집행한 것이고 어린이는 없었다고 주장했다. 12월 17일 캐나다 군이 발굴한 결과 수백 구의 시신이 발굴되었다. 이미 목격한 39명의 시신을 넘는 결과였다. 영국군의 주장과 달리 어린이의 시신은 없었다는 발표가 있었으나 이후에도 희생자의 성격을 둘러싼 논란은 끊이지 않았다.

석 노인은 국군 수복 후 3개월 동안 함께 서북청년단 사무실에 잡혀 있던 민간인들이 홍제리로 추정되는 인왕산자락으로 끌려가 총살당했다고 지적하고 있다. 더 자세한 조사가 뒷받침되어야 하겠지만 어린이가 포함되었다는 영국군의 증언 역시 희생자에 민간인이 포함되었을 가능성을 보여 준다.

'금방 오시겠지' 그러고 기다렸어 _고양

한국전쟁 당시 고양지역에서 민간인들이 희생된 사건은 국군 수복 직전 인민군 측에 의한 사건과 국군 수복 후 고양경찰서에 의한 사건으로 구분할 수 있다. 국민보도연맹사건이나 토벌사건은 없었으며, 1·4후퇴 시 개별피해 사건은 있었으나 집단피해 사건은 아직까지 확인되지 않았다. 미군폭격에 의한 피해는 한 사람 확인에 그쳤다.

국군 수복 직전 고양지역에서 벌어진 민간인희생사건은 앞의 4장에서 다루었고 이번 5장에서는 수복 후 고양경찰서와 산하 지서, 그 지휘 아래 의용경찰대 등 민간치안조직에 의한 피해를 다루었다. 금정굴에서 희생당한 중면 일산리 이경렬, 이춘희, 송포면 덕이리 김형렬, 최만관, 송포면 대화리 양상석, 송포면 법곳리 심봉식, 심준섭, 벽제면 고양리 임윤근, 사리현리 최대철, 은평면 불광리 고춘선, 원당지서 뒷산에서 희생된 원당면 성사리 강석동, 강매산으로 추정되는 곳에서 희생된 지도면 행주리 이기준 등의 피해사실을 확인했다.

태극단원 등 우익청년단원들이 내무서로 잡혀가던 시기인 9월 25일 전후 능곡에서는 유엔군을 환영하러 나간 주민들이 경찰과 치안대에게 잡혀갔다. 능곡과 백마를 경계로 유엔군과 인민군이 대치하던 중 정반대 성격의 민간인학살 사건이 동시에 발생했던 것이다.

인민군 치하 고양지역에 대한 유엔군의 진입은 미 해병대가 행주로 진입한 1950년 9월 20일부터였다. 미 해병대에 편입되어 고양지역을 수복한 국군 해병대와 경찰은 각 마을에 진입하는 즉시 인민위원장 등 부역자를 색출하여 확인하는 대로 사살했다. 행주리에서는 국군 해병대에 의해 63명이 희생되는 사건이 발생했다고 하며, 능곡역 앞 지서 유치장으로 쓰였던 양곡창고에는 수복지역 곳곳에서 연행된 주민들이 끌려와 감금당해 고문을 당했다.

당시 고양경찰서의 공식 복귀 이전에 미 해병대에 파견되어 있던 경찰관들이 선발대로 들어와 피난하지 못했던 잔류 경찰관을 중심으로 태극단, 치안대 등 민간치안조직을 재편했다. 이들은 연행할 주민의 명단을 작성한 뒤 먼저 수복된 지역의 지서 임시 유치시설로 연행하기 시작했다.

고양경찰서는 직접 지휘 아래 금정굴사건과 주엽리 하천 사건을, 송포지서는 새벽구덩이 사건과 한강변 사건을, 벽제지서는 귀일안골 사건을, 원당지서는 지서 뒷산 사건을 일으켰다. 신도지서 역시 화전리와 현천리 외에도 100여 명이 넘는 주민들을 학살했다고 한다. 지도면 능곡지서는 행주리 63명의 희생사건과 관련되었을 것이다.

2014년 이후 새롭게 확인한 희생자들을 중면, 송포면, 벽제면, 은평면, 원당면 순으로 살펴본다.

중면 일산리 중산말 이경렬

희생자 이경렬(1914년생)의 아들 이형진씨(1941년생)를 2014년 3월 26일 성남시 수정구 수진동에서, 중산말에서 같이 살았던 주민 이봉순(1937년생) 노인을 2014년 5월 15일 구산동 자택에서, 같은 마을에 살던 박용흔(1938년생) 노인을 2014년 5월 16일 서울 도봉세무서 입구에서 만났다. 희생자의 집 앞에 박 노인의 외가댁이 있었다.

아들 이형진씨는 경찰관으로 정년퇴직했으며, 이봉순씨는 태극단원의 동생, 박용흔씨는 재경고양유족회 회장을 역임했던 경력을 갖고 있다. 증언자들 모두 국민학교 동창이었으며 대체로 보수 성향이어서 희생자의 피

아들 이형진씨는 경찰관이라는 직업 때문에 부친의 희생사실을 규명하는데 적극적으로 나설 수 없었다고 했다. 이제라도 절실하게 원하는 것은 희생자 유해의 영구안치이다.

해사실 외에 부역자들에 의한 피해를 강조하려는 경향이 있었다. 증언자가 여럿인 경우 각 인용문 끝에 이름을 적어 구분하였다.

중면 일산리 중산말에 살던 이경렬(1914년생)은 마을에서 구장을 맡았으며 농사를 지었다. 마을에서는 이남산으로 불렸다. 이봉순 노인은 농사 짓던 평범한 농민이었다고 기억했다.

지금 나도 아버님이 계셔 가지고 제대로 그랬으면. … 그래도 중산말에서는 산다고 살았는데. 아버님은 이경렬이에요. 그 동네에서는 이남산이라고 불렀어요. 연세는 1914년인데 호적에는 1915년으로 되어 있어요. 사시던 곳은 고양군 일산리 중산말. 하시던 일은 농사였고 구장인가 하셨데요. 그 동네가 지금 중산동이에요. 소개울은 고봉산 바로 너머예요. _이형진

그 양반이 농사를. 본인 농사는 없으시고 큰댁의 농사를 아마 조금 지셨나? 규모는 모르겠어요. 아버님하고 친구 간 되시니까 잘 알고. 또 (형진이) 어머니하고 저희가. 아버지한테 오빠 오빠 그러시고 다니셨으니까. _박용흔

이봉순 노인은 희생자가 인민군 점령기에 마을 반장을 보았던 것으로, 박용흔 노인은 인민위원회 등에서 가벼운 부역 활동을 한 것으로 기억하고 있었다.

(희생자와는) 그때 어른과 애 사이니까. 나는 사춘기고 그 양반은 어른이고. 동네에서 반장도 하시고. 6·25 당시 반장을 봤어요. 그래서 반장이나 구장 본 사람들은 빨갱이라고 그랬거든요. … 다른 (사상)운동을 하고 그런 사람이 못

되요. … 묘하게 형 정산이라는 분하고 남산이라는 분하고 빨갱이로 몰더라고요. 이상하게. 그 사람이 한 게 경찰가족을 죽인다거나 그런 일도 안 하고. 내 보기에 선량한 농민이거든요. 유독이 그 사람들을 빨갱이로 몰아 가지고. … 이남산 그 양반은 (부역) 그런 거 안하고, 경선이가 수수이삭 벼이삭을 셌어요. 우리 마당에서 세고 그러는 게 기억이 되는데, 다른 사람이 그런 부역은 안 했어요. _이봉순

이봉순 노인에 따르면, 국군 수복 직전 후퇴하는 인민군 측에 의해 같은 마을에서 태극단원 윤옥천이 파주로 넘어가는 길목인 삽다리에서 희생되었다고 한다. 그는 일반복장에 따쿵총을 멘 사람들(내무서원)에 의해 연행되는 모습을 목격했다. 금정굴에서도 인민군 측에 의한 학살이 있었다고 주장했는데, 금정굴 발굴과 면담조사 결과 금정굴사건은 모두 고양경찰서에 의한 학살이었음이 밝혀졌다. 이 노인의 주장은 당시 의용경찰대원이나 태극단원 중 부역 활동에 가담한 주민들이 자신들의 죄상을 감추는 과정에서 살해한 경우들을 지칭하는 것으로 보인다.

윤옥천이란 사람은 금정굴에서 죽지를 않고. 저기 삽다리라는데, 파주 쪽에 거기 끌려가다가 죽었다고 들었어요. 금정굴에서 죽은 게 아니라고. 말하자면 경찰들이 부역했다는 사람들을 밤에 인솔해다가 쏴 죽이고, 또 인민군 내무서원들은 경찰가족이고 구장이고 반장이고 본 사람들, 자유진영 일 본 사람들을 금정구덩이에 끌어다 죽이고. 여러 명이 학살당한 거로 알아요.

윤옥천이 어머니가 계모예요. (계모에게) 총을 겨누니까 (계모가 윤옥천이 숨어 있는) 밭으로 데리고 갔다고. … 미리 눈치를 채고 개울로 도망을 가는데, 나는 총 든 사람이 따라오라고 그래서 졸졸졸 따라갔다고. 그러니까 계모가 "옥천아 옥천아" 부르더라고. 개울로 기어 도망가는 걸. 괜찮다고 오라고 그러니까 할 수 없이 돌아서 오더라고요. 그 길로 붙잡혀 간 거예요.

(잡아간 내무서원은) 몰라요. 이 마을 사람들은 아니었어요. 다른 사람이었어요. 복장도 일반 복장이에요. 군복을 입거나 그러지는 않았어요. 총은 가지고 있었어요. 따쿵총.

내무서원들이 총을 들고. 이북 쪽. 그 사람들이 윤옥천이라는 사람을 결박을 해서 우리 집에 와서. 우리 큰형이 같은 태극단원이었어요. … 그런데 대라고. 집안 식구들을 일렬로 세워 놓고 총을 쏘면 한꺼번에 죽는다고. 협박을 해서 줄을 세워 놓고. 우리 형 이용순이가 산에 있는데도 행방불명되어서 모른다고 거절해서. 윤옥천은 그 길로 끌려가서 죽어 가지고 지금 탄현동 태극단 묘역에 있고. 다른 사람들은 살아서. (윤옥천도) 중산말 분이에요.

박용흔 노인은 국군 수복 직전 경찰관(의용경찰대) 이○의 두 형이 연행 당하는 모습을 목격했다. 수복 후 숯고개 방면에서 시신이 발견되었다고 한다.

내가 중산말에 살 때 소개울이라는 그 동네에서 저 놈들이 후퇴할 때 완이씨하고 정이씨인가 두 분. … 북한 애들이 퇴각할 때. 그 두 분을 묶어 가지고 오는 걸, 우리 집 골목으로 가시는 것을 봤어요. … 두 분을 긴 총을 가진 몇 놈이, 넷인가 다섯이 포박을 해서 가는 것을 봤어요. 집에 들어와서 얼른 문을 잠그고. 아버지는 도망가셨어요. … 두 분을 결박을 해 가지고 갔어요. … 중산말에서 숯고개로 넘어가는 그 길에 우리 외가댁 산에서 배밭으로 내려오는 뜰이 있는데. 거기 가다가 세 분인가 네 분을 쏴 죽였다고 그래요. 진이씨 형님 두 분 시체가 거기서 발견되었어요.

9월 28일 고양지역을 완전히 수복한 유엔군은 미 해병대에 배속되었던 고양경찰서 경찰관 석호진 등 선발대가 치안활동을 정비했다. 이들의 지휘 아래 치안대와 의용경찰, 태극단 등은 부역 활동에 가담했다고 파악한 명부에 따라 주민들을 연행했다.

1950년 10월 초 저녁 6시 중면 치안대 이○과 태극단원 1명이 희생자를 고양경찰서로 끌고 갔다. 희생자의 처는 자식들의 장래에 나쁜 영향을 줄까 봐 희생사실에 대해 말조차 꺼내지 않았다고 한다. 이봉순 노인과 박용흔 노인은 희생자가 반장이었다는 이유로 부역자로 몰려 끌려간 뒤 어디선가 희생되었다고만 할 뿐 가해자가 누구였는지, 희생된 곳이 어딘지 등에 대해 모른다고 했다. 그러나 희생자와 함께 고양경찰서로 끌려가 금정굴 총살 현장에서 구사일생 구조된 같은 마을 주민 이경선의 생존 경위에 대해서는 정확히 알고 있었다.

> 동네 사람이랑 어머니가 말씀하시는 것이 추석 지나고 나서 태극단인가 청년단인가하고 같이 소개울에 이완인가 이○인가 형사하고 같이 나갔다고 들었어요. 듣고서 얼마 지나고 나서 어머니가 그래요. 저 아래 개울가에 원일이 아버지인가 그래요, 이경선씨라고. 이 사람이 아버지와 같이 끌려갔는데 그 사람은 살아남았다, 그래 가지고 서울 아현동인가 어디로 갔다고 그러더라. 뭐 이런 이야기를 하시더라고요. … 10월 5일 끌려갔어요. 그러고는 못 들었어요. 어머니가 일부러 얘기를 안 해 주신 것 같아요. 자세한 건 친구들한테, 동네 사람들한테 들은 거지요. _이형진

> 아버님께서 끌려가신 뒤 밥을 날랐든가 그런 말은 나이가 어려 못 들었어요. 어머님께서도 혹시 어떤 지장이 있을까 봐 그러셨는지 통 얘기를 안 해 주었어요. 금정굴에서 돌아가셨다는 것은 어머니에게 들었어요. 어머니하고 동네 어른들한테 얘기를 들은 거지요. _이형진

> 경찰이 끌어갔는지 군인이 끌어갔는지 그것도 몰라요. 나중에 죽었다더라고 그냥. (어디서 돌아가셨다던가) 그런 것도 결국은 정확하게 몰라요. 금정굴이라는 건. 이경선이라고 산 사람이 있어요. 같이 끌려서 죽 묶여서 총을 쏘는데 총 맞은 사람이 빠지면서 줄줄이. 총을 안 맞고 (금정굴에) 들어간 사람이 있어요. 그 분도 동네 사람이에요. … 그런데 금정굴 안에서 사람 살리

라는 소리가 나니까 밧줄을 내렸는데 이경선씨가 살아나온 거예요. 그 사람이 일본 갔다가 아현동인가 어디 살다가 돌아갔다는 소리는 들었는데. 금정굴에서. _이봉순

아버지가 들이오시면 말씀을 하신 적이 있었지요. 저희 논도 그 동네니까. 중산지구에 있었으니까. 우리는 피해 봤다든가 그런 거는 하나도 없고. 그 양반들이 그렇게 하지 않았을까. 기억은 그것밖에 나는 게 없어요. 그 양반이 좌익. 그 당시에 그 놈들. 젊은 사람들은 조금씩은 다 했었을 거로 알고 있어요. 안 할 수가 없었으니까. _박용흔

중산말에서 함께 끌려간 사람은 희생자와 이경선 두 사람이었다. 희생자의 제사일은 음력 9월 24일이므로 희생일은 1950년 10월 6일로 추정할 수 있으나 끌려간 날로 제사를 지낸다고 하므로 고양경찰서에서 감금당했던 기간을 고려한다면 실제 희생일은 그 보다 며칠 뒤였을 것으로 볼 수 있다. 이경선이 총살에서 구사일생한 날은 10월 9일이었다.

중산말에서는 두 사람밖에 없었어요. 아버님하고 경선씨하고요. 이경선씨는 면서기를 하셨다고 해요. 중산말이 조그마니까. … 제삿날을 음력 8월 24일을 얘기하시더라고요. 돌아가신 날은 확실히 모르지요. 끌려가신 날만 기억하시는 거지요. 예나 지금이나 남자 분이 나가시면 자세히 이야기를 하지 않으시잖아요. "나갔다 올께." 이러기만 하시지. 이○하고 어느 남자 하나하고 같이 아버지를 끌고 갔어요. 저녁 때 되요. 저녁 한 6시쯤 되었다고 그러시더라고요. 어슴푸레 했다고. 그냥 어머니는 대수롭지 않게 생각을 했데요. _이형진

경찰관이 한 것에 대해서는 내가 말씀을 드리기가 좀 (곤란해요). 보지 못한 걸. 그때 (이○ 형님들이) 지나갈 때 거기서 발견되어 돌아가셨다고 그래 가지고. _박용흔

5장 도망갈 땐 언제고 이제 와 부역자라고

사건 후 아들 이씨는 부친의 친구로부터 태극단에 들어갔다면 살았을 것이라는 말을 들었다. 성인이 되어 경찰관으로 근무했던 아들 이씨는 유족들이 금정굴에서 유해를 발굴하고 진실규명 활동을 벌이고 있다는 사실을 알고 있었지만 주변의 소극적인 반응으로 더 이상 관심을 가지지 않았다고 한다. 지금이라도 유해를 찾아 모실 수 있기를 간절히 바라고 있다.

> 그 당시에 얘기해 주는 사람이 없었어요. 아버님 친구 분도 "차라리 그때 너희 아버지가 태극단에 들어갔으면 괜찮았을지도 모른다"는 말을 했어요. … 주변에 외삼촌이 한 분 계셨는데 그 분이 협조를 했다고 그랬든가 어땠든가 그런 관계가 있었어요. … 그후로 물어보니까 그 동네 사람들이 대부분 사실을 알고 있더라고요. (소개울에 사시는 분들) 그 분하고 아버님 일을 (알더라고요). 요즘 가서 그런 얘기를 하니까 "왜 진작 하지 그랬냐?" 하시더라고요. 그래 "아시다시피 그때는 아무 말도 못하지 않았냐고 했어요." "그건 맞아" 했어요.

> 내가 경찰에 있었요. 그래서 99년인가 확실하게 노제 지내는 거를 본 것 같아요. 서울에서 근무했요. TV에 나오고 그랬으니까. 그걸 갖다가 하기도 뭐하고 안 하기도 뭐하고. 그래서 내려놓았죠. 1999년 정년퇴직했어요. 그때는 또 안 나오더라고요. 그리고 물어보니까 사람들 자체가 이 말 꺼내기를 좀 싫어하더라고요. 자세하게 물어보면 "그런 일이 있었어" 그렇게만 얘기하고 특별하게 얘기 꺼내길 싫어하더라고요. 그래서 그냥 '에이 지난 거 그만두자' 그랬어요.

중면 일산리 이춘희

이춘희의 딸 이용자씨(1946년생)를 2014년 3월 24일 재단 사무실에서, 동생 이오희(1936년생)노인을 2014년 5월 8일 파주 자택에서, 희생자의 사촌 이재봉씨를 2014년 7월 18일 성석동 진밭 마을회관에서 만났다. 여기 희생자 이춘희는 4장 인민군 측에 의한 희생자 이태희의 사촌이다.

아들과 함께 사무실을 방문한 이용자 유족은 사건 당시 어린 나이여서 그런지, 아니면 사후 합리화되어서인지 다른 유족들의 기억과 많은 차이가 있었다. 사건의 전개과정에 대해서는 희생자의 동생 이오희 유족의 증언을 중심으로 소개하고 이후 유족들의 삶은 이용자 유족의 증언을 중심으로 살펴보고자 한다. 각 증언자의 이름을 인용문 끝에 적어 구분했다.

당시 5살이었던 딸 이씨는 직접 목격하여 기억하고 있는 것은 거의 없었다. 희생자가 성석리 진밭마을에 살았으며 당시 일산역장으로서 국군 수복 후 역에 일하러 나갔다가 돌아오지 않았다고 기억하고 있었다. 반면, 동생 이오희 유족은 희생자가 성석리 두텁마을에서 태어나 18세에 일산리 동골에 데릴사위로 결혼했다고 했다. 전쟁 전에 하던 일은 일산역 마르보시(통운회사) 직원이었다.

> 아마 진밭에 그쪽으로 이씨네들이 많이 사실 거예요. 아마 사촌들이 많이 사실 거예요. 할아버지가 9남매 형제이셨어요. 그러니까 고모할머니가 두 분 계시고, 할아버지가 일곱 분이 계셨더랬어요. 저희 할아버지가 다섯 째인지 그렇게 되셨거든요. 그때 아버지 사촌들도 함께 돌아가신 분들도 계셔요. _이용자

> 맏형인데. (그때) 먹고 살기가 어려웠어요. 장가갈 나이가 되었는데 못 갔어요. 그런데 그 용자 외갓집에서 데릴사위를 들라 그래 가지고. 내가 알기에는 열 여덟 살인가 몇 살에 데릴사위를 갔데요.
> 그 전에 일산국민학교 뒤로 돌아 가면 거기가 동고리라고 하던가 거기 어디에 무슨 집이야, 공마장 집이 있었거든요. 용자 외갓집이 그 집에 사니까는 거기로 데릴사위를 간 거지요. 데릴사위 가 가지고 일산역에서 마르보시, 지금

희생자 이춘희의 딸 이용자씨. 이씨의 어머니와 할머니는 47명 학살이 벌어지던 1950년 10월 9일 금정굴현장을 목격했다. 비록 먼 발치 독정고개에서 치안대에게 가로막힌 채 총을 맞은 사람들이 쓰러져 굴로 떨어지는 모습을 여러 차례 볼 수 있었다. 그 중에는 희생자도 포함되어 있었지만 당시로서는 그 사실을 알 수 없었다.

으로 말하면 대한통운 같은 거, 거기를 다니셨나 봐요. _이오희

애들 적에 이야기 듣기로는 전봇대를 나르고 그랬데요. 그 큰 전봇대도 외 어깨에 메고 그렇게 근력이 좋으셨데요. 어렴풋이 그 형님 모습이 생각은 나는데 진짜 그렇게 건강하셨다고요. 그렇게 애들을 낳았으니까 먹고 살기만 바빠 가지고 그렇게 고생만 하다가 돌아가신 거지요. _이오희

동생 이오희 노인은 인민군이 점령하자 형이 쌀을 지고 나르는 등의 부역 활동을 했다고 한다.

(일산역에) 다니시다가 난리가 나니까 거기도 또 그만두고 저기(부역)를 했나 봐요. 뭐야, 그때 이북 정치들이 오면, 없는 사람들에게 우선권을 주고 책임을 주었나 봐요. 그래 가지고 다닌 거지요. 어느 동네 방앗간에 가서 쌀이 있으니까 얼마 가지고 와라 그러면 그걸 가져다 주고 그런 심부름을 했나 봐요. _이오희

9월 20일 미군이 능곡에 진입하고 인민군 측이 후퇴하는 상황이 닥쳤다. 희생자의 사촌 이태희와 그의 동서가 능곡으로 가려다 인민군 측에게 잡혀 일산 도살장 부근에서 시신으로 발견되는 사건이 발생했다. 앞의 4장 이재봉 유족의 증언에 따르면 시신이 발견된 날은 9월 26일이었다.

이오희 유족의 증언에 따르면 희생자는 당시 사촌의 장사를 치르면서 성석리의 치안활동에 참여하려 했던 것으로 보인다. 아마 이는 부역의 의심을 피하기 위한 방법이었을 것이다. 성석리의 치안대원들이 이를 받아들이

지 않자 희생자는 일산 동골로 돌아올 수밖에 없었다.

> 우리 사촌형 태희라고 있는데요, 그 양반이, 동서끼리 저거(수복) 되었다고 수색 쪽으로 피난을 가시다가 일산 도시장간(도살장) … 거기서 두 동서 시체를 발견했다지 않아요? 그래 그 동네에서 그 시체를 모셔다가 장사를 지내고는, 거기 참석을 했다가 거기 눌러 (있으면서) 그 동네 사람들하고 일을 보려고 그랬는데. 내가 얘기 들은 게 그래요. 그 동네 사람들이 "자기 살던 데 가서 일을 봐야 한다"고 (그랬데요). _이오희

딸 이씨가 할아버지와 삼촌에게 들은 바에 따르면, 할아버지가 아버지더러 국군 수복 후 분위기가 좋지 않으니 역에 나가서 일을 보지 말고 집에서 농사 일을 같이 하자고 했다. 하지만 어느 날 역으로 나갔다가 그 뒤로 돌아오지 않았다. 이에 대해 동생 이씨는 경찰이 확보한 명단에 의해 고양경찰서로 연행된 것이라고 한다.

> 그런 건 할아버지와 삼촌들이 얘기해 준 거예요. 할아버지가 그러시더라고요. … 내가 니 아버지가 나가려고 할 적에 나가지 말고 보리를 갈자고 그러셨데요. 그래서 그날은 보리를 갈았는데, 다음날 아버지가 역장을 안 나가서 궁금하니까 나가 봐야 한다고 그러셨나 봐요. (그래) 할아버지가 오늘도 가지 말고 같이 남은 일을 하자고 하셨데요. "아버지, 오늘은 제가 나갔다 와야 되요." 그랬데요. 그때 나가셔서 그만 이래요. _이용자

> 그래 가지고 일산으로 나오시다가. 그때 한국 경찰들이 막 수복해 가지고 올라와 가지고 그냥 명단에 있으니까 무조건 잡아들여 가지고 경찰서에 끌려갔나 봐요. … 글쎄 그게 그냥. 인민군이 오면 없는 사람들을 우선권을 주고 세워 가지고 그렇게 일들을 시켜 먹었지요. 나중에 소문을 들으니까 무슨 위원장이라고 그랬더라고요. 그런 소리가 들려요. 그 바람에 먼저 잡힌 걸로 알지요. _이오희

나중에 소문 들으니까 무슨 장을 맡았다고 그러더라고요. 그 놈들 오면 무조건 없는 사람들 그렇게 일을 맡기고 그래 가지고요. 무슨 일을 본 건지는 몰라요. 내 생각에 그렇게 이름만 해 놓고는 어느 방앗간에 가서 쌀 가져와라 뭐해라 (그래서) 갖다 주고 그런 생각만 나는 거지요.
한 번은 우리 집에서 설문리 방앗간 하는 데가 있었어요. 그 방앗간에서 가져온다고 멜빵으로 해서 쌀을 걸머 메고 가는 걸 봤거든요. 하여튼 그때 경찰들이 눈들이 새빨갛게. 뭐라고 하니까 무조건 잡아간 거지요. _이오희

딸 이씨에 따르면 어머니가 면회를 가다가 금정굴에서 사람들이 총살당하는 것을 직접 목격하였으며, 전쟁 전 남편이 고양경찰서에서 근무했던 둘째 고모가 금정굴에서 부친이 희생되었음을 알려 주었다고 하였다. 이오희 노인에 따르면 경찰관은 남편이 아니라 그의 동생이었다.

엄마가 아버지 면회를 하러 가시다가 보신 거래요. 사람이 거기서(금정굴에서) 다 없어지는 걸 보셨데요. (굴)가장자리에다 세워 놓고는, 먼발치에서 보니까 사람을 세워 놓으면 없어지고 또 갖다 세워 놓으면 없어지고 그러더래요. 그때 엄마가 아버지 면회를 가시려고 올라오시다가 그걸 보신 거에요. 아버님이 거기 계신 걸 보신 건 아니에요. 고모가 그 당시에 쫓아오면서 "언니야! 오빠 돌아가셨어" 그러더래요. 그래서 "어디서 돌아가셨냐?"고 하니까 지금 여기서(금정굴에서) 금방 오빠 돌아가셨다고 했데요. 그래서 거긴 줄 알았데요. 그 다음 어머니가 고모랑 같이 면회 다니시고 그랬는데, 둘째 고모예요. 친정 둘째 고모님이예요. _이용자

일산 쪽에서 잡혔다는 것을 매부 때문에 알게 된 거지 그렇지 않으면 모르는 일이었어요. 매부께서 우체국에서 일을 하셨고, 매부 동생이 경찰이었고요. 매부로다가는 둘째 매부이지요. 윤석우라고. 누님 이희자의 남편이요. 그 양반들도 황해도 옹진에서 살다가 피난들 나온 사람들이에요. 그 전에 우체국이나 경찰서나 거기서 거기에 있었거든요. 그러니까 잡혀 온 걸 안 거지요. 그

래서 내막을 안 거지 그렇지 않았으면 아무것도 몰랐어요. _이오희

매부는 그때 우체국에 다녔다는데, (이름은) 윤석우요. 동생은 이름을 잊어버렸네. 석기인가. 윤석기. 나는 애들 적이니까 모르지요. 경찰 했다는 것만 알고. 그 사람이 와 가지고도 경찰을 했어요. 이미 돌아가시고 난 다음에 온 거지요. _이오희

이오희 노인은 희생자가 연행당한 사실을 알고 어머니와 그의 처가 경찰서로 면회를 가던 중, 독정고개에서 학살 만행이 저질러지던 금정굴 현장을 목격하였다며 목격한 위치까지 구체적으로 증언했다.

진밭 못 가서 두테비라는 데가 있어요. 거기서 살았는데. 거기서 어떻게 하다가 금정굴 맞은 쪽에 독정고개라는 데가 있거든요. 거기로 어떻게 넘어가시다가 … 그냥 사람들을 못 가게 막고 그러더니. 금정굴 있는데서 총소리가 나고 그러더래요. 그걸 어머니하고 형수되시는 분이요. 그래 가지고 가지도 못하고 거기서 (봤데요). 우리 어머니는 거기서 아들 죽은 걸 모른 거지요. 경찰서에 있나 보다 그러고 가시다가 독정고개에서 길을 막아 놓으니까 거기서 보신 거지요. (거기에 있는 사람이) 우리 형이라는 건 몰랐던 거죠. _이오희

그 당시에 어떻게 해서 그렇게 빙 돌아서 가신 건지 모르겠어요. 독정고개로 가려면 한참 돌거든요. (독정고개는) 일산역에서 한참 들어와야지요. 봉일천에서 가려고 해도 한참. 하여튼 웃감내에서 조금만 올라가면 금정굴이란 데가 있어요. … 우리 집 두테비라는 데서 일산을 10리로 쳤거든요. 거기가 일산역 가는 길 반 정도예요. 어떻게 우리 어머니와 형수가 감내로다 갔으면 빨랐을 텐데, 어떻게 그리로 돌았는지 몰라요. 애들 적에 면회 간다고 다녀 오시고는 그렇게 울고 불고 하셨던 게 생각이 나요. _이오희

그날 하여튼 소문 듣기에는 거기다 그렇게 사람을 많이 죽여 가지고 다 차올라오다시피 했데요. 그래 가지고 그 속에서도 한 사람이 살아 나온 사람이 있

다잖아요. 누가 살아 나왔는지 모르지요. 내가 그때 열 세 살인지 열 네 살인지 그럴 때니깐. 그것도 소문만 들은 거지. 애들 적에 거기를 올라가서 돌멩이를 던지면 굴러가는 소리가 한참 나요. 그런 데가 메꾸어졌다니 얼마나 많이 죽였겠어요. 그래 가지고 그렇게 그냥 사는 거지요. _이오희

딸 이씨는 어머니가 금정굴 앞을 지날 때마다 아버지의 희생사실을 말하였고, 할아버지는 잊지 말라며 제삿날을 알려 주었다. 음력 8월 27일(1950년 10월 8일)이 제사일이므로 희생일은 10월 9일이다. 이오희 노인은 같은 날 일산 우체국에서 일하던 매부로부터 희생자 이춘희가 끌려 나간 사실을 들었는데 그날이 바로 학살을 목격한 날이었다. 이춘희가 희생된 날은 47명이 끌려가 금정굴에서 희생되던 날로 총살 후 죽은 줄 알았던 중산말 이경선이 구출된 날이기도 하다.

내 아우하고 제사를 지낸 날이 8월 27일이에요. 내 사촌 도시장간 있는 데서 돌아가셨다는 사촌은 8월 19일(1950년 9월 30일)이 제사예요. 그러니까 우리들 생각에 그 양반 장사 지내고 나갔다 그랬으니까 한 스무 이레날 즈음 될 거라고 생각하는 거죠. 그런데 용자도 그렇데잖아요. 저의 할아버지가 그랬다고 하더래요. _이오희

이재봉씨는 삼촌인 희생자 이춘희가 성석리 진밭에서 동골로 가던 중 고양경찰서에 잡혀 금정굴에서 희생된 사실을 알고 있었다. 현장에서 생존자가 1명 있었는데 그를 구해 준 사람으로부터 들었다고 했다. 구해 준 사람은 중산말에 살면서 개인택시를 하는 이맹순이라고 기억하고 있었다.

중산말에 아내골이라고 있어요. 거기에 개인택시 하는 양반이 우리 집안이에요. 순자 돌림으로 우리 할아버지뻘 되요. … 그 양반이 지나가다가 금정굴에서 소리가 나는 것을 보고 살려 주신 분이에요. 이렇게 보니까 그 사람이 꿈틀

> 대더라는 겁니다. 그 사람이 사내를 냈어요. 그것을 끄집어 낸 산 증인인데 구하신 분이 팽순인가 맹순인가 그래요. 병순? 나는 맹순으로 알고 있는데. 이 양반이 개인택시 운전을 하셨는데 그만두었어요. _이재봉

10월 9일 고양경찰서 유치장에서 끌려 나온 47명이 정오경 금정굴에서 총살당했다. 당시 현장에 있었던 태극단원은 희생자들의 손을 머리 위로 올린 뒤 수직굴 입구에 무릎을 꿇리고 뒤에서 총을 쐈고 총을 맞은 희생자들은 그 충격에 의해 굴 안으로 떨어졌다고 했다. 이때 중산말 이경선은 총알이 얼굴을 스치는 상처만 입은 채 굴 속에서 살아 있었고, 마침 부친 이봉린의 시신이나마 수습하려던 이병순(현 금정굴유족회 고문) 유족 집안 사람들에 의해 구조되었다. 이재봉씨가 기억하는 개인택시 운전기사 이맹순은 이병순씨를 말한다.

딸 이씨는 당시 같은 마을에서 아버지 뿐 아니라 사촌과 마을 사람들이 함께 금정굴에서 희생되었다는 것을 삼촌에게 들었다. 이오희씨는 성석리에 살면서 김씨네 집안이 당한 피해를 알고 있었다. 심지어 같은 반에 다니던 아이들까지 끌려가 희생된 사실을 기억하고 있다.

> 애들 적에 빨갱이라고 안골에 사는 사람들 몇 사람이 있는데 그 사람들 이름은 다 몰라요. 안골은 다 김씨 집안이었는데 같은 학교 다니던 애들이 그 부모 때문에 끌려가서 죽은 애들도 있어서. 다 김씨 집안이에요. 이서방네는 그런 피해 본 사람이 없어요. 성석리 김씨네 돌아가신 곳은 몰라요. 친구들이 끌려가 죽었다는 얘기만 들었지 어디서 그렇게 된 것도 모르고. 안골 그 동네 사람들이 그랬어요. _이오희

사건 후에도 딸 이씨는 동골과 성석리를 오가면서 부친이 희생된 금정굴을 잊을 수가 없었다. 최근 돌아가시기 전 막내삼촌 이정희씨의 전화를 잊

을 수 없었다. 그는 죽기 전에 형을 찾아보고 싶다고 했다.

> 그 전에 엄마가 여기 일산장을 가려면 거기(금정굴)를 지나다녔거든요. 엄마가 하시는 말씀이 아버지가 여기서 돌아가셨다고 그래요. 니네 아버지가 여기 묻혔다고 이야기하시더라고요. 내가 "엄마는 어떻게 (그걸) 봤어요." 그랬더니 이렇게 삥 돌려서 놓고는 몇 명을 없애놓고 또 갖다 세우고 그러더래요. 그걸 보셨다고 그러더라고요. 그러더니 우리 둘째 고모님이 오빠 돌아가셨다고. 그런데 너무 깊으니까 찾아보지도 못하고 그냥 저기(포기) 했다고 맨날 얘기하시더라고. 그래서 그 이야기 좀 그만 했으면 좋겠다고 그랬어요. … 어렸을 적에도 어른들하고 같이 나가면 저기 네 아버지가 계시단다고 다 얘기해 주시고 그랬어요. _이용자

> 저는 작년 가을에도 깜짝 놀랐어요. 느닷없이 아버지 위령제를 한다고 해서요. 아무 연락도 못 받았는데 연락이 오는 거예요. 너무 당황하게 되더라고요. 살아계신 우리 셋째 삼촌이 이야기하시더라고요. "너희 막내삼촌이 (유족회에) 신청했다"고 그러시더라고요. … 막내삼촌이 그 소리를 들으시더니 저에게 전화하시더라고요. 내 생전에 형을 찾아보고 싶은데 그걸 신청하면 어떻겠냐고. 그래서 제 말은 "아버지 돌아가신 지 50년이 넘었는데, 그것을 뭘 찾겠어요."라고 했어요. 그랬더니 "너는 아버지를 안 찾고 싶으냐?"고 그러시더라고요. "아니 찾으면 좋겠지만 그게 힘든 일인데 어떻게 찾아요"라고 했어요. "나는 찾고 싶어서 내가 신청을 해볼란다" 그러시더라고요. 그 말만 하시고 돌아가셨어요. _이용자

면담을 마치면서 딸 이용자씨는 언제 끝날지 모르지만 늦게나마 조사한다는 소리를 들으니 마음이 놓인다고 했다.

증언자들은 2014년 고양지역 한국전쟁 민간인 희생자 위령제에 처음으로 참가했다. 합동위패에 적혀 있는 희생자 이름을 확인한 이오희 노인의 표정이 환해지는 모습을 보았다. 비록 하루에 그칠지 몰라도 이 분들의 가

슴 속에 쌓여 있던 좌절과 분노의 기억이 덜어지는 것 같았다.

송포면 덕이리 김형렬

희생자 김형렬의 아들 김기성(당시 10세) 유족을 2014년 3월 17일 고양시 재단 사무실에서 만났다. 이 자리에는 마임순 고양유족회 고문님이 참관했다.

김기성 유족은 고양문화원 이사로서 무형문화재 태평소의 장인이다. 대부분 지역의 문화원들이 그렇듯이 고양문화원 역시 보수적이었다. 그는 자신이 금정굴사건의 유족임을 밝힌 적이 없다고 했다. 문화원과 함께 활동하는 동료들에게 자신으로 인해 피해가 갈 수 있었기 때문이었다고 한다. 레드 컴플렉스라고 부르던 사회적 심리적 공포는 여러 측면에서 유족들의 인간 관계조차 가로막아 왔던 것이다.

> 제 아버님은 김형렬. … 집에서는 김승철이라고 불렀어요. … 제 집이 (안점봉 집안) 바로 옆집이었어요. 인접해 있었어요. … 전형적인 농부, 농사짓는 일이었어요. 배움이 없는 전형적인 농사꾼이었지요. 36세로 마을에서 중추적인 역할을 하던 분이었어요. 제가 지금 음악을 하고 있지만, 아버지는 옛날에 두레, 풍물을 좋아하셨나 봐요. 그걸 하는데 중심에서 장구를 치고. 신명나게 그걸 좋아하셨나 봐요. 아버님이 아주 부지런하셨고요. 농사를 많이 지으니까 일을 안 할 수 없었을 테고. … 마을에서는 특별한 직책이 없었어요. 그때 구장을 보시던 분은 유씨 성을 가지신 분이었어요.

전쟁 당시 10살이었던 김씨에게는 대포소리가 천둥소리로 들렸다. 어떤 이들은 전쟁이 났다며 뒷산에다 방공호를 파기도 했으며 피난길을 떠난 이도 있었다. 김씨 역시 비록 옆 마을이었지만 하룻밤 피난길을 떠났다가

김기성 유족은 부친의 희생 직후 남겨진 사람들 역시 언제 살해당할 지 모르는 공포 속에서 살아야 했던 당시 상황을 생생히 증언해 주었다. 고양경찰서는 가재도구는 물론 황소, 쌀까지 모두 가져갔다. 이는 식구들 모두 굶어 죽으라는 뜻과 다름없었다.

돌아왔다. 며칠 뒤 학교에서 아이들을 불러모아 노래를 가르쳤다고 한다.

그때 보리를 마당에서 털던 기억이 나거든요. 포성소리가 천둥소리같이 나요. 세상 태어나서 처음 듣는 소리여서. … 포성소리가 들린 이틀 후인가 마을 뒷산에다 방공호를 파셨어요. 피난을 한다고. 방공호 파는 것을 본 기억이 나요. 실제 그리로 들어 가지는 않았어요. … 이틀 후인가, 전쟁이 나면 다 죽으니까 피난을 가야한다고 했어요. 옆 마을로 피난을 갔었어요. 갔다 하룻밤인가 자고 바로 들어왔어요. 당시는 어렸을 때니까 전쟁이 무엇인지 몰랐어요.

전쟁이 나서 휴교가 되었어요. 며칠 지났는데, 누군가가 와서 마을에서 무슨 교육을 시킨다고 해요. 말씀 잘하시는 분이 와서 마을 애들을 한 집에 다 모아놓고 강연을 하더라고. 마을 애들은 다 모였지. 이북 노래를 가르치고 그러더라고. 벌써 이 일대가 다 북한한테 점령당한 거예요. 여기서는 전쟁이 없었지.

3개월 뒤 무더웠던 여름이 지나고 다시 포성이 들렸으며 며칠 지나 국군이 수복한다는 소문이 들렸다. 같은 시기에 후퇴하던 인민군 측에 의해 덕이리 마을에서 유희○이 희생되었다. 이후 김씨는 덕이리 주민 여러 사람이 국군을 맞이한다며 일산역 방향으로 떠나는 모습을 목격했다.

유씨 문중이 왜 주도적으로 (치안활동을) 했나 하는 것에 대해 … 유씨 문중에 희자 돌림자 되시는 한 분이 인공 시절에 학살당하셨어요. 그때 얘기로는 하여간 처참하게 학살을 당하셨다. 그래서 집안 사람들이 직계 형제들이 거기에 감정이 폭발이 되어서 더 (했다고 해요).

제 기억에 그 해 여름 굉장히 더웠던 것 같아요. 무더운 여름이었고, 마을 사람들은 농사를 짓느라 정신이 없었어요. 그렇게 몇 개월 가다가 어느 날부터 포성소리가 나더라고요. 지금의 정발산 공원에 포탄이 떨어지고 먼지가 나고 그러더라고요. 포성소리가 난 며칠 후 아군이 들어온다고 하여 마을 사람들이 마중을 나간다고 그러더라고. 어렸을 때 마당에서 놀고 있는데 마을 사람들이 꽤 많이 마을 앞 길로 나가더라고요. 일산 쪽으로.

부친은 10여 명의 마을 주민들과 함께 수복하던 경찰과 치안대를 환영하러 나갔다. 그 자리에서 다른 주민 2명과 함께 고양경찰서로 연행되었고 다른 주민들은 집으로 돌아왔다. 능곡에서 조직을 정비했던 치안대나 태극단이 일산지역에 들어온 날은 9월 28일이었으므로 이날 희생자들이 끌려갔던 것으로 볼 수 있다. 김씨는 부역한 사람 중 누군가 미리 잡아갈 주민들에 대한 정보를 치안대에게 주었을 것으로 보고 있다. 마을에서 함께 연행된 사람은 김형렬, 김재환, 김영환이었다.

덕이동에서 일산 쪽으로 나갔던 거지요. 철길 쪽으로. 마을 앞에서. 지금은 길이 넓지만 옛날에는 마차 다니고 자동차 한 대 겨우 지날 정도였어요. 거기가 우리 집에서 2~3백 미터 거리인데, (가는 주민) 열 댓 명 이상 보였어요. 가다가 중간에서 마을 사람들은 다시 오고, 그 중에서 우리 아버지를 비롯해서 세 분만 경찰서로 끌려가셨어요. 마을 앞에서 끌려가셨어요.

끌고 간 사람들은 실제 군인이 아니고 경찰서에 보조역할하는 치안대 같은 사람이었을 거예요. 지금 생각하면 의문스러운 게 그 사람들이 들어온다는 것을 마을 사람들이 어떻게 알았나(하는 거예요). (누군가) 미리 마을 사람들하고 연결해 가지고 그 사람들이 온다는 걸 알고 마중을 나간 거예요.
날짜는 기억은 안 되고, … 그래서 아버지하고 7촌 아저씨 두 분하고는. 그러니까 세 분이지. 일산경찰로 가셨는데 그렇게 집을 떠난 게 아버지의 마지막이 되었지.
환영을 나가는데, 좀 거기다 의미를 부여하자면. 태극단 그 쪽 사람들이. 그

때 아군들이 들어오는 걸 마을 사람들이 알 수가 없잖아요. 사실 나중에 보니까 이 마을에서, 같이 농사짓는 사람 중에서 어느 한 사람이, 같이 인공 시절에 심부름 한 사람이 미리 가서 여기 정보를 주면서. 이 사람은 열심히 일한 사람인데, 이 사람이 정보를 주고. 마중 나갈 때 같이 나가고. 이 사람도 끌려 들어가야 하는데 그 사람은 나오고. 세 사람만 끌려간 거지. … 처음에 끌려간 세 분은 아버지 김형렬, 7촌 아저씨 김재환, 그리고 기조 아버지 김영환.

부친이 끌려간 다음날 고양경찰서로부터 가족들에게 밥을 가져오라는 연락이 왔다. 아들 김씨가 고양경찰서 유치장으로 밥을 날랐는데 이틀 뒤 경찰관으로부터 더 이상 밥을 가져오지 않아도 된다는 말을 들었다. 돌아가셨기 때문에 가져올 필요가 없다는 뜻으로 들렸다.

그렇게 끌려간 이튿날 누군가로부터 어머니에게 통보가 오기를, 경찰서에 밥을 가져다 드려야 된다(고). 도시락을 가져다 드리는데 어머니는 겁이 나서 가지 못하는 거예요. 나는 어리니까 심부름을 해서 도시락을 가지고 갔어요. 경찰서에 가서 도시락을 넣어 주고 한참 기다리고 있으면 도시락이 이렇게 나오더라고요.

첫 번째는 빈 도시락을 가지고 왔거든. 두 번째 이튿날 가니까 절반은 잡수시고 절반은 남아 있더라고요. 오려고 하니까 경찰관이 "내일부터 네 아버지는 밥을 안 가져와도 된다. 가져오지 마라."그러더라고요. 내가 밥을 두 번 가지고 갔는데, 아마 그 날이 집행하는 날이었나 봐. 그러니까 밥이 필요가 없는 거지.

희생자들이 끌려가는 모습은 숯고개에 살던 김씨의 외가집 식구들이 목격했다. 끌려가는 여러 사람들 중 희생자 김형렬이 있었는데 입고 있던 베적삼에 피가 묻어 있었다. 희생자가 목격된 날은 1950년 10월 6일(음력 8

1995년 10월 금정굴에서 출토된 삼베 옷감. 희생자 김형렬이 금정굴로 끌려갈 당시 피묻은 삼베옷을 입고 있는 것이 목격되었다.

월 25일)이었고 형사사건기록에 따르면 이 날부터 금정굴에서 학살이 시작되었다. 희생자들을 목격한 김씨의 외가가 일산시장에서 숯고개로 가는 우회로에 있었으므로 고양경찰서는 주민들의 눈을 피하기 위해 철길로 우회해 최초의 학살을 저질렀다고 볼 수 있다.

그리고 나서 상당한 날짜가 가고 나서. 우리 외갓집이 어디냐면 금정굴, 옛날에 숯고개라고 했어요. 금정굴 가기 전에 한춘호라는 한의원이 하나 있었거든. 한의원이 있고 거기 못 미쳐 약수터가 하나 있었어요. 외갓집이 농사를 많이 짓는 집이었어요. 그 약수터 옆에 큰 복숭아밭이 있었는데 우리 외숙모하고 외사촌들이 밭일을 하다가 목격을 했다고 해요. 보니까 여러 사람들이 포승줄에 묶여 가는데, 그 중에 우리 아버지가 계시더래요. 베적삼에 피가 묻어 있더래요.

금정굴로 끌려간 뒤 한동안 있다가 총소리가 요란하게 들렸다고 해요. 저희는 그 날을 제삿날로 삼게 되었어요. 당시 날짜는 음력 8월 24일이고. 외갓집에서 증언을 해서 (그 날을) 제삿날로 알고 잡은 거지요. … 제사일이 음력 8월 24일이고 돌아가신 날이 음력 8월 25일, 양력으로는 10월 6일. 확실한 게 외갓집에서 직접 보신 거니까 그 날짜가 확실하지. 안씨 문중에서 돌아가신 분들께서는 며칠 차이가 날 것 같아. 할아버지도 그렇고.

경찰서에서 시장을 통해서 금정굴로 바로 가면 가깝지만 시장에 사람들이 많으니까 기찻길을 돌아서 이렇게 약수터로 간 거로 추정이 되요. 왜 그렇게 생각하냐면 우리 외갓집 밭이 거기 있거든요. 밭에 농사 지러 왔다갔다 하다가 우연히 본 거지요. 한의원 앞으로 간 게 확실해요. (금정굴까지) 시장을 통해

갈 수 있는데, 시장을 통하면 사람들이 많이 보니까 이렇게 휘 돌아서 (간 거지요) 그때 밭에서 목격하기에 여러 사람 중에 아버지가 있었다고 그랬어요. 베옷을 입었었나 봐. 베옷에 피가 묻혀 있었다고 얘기를 하시더라고요. 우리 어머니가 그 소리를 듣고 막 우셨어요.

부친의 죽음 직후 치안대가 가재도구를 몰수했다. 당시 치안대는 공포를 쏘았으며 물품 뿐 아니라 황소까지 끌어갔다. 남은 것은 여섯 식구가 쓸 숟가락과 밥그릇 그리고 약간의 쌀 뿐이었다. 가족 모두 죽으라는 뜻처럼 보였고 살기 위해 아침에 목화밭에 숨었다가 밤에 돌아오는 생활을 반복했다.

김씨는 당시 알 수 없었지만 몰수해간 가재도구들은 고양경찰서 앞마당과 일산 송림회 창고에 쌓여 있었다. 몰수 재산 관리는 고양군시국대책위원회(위원장 이경하)에서 하다가 얼마 뒤 고양경찰서가 직접 했다.

그런 일이 있는 후 하루 이틀 지났는지, 집에 경찰서 보조원들, 치안대 몇 몇인가 M1 큰 총을 메고 오고. 마을 사람들이 또 많이 저희 마당에 모여서 저희 집에 있는 모든 살림집기, 가재도구를 전부 가져가는데. 그걸 그때 몰수라고 하더라고. 몰수당했다고 했어요. 그 가재도구를 전부 가져갔어요. 심지어는 외양간에 있는 황소까지 다 가져갔어요. 그냥 가져가는게 아니라 뒤 울 안 방공호에다 대고 총을 막 쏘더라고. 방공호에 사람이 있나도 문제지만 경찰보조원들이 공포감을 조성하기 위해서 그런 것 같은 생각이 들어요. 그 당시 총소리를 처음 들으니까 엄청나게 공포감을 느꼈고.

가재도구를 가져갔는데. 당시 7명이 한집에 살았는데, 아버지는 끌려가셨고. 끌려가도 전혀 죽었다고 생각하지 않고 '금방 오시겠지' 그러고 기다렸어요. 7식구에서 6식구가 남았는데 숟가락 6개, 밥그릇 6개. 그렇게만 남겨놓고. 약간의 쌀을 남겨놓았고 완전히 가져갔어요. 다 몰수해 갔어요. 그렇게 한 이유는 우리 식구는 다 죽어야 할 사람들, 다 죽인다 해서 공포에 사로잡혀서.

목화밭이 있었는데, 아침에 밭으로 나가서 목화밭에 숨어 있었어요. 그러다가 밤이 되면 거기서 잘 수 없으니까 집으로 내려왔어요. 밤에만 잠을 자러 집에 갔어요. 완진히 죽음의 공포에, 그 때 나이 열 살, 열 한 살이였는데 공포가 대단했어요. 어린 나이였지만 항상 죽음의 공포에 사로잡혀 있었어요. 어른들이야 말 할 수 없었겠지. 공포 속에서 나날을 보냈어요. 그래서 오늘인가 내일인가 죽을 것을 대비하고 있었는데, 원인이 뭔지 몰라도 죽이지는 않더라고요.

하여간 세월이 지났어요. 서울의 고모님이, 몇 년 전에 돌아가셨는데, 그 고모님이 일제 때에 이화학당에 다니셨거든. … 고모님이 오셔서 하는 얘기가 "이제 죽지는 않는다. 죽지는 않으니까 죽음의 공포에서 벗어났으니까 마음 놓고 살아도 된다"고 하더라고. 왜 죽이려다가 살렸는지. … 고모님 성함은 김금련.

1·4후퇴 시기에도 남겨진 유족들이 잡혀가 고문을 당했다. 가족들은 희생자처럼 죽임을 당하는 것으로 생각했다고 한다. 같은 시기에 유족들 대부분이 똑같은 피해를 당했다. 이승만 정부가 전략적 후퇴를 앞두고 국민보도연맹사건을 저질렀던 것처럼, 1·4후퇴 직전에 가했던 국가폭력이었다. 하지만 이를 알 수 없었던 유족들은 자신들만 당하는 개인적 피해로 인식하고 있었다.

한 달인가 지나서. 초겨울인가본데 추웠어요. 어머니를 비롯해서 여자 분들 몇 분이 다시 송포지서로 또 끌려가셔서 며칠 동안 고생을 하고 나오셨어요. (초겨울에) 그때 돌아가시는 것으로 생각했었던 것 같았어요. 시간이 지나고 나서 재산은 찾아왔고. 또 끌려갔다가 며칠 만에 매를 맞고 나오셨어요.

이후 성인이 된 김씨는 고향에서 살 수 없어 서울로 나왔지만 참담한 생활을 피할 수 없었다. 군대에서는 특별히 연좌제로 피해를 입지 않았는데, 재판 절차 없이 죽인 경우라 공문서상에 전혀 기록이 없기 때문이라고 생각했다고 한다. 이후에도 별 다른 불이익은 없었으나 항상 조심하고 살았다.

> 주로 서울에 나와 있었고. 열악한 속에서 직장을 갖지도 못하고, 하여간. 그전에는 창피스러워서 말을 못 하다가 나이를 먹으니까 (말을 합니다). 서울에 나왔을 때 정말 참담한 생활을 했어요.
> 그러다가 군대를 나가게 되었어요. 행정직을 맡고 있는데, 우리 과장이 그러더라고. 비밀취급 인가를 내야 하니까 신원조회를 하라고 해서. 나는 신원조회를 하면 부적격으로 행정을 볼 수 없고 소총수나 해야겠구나 이렇게 생각하면서 신원조회를 의뢰 안 했거든. 하면 당연히 부적격으로 나올까 봐. … 내무부로 치안국으로 해서 고양으로 조사가 나왔더라고. 얼마 만에 회보가 왔는데 온건하게 적격자로 나오더라고. 그래 내 생각에 뭔가 행정착오일 것이다. 아버지가 사형까지 당했는데, 내가 적격자가 나올 수가 없다. 행정착오가 아닌가 하여 내가 다시 한번 신원조회를 하였는데, 역시 마찬가지로 또 적격자로 나오더라고.
> 그때는 생각하지 못 했는데 나중에 생각을 해 보니, 재판 절차도 없이 죽은 거니까 공문상에 전혀 기록이 없는 거지. 2급 비밀취급 인가 일을 보면서도 늘 생각하기에 내가 조금이라도 행동이 부자연스러울 때 오해를 받을 소지가 있지 않나 해서 나름대로 상당히 오해받지 않으려고 정말 열심히 살았어요.

김씨는 초등교육도 받지 못하고 사상이나 이념도 몰랐던 희생자가 피해를 당한 원인이 무엇일까 생각했다. 점령군에게 부역을 한 정도는 극히 경미한 것이었으므로 죽을 일은 아니었다. 같은 마을 사람들의 질투심이나 경쟁심이 문제였고 부역의심은 빌미일 뿐이었다.

겨우 한글 정도 아시는 분이신데. 사상, 이념에 대해서는 전혀 모르는 분들이지요. 열심히 농사짓고 그렇게 열심히 살았는데. 조금 눈에 가시가 된 것은 농사를 지으면서 경제적으로 어느 정도 마을에서 위치가 많이 상승 되는 게. … 라이벌 의식을 가진 사람들이 좀 그런 게 마음에 걸리지 않았나(싶어요). 그래서 자신들의 기득권이 훼손당한 사람들이 이런 기회에.

내가 이런 생각이 들거든요. 유씨 문중이 대대손손 양반 계층으로 사는데 세상이 바뀌면서 경제적으로 나아지니까 약간의 우월감으로 도전적인 행위를 한 것으로 느껴져요. 그러니까 그런게 마땅치 않았는데 인공 시절 심부름이라도 했으니까. 김씨 문중, 안씨 문중, 정씨 문중이 있었는데. … 우리 아버님하고 김재환 두 분이 좀 말씀이라도 하실 정도고. … 마을에서 행사가 있거나 언쟁이 있으면 마을을 대변하고 그러셨다고 해요. 그런 게 곱게 보이지 않았을 것 같아요. … 거기서 심부름 한 건 지금으로 보면 경찰서에 불려가서 훈방 조치할 정도의 극히 경미한 죄질이지 그게 구류 살만한 일도 아니고. 전혀 죽음과 연관될 일이 아닌 게 확실합니다.

김씨는 덕이리 할미마을에서 태극단 사건으로 희생된 학생 유재국을 기억하고 있었다. 양순하고 법 없이도 살 사람이었다.

할미마을에는 아까 구장을 봤다는 분, 유희석이라는 분의 자재분이 유재국이예요. 당시 학생이었는데 (태극단 희생자) 그 분은 양순한 사람이었어요. 내가 볼 때 용감하게 나서서 총 들고 그럴 분이 아니거든요. 법 없이도 살 수 있는 학생이었어요. 그 사람이 무슨 태극단에서 활동했다는 것이 잘 감이 오지 않거든. … 그렇게 양순한 사람이 무슨 태극단에 가서 그렇게 용감한 일을 했겠나(싶어요). 그게 우려되는 부분이고. 내가 뒤집을 수 있는 근거는 없지만.

부친의 억울한 죽음 후 당한 재산피해는 가재도구나 쌀, 황소에 그치지 않았다. 이승만 정부의 토지개혁 정책에 의해 불하받은 토지 역시 빼앗겼다. 공교롭게도 빼앗긴 토지 중 일부는 현재 태극단원들이 잠들어 있는 현충공원 부지였다.

> 하여튼 우리가 옛날에 관리하던 산이 태극단 묘자리에요. 어렸을 때부터 늘 우리 산이라고 생각했거든. … 국유지에요. 우리가 관리를 했어요. 그것 뿐 아니라 땅이 꽤 있었어요. 8·15해방 후 부지를 불하받아서 몇 년 부어나가면 내 땅이 되는 거 아닙니까? 상환을 부어나가고. 그 당시에 우리가 일부 상환을 부었던 거. 제 기억으로 5년인가 몇 년인가 부으면 되는데 그런 땅이 있었어요.

> 전쟁 전부터 상환을 부었어요. 8·15해방 이후에. 우리가 그런 걸 왜 많이 가지고 있었냐면. 우리 할아버지가 서울 대지주의 마름을 보셨나 봐요. 마을 헛간에 벼가 이렇게 엄청나게 많이 있었어요. 그걸 다 관리 하셨나 봐요. 그러다 보니까 땅을 많이 차지하고 있었어요. 그걸 한 분이 그러더라고요. 너희가 능력도 없고 (그러니) 내 놓아라. 그래 우리가 귀하게 여기던 땅을 포기할 수밖에 없었어요. 그렇게 억울한 일이 있었어요.

다른 유족들과 마찬가지로 김씨 역시 심각한 트라우마 스트레스로 고생하고 있다. 어려서부터 마을에서 배척당하는 존재였으므로 고립감에서 비롯된 우울증이나 열등의식에서 헤어나지 못했다. 당시에는 빨갱이 집이라면 불이 나도 도와줄 수 없어 모두 탈 때까지 안타까운 심정으로 지켜볼 수밖에 없었다고 한다. 지금도 꺼낼 수 없는 이야기가 있다는 김씨의 말에서 여전히 멀기만 한 진실의 길을 실감한다.

> 지금도 정서적으로 표현을 잘 못하는데, 마음속에 잠재되어 있는 어떤 우울감이나 열등의식 같은 게 있어요. 그 당시 마을에서 아이들하고 어울리려고 그래도 저쪽 어디선가 부르는 거야. 나와 못 놀게 하려고. 마을에서도 어울리지 못하고. 그러다 보니까 마음이 늘 좀 우울했어요. 열 대여섯 살 적부터 마을에 있기가 싫어서 외지로. (울먹이며 말을 잇지 못하다)

마회장님 댁에 비행기가 폭격해서 불 탈 때 그걸 아마 제가 처음 목격했을 거예요. … 울타리가 타들어 가는데 누구 관심 있는 사람들이, 어른들이 갔으면 껐을 거예요. 당시에 빨갱이 집이라고 하니까 누가 접근하기도 어렵고, 오해 받을 소지도 있었으니까 누가 적극적으로 나서 진화 작업을 안 했던 것 같아요. 그 집이 넓었어요.

지금도 덕이동에 관련해 살고 있는데, 그 후 김씨 문중의 어르신들이나 그쪽 어르신들이 또 그러한 끔찍한 일이 생길까 봐 굉장히 서로가 조심하면서 지냈어요. 사춘기 때 철이 없으니까 도전적으로 그 쪽 애들하고 싸움도 하고 싶고 그랬었거든요. 어른들이 굉장히 걱정을 하더군요. 그 쪽 사람들이 화해를 시키려고. 철이 들고 나서는 이쪽이나 저쪽이나 시대 상황이 그랬으니까. 그 쪽 사람들하고 관계가 좋거든요. 이런 것이 거론되어서 역사적인 자료는 되겠지만 뚜렷한 증거가 없어 할 수가 없네요. 얘기하면 안 될 것 같아요.

트라우마 스트레스를 심각하게 받았던 김씨는 유족회 활동 역시 적극적이지 못했다. 조직에 대한 기피 태도와 레드 컴플렉스로 불렸던 반공주의 공포를 대하는 모습은 전국의 유족 대부분에게서 볼 수 있다. 유족도 아닌 일반인들도 심각하게 느끼는 '막걸리 보안법'의 공포를 떠올려 본다면 유족들이 갖고 있는 극단적 반응은 무리가 아니다.

금정굴유족회의 활동에 함께하지 못했던 이유가 있었어요. 금정굴사건을 처음 시작하면서 시민회 회장으로부터 연락이 왔어요. 시신 발굴하는데 동참해 달라고. 그래서 거기를 갔어요. 거기에 몇 십 명이 모이는 줄 알았거든요. … 요만한 2층 방에 너댓 명이 있더라고요. 그래서 무엇을 할 것인가 하는데. 시신을 발굴한다고 하여 나도 당연히 동참을 하겠노라고 했어요. 시신 발굴하는데 예산도 들어간다고 했어요. 그래서 내가 그 당시에 비용을 얼마 냈어요.

내가 이 지역에서 민속예술을 하고 있어요. 그게 그냥 일반이 아니라 무형문화재에 해당되는 사람이에요. 나라에서 다만 몇 푼(이나마) 지원을 받고 있거든요. 시나 문화원에 드나들면서 일을 보고 있었거든요. 술 한잔 먹는 자리에서 문화원장이나 사람들 얘기에서 금정굴 얘기가 나오거든. 아주 혹독하게, 죽을 사람들이 죽은 거로 얘기하거든요. 거기 옆에서 내가 관련되어 있는 사람이라는 말을 전혀 못했어요. 어떤 때는 시에 들어가면 (마임순 고문을 가리키며) 금정굴 일하는 분들이 인사를 한단 말이지. 누가 보면 관련된 사람으로 볼까 봐 (인사를) 피하고 그랬어요.

그래 사실은 시신 발굴할 때도 … 내 부모가 여기에 연관되어 있으니까 뒤에서 후원하는데 내 이름을 거명하지 말라고 했어요. 문화원이나 시 관계자들, 시장도 잘 알고 그러니까 내 이름을 올리지 말라고 했거든요. (그런데) 시신 발굴하는 날 가 보니까 내 이름을 맨 꼭대기에 올려놨더라고. 그리고 MBC 방송국에서 카메라를 대고 인터뷰를 하려고 하더라고. 그래서 … 뒤에서 후원을 하되 내 이름 거명하지 말자고 약속하지 않았냐. 이런 식이라면 앞으로 금정굴 일하기가 어렵다. … 이런 식이라면 여기에 못 오겠다. 그 후로 여기에 일절 안 나왔어요. … 지금이나마 공개석상에 오는 것은 이제 나이도 먹고, 우리 마을 사람들도 이제 어느 정도 이해를 할 것이라고 생각해서예요.

매우 흡족하지는 않지만 이만큼 만이라도 진상규명이 되었다는 게 너무 고맙고 그래서 뒤늦게 조금이라도 일조해야겠다고 생각했어요. 뒤늦게라도 여기에 명단을 올렸습니다. 진상규명에 조금이라도 도움이 된다면 (이런) 말씀이라도 드리고자 해서 온 거예요. 내 나름대로는 정말 용기를 내서 온 것입니다.

항상 웃고 있는 모습인 김씨는 슬퍼도 내색을 하지 않는다. 면담 중 화를 내는 모습도 거의 볼 수 없었다. 그러면서도 남길 수 있는 모든 이야기를 들려 주었다. 정말 해서는 안 될 이야기라며 피한 내용이 있긴 했지만 당시에 겪었던 참혹한 사실은 가감없이 들려주었다. 금정굴사건은 이미 역사가 되었고 김씨의 이야기는 빠져 있는 조각 중 하나였다.

송포면 덕이리 최만관

최만관의 만딸 최옥희(1937년생) 할머니를 2014년 3월 22일 고양시 덕이동 자택에서 만났다. 진실화해위원회의 활동이 끝난 뒤에 금정굴유족회와 연락이 되었는데, 2014년이 되어서야 금정굴인권평화재단의 실태조사 과정에서 면담이 이루어졌다. 자리에는 이경숙 고양유족회장님이 함께 했다.

송포면 덕이 3리 창리마을에서 태어난 최 할머니는 해방 후 북한 쪽 파주에서 덕이 5리로 내려 온 집안 사람과 결혼해서 지금까지 살고 있다고 했다. 덕이리에는 앞에서 다루었던 국군 수복 직전 희생사건이 집중적으로 벌어졌던 곳이기도 하다. 한산마을 또는 자방마을 골짜기에서는 송포면 대화리 심재원 등이 희생되었으며, 은장마을에서는 13명의 태극단원이 희생되었다. 비록 덕이리가 5개리 7개 전통마을로 이루어진 넓은 지역이었다고 하지만 최 할머니처럼 평생을 살아 온 분이라면 지역에서 벌어진 사건에 대해 많은 것들을 알고 있을 것이었다.

(태어난 곳은) 덕이 3리. 덕이가 7개 부락이에요. 여기가 덕이 5리인데, 덕이 3리에서 자라 가지고 덕이 5리로 시집 왔어. 덕이 3리에 창리라고. 거기서 자라 가지고 20살에 여기로 시집을 왔어. 용사골이라고 파주에서 피난 나와 가지고 여기에 온 집안이 있었어. 종가가 (북으로) 들어가면 어떻게 하냐고 그래서 여기서 살았데. 그래 가지고 (내가) 이리로 시집을 온 거지.

창리는 여기서 가까워요. 얼마 안 되요. 덕이 3리. 여기는 덕이 5리. 여기 동네 너머가 은장이고. 이 마을을 옛날에는 갈왈미라고 그랬어. 덕이 5리 갈왈미. 요 너머가 파주거든. 여기 덕이 5리는 자방마을, 샛말, 추산마을이 있어요. 추산마을이 아마 저쪽이지 아마.

최옥희 할머니는 전쟁 전부터 집터의 경계문제로 갈등이 있었던 이웃 피씨네를 가해자로 지목했다. 피씨 집안에 경찰이 있기 때문이었다. 할머니가 가해자였던 국가의 모습을 이해하지 못하는 것은 사악한 정부의 은폐기도가 성공한 사례처럼 보인다.

최 할머니는 당시 40대였던 부친이 농사를 지었고 제법 많은 땅을 갖고 있었으므로 크게 부족한 것이 없었다고 기억했다. 문제는 집안 먼 친척 중 좌익활동을 하던 청년이 있었던 것이었다.

> 우리 아버지 나이가 마흔 살쯤 되었을 거야. 농사를 지었어요. … 아버지가 그 전에 뭘 했는지 나는 모르는데, 그냥 농사만 짓고. 그때 할아버지가 계셨어요. 할아버지가 얼마나 무서웠는지 우리 아버지가 마을도 못 다니셨어요. 그런 양반이었는데, 집안 내에 더러 빨갱이가 있었나 봐. 최씨네 집안 내에. … 그걸로 그렇게 된 거야. 그 집안 일로. 북으로 간 (사람도 있어). 이름은 몰라. 둘째 아들인가? 아니 셋째 아들인가 보다. (아버지와) 10촌도 넘었지. 최씨네와 먼 촌수였어요.

여기에 더 불길한 갈등이 벌어졌다. 전쟁 전 땅 경계 문제로 이웃해 살던 피씨네와 다투게 되었는데, 하필이면 그 집 아들이 경찰이 되었다고 한다.

> 그때 피서방네랑 아래윗집에 살았는데. 그 전에 보니까 어른들끼리 다투더라고. 그런 걸 봤어. … 그 집에서 … 아들을 하나 경찰을 만들더라고. (그 경찰 이름이) 피영○일거야. 그 집이 영달이, 영길이, 영국이, 영식이. 그렇게 많아. 영○이가 그렇게 못 되게 우리 아버지한테 굴었어. 그 집 셋째 아들이. 아버지보다 나이가 젊었는데 경찰이 제 부모들하고 다투는 거니까 오기로 우리 아버지를 그렇게 (만들었어). … 그 집 울타리에 우리 집 땅이 들어갔데요. 어려서 그걸 봤어.

이런 안 좋은 감정이 남아 있을 때, 6·25전쟁이 벌어졌다. 국군 수복 후 진짜 부역 활동을 하던 사람들은 모두 도망가고 심부름하던 사람들만 남았다가 희생되었다.

부친은 국군 수복 후 인민군 측에 부역했다는 모함을 받아 고양경찰서로 연행되었다. 연행 후 희생자의 처가 고양경찰서까지 밥을 날랐다.

> 6·25는 열 몇 살 때이니까 창리에서 겪었지. 열 두 살인가 열 네 살인가. (돌아가신 분은) 아버지에요. 그 때 진짜들은 다 도망갔잖아. 심부름 하고 (그런 사람만 희생되었지).

> 아버지가 일산경찰서로 가는 거는 (내가) 봤지. 그게, 피서방네가 직접은 못 끌고 가. 그때 그런 일 다 시키고 그런 일이 있잖아. 저희끼리 쑤근쑤근 해 가지고. 그렇게 해서 문초한다고 데리고 갔어. 누가 끌고 갔는 지는 몰라. 뭘 물어본다고 불러들이고 그러잖아. 그래 가지고 안 나오시는 거야. 그래 우리 어머니가 일산경찰서로 밥을 날라 가데, 아침에. 그러다가 갑자기 없어진 거야. 그러니까 (어머니가) 안 가는 거야. 그때 끌어다가 거기다(금정굴) 그렇게 했지 뭐야.

> 그런 문제(피씨 집안과의 갈등)로 오기로 우리 아버지를 그냥 일산경찰서에 들어간 걸 내가 알아. 그때 우리 어머니가 밥을 해서 다니시더라고. 그런 걸 봤어. 그러다가 갑자기 금정굴로 다 쓸어 처넣었다는 거야. 그때도 내가 그 소리를 들었어. 우리 어머니가 분해서 야단인 걸 내가 봤어.

그러던 어느 날 희생자의 어머니는 죽었다는 말을 듣고 밥 나르는 것을 그만 두었다. 최 할머니는 희생지가 금정굴이었다는 말을 시어머니로부터 들었다. 당시 피씨네 아들 피영○은 경찰(또는 의용경찰)이었다고 한다.

> 문초한다고 들어오라고 그래. 우리 어머님 말이. 일산으로 끌려갔는데 들어

가 가지고 안 나오는 거야. 그러니까 우리 어머님이 밥을 그렇게 해서 가지고 다니데. 그런 것만 봤어. 그때 금정굴로 끌려갔다고 그랬어요. (그 뒤로) 우리 어머니가 밥을 안 가지고 가데. 어머님께서도 그때 금정굴에서 돌아가셨다는 것을 알았지. 그때는 살얼음판이잖아. 무서워서 말도 못 하고 살았어. 살얼음판이었어요. 그렇게 하고 그 사람 집도 잘 되지도 않았어. 마음 잘 쓰는 사람이 축복을 받습니다.

최 할머니에 따르면, 당시 창리 마을에서는 최광기의 아버지(최홍기의 삼촌)가 방공구덩이에서, 최송기의 아버지가 만장고개에서 희생되었다. 할머니는 은장마을의 방공구덩이에서도 주민들이 희생되었다는 이야기를 들었지만 좌익 측이 죽인 것인지 아니면 우익 측이 죽인 것인지 모른다고 했다. 은장마을에서 태극단원들이 당한 피해에 대해서도 알지 못했다.

창리마을에서 (부친과 같은 이유로) 피해를 입으신 분들이 있지요. 이름은 모르겠어. 지금도 큰 조카가 그 동네에서 살아. 최홍기라고 거기서 살아. 나보다 한 살인가 두 살 더 먹었지 아마. … 같은 집안이야. 금정굴이 아니고. 그전에 방공구뎅이로 끌려가서 뭘 어떻게 했다는 소리를 그전에 들었어.

창리에서 성기네 아버지는 빨갱이인데, 그때 염병이 나서 (북으로) 못 들어갔어. 그래서 이쪽에서 끌다가 만장고개에서 죽였다는 소문이 있어. 저기 만장고개가 예전에는 가파랐어요. 지금은 넙퉁대가 되었잖아. 만장고개가 강도도 나오고 그러던 데야. 그 근처에는 집이 없었으니까. 유명한 만장고개야.

그 전에 무슨 은장 반공구뎅이에다 끌어다 몇 명씩 죽였다는 소리는 들었어. 빨갱이가 그랬는지, 이쪽에서 그랬는지 그건 모르겠어. 그런 소리를 들은 거 있고. 그 전에는 얼마나 무서웠어요. 살얼음판이었어요. … 은장에서도 빨갱이가 죽였다는 사건이 있다는데 그건 잘 몰라. 무슨 방공구뎅이에다 몇 명씩 죽여났다는 소리는 들었어. 아유 무섭지 뭐야. 그렇게 방공구뎅이. 옛날에는 방공구뎅이를 여기저기 많이들 해놨어.

최 할머니의 증언에 따르면, 부친의 죽음 후 파주로 피신했다가 조부모를 제외하고 나머지 식구들이 덕이리 집으로 돌아왔다. 할머니 기억으로는 집안에 있던 좌익을 피해 갔던 것이라고 한다. 이후 재산을 빼앗기는 등의 피해를 당한 것은 없었다.

전쟁이 막 났을 때 (수복되고 난 뒤) 친정 식구들 몰고 가려고. 집안 빨갱이들이 그렇게 있으니까 짐을 꾸려서 파주로 피난을 갔어. 친정 할머니 할아버지가 계셨으니까. 노인네들은 거기 계시고 우리 어머니, 나, 여동생 둘, 남동생 하나 그렇게 다섯이서 이모네로 가 있다가 도로 집으로 왔지. (아버지께서) 돌아가시고 나서 (피난 간 거야). 그때가 우리 아버지 없을 때야. (북으로) 끌려갔으면 어떻게 됐을 뻔 했어. 그 고생을.

당시 상황이 살벌하여 아버지의 죽음에 대해 전혀 말을 꺼내지 못했다고 한다. 살아생전의 어머니는 피씨네 때문에 그렇게 된 것이라고 말하곤 하였다. 할머니는 1995년 금정굴 발굴 당시 아들이 현장까지 데려다주어 발굴되는 것을 직접 보았다.

금정굴에서 (유골을) 죄 캐내대. 오라고 해서 갔어. 갔었는데. 해골을 끌어내고 그냥. 그때 누구 연락을 받고 갔어. 아들이 태워주었지. 아들도 그때 그랬다는 얘기 소리는 듣고 있지. 유골 발굴되는 것 보니까 뭐 그렇게 수많이 꺼내는데 누가 누군지 알아? 그런가 보다 하고 그냥 보고 있다가 왔지. 밥을 가지고 오지 마라고 했던 날은 오래 되어서 모르지. 그냥 그러고 그만이지. 마을에서 아버님하고 같이 끌려가신 분은 없어. 피서방네는 피해당한 사람 없어, 내가 알기로는.

면담을 마치면서도 할머니는 배운 것 없고 가시눈을 3년 동안 앓은 부친이 부역을 했다며 희생된 것은 피씨 집안의 고발에 의한 것이라고 믿고 있었다. 그런 일만 없었다면 무사했을 것이라고 믿는다. 돌아가시기 전까지 했던 어머니의 그 말이 귀에 못이 박혔다. 할머니는 아직도 국가나 이승만 정부가 그렇게 양민을 죽이라고 시켰다는 것을 상상하지 못하고 있다.

송포면 덕이리 김만성, 방용섭, 김명산

진실화해위원회는 2007년 덕이 5리 추산마을에서 김만성, 방용섭, 김명산, 조병호, 김진섭, 김진홍 등 모두 6명에 대해 금정굴에서 희생되었다는 진실규명 결정을 내렸다. 당시 희생자 김만성의 아들 김진웅, 김명산의 아들 김태식에 대해 전화면담을 했을 뿐 직접 면담하지 못했다.

2014년 3월 18일 김진웅(1940년생), 김태식(1950년생), 정만춘(1942년생) 유족이 재단 사무실로 찾아와 부친의 희생사실조차 시원하게 말할 수 없었던 자신들의 고통스러웠던 삶에 대해 이야기해 주었다. 정만춘씨는 희생자 방용섭의 처남이다. 유족들은 아직까지 이런 이야기를 한 적이 없다면서 말을 시작했다. 여러 사람의 증언이 뒤섞여 있으므로 각 인용문의 끝에 증언자의 이름을 밝혔다.

정씨의 증언에 따르면, 덕이 5리에서는 김진홍이 약간의 좌익사상을 갖고 있었고 그에 의해 김만성이 덕이 5리 인민위원장으로 선출되었다고 한다.

> 진홍이가 집안 조카이고. 우리 아버지는 아저씨고. 진홍이하고 나하고는 같은 항열이에요. 진홍이도 나빠서가 아니라. (정만춘을 가리키며) 여기 매부

왼쪽부터 김진웅, 정만춘, 김태식 유족. 유족들은 희생자들이 당한 억울한 죽음의 진실을 밝히는 것이 아직도 두렵다고 한다.

도 같은 친구고. 뭐 어떻게 되면 한 몫 해볼까 그랬던 거예요. 같이 하지하자 그래서 그렇게 된 거예요. _김진웅

그때 시절에는 일 안 보면 죽인다는데 어떻게 해. 하긴 우리 장인 사촌인가 빨갱이라 이북으로 넘어갔는데도 (부상당한) 인민군이 업어다 주지 않으면 죽인다고 하더래. 그래 업어다 주고 왔더니 이번에는 업어다 줬다고 여기서 잡아 패서 매만 죽도록 많았다는 거야. 업어다 주지 않으면 죽인다는데 어떻게 해. _정만춘

증언자들은 국군 수복 직전 후퇴하는 인민군 측에 의해 벌어진 사건들을 기억하고 있었다. 정만춘 유족은 인민군 후퇴 시기 다리를 부상당한 인민군들이 총을 드리대며 쌀 세 가마와 소를 내놓으라고 해서 빼앗긴 적이 있었다고 했다. 유족들은 은장마을에서 벌어진 태극단 사건에 대해서도 알고 있는대로 증언했다. 김진웅씨는 부친 등이 희생된 이유는 태극단 사건에 대한 보복 때문이었다고 주장했다. 하지만 정작 태극단 사건이 어떻게 벌어진 것인지는 모르고 있다고 했다.

나는 인민군한테 소도 빼앗겼는데. … 인민군 다리 부러진 걸 지고 와서 소를 내 놓으라는 거야. 외양간에서 소질망에다 지고 소까지 가지고 간 거야. 쌀이 세 가마가 있었어요. 인민군이 거기다가 총을 들이대는 거야. 그러니 어머니까 무섭다고 돌아가자고 그러더라고. _정만춘

태극단 사건으로 용묵 아버지도 죽고, 파주 양조장의 제설이 아우도 돌아가고. … 창리 빨갱이들이 태극단을 죄 잡다가 그런 거야. _정만춘

5장 도망갈 땐 언제고 이제 와 부역자라고

수복되어서 그 사람들 때문에 그 사람들이(금정굴 희생자들이) 당한 거예요. 그 사람들(태극단)이 모르니까 저 놈들이 그랬을 거다. 그래서 죄도 없는 사람들을 붙잡아간 거야. 그런 것 때문에 붙잡아간 거야. … 이웃 마을이라도 실제 태극단 사건이 어떻게 벌어진 건지는 몰라. … 누가 죽였는지 어떻게 알아? _김진웅

내가 들은 거는. 북한 사람들이 우리 아버지 같은 사람들에게 물어볼 것 아니야. 누구 어디 있냐고. 그걸 알려 주고. 끌려가 죽이고, 손가락도 자르고 그랬다는 소리가 있잖아. _김태식

김만성, 방용섭, 김명산 등 3명을 비롯하여 송포면 덕이 5리에 살던 6명이 국군 수복 후 고양경찰서로 연행되었다. 김만성은 밀밭을 갈던 중 고양경찰서로 연행되었다. 방용섭은 저녁 식사 중 파주 산남리 치안대원 노씨에 의해 끌려 나갔다. 이는 증언자들이 직접 목격했다.

우리 아버지는 보리밭 밀밭 가시다가 고양경찰서에서 가자고 하니까. 경찰서에서 나왔다고 하니까 경찰인 줄 아는 거지. "내가 무슨 죄가 있어?" 그러시고 가시고선 그만이지. 당시 내 나이 열 두 살. 일하다가 가신 거는 직접 보았지. 어머니하고. 총을 메고 있는지는 모르지. 묶으나마나 그때 그냥 가자고 그러면 가는 거지. 가서 금방 나오시겠지 죄 없는 사람이 글도 모르고 그리고 그쪽 일을 봤어야지. 그래서 가고 그만이었어요. _김진웅

방용섭은 우리 매부거든. 우리 동네 데릴사위로 들어온 사람이 셋이야. 진호네. 그때 가을이야. 저녁을 먹는데. 큰집이 서쪽, 심학산 쪽으로 있어요. 해가 이렇게 넘어가는데 대한청년단이 먼저 들어왔어요. 그 사람이 노○기야. (파주 산남리) 노○기가 대한청년단 무슨 단장이야. 그 사람이 총을 메고 와서 마루에서 밥을 먹는데 "방용섭이 손들고 나와". 같이 저녁을 먹는데. 손을 번쩍 들고 나갈 수밖에. 그 사람이 사돈뻘 되는 사람이야. 내 외사촌 누이의 시

동생이야. 손 번쩍 들고 붙잡혀 갈 수밖에. 그리고는 그 때부터 그만이지. 어디로 붙잡혀갔는지 알아? 고양경찰서에 있다고 연락이 되어서 밥을 해 나르는 거야. _정만춘

희생자들은 고양경찰서로 연행된 뒤 모진 고문을 당했다. 당시 유치장 내부를 목격한 사람들 말에 따르면 매를 너무 많이 맞아 눈에 붙은 파리조차 쫓아내지 못할 정도였다.

송포지서로 갔었다는 말도 있어. 창고에서 매 맞고 자빠트려서 패고 그러는 걸 김진홍인가 그 사람 하나만 봤다고 그러더라고. (김태식을 가리키며) 여기 형님이 그러더라고. 어찌나 잡아서 패던지. 그래 가지고 쇠파리가 눈에 달라 붙어도 그거 하나 못 쫓더라 이거야. 형님이 봤는데. _정만춘

고양경찰서 유치장으로 밥을 나르던 중 김태식씨의 할아버지가 군용 전기통신선에 묶여 금정굴로 끌려가는 주민들을 목격했고 그 뒤로 깨끗하게 비워졌던 밥그릇이 전과 달리 더러워 아버지가 아니라 다른 사람이 먹은 것처럼 보였다고 했다. 이제 죽었다고 생각하고 다음날부터 밥 나르는 일을 중단했다.

그때 누가 전깃줄로 매 가지고 끌고 나갔다는 걸 봤는데. 우리 동네에서. 그때 누가 봤다고 그랬더라? (김태식을 가리키며) 할아버지가 봤다나 봐. 전깃줄에 묶어 가지고 가는 걸. 끌고 나간 걸 본 뒤로 밥을 가지고 가면 다른 놈이 받아먹는 거야. 우린 밥만 해 나른 거야. 그 때부터 끌고 나갔다는 걸 알아 가지고 (밥 나르는 걸) 안 해. _정만춘

사람들이 끌려갔잖아? 도시락을 가지고 갔잖아? 그게 도시락을 먹고 주긴 하는데. 아버지가 먹을 때는 깨끗하게 먹었는데 지저분하게 먹은 거야. 그래서

끌려갈 때 죽은 거다 그런 거지. 엄마가 그렇게 얘기하니까 그렇게 아는 거지. _김태식

(나도) 고양경찰서에 있다고 해서 밥을 계속 날랐어. 나도 해 나르고 작은 성도 해 나르고. 가면 간수가 부르는 거야. 앞에다 놓으면 가지고 들어가고. 그래 계속 해 날랐지 뭐야. 그러다 (김태식을 가리키며) 여기 할아버지가 밥 해 가지고 가다가 전깃줄에 묶여 가는 사람들을 봤다는 거야. 그 때부터 밥을 안 해 날랐지. 그리고나서 황용굴에 갖다 죽였느니 뭐 그러고 나니 그만이지 뭐. … 항고에다 이름 써서 넣어 놓으면 간수가 가지고 들어가고. 집에서 붙잡혀 가는 것만 봤지 어디로(금정굴을 가리킴) 끌려가는 것은 못 봤지. 밥 나르러 가서도 못 보지요. 파출소 빵간에 있는 걸 뭘 알아. 간수가 이렇게 앉아 있는 것만 봤지. _정만춘

돌아가신 날을 그래서 알아요. 이 양반이 없다고 하면 그날 돌아가신 걸로 아는 거지. (이 중) 우리 아버지가 맨 나중이지. 음력 9월 10일 제사를 지내지. _김진웅

고양경찰서 유치장에서 풀려난 경우도 있었다. 김태식 유족에 따르면, 삼촌 김명길은 인민군 점령기 빼돌렸던 사람이 풀어 주어 살아날 수 있었다고 한다.

우리 삼촌도 그런데는 많이 끌려 다녔다 봐. 많이 다녔는데 사람이 좋다 보니까 이렇게 봐주고. 또 빨갱이한테 붙잡혀 있으면 내보내 주고 그랬다는 소리는 들었어요. 중간에 붙잡혀갔었는데 "저 사람이 나를 구해 줬다"고 그래서 풀어 줬다고. 같이 붙잡혀 가지는 않았는데. … 그런 걸 했다나 봐요. 붙잡으러 다닐 때 과격하게 안 하고. 아는 사람이 있으면 빼돌려주고 그랬던 거야. 그러니까 그 사람이 나중에 살려준 거야. 김명길이도 몰려 다녔다 그런 식으로 얘기하니까 잡아갔는데, 그 사람이 저 양반은 좋은 사람이야 이래서 살았다고 그러더라고. _김태식

희생자 김만성의 제사일이 음력 9월 10일이므로 희생일은 1950년 10월 22일, 희생자 방용섭, 김명산의 제사일이 음력 9월 5일이므로 희생일은 10월 17일이다.

우리 어머니가 밥을 해 가지고 가셨는데. 시방도 머리에 기억이 생생하지. 밥을 도로 가지고 오셔 가지고 마루에다 내 던지고 통곡을 하고 우셨다고. 그러니까 그날로 돌아간 걸로 알고. 9월 11일에 돌아간 걸로 알고 9월 10일 제사를 지내는 거지. _김진웅

그건 사람들이 날을 잡은 거예요. 전화줄로 묶여 가지고 끌고 가는 걸 봤다는 사람이 있으니까 그 날부터 밥을 안 해 간 거야. 밥을 해 가면 뭐 해 다른 사람이 받아먹으니까. 그러니까 그걸 기준으로 제사를 지내는 거야. _정만춘

우리는 음력 9월 5일 제사를 지내요. _김태식

당시 국민학교 4학년생이었던 김진웅 유족은 부친의 죽음 후 더 이상 학교를 다닐 수 없었다. 형이 군에 입대한 뒤 일할 사람이 없어 어린 나이임에도 소작 땅에서 농사를 지어야 했다.

부친의 죽음으로 졸지에 외아들이 되어 버린 김태식 유족은 성인이 된 후 가장이라며 방위 근무를 받았는데 근무 중 경찰로부터 신원조회를 지시 받아 덕이 3리 은장마을 최씨네를 조사한 사실을 기억하고 있었다.

은장, 덕이 3리가 최서방네 임서방네 집성촌이에요. 내가 방위를 받았어요. 지서에서 근무를 하다가 은장 최서방네를 지서에서 관리를 하더라고요. 나는 우습게 알았는데 거기 은장 최서방네가 빨갱이네라고. 나보고 신원조회를 해오라고 그러더라고. 당시. 40년 전에. 우습게 알았는데 거기 최서방네 은장 사람들이 오리지날이 많았나 봐. 그래 송포지서에서도 관리를 하더라고.

송포지서 은장 앵골고개에서 밤에 보초를 서는데, 최서방네 신원조회를 해오라고 그래서 몇 번 가봤어요. 최서방네 이서방네 관성이 삼촌이 무슨 호텔을 하니 그런 거를 몇 번 (조사) 했어요. _김태식

이번 면담에 참석한 유족들은 진실화해위원회 조사 당시 직접 면담에 응하지 않은 이유를 설명했다. 김진웅 유족은 또 다시 불이익을 받을까 봐 염려했다고 답했다.

얘기를 한 게, 이름을, 명의를 나쁘게 걸고 돌아가신 것 때문에 이거 해 봐야 괜히 혜택도 못 받고 괜히 이름만 고약해지지 않느냐는 거지요. 나는 그래서 얘기를 안 했던 거예요. 솔직히 얘기지. … 이름 더럽게 죽었는데, 누가 알아주냐 이거지. 시방도 한 쪽에서는 좌파로 나쁘게 보잖아. _김진웅

2007년 조사 당시 적극적이지 못했던 김진웅, 정만춘, 김태식 등 유족들은 지금도 진실을 마주치는데 소극적이거나 애둘러 합리화하는 태도를 보인다. 국가가 아니면 65년 동안 억눌렸던 이 공포를 아무도 풀어 주지 못할 것 같다.

송포면 대화리 양상석

대화리에서도 많은 주민들이 희생되었다고 알려졌지만 정작 확인된 사람들은 많지 않다. 앞 4장에서 살펴보았듯이 국군 수복 직전 대화리에서 마을 유지였던 심재원 등이 후퇴하는 인민군 측에 의해 덕이리 한산마을 뒷산에서 희생되었다. 현장에서 김형일이 총상을 입은 채 가까스로 살아나왔다.

대화리 주민들은 국군 수복 후 금정굴에서도 희생되었지만 대부분은 한

강변에서 희생되었다고 한다. 하지만 알려진 사례로는 금정굴에서 희생된 이돌섭 외에는 없었다. 2014년 7월 1일 인민군 측에게 희생당한 대화리 희생자 심재원에 대한 피해조사 과정에서 만난 홍상욱 노인은 대화리의 금정굴 희생자 양상석을 알고 있다고 했다. 그 뒤 일부러 연락을 취한 것은 아니었지만 7월 21일 희생자의 아들 양정흡씨(1947년생)와 희생자의 사촌 양귀석(1935년생) 노인이 사무실로 찾아왔다.

피해의 배경과 전개과정에 대해서 양귀석 노인이 주로 증언해 주었으며 직접 피해사실과 이후 생활에 대해서는 아들 양정흡씨가, 같은 마을 주민들의 인식에 대해서는 홍상욱 노인의 증언으로 보완했다. 각 인용문의 끝에 증언자의 이름을 적었다.

대화리는 김씨 집성촌으로 300호 중 김씨네만 200호에 달했는데 좌익 계통과 우익 계통이 나누어졌다고 한다. 좌익활동을 한 김인규는 인민군이 들어오자 바로 서울시 인민위원회로 가서 양정과장을 담당했다고 한다. 김인규, 김원규, 김승규가 삼형제였다.

> 대화리 김씨네가 무척 많았어요. 김씨네가 한 200호 살았어요. 우리 어려서는 김서방네하고 싸움을 못 했어요. 조그만 애들 싸우면 어른들이 와서 떼거리로 덤벼가지고 그랬다고. 대화리가 커서 한 300세대 살았거든요. 김서방네가 한 70프로 차지하니까 꼼짝 못하고. _양귀석

> 우리 아버지가 아프셔서 야경을 못 도니까. 내가 그때 열 다섯이지만 키가 커서 야경을 돌러 같이 나가요. 그러면 거기 대화리 김씨네 젊은 사람들이 많이 모이더라고요. 그런데 그 사람들이 전부 보도연맹이에요. 내가 보도연맹이란 걸 몰랐거든요. 그러더니 6·25가 발발되니까 전부 빨간 완장을 차고 그 사람들이 나온 거예요. 그래 그 사람들하고 같이 나가서 순찰을 도는데 벽보 붙이죠, 삐라 뿌리죠. 그걸 누가 잡아요? 경찰관 하나가. 대화리 파출소 밑에 의용

희생자 양상석의 아들 양정흡씨와 사촌 양귀석 노인. 희생자는 인민군 점령기 반장일을 보았다는 이유로 금정굴에서 희생되었다고 한다.

소방대 사무실이 있었거든요. 거기서 앉아 있고. 순찰 돌러 다니면 이 사람들이 벽보 붙이고 삐라 뿌리는데 뭘 잡아요? 우리는 그것도 모르고 따라만 다니는 거지요. _양귀석

내가 알기로는 김서방네도 7형제 손으로 한 200호 살았거든요. 일본말로 개명을 했을 때 가네오미, 기무라, 히로무라, 그렇게 세 성을 했어요. 그런데 히로무라는 우익 계통이고 가네오미나 기무라는 보도연맹에 많이 가입하고 그랬어요. 그래 가지고. 김형일이라는 이가 히로무라거든요. 우익 계통. 서울에서 살다 왔다고 해 가지고 끌려갔는데. 그 이는 젊어서 미리 쓰러지면 살겠다 그래서 미리 쓰러졌는데. (총이) 어깨에 관통하고 허벅지에 관통하고 그래서 기어 나와 가지고 살았다고. _양귀석

김인규요. 아까 김승규라고 있잖아요. 그 사람의 큰형이에요. 김인규, 김원규, 김승규 그렇게 삼형제였었는데 인규는 큰 마누라의 아들, 원규하고 승규는 작은 마누라의 아들, 그래요. 김인규씨가 아주 잘 생겼어요. 키도 크고 아주 미남이었어요. 지금 이런 일이 없었으면 국회의원이라도 한 번 해 먹었을 거라고 여겼거든요. 뜀도 잘 뛰고 인물도 잘 생기고. 그렇게 한 이가. 그 집 일꾼이 경상도 노랑머리라는 사람이 하나 와서 무상으로 남의 집에 살았는데. 그걸 뭐라고 하나? 세포? 그 사람이 이용을 당해서. 그 바람에 김인규가 망한 거예요. 그래 김씨네가 망한 거예요. _양귀석

김인규씨는요 6·25 발발되자 서울로 바로 갔어요. 서울시에서 양정국장을 했어요. 그러니 얼마나. 그 사람은 동네에서는 일체 누구하나 털끝 머리카락 하나 건드리지 않았어요. 서울로 바로 갔어요. … 김인규씨네가 농사도 무지하게 많았었어요. 산이고 뭐고 재산도 많았는데. … 그 많은 땅이 흐지부지 다 없어졌지요. _양귀석

양귀석 노인이 말하는 김형일은 앞 4장에서 나오는 인민군 후퇴기 한산마을 뒷산 생존자로서 우익 계통의 김씨네 집안 청년이었으며, 김원규는 심난옥 할머니가 복면을 썼지만 자신을 끌고 나간 사람이 틀림없다고 주장하는 사람이다.

인민군 측 인사들이 월북 또는 피신하였고 국군이 수복했다. 희생자는 인민군 점령 당시 마을 반장을 보았다는 이유로 송포지서로 끌려갔으며 얼마 뒤 고양경찰서로 이송되었다.

> 그때 제 사촌이 마을 반장인가 뭘 봤어요. 6·25 때이지요. 인민군 들어와서. 반장을 본다고 그러더라고요. 그러더니 9·28수복이 되고 나서. 파출소. 그때는 지서라고 했지요. 송포지서에 끌려갔다는 이야기가 있고 그 이튿날 일산 고양경찰서로 넘어갔다고 그러더라고요. _양귀석

희생자의 모친이 고양경찰서로 밥을 날랐는데 어느 날 없어졌고, 시신이나마 수습하겠다고 사정했으나 고양경찰서 측에서는 모른다고 발뺌했다. 밤에 끌고 나갔다는 소문이 났다.

> 밥은 할머니가 한 두 번은 갖다 줬데요. 고양경찰서로. 갔는데, 세 번째 간 날인가 네 번째 간 날 거기서 없어졌데요. 거기서는 어디로 갔는지 모른다고 그러데요. 그런 얘기를 하더래요. 그래서 시신이라도 묻게 어디로 갔는지라도 알려달라고 했더니 "우리는 모른다"고 했데요. 무조건 끌고 나갔다 그래요.… 밤에 와서 끌고 나갔데요. 그러니 어디로 끌고 갔는지도 모르는 거지요. _양정흡

그러나 금정굴에서 희생되었다는 사실이 곧 알려졌다. 고양경찰서에 희생자와 함께 고양경찰서에 잡혀 있었던 양 노인의 6촌 형수 조씨가 한방에

같이 있던 희생자가 끌려 나가는 모습을 목격했기 때문이었다. 가족들은 풀려난 형수 조씨로부터 희생자가 금정굴에서 죽었을 것이라는 말을 들었다. 형수 조씨는 앞의 김씨 삼형제 중 막내 김승규의 처형으로 김승규 때문에 잡혔다. 남편의 이름은 양우석이었다. 당시 금정굴의 주소는 송포면 덕이리 산4번지였다.

> 금정굴하고 고양서하고 거리가 한 1키로 되나 그래요. 밤에 끌고 가면 뭐 아나요. 거기서 금정굴로 가려면 시장 가운데로 해서 봉일천 가는 길로. … 그리고 나서 들리는 얘기가. 그때 같이 감방에 계시던 6촌 형수가 있었어요. … (6촌 형수의) 이름은 몰라도 성씨는 알아요. 조씨에요. 한 방에 같이 있다가 하루 저녁에 나가더니 안 들어오더래요. 그 후 조금 있더니 금정굴 얘기를. 우리도 그때. 금정굴이 송포였었는데, 지금은 일산이지만. 송포에 있는 금정굴이란 건 몰랐는데 옛날에 왜정 때 금을 캐던 데다 그렇기 때문에 알았어요. 거기 갔을 거라고. 백발백중 금정굴에 가서 돌아갔다 얘기를 하더라고요, 그 아주머니가. _양귀석

> (조씨 할머니) 그 분은 살아 나오셔서. 그 양반도 동생의 남편이 빨갱이라고 그래 가지고 처형까지 고양경찰서로 잡아다가 "(남편은) 어디 갔냐?" 그런건데 뭐 이북으로 갔는지 모른다고 그래 가지고 그 양반은 얼마 안 있다 나왔어. 우리 6촌 형수니까 이웃에 살았지요. 조씨 할머니 바깥어르신은 양우석. … 처형이라고. 동생의 남편이 빨갱이라고. 자매라고 경찰서까지 잡아간 거지. 그 형수님도 고양경찰서까지만 갔다 왔지 아무 피해 없이 사시다 돌아가셨지. (의심받았다는 동생의 남편 이름은) 김승규. _양귀석

> 할머니가 말씀을 하시고. 7촌 아줌마가 와서 네 아버지는 (경찰서에서) 어디로 가서 없어졌다고. 아무래도 금정굴 산 고개에서 죽인 것 같다고. 자꾸 그런 말씀을 많이 들었어요. 그 소리를. 그리고 나서 얼마 후에 그 아주머니가 출소하신 거지요. … 할머니하고 가까이 사시니까. 마을에 오시면 늘 "네 아버지 불

쌍하게 죽었다"고 그랬어요. 와서 앉아 계시다가 그런 이야기를 하시지요. 그냥 죽어도 저거한데 어떻게 끌려 나갔는지 몰라 그게 불쌍해 죽겠고 어디가 파 묻혀 있는 지도 모르고 찾지도 못한다고. 늘상 그 이야기만 해 주신 거예요. (할머니 성함은) 이기남. 할아버지는 양재준. 할머니께서는 늘상 어디에 파묻혔는지 시체라도 찾으면 좋겠다고 그랬어요. _양정흡

양귀석 노인은 이미 진실화해위원회에서 진실규명된 이돌섭과 희생자 양상석 외에도 아들 정광수가 부역했다며 부친 정귀영이 송포지서 창고에서 치안대 감찰 한○민에게 매 맞아 죽었다고 증언했다. 아들 대신 살해 당한 것이었다. 한○민과 김○규가 사람을 많이 죽였는데 주로 이산포 강가에서 죽였다고 한다. 또 다른 기억나는 희생자는 경기호의 부친 경학관이 있으며, 이 외에도 육손이 어머니 등 10여 명이 이산포에서 희생되었다고 한다.

이돌섭이요? 한섭이 형. 그때만 해도요 빨갱이 노릇하다가 죽었으니까 챙피하고. 잠자코 있었던 거지요. 다들 그렇지요. 대화리에서 죽은 사람 무척 많아요. 가족이 다 죽은 사람도 있고. _양귀석

양상석이가. 그는 빨갱이 아닌데요. 그 이도 억울하게 죽었다는 소리는 들었어요. 양상석씨라고. 살기가 어려웠어요. 곤란했어요. 나보다 나이가 많았는데. 빨갱이 활동을 하신 분은 아니었어요.
(어디서 돌아가셨는지) 그건 모르겠어요. 난 열 아홉에 결혼해서 친정에 와서 사니까 대화리는 모르지요. 거기 논두렁 건너인데. 이한섭은 갯갓말이라고 우리 동네에서 조금 내려가요. … 이돌섭이 빨갱이인지 뭔지 죽었다고 그랬어요. _홍상욱

누가 죽였는지 그런 건 알려진 게 없어요. 또 아는 거로는. 아들이 빨갱이 노릇을 했는데 어머니 아버지를 데려다 죽인 것이 있어요. 그때는 치안대. 치안

대 감찰들이. 그게 인민군 시절에 동네 일을 보았든. 인민위원회 위원장인가 뭐 하든. 정귀영? 아들이 정광수이거든요. 그 사람은. 송포파출소에서 이만큼 오면 양곡창고가 있었어요. 50평짜리 창고. 거기에 사람들을 전부 가두었다가. 거기 현장에서 매 맞아 죽었어요. 정광수 아버지가.
한○민이라는 사람이 있어요. 그 사람은 (지금) 죽었지. 치안대 감찰. 대화리 성저부락 사람이에요. 한○민하고 같이 두 사람이 감찰을 봤어요. 김○규가 사람을 많이 죽였어요. 둘이서 많이 죽였어요. 그 사람도 (지금) 죽고. … (금정굴이 아니라) 저기 이산포. 강가에다 그냥 쏴 죽였어요. …(또 다른 피해자로) 경기호라고 송포초등학교 교장한 사람이 있어요. 경기호. 기호의 아버지 경학관인가? 그 사람이 거기서(이산포 강가) 죽고. _양귀석

(이돌섭) 금정구뎅이. 세상에. 그 사람 점잖았어요. 빨갱이 노릇은 안 했을 텐데요. 돌섭이 알아요. 갯갓말이라고. 지금 이름 들으니까 (죽은 것은) 알겠는데 어떻게 된 것은 모르겠어요. 돌아가신 분은 내가 잘 모르지요. 그런데 그때 당시 원 이름이 덕이 뭔가 그 양반도 있고. 그 아래 양상석씨라고 그 양반도 거기(금정굴)에서 돌아간 것 같고. _홍상욱

한강변에서는 저쪽 일을 본 사람들이 많이 죽었어요. (인민군쪽 일을 본 사람들) 한강변에는 김○기라고. 그 사람이 대동청년단인가, 뭐. 그 조직의 감찰부인데. ○기라는 사람이 데려다가 많이 죽였어요. 그는 이북 사람이야. 적색분자를 그 사람이 골라서 막. 아무것도 모르는 농사꾼이 그런 짓을 왜 하는지, 아이고. _홍상욱

우리가 이 사람들을 직접 본 게 뭐냐면 우리도 향토방위대에 있었거든요. 치안대에 가서 밤에 보초도 서 주고. 대화리가 8개 부락인데 한 바퀴 돌면 세 시간이 걸렸어요. 그래 순찰도 돌고 그랬는데, 그 사람들은 고양서로 안 가고 김포로 후송한다고 포승을 묶어서 끌고 나가더라고. 그래 가지고 강변에 가서 쏴 죽였다는 소리는 늘. 김○규하고 한○민이하고 둘이 끌고 가서 죽였어요. (돌아가신 분들이 대략) 그때 한 10여 명 되는데 이름은 하나도 모르겠네. 육

손이 어머니 그 집도 다들 없어지고. 그 사람은 꺼려할 것도 없지 뭐. 창고에서 그냥 죽어서 광수네 산에다 가매장 해 놓고 나중에. 치안대는 지서장이 지휘를 했어요. 지서주임이지. _양귀석

이후 양정흡의 할머니 이기남은 마을에 오면 늘 "네 아버지 불쌍하게 죽었다", "어디가 파 묻혀 있는 지도 모르고 찾지도 못한다"는 이야기를 했다. 제사일은 모르며 금정굴에서 돌아가셨을 것이라는 확신은 발굴하면서부터 가질 수 있었다고 한다. 발굴 당시 현장을 찾아갔었고, 진실화해위원회가 활동을 했다는 사실을 뒤늦게 알았다.

그거 발굴하면서 우리 아버지도 저기에 들어 가지 않았을까. 저도 거기 가 봤어요. 거기 포장을 쳐 놨는데 아래를 쳐다 보니까 보이질 않아요. 얼마나 깊은지 캄캄하더라고요. … 오싹오싹해서 쳐다보다 말고 얼른 뛰어내려왔어요. 거기서. 우리 아버지가 밤중에 돌아가셨으니까 혹시나 하고 있었던 거지요. 그런 생각도 있어요. … 10년 전에 거기(금정굴) 가 봤더니요 포장 덮어놓고 콘테이너 박스가 있더군요. 뭐 흔적이 있어야 유골을 찾지. _양정흡

예전에 금을 캐느라고. 100미터 깊이로 옆으로 파서 금을 캤다고 해서 금정굴이라고. 돌을 떨어뜨리면 한참 떨어지는 소리가 났는데. … 내가 송포농협에서 근무하다 퇴직했거든요. 김양원이 발굴위원장한다고 해서 도장을 이만큼 가져왔어요. 이 중에 아는 사람이 있냐고. 찾아보니까 법곳리 사람 도장 심누구(발굴된 도장에는 심상신이 새겨져 있었음)라고 하는 사람 도장 하나만 기억이 나더라고요. 그 사람 것만 내가 찾아 줬어요. 법곳리 가면 틀림없이 있을 거라고. _양귀석

유족들은 희생자의 시신을 찾아다니던 중 구산리 강변에서 이산포나루를 거쳐 행주나루까지 한강변을 따라 시신 무더기가 5~6곳에 걸쳐 널려 있

는 것을 목격했다고 한다. 적어도 200명을 넘을 것으로 추정해 왔는데, 양귀석 노인은 자신이 살던 마을에서만 10여 명이 희생되었다고 한다.

아들 양정흡씨는 진실화해위원회의 조사사실을 뒤늦게 알았다. 먹고 살기 바쁘다 보니 신경을 못 썼다는 것이었다. 진실규명을 위한 국가의 능동적 역할이 절실해 보인다.

송포면 법곳리 심봉식

송포면 법곳리에 살던 심봉식은 국군 수복 후 도촌치안대에게 연행되었으며 송포지서를 거쳐 고양경찰서로 이송된 뒤 금정굴에서 희생되었다. 희생자 심봉식의 딸 심옥임(1947년생) 유족을 2014년 3월 21일 재단 사무실에서 처음 만났다.

심봉식의 희생사실에 대해서 2014년 3월 24일 같은 마을 주민이자 또 다른 법곳리 희생자 심기만의 동생 심기호(1936년생) 노인이 증언해 주었다. 희생자 심봉식에 대한 기록은 대검찰청 수사국에서 발행한 《좌익사건실록》에서도 확인된다.*

심옥임 유족은 부친 심봉식의 당시 나이를 27~28살로 추정했으며, 거주지는 법곳리 449번지 동촌마을, 직업은 농사로 기억했다. 마을에서 하는 역할은 없었으며 가족으로 아내와 딸이 셋 있었다.

희생자와 같은 마을에 살던 심기호 노인은 먼 친척으로 심봉식과 같은 집안사람이고 조카뻘 된다. 그는 전쟁 전 도촌마을이 우익성향은 강했지만 동촌마을과 큰 갈등은 없었던 걸로 기억했다. 전쟁은 동촌을 피해 마을로, 도촌을 가해 마을로 만들어 버렸다.

---

* 대검찰청 수사국, 《좌익사건실록 5》, 1970, 214~218쪽.

저는 (아버님이 어떻게 돌아가셨는지) 잘 모르는데요. 한 동네에서 주욱 같이 나가서 돌아가셨어요. 엄마도 생전 그런 얘기를 안 하시더라고. 나는 아버지 없이 자랐기 때문에 (아버지 있는 친구가) 굉장히 부러웠어요. 어머니는 돌아가셨다는 얘기도 잘 안하셨어요. 제가 조금 커서 알게 된 거지요. 엄마가 23살인가 혼자 되셨으니까. 내가 네 살인가 세 살에 혼자 되셨으니까. 5년밖에 (함께) 못 사신 건데.

돌아가신 분은 아버님 심봉식이고, 당시 연세는 기억을 못 해요. 어머니하고 4년 차이가 되는 것 같은데, 자세히는 모르겠어요. 대략 스물 일곱이나 여덟 되었을 거예요. 당시 법곳리 동촌마을에 살았어요. 자기 땅 가지고 엄마하고 사시면서 (농사) 하신 거니까 크기는 얼마 안 되었겠지요. … 인물에 대해서는 사진 한 장도 보지도 못했어요. 남들 얘기는 아버지가 잘생겼다는데, 인물도 모르고, 잘생겼는지, 못생겼는지도 모르고. 저 세 살적에 돌아가셨어요. 저는 그것도 기억 못해요.

위 《좌익사건실록 5》에 수록된 1950년 4월 12일 서울지방법원의 판결문은 희생자 심봉식의 주소지를 송포면 법곳리 439번지로, 직업은 농업이라면서 "본적지에서 한문을 2년 간 수학하고 강습소 1년을 수료"했으며 1947년 7월 남로당에 입당했고 1949년 7월 인민유격대에 가입했다는 이유로 2년 6월의 징역형을 선고받았다고 적고 있다.

이 판결문 자료에서 죄명이 확인되지 않지만 이런 경우 대부분 '국가보안법 위반'이었다. 당시 반정부 인사들 대부분은 이런 종류의 판결 후 석방되어 국민보도연맹에 가입하거나 형무소 재소자가 되었던 것으로 확인된다. 오늘날에도 위헌여부를 다투고 있지만 당시 반국가 혐의의 입증은 이적단체 가입 여부에 달렸고 물증은 '회합' 정도면 충분했다. 행위에 대한 입증이 필요 없었으므로 전적으로 자백에 의존했으니 극심한 고문을 피할 수 없었

심옥임 유족과 황주선 유족. 심씨는 아버지 없는 것이 가장 서러웠다고 한다. 법곶리 동촌마을에서 희생자 심봉식 등 8명의 청년들이 금정굴에서 희생되었다.

다. 1949년 7월 고양지역의 정치 사회 상황에서 인민유격대 가입이 가능했는지도 의문이 아닐 수 없다.

재판 후부터 1950년 10월 집에서 연행될 때까지 희생자의 행적은 확인되지 않는다. 하지만 재판일과 재판을 받은 장소가 서울지방법원이었다는 사실로 보아 이후 서울형무소에 수감되었다가 인민군 점령 후 풀려나왔을 것으로 보인다. 이후 어떤 일을 했는지 확인되지 않으며 국군 수복 후 집에서 지내던 중 도촌치안대에 의해 고양경찰서로 끌려갔다.

9·28수복 후 해방이 되었다며 동네에서 회의를 열었다. 이 자리에서 부역을 했다며 누구 누구를 잡아가라고 손가락질했다. 인민군들이 왔을 때 부역했다고 하여 잡아갔던 것이었다. 동촌마을 희생자는 모두 8명인데, 심기만, 심우현, 심재천, 심준섭 등 4명이 도촌치안대에 의해 먼저 잡혀갔으며, 얼마 뒤 국군 환영대회에 참가했던 심봉식, 노인성, 노춘석, 유필준 등 4명이 그 자리에서 잡혀갔다. 희생자들의 나이는 모두 20대였고, 연행자는 도촌마을 20대 사람들이었다.

금정굴사건 희생자 심기만의 동생인 심 노인은 형이 마을 창고에 갇혔다가 고양경찰서로 옮겨졌는데 그 때에서야 밥을 가져오라는 연락을 받았다고 한다. 심 노인은 고양경찰서로 일주일 정도 밥을 날랐다.

당시 4세였던 희생자의 딸 심씨는 큰아버지로부터 부친의 희생사실에 대해 들은 것으로 기억하고 있었다. 마을에서 함께 돌아가신 분들이 여럿이었다는 이야기도 성인이 되어서야 알 수 있었다.

당시 (마을 사람들하고 끌려가서) 같이 총에 맞아서 돌아가셨겠지요. 그거밖에 몰라요. 큰아버지가 알려 주신 것 같아요. … 누가 붙들어 갔는지 나는 모르지. 제사는 지금 큰집에서 지내요. 9월로 지내요. 여드레인가 초닷새인가. 하여튼 몰라요. 딸이 안 지내니까.

(동촌마을) 여러 사람이 한꺼번에 돌아가신 거지요. 병길네 아저씨, 황주선씨 할머니네 아저씨, 조카네 신서방네. 한 5~6명. 저기 재서네도 있다며. 돌아가셨다는 분들 이름은 모르지요. 그 양반들이 다 합쳐서 가신 양반들인데.

심씨는 당시 어머니가 밥을 날랐다는 것을 들어서 알고 있지만 밥을 날랐던 장소가 지서였는지 아니면 경찰서였는지는 모른다. 이후에도 어머니가 1년에 한 번씩 밥을 아랫목에 묻어 두었다가 제삿상을 차리던 것을 잊지 않고 있다.

우리 엄마도 맨날 밥 싸 가지고 다녔데. 고양경찰서로. 꼭 닷샛날(음력 9월 5일)이면 밥을 떠 놓고 아랫목에다 묻어 놓더라고. 나 어렸을 적에도 항상. 나이 어려 제사를 지냈는지 안 지냈는지는 모르겠는데 그거는 (기억 나). 한 번도 안 빼고 맨 날 모시더라고요. 제사인지 뭔지 하여튼 모르겠어요. 일 년에 한 번이겠지요. 밥을 떠 놓으시더라고요. 나는 어려서 몰라요. 돌아가셨다고 생각되시는 날에 밥을 떠 놓으셨어요.

사건 후 남겨진 희생자의 처는 재가하지 않고 3명의 딸을 길렀다. 심씨는 결혼 후 동생과 함께 고향을 떠나 서울에서 살았으며 유족회의 진실규명 활동 소식을 전해 듣지 못했다.

아버님 돌아가시고 엄마가 그냥 농사짓고 산 거지요. 과부 양반이 혼자 무지무지하게 고생하셨지요. '남자는 저리로 가라' 였으니까. 우리 큰집도 딸이 일곱인데, 버리고 가면 우리는 어디로 가요. 남의 집 갈 수밖에 없어. 그

올해로 80세인 심기호 노인은 법곳리 동촌 마을에서만 형 심기만을 비롯해 모두 8명의 청년이 금정굴에서 희생되었다고 증언했다.

래서 못 갔다고 그러더라고. '너희들 두고 가면 천상 남의 집 들어가는 것밖에 없었다'고.

법곳동에서 19살까지 살았어요. 결혼하고 떠났어요. 엄마는 4년만에 모셔갔어요. 막내도 저희하고 같이 가서 살았어요. 27살에 시집을 보낸 거예요. 큰 언니는 형부가 군인이었기 때문에 (못 모셨어요). 농토는 80년대에 팔았나봐요. 아버님 돌아가신 직후에 해코지당한 일은 없었어요. 저는 몰라요. 기억도 안 나고.

진실화해위원회는 동촌마을에서 심봉식을 뺀 7명을 희생자로 진실규명 결정을 내렸다. 심봉식의 희생사실이 누락된 이유는 심봉식의 유족들이 조사사실을 몰라 신청하지 못했고, 조사 초기 이웃 주민들로서는 당사자들의 동의 없이 다른 사람의 피해에 대해 말하는 것이 부담스러웠던 데다가 증언의 내용이 해당 유족에게 이로운지 아니면 해로운지 판단하기 어려워 증언하지 못했기 때문이었다고 한다.

피해자의 제삿날은 조카가 지내고 있었는데, 음력 9월 5일이었다.

송포면 법곳리 심준섭

희생자 심준섭은 법곳리 초기 희생자 4명 중 한 명으로, 2007년 진실화해위원회로부터 진실규명 결정을 받았지만 당시 직계 유족으로부터 직접 증언을 듣고 내려진 것은 아니었다.

예정했던 실태조사를 마친 뒤인 2014년 9월 17일 희생자의 제수 최금선(1934년생) 할머니를 법곳동 자택에서 만날 수 있었다. 희생자의 동생이었던 심인섭 노인이 참관했으나 치매증세로 정상적인 증언이 이루어지지 않았다.

고양군 송포면 법곳리에 살던 희생자 심준섭은 심상섭, 심인섭 등 5남매 중 2남이었다. 희생자는 한국전쟁이 발발 후 9·28수복이 되자 경찰에게 연행되어 송포지서를 거쳐 고양경찰서로 이송되었다. 희생자가 연행당하는 모습을 목격한 모친과 처가 고양경찰서로 밥을 나른 지 며칠 뒤 경찰서로부터 더 이상 밥을 가져오지 말라는 말을 듣게 되었다. 이는 곧 죽음을 의미했다.

> (9·28수복 후) 돌아가셨어요. 상섭씨 마나님이지. 그 전에 엄마가 계셨는데 엄마하고 둘이 경찰서에 밥을 날랐데요. 그때는 버스도 없고 걸어서 왔다갔다 하루에 한 번씩 밥을 보냈데요. 경찰서로. 그렇게 하라고 해서. 그랬는데 어느 날 갑자기 밥을 가져오지 말라는 명령이 있었데요. 그러니까 그때부터 밥을 안 해 간 거지. 나는 보지도 않고 단지 어른들께서 말씀하신 것을 듣고 안 거지요. 밥을 가져오지 말라고 해서 밥을 안 해 가셨데요.

얼마 뒤 고양경찰서로 끌려간 청년들이 숯고개 감내가는 길에 있는 금정굴에서 모두 총살당했다는 소문이 퍼졌다. 하지만 희생자의 가족들은 피해사실을 확인하거나 시신을 수습할 엄두조차 내지 못했다.

> 그때 왜 그렇게 되었냐 하면. 여기 (마을) 사람들도 다 같이 가서 금정굴로. 인천상륙 때 들어와 가지고 우리 군인이. 빨갱이는 후퇴해서 가고. 붙들어다가 경찰서에서 아마 구치생활을 했던가 봐요. 그때는 구치소에서 밥을 안 줬는지 어쨌는지 그렇게 했데요. 금정굴로 가지고 가서 다 세워 놓고 따발총으

로 따다다닥 쏴서 죽여 가지고 거기다가 쓸어서 묻었데요. 그렇게 했다는 말씀을 하시더라고요. 어른들께서.

(먼저 간 사람들이) 거기(고양경찰서)서 부니까 또 데리고 갔겠지. 빨갱이 정치가 어쩌고 저쩌고. 빨갱이래서가 아니라 빨갱이 놈이 와서 "(일을) 봐라"고 하면. 옛날에 바닥 빨갱이도 많았잖아요. 바닥 빨갱이들이 "너희 안 보면…" (그러니까) 할 수 없이 좀 했대나 어쨌대나. 그래 가지고 인제 그 때 일 봤다고 해서 데리고 간 거야. 그래 숨어 다녔데요. 둘째 시동생은 너무 억울하게 돌아갔다고 그러시더라고. 우리 시어머니도 그러시고.

희생자는 전쟁 전 결혼을 했으나 신혼이라 슬하에 자녀가 없었고, 희생자의 처는 사건 뒤 재가했다. 가족들은 희생자의 억울한 죽음을 되새기려 하지 않았으므로 제사를 지내지 않았다.

제사나마나 자손도 없고 마나님도 없고 그렇게 하다가 돌아가시니 누가 저렇게 (제사를) 해. 그 형제들도 무심코. 마나님이 있었는데 시집가라고 그랬데요. 젊으니까. 혼자 사니까. 옛날 시절에는 그랬잖아요. 그래서 가셨데요. 그렇게 하고 그만이지요, 뭐. 나가신 날짜는 여기(법곳리) 사람들하고 똑같이 나갔겠지. 그렇게 알고 있지, 내가.

최금선 할머니는 희생자 막내 동생 심인섭의 처로 전쟁 후 결혼했다. 희생자 피해사실에 대해서는 시어머니와 큰형수로부터 들었다. 며느리 최 할머니는 억울하게 잃은 큰아들의 죽음에 대한 슬픔을 감추지 못하고 매일 눈물로 지내던 시어머니의 모습을 기억하고 있다.

금정굴로 끌려가서 돌아가셨다는 거야. 그 양반도 (금정굴이 어디인지) 알고 있지만 거기는 나도 알고 있어요. 저 숯고개라고 일산에 넘어가다 보면 테뫼

희생자 심준섭의 제수 최금선 할머니는 결혼 후 시어머니로부터 금정굴 희생과정에 대해 자세히 들을 수 있었다. 시어머니는 매일 눈물로 지냈다고 한다.

산 밑에 감내 가는 길이라고 그랬나? 거기 있지요. 금정굴이 거기에요. 나도 고향이 고양인데. 나는 태생이 식사리에요. 다 알지요. 여기 시집와서는 여기 시어머니, 큰 동서하고. "우리 아무개는 너무 억울하게 죽었어" 그러시고. 그러니까 내가 다 알고 있지. 나는 아는 게 그거예요.

우리는 6·25사변 지나고 결혼을 했으니까. 그때 얘기를 세밀히 해 주시더라고. 나 와서도 제사 소리는 일절 없더라고. 마음이 아프니까 아마 묻어버리셨나 봐. … 송포지서가 있었어요. 가까운데서 끌어다가 경찰서로 넘겼겠지. 보나마나. 있잖아 순서가. 상황이 그랬겠지. 예나 지금이나 상황이 똑같겠지. … 밤낮 우셨어요, 우리 시어머니가. 너무 억울하게 죽었다고.

희생자의 가족들은 진실화해위원회에 의해 진실규명되었다는 소식을 들었지만 그것이 무엇을 의미하는지 알 수 없었다. 유족회 활동을 한 것도 아니었으므로 국가배상소송이 가능한지도 몰랐다.

한국전쟁 당시 고양지역에서 이승만 정부에 의해 학살당한 것으로 확인된 희생자는 102명. 그 중 국가배상소송에 의해 사법부의 판단을 받은 희생자는 31명에 불과하다. 희생자 심준섭은 사법부에 의한 판단의 시기를 놓친 71명 중 한 분이다.

벽제면 고양리 임윤근

금정굴사건 희생자 임윤근의 아들 임동철(1937년생)유족을 2014년 3월 19일 재단 사무실에서, 친구 김복순, 강신욱씨와 마을 선배 이종화(1934년생) 노인을 2014년 4월 8일 고양동에서 만났다. 한국전쟁 당시 국군 경찰은 물론 인민군 측에 의한 민간인 피해도 함께 조사하고 있음을 설명했다.

임동철 유족은 사건 당시 14세였다. 벽제면 고양리에 살던 부친 임윤근이 인민군 점령기 노역을 했다는 이유로 고양출장소로 잡혀갔다가 고양경찰서로 이송된 후 금정굴에서 희생되었다. 임동철 유족은 당시 외아들로 위로 누이가 셋이 있었다. 희생자는 외아들 임씨를 끔찍하게 여겼던 기억이 있다. 부친의 희생은 지금도 큰 충격으로 남아 있다.

김복순씨와 강신욱씨는 임동철의 부친 임윤근이 지서로 끌려간 뒤 살해당했다는 것을 알고 있었다. 고양경찰서로 이송되어 금정굴에서 희생되었을 것으로 생각하고 있다. 증언자의 이름을 각 인용문 끝에 달았다.

서울에 살면서 장농을 만들던 임윤근은 일제강점기 처가가 있던 벽제면 고양리로 이사했다. 고양리에서도 가구 만드는 일을 계속했다. 이웃에 살던 이종화 노인은 희생자가 만든 장농을 지금도 갖고 있다고 했다.

> 제 아버지가 서울에서 이 동네로 이사 온 지가 한 7년 되었어요. 내가 여덟 살 때였어요. 여기 왜 오게 되었냐면, 외삼촌이 아버지에게 돈을 많이 갔다 쓰셔서 갚을 수가 없으니까 옛날에 살던 집을 아버지에게 주었어요. 그래서 서울에 있던 집을 팔고 이사 와서 살게 되었어요. … 옛날 가구 만드는 기술자, 목공이었어요. _임동철

> 해방되기 전에 서울에서 살기 어렵고, 또 여기에 외갓집 동네고, 그러니까 처갓집 동네지. 여기에 와서 더러 장을 많이는 못 팔아도 내 사촌 큰집 것도 맡았고 우리 집도 장을 하나 맞추어서 이 사람(임동철) 부친의 손 자국이 남은 것이 있었어요. 그걸 내가 알아. _이종화

6월 25일 인민군의 공격이 시작되고 북쪽의 주민들이 고양리를 거쳐 피

임동철 유족은 벽제지서에 감금되어 고문을 당했던 부친 임윤근의 모습이 지금도 잊지 못한다.

난을 가는 모습이 목격되었다. 누가 소문을 냈는지 점령군이 여자들을 모두 겁탈할 것이라고 하여 집안의 여자들만 서울로 피난을 갔다고 한다. 며칠 지나 피난민들이 떠났던 길로 인민군들이 지나갔다.

> 전투 벌어진 것은 못 보고. 그 당시 난리가 났을 때 파주 고랑포 있는 사람들이 피난을 와요. 고양리 쪽으로. 마차에 짐을 싣고. 보광사 쪽에서도 오고. 우리도 피난을 가야 되는데 갈 처지가 못 되는 거예요. 그때 이상한 게, 어떤 소문이 났냐면, 소문에 제네들이 (인민군이) 내려오면 여자는 다 겁탈한다고 해서 딸들 세 명만 (피난을) 갔어요. (아버님하고는) 왜 못 갔는지 기억이 안 나요. 짐을 막 싸다가 "이젠 괜찮다"고 했어요. 그 당시 기억으로는 괜찮데요. 갈 필요 없다고 해서 주저앉은 걸로 기억나요. 여자들은 서울 고모네 집으로 작은 집으로 피난을 보냈어요. 그 기억밖에 안 나요. _임동철

> 그 다음날인가 그 다음다음날인가 밤에 구루마들이 막 오데요. 우리가 길 옆이니까 그 소리에 잠에서 깼어요. 그리로 지나가는 거예요. 인민군이 점령하면서 내려오는 길인 것 같아요. 차소리도 나고 마차소리도 나고 굉장히 지끌지끌했어요. 저녁에. 그리고 그 다음날은 조용하데요. _임동철

전쟁이 났다는 소문을 들은 같은 마을 이종화 노인은 서울 친척집으로 피난을 갔다가 서대문과 독립문에서 인민군 전차가 서대문형무소로 간 뒤 곧 형무소에 갇혔던 정치범들이 풀려나오는 모습을 목격했다. 고양리로 돌아오는 길에 연신내와 구파발 부근에서 서울로 가는 후퇴로가 막힌 국군이 행주나루로 향하는 것을 목격했다.

(인민군) 탱크병들은 까만 옷을 입고, 헬멧 쓰고. 대포를 서대문 네거리에 세워 놓고 아현동 쪽에다가 펑펑 쏘는 거야. 한 대가 또 오니까 "부웅" 하고 독립문 쪽으로 올라가. … 거기 잠깐 서 있는 동안에 전차 두 대가 올라가고 (형무소를) 빠개가지고 죄수가 금새 내려오더라고. _이종화

하루 밤을 더 자고 고양리로 다시 오는 거야. 걸어서 나 혼자서. 왕래하는 사람들은 많아. 연신내 즈음 가니까 국군이 있는데, 1개 대대가 있는데 의정부 쪽에서 왔대. 내가 물어까지 봤어요. 지금 생각해도 의정부에서 올만 해. 그 다음에 구파발에 가서. 오른 쪽으로 가면 북한산이거든. 그 산 밑에 구파발 삼거리 있는 데서부터 저 꼭대기 예비사단 있는 곳까지 국군이 꽉 찼어.
인민군은 서울에 와 있는데. 그래서 어디로 가려고 그러냐고. 우리 보고 서울에 (인민군이) 들어왔느냐, 탱크가 몇 대나 왔느냐 물어 봐. 물어보는 대로 알려 주고. (어디로 갈 계획이냐니까) 행주산성으로 갈 계획이래. 덕은리로 해서. 능곡으로 해서 가겠지. 그 군인들이 한 만 명? 오천 명은 넘을 것 같아. 전쟁도 못해 보고 의정부에서 밀려 온 거야. _이종화

고양리를 점령한 인민군 측은 인민위원회를 구성하고 점령행정을 시작했다. 임 유족에 따르면 집집마다 재산상태를 조사했다고 한다. 그러던 어느 날 새벽 부친이 불려나갔다가 다음날 아침 집에 돌아왔다. 부친은 어디론가 피신하려 했지만 다시 잡혀왔고 이후 면 인민위원회로 불려다니며 점령군 측이 시키는 일에 동원되었다.

우리는 그런대로 산다고 해서 조용하게 살았는데, 소문은 막 돌지요. 조사들이 나오고. 부잣집, 가난한 집 뭐 그런 거를 내무서인가 하는 애들이 집집마다 나와 조사를 해 가지고 가더라고. 우리는 그때 굉장히 가난했어요. _임동철

(전쟁 당시) 어렸지만 확실히 기억나는 건. 새벽에 두 사람인가 세 사람이 왔어요. 같이 가만히 자는데 와 가지고 아버지를 찾아요. 주무시는데 엄마가 나

가서 "누가 찾아왔어요". 밤인데 갔어요. 나도 깨서. 그날 끌려갔어요. 그리고
는 그날은 안 들어오신 것 같아요. 그 이튿날 아버지가 아침에 오셨어. 다른
이야기 없이 엄마하고 무슨 얘기를 하니까, 내가 어렸어요. 14살 때이니까.
마침 그때 무슨 이야기인 줄은 모르겠지만 아버지가 어딜 가야겠다고 했는데
못 갔어요. 내가 볼 때 아버지가 어디로 피난 가려고 했는데 잡혔어요. 아침에
다시 그 사람들이 와서 갔어요. 갔다와서 뭐라고 하시냐면 일을 하라고 한데
요. 무슨 일을 하는 거냐고 하니까 면에서 일을 가야 한데요. 노역을 가야 한
데요. 그때 아버지가 40대이니까 젊은 편이었어요. 할 수 없이 거기를 나가셨
어요. 아침에는 나갔다가 저녁이면 돌아오고. 무슨 일을 하셨는지 알 수 없는
데. 인민군이 점령했을 때지요. _임동철

국군 수복 직전 후퇴하던 인민군 세력은 마을에서 일부 주민들을 끌고 올
라갔다. 임 유족은 마을에서 김만천이 납북되었다고 했다. 같은 마을 강신
욱씨는 내무서에서 양조장을 운영하던 부친을 끌어갔으나 폭격의 와중에
풀어 주었으며 도망하지 못한 나머지 주민들을 끌고 갔다고 했다.

윗집에 있는 애가 나보다 두 살인가 많은데, 김만천이라는 사람이 납치되어
갔어요. 이유는 몰라요. 끌려가고 행방불명이에요. … 북으로 납북된 거였어
요. 그런데 인민군이 왔을 때 협조자들이 있었어요. 그들이 같이 북으로 올라
갔어요. _임동철

우리 아버지가 양조장을 했거든요. 이북에서 넘어올 적에는 자본주의자라 이
거야. 그래 가지고 잡아간 거야. 술통에다 다 (차압) 붙여 놓고. 그때 길창이,
김길창이 아버지하고 같이 거기 파출소(내무서)에 가두어 놨어. 그런데 우리
아버지 연세가 제일 많잖아. 그때 6·25 때 아버지 연세가 환갑이야. 거기서 나
이가 제일 많았어. 폭격을 하고 그러는데, 아버지는 나이가 많으니까 도망도
못 가지. 다들 도망가는데, 우리 아버지는 비행기가 와서 폭격을 하는데, 우리
아버지만 도망가지 않았어. 안 도망가니까 여기는 죄 없나 보다고 아버지를

그냥 풀어 주었어. 그래서 우리 아버지는 그냥 풀어진 거고. 길창이 아버지는 도망가서 산 거고. 그때 못 간 사람은 끌고 간 거야. 인공 때 얘기야. _강신욱

국군이 수복하자 임윤근이 고양출장소로 잡혀갔다. 고양출장소 옆 창고에 갇혀 있는 동안 아들 임동철이 밥을 날랐다. 아들은 도시락을 가져다 주면서 아버지가 고문당한 상처를 보고 가슴 아파했던 기억을 잊지 않고 있다. 당시 고양출장소 창고에는 10여 명이 갇혀 있었는데 임동철 유족이 모르는 사람들도 많았다. 사촌누이 김복순과 같은 마을 이종화는 임동철이 지서로 밥을 나르던 모습을 기억하고 있었다.

수복하고 하여튼 날짜는 기억이 안 나는데, 수복 이후에 또 아버지가 잡혀 들어가요. 누구인지 모르겠는데 낮에 와서 아버지를 정식으로 체포했다고 그래요. 아버지가 잡히는 것은 못 봤어요. 고양국민학교 옆에 파출소가 있어요. 아버지가 거기 계셨어요. 낮에 아버지 밥을 내가 날랐어요. 거기 감금한 속에 내가 어릴 적 봐도, 어두침침하게 거적때기를 깔고 있는데, 거기 10여 명 이상이 주욱 앉아 있는 것을 봤어요. _임동철

파출소에 들어간 사람이, 그 당시 소문으로 듣기에는 고양리 사람 뿐만 아니라 고양리 옆 동네 응달촌, 목암리 사람도 있고. 여러 사람이 모여 있었지 않았나 싶어요. 내가 고양리 사람을 아는데, 그 당시에는 사람들을 모르겠더라고. 아버지 밥만 갖다 드리고. 다른 분들과 나눠 잡쉈는지는 모르겠어요. 나는 그냥 밥을 넣어 놓고 바로 와야 되니까. 다른 사람들도 밥을 갖다 주는 것 같은데, 갖다 준다고 얘기만 들었지. _임동철

문 열어주면 내가 들어갔어요. 문 밖에는 지키는 사람이 있었어요. (그 사람이) 일체 말도 하지 말라고 했어요. 문 밖에 지키는 사람은 민간복장이었어요. 통제를 하니까 밥만 주고 나오고. 아버지한테 얘기도 못하고. (그러던) 어느 날은 얼굴에 상채기가 났어요. 그때만 해도 아버지가 어디 다쳤나 생각했

는데, 그게 고문한 것 같아요. 얼굴에도 상처가 나고 밥을 받는데 손이 퍼랬어요. 어리지만 그게 굉장히 가슴이 아팠어요. 참 비참했지요. _임동철

밥을 나른 게 일주일인가, 열흘 될 거예요. 그런데 이상한 게 아침, 점심, 저녁이 아니라 점심만 전해 달라고 그랬어요. 학교 갔다 돌아오면 전해 주고. 낮에만 전해 준 걸로 알아요. 학교 갔다 집에 오면 엄마가 도시락 싸 주면서 갖다 드리라고. 왜 한끼만 먹나 (의문이었어요). 주발에다가. 반찬도 두 개. 김치 고추장 정도. 그릇을 거기 앞에다 놔 두면 가져가고 가져오고. _임동철

임동철이 밥을 나르는 것을 본 거야. (길 건너편을 가리키며) 우리 집이 바로 여기거든요. 그러니까 봤지요. _이종화

임 유족은 부친을 석방해 달라는 연판장을 받았지만 소용이 없었다. 희생자에게 밥을 나르던 어느 날 더 이상 밥을 가지고 오지 마라는 말을 듣게 되었고, 본서로 넘어갔다는 말을 들었으나 고양경찰서에서는 면회를 시켜주지 않았다. 당시 출장소에 있던 주민들은 모두 고양경찰서로 이송되었다고 했지만 고양경찰서로 넘어간 뒤 아버지를 본 적이 없었다. 임씨는 고양경찰서를 찾아가지 않았던 것에 대한 회환이 많이 남아있다.

우리가 그 당시에 어떤 일이 있었냐 하면 아버지가 고양파출소에 감금되었을 때 연판장을 만들어 오면 석방을 해 준다고 해서 동네 사람에게 모두 싸인을 받았어요. 내가 받은 것만 해도 한 20~30명 되고, 엄마도 다니면서 주위에서 (싸인을 받았어요) 이장도 연판장 만들어서 파출소에 갖다 준 적이 있어요. 그것도 다 무효가 된 것 같아요. 그것마저도 전부 무시당한 것 같아요. _임동철

엄마가 밥을 갖다 드리라고 하면 가지고 가서. 다 먹고 나오면 그 이튿날 또 가서 먹은 걸 가지고 또 갖다 드리고. 그렇게 한참 했는데, 그 다음에 또 갔더

니 아버지가 안 계셔. 식사 하신 걸 집으로 가지고 와서 "(아버지가) 없다"고 했더니, 엄마가 어떻게 된 건지 물어보라고 해서 그 이튿날 가서 물어봤어요. 본서로, 지금으로 말하자면 일산경찰서로 넘어갔다고. 그 당시 경찰서가 뭔지 모르고. _임동철

누이가 셋이 있었는데, 난리 통에 누이들은 피난을 갔어요. 서울 고모네 집, 작은 집으로 피난을 갔어요. (그러니) 내가 장남이 되었어요. 내가 집 심부름을 했는데 그 내용이 거기까지만 기억이 나요. 고양경찰서로 넘어왔으면. 내가 컸으면 경찰서까지 갔을 텐데 내가 그 기억이 안 나요.
우리 집안에 누가 경찰서 갔는데, 면회를 안 시켜주더래요. 그런 사람은 없다고도 그러고. 그런 사람은 면회가 안 된다고 그랬데요. 그 다음에 엄마도 한 번 갔었는데, 못 만났다고 그래요. _임동철

거기 있던 사람이, 거기 파출소에 있는 사람 이야기가 거기 있는 사람 다 여기 고양경찰서로 넘어갔다고 했어요. 소문만. 내가 직접 확인한 건 없고. 당시 내가 어리니깐. 엄마가 그걸 아는데, 우리들한테 직접 애기를 안 하지만. 동네 사람들 얘기를 들어 기억이 나요. 그 분들도 다 같이 가서 돌아가셨을 것이라고 추리하고 있어요. 왜냐하면 그 때 그 사람들 다 넘어갔다고 그랬으니까. 돌아온 사람은 없으니까. _임동철

당시 매형이 고양경찰서 경찰이었는데도 희생자의 행방을 알 수 없었다. 아버지의 행방을 찾는 자체가 누이에게 피해가 간다고 생각하여 어머니가 그러한 사실을 숨겼다. 이후 삼촌이 아버지의 죽음에 대해 사실을 숨기고 피난을 가다가 사망한 걸로 처리했다고 한다.

또 그 당시 우리 매형이 경찰이에요. 마침 고양경찰서에 있어 가지고. 이름은 강 뭔데. 기억이 안 나네. 경찰이었는데, 연결해서 알아보려고 했는데, 그 당시는 그런 것을 알아보는 것 자체가 빨갱이라고 그래서 굉장히 견제를 했어

요. 그래서 그런 것을 딸한테 피해를 주지 않아야겠다고 입을 다물었다고. 그게 기억이 나요. _임동철

임윤근 등 고양출장소에 연행되었던 주민들이 고양경찰서로 이송되어 금정굴에서 목숨을 빼앗길 때 고양리에서도 많은 주민들이 희생되었다. 강신욱, 이종화 등 고양리 주민들은 벽제관 신사터 옆(지금의 배갈비집) 구덩이에서 군경과 대한청년단원들이 주민 40여 명을 학살했다고 증언하고 있다.

임동철 유족은 나무를 하러 다니던 중 같은 장소에서 수습되지 못한 시신을 보기도 했다고 한다. 신사터 옆에는 지금도 유해발굴이 가능할 것이라고 한다. 한편 계명산에서도 숨어지내던 인민군 패잔병들과 지방 좌익인사들이 많이 죽었다고 한다.

6·25 때 공원에 나무하러 가서 보면 거기도 사람을 많이 죽였어요. (지도를 가리키며) 공원에서 이렇게 올라가는 옆길이 있는데, 나무솔로 (덮어놨어요). 우리가 나무를 하러 가면 솔을 줍지요? 그걸 걷어냈을 때, 사람들이 이렇게 죽어 있는 것을 보았어요. _임동철

공원 옆에 산에 파 가지고. 나는 거길 어떻게 알았냐면, 솔잎이 누렇게 말랐으니까 나무로 때려고. 그거 떼니까 송장이 주루룩 있는 걸 보았어. 벽제관에서 간천 가는 길이 있어요. 가는 길에 배나무 갈비집이 있어. 거기야. 거기가 옛날에 신사가 있었어. 일본 놈이 공원에다 신사를 지었는데 그 바로 옆에다 구덩이 파서 죽였어. 한 20~30명 죽인 것 같아. _임동철

(벽제관지 뒷산에서 죽은 사람들은) 완전히 부패되어서 모르지요. 그 당시에는 시체가 있다고 해도 시체를 찾으러 다니는 자체가 그게 불안한 거예요. 만약에 아군이 죽였다 그래도 못 찾아가고, 적군이 죽였다 그래도 못 찾아가

고. _임동철

우리 어렸을 때도 신사터가 굉장히 깊어요. 큰 드럼통, 우리가 들어갈 정도로. 거기다 죽인 거야. 그리고 파묻은 채로 다시는 누가 파지는 않은 걸로 알아. 그렇게 생각해. 하여튼 내가 객지에서 살다 들어왔지만 파지 않은 것으로 알고 있어요. 등산한다고 2~3일에 한 번씩 올라가지요. (지금도) 그대로 있어요. 파면 유골이 나오는데 그것도 누가 안 하고 있지. 그런데 고양리는 죽은 데가 많아. _이종화

계명산에서도 많이 죽었어. 계명산은 아군이. 여기가 6·25 때. 국도로만 전쟁을 한 거야. 저기 봉일천 금촌까지 미군은 갔는데 여기는 빨갱이가 있는 거야. 그때는 그냥 통로(도로)로만 갔으니까. 그래서 여기 청년들이. 그때 누구야, 영철이 형인가 군정이. 낮에 몰래 해서 대자리까지 갔어. 여기가 지금 인민군이 있으니까. 밤에 내려오고 낮에는 계명산 속으로 들어가고. … 계명산에서 많이 죽었어요. 거기 빨갱이들이. 지방빨갱이도 있고, 인민군도 있고. 후퇴하는 과정인데, 고양리가 삼태기처럼 되었거든. 이쪽(북)으로 채 못간 사람들이 계명산에서 많이 죽었어. _강신욱

공동묘지 터에서는 1·4후퇴 당시 경찰과 청년단원들이 김돌풍 일가 등 40여 명을 살해했다. 김돌풍은 부역 활동을 했지만 인민군으로 끌려가는 강신욱의 형을 빼오기도 했다. 친구였기 때문이었다.

김돌풍의 일가족은 당시 추운 날씨에 발가 벗기운 채 고양시장에서 조리돌림 당한 후 희생되었다고 한다. 총을 가진 몇 명이 수많은 사람들을 구덩이에 몰아넣고 학살하는 장면이 목격되었다.

그때 김돌풍씨 부인 죽을 때는 한 10사람 정도 되었을 거예요. 아이들 다 합해서. 그리고 개인적으로 죽은 사람들이 10여 명 또 있어요. 총살사건 나기 전후로. 내가 기억하기에는 그래요. 운 좋은 사람은 살고 그러더라고. _이종화

지금도 창피하고 가슴 아픈 게, 아군들이 수복하고 인민군이 되어 그리로 넘어간 사람들 가족이 있잖아요. 그 때 추울 때에요. 고양파출소에서 빨가벗겨서 여기(시장골목) 끌고 다녀요. 그리고 동네 사람들에게 막 때리래. 어릴 적에 그걸 본 거에요. 그런 거 아셨어요? 여기서부터 요만한 어린애, 아주머니, 남자는 없어, 대 어섯 명 묶여 가지고. 물을 막 끼얹고. 추운데. 그런데 동네 사람들 누구 하나도 때리는 사람이 없어요. 옆에 양쪽으로 총 메고 선 애들이 막 때렸어요. 아군이.

그때 경찰서에서 했다는 이야기를 들었어요. 총 들고 간 사람들이 동네 사람은 아니었어요. 내가 어릴 적이라도 동네 사람은 알지요. 얼굴 모르는 사람들이 끌고 다니면서 그렇게 했어요. 어렸을 적이고 지금도 기억이 나지만 참 부끄러운 일이예요. 1·4후퇴 때 이야기예요. 그게 이북으로 넘어간 사람들 가족이에요. … 인간으로서 그 당시 상황은 (끔찍했어요). _임동철

(김돌풍) 그 사람이 빨갱이 되려고 된 게 아니고. 옛날 이장이 비료를 준다고 도장을 찍으러 다닌 거야. 그 도장 찍은 게 적색분자 도장이야. 그래서 자동적으로 빨갱이가 된 거야. 6·25가 막 나니까 빨갱이가 된 거지. 그래 가지고 살판 났다고. 아무것도 모르니까. 명단이 있었으니까. _강신욱

친구는 인정이 있는 거야. 우리 형이 인민군으로 끌려갔잖아. 서울 수성학교에서 훈련을 받고 이북으로 가는거야. 가는데 삼송리 수톨고개에서 낮잠을 자는 거야. 돌풍이하고 우리 형하고 한 살 차이야. 게가 완장을 찼으니까. 완장차고 자전거 타고 모자를 쓰고. 우리 형을 데리고 왔어. 인민군 못 가게 거기서 빼왔어. 그래서 우리 형은 인민군 안 갔어. 그런 적도 있어. 그러니까 옛 친구는 아무리 빨갱이 사상이라도 그런가 봐. _강신욱

요 앞이 옛날에 공동묘지잖아. 공동묘지에 크게 이렇게 둥그렇게 (구덩이를) 파놓고 무조건 그 안에 쓸어 넣고 양쪽에서 총을 쏘아서 다 죽였어. 그래 그 구덩이에 다 묻어졌다고. 나중에 어떻게 되었는지 모르겠지만. (방씨네 묘지 있는데) _김복순

> 고양리 공동묘지는 국군이 들어오고 빨갱이 노력한 가족, 그 사람들을 고양리 공동묘지 앞 개인 밭에서 세워 놓고 죽였지. 그건 나도 봤어요. 이렇게 행렬을 했지. 그 가족들. (임동철을 가리키며) 그건 이 사람도 봤어요. 김돌풍 집안 가족들을 말해요. … 그 부인이 죽은 거를 분명히 봤지. 그 아줌마는 빨갱이가 뭔지도 몰라. 남편이 빨갱이 같아서 빨갱이로 몰린 거지. 그 아줌마는 참 양순한 사람이에요. _이종화

아들 임동철은 부친의 죽음에 큰 충격을 받았다. 어린 아들은 서울 영천시장까지 나무를 지고 가 팔거나 구두닦이를 해서 가족들의 생계를 이어가야 했다.

> 아버지가 돌아가신 것에 큰 쇼크를 받았어요. 어릴 적에도. (울먹이며 말을 잇지 못함) 제가 태어난 게. 딸이 셋이 태어나고 아들이 태어나니까. 제가 굉장히 아들로서 가치를 받았어요. 아버지가 돌아가시면서 그 쇼크가 어릴 적에도 굉장히 컸어요. 그래서 동네를 막 울고 다녔어요. 동네 사람들이 저를 달래주었어요. 그렇지만 그것을 환원할 수 있는 여건이 안 되니까. 힘도 없고 그러니까 여지까지 파묻고 산 거지요. _임동철

> 나는 거기서 나무장사를 했어요. 그걸 새벽에 서울 영천으로 지고 와서 시장에 와서 팔았어요. 세 시에 지고 와서 여섯 시에 영천시장에 도착해서 그것을 팔아요. 그것으로 하루하루 연명하면서 살았어요. 그러다가 누이가 결혼을 하면서 부산으로 피난을 가요. 서울로 수복이 되면서 그 누이들이 생활비를 보태 주었어요. 그래서 여기(고양리)에 있다가 서울로 이사를 왔어요. 서울로 와서 할 게 구두통밖에 없었어요. 구두통을 메고 다녔어요. 거기서 수입되는 걸로 동생 세 명(먹고 살았어요). 막내 동생 하나를 어머니가 고아원에 보냈어요. 그래 가지고 지금 동생 둘 엄마 나 넷이 그렇게 생활을 했어요. _임동철

> 사실 우리도 아버지를 잃었지만 어디 가서 얘기할 데도 없지요. 얘기하면 무

> 조건 빨갱이라고 그랬죠. 사실 그래 숙이고 산 거예요. 당시 아버지께서 어떻게 돌아가셨냐고 (누가) 하면, (그대로 하면) 빨갱이가 되니까, 어딘가 피난 가서 돌아가신 걸로 신고가 되어 있을 거예요. 내가 거기까지 기억을 해요. 엄마가 제대로 못하니까 삼촌이 그렇게 해 주신 걸로 알고 있어요. _임동철

임동철 유족은 부친의 희생경위와 피해사실을 말해서 마음이 조금 가벼워 졌다고 했다. 증언을 듣고 진실을 기록하는 입장에서 유족의 고통을 덜어주는데 조금이라도 도움이 되었다면 보람있는 일이다.

벽제면 사리현리 최대철

희생자 최대철의 아들 최석부(1949년생)씨를 만난 것은 2013년 10월 16일이었다. 당시 화물운송회사를 운영하던 그는 얼굴도 기억나지 않는 부친을 잃고 고아로 독하게 살아 일궜다고 회사를 소개했다.

희생자 최대철은 벽제면 사리현리 안골에 살았다. 이웃해서 또 다른 희생자 김대봉의 집이 있었다.

> 여기 산 너머가 나 살던 데야. 안골이라고. 사리현동 안골이라고. 같은 마을에 김대봉씨도 살았어요. 아래 윗집이에요. 6·25 때 폭격으로 집이 불에 탔어요. 대봉씨네하고 아래윗집에 살다가 불이 나니까 할아버지가 고개 하나 넘어와서 집을 지으셨데요. 그렇게 살았데요.

국군 수복 후인 1950년 10월 1일 새벽 3시 관산리 벽제지서로 끌려갔다. 끌어간 사람들은 경찰이 아니었다. 이후 치안활동에 참여했던 희생자의 동생이 지서에서 끌려간 형을 만날 수 있었다. 희생자는 심하게 고문을 당한 상태였고, 당시 동생 역시 끌려갈 처지에 놓였으므로 어떻게 할 수 없

었다고 한다.

> 우리 아버지는 10월 1일 끌려갔다고 해요. 우리 같은 경우는 작은아버지가 생존해 계시고 그래서 아주 환해요. 집에서 새벽 3시에 끌려 나가고. 그 날 할아버지 사촌이 거기를 놀러오셨다가 돌아가셨어요. 그날 하필. 그래서 난리가 났는데 우리 아버지를 데리고 갔다는 거야. 그 날을 계산하니까 10월 1일 이래. 양력으로. 음력으로는 9월 며칠인데 하여튼 계산을 해 보니까 그렇게 나오더라고.
>
> 아버지를 끌어간 사람들은 동네 사람들이었는데, 잘 모르는 사람이었데요. 끌려간 곳은 강 건너로 지금 관산동이지. 벽제지서라고 지금 주공아파트 너머로 허름하게 있었데요.
>
> 아버지께서 벽제지서로 끌려가신 뒤 방위군으로 있던 작은아버지께서 벽제지서로 면회를 한 번 갔었데요. 고문을 당해 몰골이 사나웠데요. 그 다음 3시 벽제국민학교 앞에서 면회를 하니까 나오라고 했는데, 못 가셨다는 거예요. 몰골이 형편이 없어서 차마 볼 수가 없더래요. 그때 어쩌면 작은아버지도 끌려가셨을 겁니다.

10월 3일경 희생자를 비롯해 김대봉, 이규무 부친, 이호영 등이 벽제지서에서 고양경찰서로 이송되었다. 당시 희생자를 포함해 4명이 끌려가다가 벽제국민학교에서 쉬던 모습을 마을 주민들이 목격했다. 이 자리에서 이호영이 풀려났다. 미리 약속이 되어 있었던 것처럼 보였다.

> 끌려가신 지 이틀 뒤인가 포승줄에 묶인 채 고양경찰서로 호송해 갔데요. 벽제국민학교에 큰 아름드리 나무가 있었어요. 나도 기억이 나는데, 거기서 쉬었다가 오후 3시 즈음 경찰서로 압송을 해 간 거지요. 10월 1일에 잡혀가셨으니 3일이나 4일 즈음 고양경찰서로 가신 걸 거예요.

함께 끌려가신 분들은 김대봉씨하고. 이규무씨 부친, 이호영씨라고. 그 분이 끌려가다가 자기 어머니가 붙들고 당겨놓는 바람에 빠져나왔어요. 그러니까 이호영는 빠져나가고 세 분이 돌아가신 거지요. … 고양경찰서로 끌려간 다음에는 어떻게 되셨는지 누구한테도 말을 못 들었어요.

희생자가 고양경찰서로 끌려간 뒤로 어떠한 연락도 받지 못했으며, 사건 후 어떠한 조치도 취할 수 없었다.

아버지가 날 스물 한 살에 낳고 스물 세 살에 돌아가신 거예요. … 그 다음에는 어떻게 신경을 쓸 수가 없었어요. 전쟁 통에 누가 신경을 썼겠어요. 돌아가신 날짜를 모르니까 제사는 그냥 9월 9일에 지내고 있어요.

어머니께서는 아버지가 그렇게 끌려가시고 없으니까 나하나 낳고 후가 가신 거지요. 어떻게 할 수도 없었고. 뭐, 고생은 이루 말 할 수도 없지요. 할아버지 할머니가 우리를 다 키웠어요. 할아버지께서는 이런 데(진실규명 등) 대해서 꿈에도 생각지를 않았어요.

최씨는 금정굴에서 고양경찰서로 끌려갔던 주민들 시신이 발굴되었을 때인 1995년에야 현장을 방문할 수 있었다.

나는 사회생활하면서 16년 전에 금정굴에 한 번 갔어요. 김양원씨가 맨 처음 조사를 시작할 때였어요. 나보고 좀 나서서 함께 하자고 했는데 나는 그럴 생각이 없다고 했어요. 그렇게 한 번 갔어요. 그때 유골에다 유품에다 그렇게 해 놨는데 그걸 볼 수가 없었어요. 며칠 술 먹었지. 끔직해서. 꿈속에서 꿔지는데요.(말을 잊지 못함) 그 뒤로 아버지 생각도 안 하고. 할 수 없다고 그렇게 지내왔어요. 지금도 아버지 사진 하나가 없어요.

내가 부친의 희생사실을 알게 된 것은 이제 제법 오래된 일이 되어버렸다. 2006년 고양경찰서 유치장 담당 순경이었던 정준섭씨가 사리현리 친구 김대봉과 최대철이 금정굴에서 희생되었다는 증언을 해 주었기 때문이었다. 나는 어렵게 만난 같은 마을 희생자 서정희의 처남으로부터 희생사실을 확인했지만 당시 유족들을 만나지 못했었다.

지난 진실화해위원회는 최대철의 희생사실에 대해 추정 판단하는 데에 그쳤다. 다시 국가의 조사가 시작된다면 진실규명으로 결정되리라 믿지만 2014년 12월 그는 더 이상 기다려주지 않고 지병으로 우리 곁을 떠나갔다. 그의 한은 아직 풀리지 않았고, 지금 할 수 있는 일은 그의 증언을 이렇게 남기는 것이다. 저 세상에서라도 평안하시길 기원하며.

은평면 불광리 고춘선

희생자 고춘선의 아들 고재식(1941년생)유족을 2014년 3월 20일 재단 사무실에서, 같은 마을 주민이었던 희생자의 8촌 고용식(1937년생) 노인을 2014년 3월 28일 불광동 사무실에서, 이웃에 살았던 이동욱(1938년생) 노인을 2014년 3월 28일 재단 사무실에서 만났다.

고재식 유족은 고양지역 사건에 대한 진실규명결정이 내려진 다음에 만났다. 그는 금정굴이 있던 탄현동이 고양시가 아니라 파주시 탄현면을 가리키는 줄 알고 있었다고 했다. 너무 멀어서 가볼 엄두를 내지 못하다가 2007년 추석에야 파주가 아니라 고양에 있다는 것을 알고 금정굴 현장에 와 봤다고 했다. 그날 공교롭게도 서병규 전 금정굴유족회장님을 만나서 서로 제사일이 일치함을 확인한 뒤 부친의 희생경위에 대해 처음으로 알 수 있었다고 했다. 증언자의 이름을 각 인용문 끝에 달았다.

희생자 고춘선은 사건 당시 43세. 살던 곳은 불광리였다. 마을의 옛 이름은 새장굴. 마을에는 고씨 집안이 타성들과 어울려 13대를 화목하게 살았다고 한다.

고용식 노인은 희생자에 대해 공부를 많이 한 편이 아니었지만 성실하여 마을 일을 많이 했으며 사상 같은 것은 없는 분으로 기억하고 있었다. 희생자의 옆집에 살았던 이동욱 노인은 희생자가 매우 조용하고 얌전했으며, 사상이 전혀 없는 사람이었으므로 그렇게 희생되었다고는 상상도 하지 못했다고 했다.

저는 1941년생으로 서울 은평국민학교를 22회 졸업했어요. 아버님 성함은 고춘선이시고 당시 연세는 43살인가 되었을 거예요. 살던 곳은 서대문구 불광동이었어요. 불광동은 6·25 전 해에 서울시로 편입했어요. 원래 조선시대에도 박석고개까지는 한양이었거든. 왜정 때 고양군으로 해서 은평면이었는데 해방되고 6·25 전 해에 서대문구 불광동으로 서울특별시에 편입되었지요. 편입이 아니라 원래로 복귀한 거지. _고재식

윗동네는 원불광리이고. … 우리는 새장굴. 대신학교가 거기 있었거든. … 새장굴은 지금 연서시장 그 윗동네가. … 우리 작은 집이 박석고개 마루턱에 큰 기와집이었어요. 우리 작은할아버지. 그야말로 안방은 서울이고 건넌방은 경기도고 그랬는데. … 우리 고가들만 사는 게 아니고. 그냥 어울려 잘 살았다. 타성이라고 해서 동네에서 편이 갈리거나 그런 것은 없었어요. _고재식

불광리가 있었고 그 앞에 새장굴이라는 조그만 동네가 따로 있었어요. 35~6호 정도되는 동네인데, 그 중에 우리 고가가 한 20여 호 즈음 되었어요. 다는 아니고 30 몇 호 중 20여 호가 살았는데, 거의 다 집안들이지요. 옛날에는 성이 달라도 이웃이 더 가깝게 지냈지요. 말은 서울이지만 시골동네인데요. _고재식

저는 여기서 13대를 살았어요. 본적은 충청남도 예산인가 그래요. 13대 윗분

고재식 유족은 2007년에야 억울하게 죽임을 당한 부친을 찾아 금정굴을 방문할 수 있었다고 한다. 그는 고양경찰서로 이송되던 날 희생자가 갈아입을 깨끗한 옷을 넣어주고 신도지서로부터 받은 희생자의 피 묻은 옷을 잊지 않고 있다.

들이 서울로 벼슬하러 오셔서 여기서 살게 된 거지. 그러니까 그 후로 이 양반도. 여기가 다 빈농이었어요. 농사짓고 사니까 힘들었지요. 내가 지금 삼촌도 안계시고, 오촌도 안계시고. 오촌이 없으니 육촌이 없지요. 그래서 7촌이 삼촌 같았어요. … 이 아저씨하고 우리 아버지하고 무척 친했어요. 그래서 늘 왔다갔다 왔다갔다 하시고. 어려서부터. 이 양반이 그렇게 공부를 많이 안 하셨어요. 그냥 농사군이지. _고용식

(돌아가신 고춘선의) 그 옆집에 살았어요. 재식이가 우리 옆집 앞에. 개는 고씨고 나는 이씨고 서로 성은 틀리지. 한 동네 그냥 대대로 오래 그 동네에서 오래 살았는데. … 원래 구(옛) 이름은 새장굴이지. _이동욱

어려서 그런지 전쟁 전 마을에서 좌우의 갈등이나 충돌을 기억하는 증언자들은 없었다. 그들이 기억하는 갈등은 국군 수복 직전부터 시작되었다. 지금의 통일로변에 살고 있던 고재식 유족이나 고용식 등 증언자들은 당시 국군이 후퇴하던 모습과 인민군이 진입하던 모습을 기억하고 있었다.

6월 25일인가 하여튼 학교를 갔어. 선생님이 그랬나? 누가 그러는데, 소련군이 쳐들어 온다고 집으로 가라 했어. 수업 안 하고 집으로 가라고 그러더라고. 그래 연신내부터 박석고개까지 산이거든. 거기 산에 군인들이 주욱 보초를 서고 있더라고. 그런데 전쟁이 났데. 전쟁이라도 그때 실감이 안 가잖아. 며칠 있다가 인민군들이 들어온다고 해서 연신내로. 그때가 저녁이야. 어두워져서. 뛰어내려가니까 탱크가 오더라고. 사람들이 서 있으니까 탱크도 서가지고 손도 흔들고 그러더라고. 그 다음에 들어 온 것이 오토바이야. 그 다음에 기마부대가 들어왔다. … 전투 같은 거 없었어요. 인민군들이 그야말로

무혈점령했지. _고재식

연신내에서 구경을 했지. 그런데 어떻게 된 건지 인민군이 타고 온 말이 죽었데. 그래 그걸 잡아 가지고 동네가 잔치를 했어. 그때 말고기를 처음 먹어봤는데, 그때 안 맛있는 게 없었겠지만 아주 맛있게 먹었어요. 그러고는 여태까지 말고기를 못 먹어 봤어요. 아마 버리고 간 모양이야. 그런 기억이 있고. 인민군 들어와서 어머니하고 누이가 피난을 간 건데, 간 이유가 무슨 전쟁을 피하기 위해서가 아니라 먹을 것 없어서 외갓집에 먹을 거 가지러 간 거야. 동네에선 6·25 때 피난 간 사람이 없었지요. 갈 뭐가 있어? 며칠 만에 인민군이 후딱 넘어왔는데. 1·4후퇴 때는 다 갔지요. _고재식

인민군 점령기 집안에서 유일한 대학생이었던 희생자의 4촌 조카 고영길이 부역 활동에 가담했다고 한다. 마을에서 어떤 활동을 했는지 구체적인 내용은 알려지지 않았지만 이로 인해 사촌 고춘선과 동생 고영순이 끌려가 희생되었다.

거기에 고영길이라는 5촌 아저씨가 계셨어요. 우리 아버지와 사촌간 아닙니까. 그 아저씨는 당시 나이가 스물 다섯 살. 우리 아버지는 마흔 세 살. 우리 아버지는 그야 말로 낫 놓고 기억자도 모르는 농투성이였고, 고영길 그 아저씨는 연희전문대인가 대학생이었어요. 그 당시에 대학생들, 소위 말해 지식인들이 사회주의에 많이 저거 할 때거든요.
그래 6·25가 나서 인민군이 들어오니까 아마 영길이 아저씨가 내무서인지 그쪽 일을 한 모양이에요. 나는 10살 때이니까 내무서인지 뭔지는 모르고. 하여튼 부역을 한 것은 사실이에요. 우리 아버지하고 사촌간이지만 43살의 낫 놓고 기억자 모르는 농부고, 아저씨는 25살 대학생이었기 때문에 말이 사촌간이지 이웃간에 큰 교류는 없었고. _고재식

(고영길은) 학생이었지, 연희전문을 다녔고. 우리 집안에 저 아래 동생뻘 되

고용식 노인은 당시도 희생자가 금을 캐던 수직굴에서 희생 당했다는 소문을 들었지만 집안에 부녀자들밖에 없었고 현장에 잘못가면 가족들도 무사할 수 없는 상황이었다고 했다.

지. 이 양반은 그때가 마흔 몇인가 그렇게 되죠. 하여튼 서른은 훨씬 넘었어요. 그런데 영길이는 10대인가? 대학생이니까 20살 정도 되지요. 그 사상이 좀 그렇게 돼 있었어요. 그래 가지고, 나중에 월북을 했어요. 그 사람은 우리 집에서 유일하게 월북한 사람이에요. 그 양반이. 그 양반 때문에. _고용식

불광리에서도 후퇴하던 인민군 측에 의한 피해가 있었다. 증언자 이동욱의 사촌형 이대길, 이장 이만용이 희생되었다. 이 사건은 수복 후 또 다른 복수를 불렀다.

새장굴에 살던 사촌형 이대길이 지방 빨갱이가 쏜 총에 맞아 돌아가셨어요. _이동욱

그때는 아이구. 그리고 여기 사람들은. 여기 이장은 이씨인데, 요 동네에 또 이씨가 있었어요. 6·25 나니까 끌려간 거예요. 그 사람은 빨갱이 맘이 있었지. 끌려가서 죽었어요. 그 양반들이. 이만용씨인데 그건 우익을 했다고, 이장했다고. 죄가 아무것도 아니야. 이장했다고 죽였어. 그러니까 수복이 되어 가지고 둘째아들이 아버지 원수 갚는다고. 군인이에요. 군인이 총 있잖아. 아버지 원수 갚는다고. 누군지 알았잖아. 9·28수복 딱 되니까 어디서 나타났는지 아버지 원수 갚는다고 끌어다가 여기 바로 산골에 가서 직접 쏘아 죽였어요. … 군인인데 군법회의에도 안 올라갔어요, 그때. 혼란기이니까. 지금 같으면 상상도 못하잖아요? 무법천지야. _고용식

인민군의 진입광경을 목격했던 불광리 주민들은 수복하던 미군에 배속되었던 국군 해병대의 진입을 다시 목격했다. 희생자 역시 환영인파에 섞

여 태극기를 들었다. 이번에도 전투는 없었다.

> 동네 사람들이 9·28수복할 적에 해병대가 들어오니까 모두 태극기를 들고 같이 나갔어요. 환영하러. 그 양반(희생자 고춘선)이 뭐 사상이 없으니까. 친척 하나가 연희 전문대 다녀 가지고 사상이 저거하지, 다른 사람들, 고가들도 하나 그런 사람이 없었어요. _고용식

> (고춘선도) 나와 같이 태극기 들고 나가서. 여기로 (군인들이) 모두 (들어왔어요). 연신내가 큰길 아닙니까. 거 저기. 6·25전쟁 나서도요 여기는 한 사흘 늦었어요. 중부전선 미아리 고개로 (인민군이) 먼저 들어왔고, 여기는 사흘 후에 탱크부대가 들어왔어요. 탱크가 가는데, 집대만한 쇳덩어리가 움직이는데, 달달달. 그와 마찬가지로 석 달만에 또. 참 그 때는. 세상에, 석 달만에 또 그런 일이 생겼어요. 해병대가 들어오고 그게 끝이야. 그때 차타고 지나가고 그랬지. 전투도 없어. … 도로 옛날 세상이 됐다 그렇게 지냈었어요. _고용식

국군 수복 직후 부역자의 가족이나 친척이라는 이유로 고춘선과 고영순이 불광리 치안대에 의해 신도지서로 연행되었다. 먼저 잡혀간 사람은 고영길의 동생 고영순이었는데 심한 고문을 당해 집으로 돌아오고 3일 동안 사경을 헤매다가 숨을 거두었다. 이어 고춘선이 연행되었다. 지서에서 주로 물어 본 것은 고영길의 행방이었다. 나중에 알게 되었지만 당시 고영길은 월북하고 없었다.

> 우리 아버지 잡아 가기 전에, 고영길의 친동생 고영순이라고 있었어요. 그 아저씨는 열 다섯 살이야. 나보다 몇 살 더 먹었어. 둘이서 형제처럼 지내고 그랬는데, 불광리 뭔 단체에서 영순이 아저씨를 먼저 잡아갔어. 거기서 며칠인가 기억은 못하겠는데 하도 매를 맞고 나와서 3일 만에 죽었어요. 영길이 아저씨 친동생인 영순이 아저씨가. 그러고 나서 우리 아버지를 잡아간 거야. _고재식

우리 아버지한테 하는 얘기가 "영길이 도망간 데를 대라". 그런데 9·28수복 후 도망갔는데 어디로 갔는지 알 수가 있어? 나중에 보니까 월북을 하긴 했는데. … 25살 대학생하고 43살 농부하고 말만 사촌이지 무슨 교류가 있었겠나. 그때 15살 먹은 동생이 하나 있었어요. 한 집에 사니까. 영길이하고 영순이하고 같이 살았는데, 영순이가 피해를 당했어요. 수복되어 가지고 나서. 동생은 (북으로) 가질 않았지. 자기는 죄가 없고. "형 찾아내라"고 그래 가지고 결국은 (희생되었지요). _고용식

희생자가 신도지서로 끌려갔다는 소식을 들은 고재식 유족은 여러 날 동안 지서로 밥을 날랐으나 1950년 10월 7일(음력 8월 26일) 희생자는 지서에 있지 않았다. 지서 순경들은 밥을 받지 않았으며, 희생자가 어디로 갔는지도 알려 주지 않았다. 아들 고씨는 전날 아버지가 갈아입을 옷을 넣어주고 입던 옷을 받았던 기억을 하고 있다. 옷에는 고문의 흔적이 그대로 남아 있었다.

고용식 노인은 밭에서 일하면서 아들 고재식이 신도지서로 밥을 나르는 모습을 여러 차례 목격했다.

왜 하필 신도지서로 넘겼는지 몰라. 그 당시 분명히 서울특별시 서대문구 불광동인데. 구파발은 고양군 신도면 아냐? 신도지서로 넘어갔다고 누가 알려줘 가지고. 그 때는 밥도 안 주었는지, 내가 일주일인가 열흘인가 밥을 들고 다녔어요. 그 신도지서에. … 그 다음에 어느 날 가보니까 아버지가 없어진 거야. 그것이 어느 날인가 하면 음력으로 8월 26일. 지금도 아버지 제사를 그 날짜로 지내. 돌아가신지 뭔지는 몰랐지. 행방불명이 되었으니까. 내가 누구한테 물어본다고 경찰들이 잘 알려 주지도 않고. 아 그런데 마지막 날인가 그 전날 내가 옷을 넣어 줬는데, 그 뒤 입고 있던 옷을 주더라고. 신도지서에서. 그걸 가지고 집에 오니까 거기에 피가 묻고, 똥이 묻고 그랬어. 그때 우리 집에 나하고 할머니하고 딱 둘이 있었어요. 그 때 뒤숭숭한데 누구한테 물어보지도 못

하고. 그 다음부터 전혀 몰랐어요. 제사는 꼭 음력 8월 26일 지내요. _고재식

신도지서는 진관사 들어가는 길 삼거리 있는 곳에 있었어요. 부친께서는 파출소 안 유치장에 갇혀 있었어요. 거기 몇 명이 갇혀 있었는지는 몰라요. 유치장에서 아버지 보고서 밥을 주었으니까. 경찰이 있었다는 것은 기억이 나는데, 다른 사람까지는 잘 모르겠는데. 경찰은 까만 제복을 입었던 것 같은데. _고재식

그런데 재식이가 이렇게 밥을 싸 가지고 넘어가. 아버지 저기에. 그걸 몇 번 보았다고. 나보다 4살 아랜가 어려요. 밥을 싸 가지고. 박석고개 너머 신도지서로. 그때 동네 사람들 모두가 억울한 사람 끌려갔다고 그랬어요. 재식아버지는 죄도 없는 사람이라고. 뭐, 부역을 한 것도 없고. _고용식

증언자들은 당시 행정상 소속이 서울시 서대문구였으므로 녹번 삼거리에 있던 은평지서로 끌려가지 않고 구파발에 있던 신도지서로 연행된 것을 의아하게 생각한다. 증언자들은 당시 치안 활동을 참여한 우익단체원들이 신도면에 더 소속감이 있었기 때문으로 추측하고 있다. 신도지서는 타공결사대가 치안대로 활동하던 지역이어서 이들에 의해 연행되었을 가능성도 높지만 그렇게 기억하는 증언자들은 없었다. 당시 신도지서는 구파발에 있었으므로 불광리에서 가까운 편이었다.

(사는 곳이) 서울 쪽인데 왜 그 쪽으로 갔냐면. 우리 사촌형님이 몇 년 전 돌아가셨는데. 그 형들 때만 해도 은평국민학교를 안 다니고 신도국민학교를 다녔어요. 그 당시가 사촌형이 한참 젊을 때거든. 그러니까 불광리 그쪽에서 신도국민학교를 나온 사람들이 청년단체 일을 하지 않았나, 그래서 이쪽으로 보내지 않았나 하는 생각이 들더라고.
우리는 구파발은 아주 멀게 생각하고 녹번리 쪽을 가깝게 생각하거든. 은평국민학교를 다녔기 때문에. 청년단체 그 사람들은 신도국민학교를 다녔기 때

문에 구파발을 더 가깝게 생각해서 아버지를 이 쪽에 넘긴 것이 아닐까 나 혼자 그런 추측은 해 봤어요. 거기는 신도지서가 가깝지요. _고재식

잡아간 사람은 그때 우익단체 젊은이가 데리고 갔을 것 같아요. 그거는. 여기 불광리, 불광동이죠. 불광동이 거기가 오씨하고 공씨 그리고 김씨가 일부 살았어요. 그런데 김씨는 김희라는 사람이, 대신고 설립자에요. 김희라는 사람은 함경도 사람인데, 왜정 때 능곡에 와서 조그맣게 학교를 했어요. 그런데 여기는 왜정 때 일본사람들이 학교를, 농민학교라고 만들어 놓았어요. 해방이 되니까, 쫓겨 가니까 이것을 접수했어요. 김희라는 사람이. 접수를 해서 대신농민학교인가? 대신학교, 대신중학교를 만들었어요. 근데 그 아들이 있어요. 그 아들이 나보다 5~6세, 7~8세 위야. 그 사람이 우익단체 주동을 많이 했어. (타공결사대, 삼각산빨치산이라던가) 뭐 그런 것은 우리가 못 들어 봤는데. 여기는 그런 결사대고 그런 조직이 없었어요. _고용식

고춘선은 고양경찰서로 이송된 후 금정굴에서 희생되었다. 당시 소문에 의하면 금 캐는 굴에서 죽임을 당했다고 했다. 집안에 어른들이 없었고 부녀자들만 있었던 데다가 찾으러 갔다가 또 오해 받아서 어떤 일을 당할지 몰라 행방을 수소문할 수 없는 처지였다. 수직굴이어서 시신찾는 것이 불가능하다는 소문도 한 몫했다. 동네 사람들 모두 억울한 사람이 잡혀갔다고 하면서 도우려 했지만 달리 방법이 없는 상황이었다.

제사는 음력 8월 26일 지내고 있으므로 다음날인 1950년 10월 8일 희생된 것으로 볼 수 있지만 제사일의 기준이 신도지서에서 고양경찰서로 이송된 날이었으므로 실제 희생일은 그 뒤일 것으로 보인다.

밥을 그만 가지고 오라고 하면서 벗어 놓은 옷을 내줬어요. 그 전날인가 내가 옷을 가져다 주었고, 그 옷은 잡혀갔을 때 입은 옷이었어요. … 옷을 갈아입고 고양경찰서로 이송되었던 것이지요. _고재식

금정굴에서 돌아갔다고 해서 여기서 사람들 모두, 동네 사람들이 금정굴에 가보자 하는 얘기가 있었어요. 그때도 그런 얘기가 있었어요. 금정굴이 그게 왜정 때 금광이었었데요. 이렇게 수직굴이라고 그러데. 집어넣고 그냥 쐈다고 그래. 여기 신도지서에 있던 사람들 대부분이 그리로 갔다고 그래._고용식

그래서 거기 금정굴을 간다 어쩐다 그랬었어요. 근데 거기가 여기서 천리야. 그때 차편이 있어요? 뭐가 있어. 그리고 겁이 나는게 뭐냐면 또 거기서 얼씬얼씬거리다가 너 관계되어 있다고 어떻게 할까 봐. 그렇잖아요? 시체 찾으면 "너도"(그러면서 끌고 갈까 봐) 그때는 법이 없었잖아요. 그러니까 무서워서도 못 간거야, 그때. 그래서 아마 재식어머니도 그랬고. (당시 집안에) 어른신네가 없었어요. 아버님도 돌아가시고. 부녀자들이니까 가 볼 마음을 못 먹은 거야. 가보면. 말은 거기가 금광굴이어서, 수직굴이어서 찾지도 못한다(고 했어요)._고용식

사건 후 시민증(서울시에 속했으므로 시민증이었다)을 발급받는 과정에서 불광리 고씨 집안 사람들에게는 만들어 주지 않았다고 한다. 시민증이 나오지 않는다는 것은 좌익 또는 부역자의 가족이라는 것을 의미했으므로 당사자들은 생명에 위협을 느꼈다.

돌아가신 후 우리 동네에서 따돌림 당한 경우는 없었어요. 다 한 집안인데 뭐. 6·25 끝나고 시민증인가 만들어 나오는데, 불광리 그 단체에서 우리 새장굴 고가들한테는 그걸 안 내준다고 해서 다른 데보다 늦게 받았다는 그런 얘기를 내가 들었어요. 그 동네에서 활동한 사람은 영길이 아저씨밖에 없었으니까. _고재식

증언자들은 미군 전투기의 폭격과 1·4후퇴를 전후로 불광리에서 격렬한 전투가 있었던 것을 기억하고 있었다. 중국지원군 1개 중대 병력 200여 명이 전멸당했는데 노출된 시신의 유골들이 돌아다녔던 끔찍한 경험

을 회고했다.

1·4후퇴 이후 고영길이 인민군 장교가 되어 불광리를 찾았으며 최근에도 북한에 있는 고영길로부터 이산가족을 찾는다는 연락을 받은 적이 있었다고 한다.

나중에 피난 갔다 와서 들은 얘기인데. 고용식씨네 큰집 뒤에 조그만 산이 있었어. 저 건너편 대신중학교 있는 곳 산이 있었고. 거기에는 유엔군이 있었고 우리 동네 뒷산에는 중공군하고 인민군하고 있었고. 교전이 붙었는데, … 유엔군 탱크가 박석고개로 해서 뒤로 해서 올라갔다는구만. 위에서 내리 기관총을 쏴가지고 일개 중대가 전멸을 했데. 거기 뒷산에서. 중공군이 몰살당해가지고, 다 1·4후퇴 가고 동네 노인분들만 남았어요. 시체들이 이렇게 쌓였으니 어떻게 해. 삽 가지고 올라가서 제대로 묻지도 못하고 대충 덮어버린 거야. 그 다음 해인가 오니까. 그 뒷산에 가면 사람 뼈가 그대로 있어요. 그걸 다 봤어요. 몇 년 지나니까 뼈는 거기서 삭아지는데, 해골이 여름에 비바람 치면 데구르르 굴러가지고 큰집 뒤 골짜기에 일렬로 쫙 서요._고재식

1·4후퇴 때 우리는 피난을 갔는데, 영길이라는 사람은 별을 달고 왔더래. … 다들 피난가고. 할머니 할아버지 계시고. (그걸 보고) 그러더래. "우리가 인민을 해방시키러 왔는데, 다들 어디 갔냐"고 하더래. 그 때 별을 달고 왔으니 뭔지 모르지. 무슨 별을 달고 왔더래. 하여튼 혼란기야._고용식

그래서 그 후로 먼저 정부인가에서 이산가족 상봉 명단이 딱 나왔어. 여기 사촌이 있는데, 여자 사촌누이. 영등포에서 잘 사는 누이가 있어. 우리가 신문을 보고 전화를 걸었어. 영길이가 면회신청을 했는데 제일 가까운 양반이 거기니까. (그런데) 안 만나겠데. 영길이 때문에 너무 고생해서 끔찍해서 만나기 싫다고 하더라고. … 빨갱이 가족이라고 그래 가지고 너무 고생해서. 영등포 기름집이라고 지금은 잘 살아요. 그런데 그걸 만나겠어? 그것도 친동생도 아닌데 사촌인데. 친동생은 없지. … 여기가 순 지뢰밭이었어요. 그래 농사도 못 졌어. 국군들이 와서 지뢰를 모두 제거하고. 그러니 펑펑 터지니까. (그 뒤)

농사를 짓게 되었지. _고용식

잠시 스쳐가는 증언이었지만 고재식 유족은 1980년 광주항쟁에도 참여했었다고 한다.

> 그 당시에 우리는 먹고 사는 게 힘들지 않았어요. 서울시내 야채를 은평면에서 공급했어요. 뚝섬 쪽은 땅이 나빠서 호박이나 심고 그랬지 야채는 우리 동네에서 공급했어요. 우리 동네에서 야채를 씻어 업고 영천시장까지 걸어갔어요. 아니면 마차 뒤에 한 보따리 싣고 주욱 걸어서 갔어요. … 나중에 광주항쟁도 겪었어요. 겁나서 도망 나왔어요. 광주사람들한테는 늘 미안한 마음이 있어요. 비겁하게 도망 나왔다는 것이 마음에 남아 있어요. _고재식

1995년 10월 언론을 통해 금정굴 발굴 모습을 보고 찾아봐야겠다고 생각했으나 결국 2007년이 되어서야 금정굴을 방문할 수 있었다. 다행스럽게도 금정굴 현장에는 서병규 당시 금정굴유족회장님이 추석 성묘 중이었다. 이때 부친 고춘선의 제사일이 금정굴 희생자들과 같다는 것을 알게 되었다고 한다.

> 그래서 2007년도에 여기를 찾아왔어요. 여기서 탄현이 어딘지 내가 뭘 또 알아? 택시기사한테 여기 탄현동이라고 있냐고 물어봐서 금정굴 있는 거야. 찾아서 올라갔더니 마침 서병규씨가 거기에 아들과 있더라고. 그래서 그 양반하고 이런 저런 얘기를 해보니, 날짜가 딱 맞는 거야. 고양경찰서에서 여기다 학살했다고. 금정굴이라고 그러더라고. 그래서 '아! 여기가 아버지 돌아가신 곳이구나!' 그때 알았어요. _고재식

면담을 마친 고재식 유족은 최근 죽음을 넘나들며 병마와 싸우고 있다. 이제 그의 한을 풀어줄 수 있는 시간이 그리 많이 남아 있지 않은 것 같다.

강광옥 유족은 1947년 2월 원당면사건을 직접 목격한 당사자로서 이에 대한 최초 증언자이다. 그의 부친 강석동은 이 사건에 얽힌 뒤 경찰의 감시대상이 되었던 것으로 보이며, 국군 수복 후 원당지서 뒷산에서 희생되었다.

원당면 성사리 강석동

금정굴인권평화재단에서 실태조사활동을 알리기 위해 경로당에 홍보물을 배포했는데 이를 보고 강석동의 아들 강광옥(1934년생) 노인이 연락을 주었다. 강 노인을 2014년 3월 27일 고양시 덕양구 성사동 자택에서, 같은 마을에 살았으며 강 노인의 친구인 이방용(1936년생) 노인을 2014년 4월 1일 성사동 8통 새마을회관, 이옥희(1936년생) 할머니를 2014년 4월 22일 강 노인 자택에서 만났다. 세 분은 모두 같은 학교 동창이기도 했다.

목격자들이 연로해지므로 더 늦기 전에 구술 기록이라도 확보하고자 조사를 시작했다는 취지를 설명드렸다. 강 노인은 부친 강석동이 일제강점기와 해방 초기까지 지역 유지로서 마을 반장을 맡아봤다며 말문을 열었다. 그는 전쟁 전 땅 매입과 관련한 문제로 지역내 재력가와 소송이 있었고 이 때문에 감정이 좋지 않았었다고 기억했다. 친구였던 이방용 노인과 이옥희 할머니는 희생자가 일제강점기부터 반장을 보았고 마을에서 '아저씨'라고 불렸던 기억을 갖고 있었다.

> 성사리에 살던 부친 강석동은 일제 때부터 구장이었는데, 서른 아홉에 돌아가셨어요. 초창기에 6·25사변이 나가지고. 아버지께서 동네에서 반장도 하시고. 왜정 때부터 반장을 보시고 그랬어요. … 출생년도는 1912년생. 서른 아홉. 사시던 곳은 여기예요. 아버지부터 나까지. … 제가 알기로는 왜정시대 아버지 명함을 지금도 가지고 있어요. 왜정 때에도 명함을 가지고 다니신 분이예요. 그게 어떻게 공교롭게 남아 가지고. _강광옥

> 땅 문제로 재판을 해서 우리 아버지가 이겼어요. 고양군에서 왔다갔다하는 사람하고 재판을 해서 우리가 이겼어요. 그런 감정이 조금 있었고. 땅을 우리가 샀는데 지가 땅을 빼앗으려고 했어요. … 그걸 사려고 했는데 아버지가 먼저 산 거니까. … 우리 아버지가 왜정시대 흰구두 신고 다녔다면 알 만하지요? _강광옥

전쟁 전 원당면에서 있었던 좌우갈등에 대해 기억하는 것이 있는지 여쭤자 강 노인은 바로 부친이 원당면사건의 피해자였으며, 이 사건은 여순사건 다음으로 유명했다고 했다. 강 노인에 따르면 사건의 발단은 이종원을 중심으로 한 지방좌익들이 전날 회의를 통해 고양군 독청단장 강영복을 없애자고 결정한 뒤 고양에 내려온 대한독청단원들을 공격하면서 발생했다고 한다. 전날 회의에는 부친 강석동과 함께 본인도 참석했었다.

당시 언론에 따르면, 1947년 2월 16일 고양 원당면에서 독청원과 민청원이 충돌하여 독청원 감금복(당시 22세)이 사망한 사건이 발생했다. 당시 검찰은 주모자를 박상남으로 보았으며 강 노인이 증언하는 이종원은 언론자료에서 나타나지 않는다.

강 노인의 기억이 비록 사실과 다른 내용이 있으며, 회의 목적이 독청단장 제거였다는 등 주관적으로 판단하여 사후 합리화한 측면이 있었다. 하지만 사후 재구성의 오류나 과장 가능성을 감안한다면 이 증언은 대부분 당시 정황과 일치하며 사건의 배경을 이해하는 데 있어 매우 중요하다. 게다가 이런 증언을 해 줄 수 있는 사람은 더 이상 없는 것 같다.

> 고양군에 이종원이라고. 그 사람이 원당면에서는 그 사람이, 서울대 나오고, 빨갱이 좌익 오야붕이었다고요. 사는 집은 모르겠습니다. 근데 여기다 목장을 했었다고요, … 그 사람이 8·15해방되고 회(會)를 붙인다고 해서 회 하는 데도 내가 우리 아버지를 쫓아갔어요. … 그래서 내가 아는 거지요. 겨울에요.

2월달. 원당면 사건이 2월달에 난거야. _강광옥

다 오라고 해서 미사부락, 그때는 미사부락이라고 했어, 4개 부락을 한 동네로 해 가지고 이장 하나를 시켰는데, 회의를 오라니까 … 다들 거기를 간 거예요. 그 자리를 내가 쫓아갔었다고요. 회의를 하고 났는데, 그게 원당사건 문제 때문에 회의를 한거야, 이제 내가 생각하니까. 원당사건 내일 날 텐데. 예를 들어서 며칠 전에 몇월 며칠날. 강영복이던가? 그 사람이. 우리 일가인데, 일산 독청단장인데. (고양에) 회의 온다는 것을 알고 그 사람을 좌익에서 없애자 이렇게 했던 거예요. _강광옥

그 사람이 대한 독청단장이었다고요. 그거 뭐 일산에 일보러 온 것을 지방빨갱이 박씨네가 쇠스랑으로 찔러 죽였어요. 차 세워 놓고. … 시방 농협 앞에 거기서 그랬어요. 그것 때문에 원당면이 확 뒤집혔잖아요. 여수순천반란사건 다음에 원당사건이라는 게 있어요. _강광옥

강 노인이 말하는 이종원은 국군 수복 직전 미군 CIC팀 작성 문서(미 국가기록원 소장 RG338)에 고양군 인민위원장이라고 적혀 있다. 미군의 체포 대상으로서.

서대문경찰서는 이 사건을 빌미로 민청원이라며 원당면 주민 99명을 무차별 연행하여 3월 7일 박상남 등 17명을 구속, 63명을 불구속 상태로 검찰에 송치했다. 이후 검찰은 박상남에게 징역 3년형, 박상기 박용호 김기동 박영원 최장원 이흥래 정일해에게 징역 2년형을 구형했으나 1심 재판부는 1947년 7월 17일 증거불충분으로 전원 무죄를 선고했다. 검찰은 18일 상고했으며 이에 2심 재판부는 1947년 12월 30일 박상남, 박상기에게 각 징역2년, 김기동, 박용호에게 각 징역 1년 반, 박영원, 이흥수에게 각 징역1년, 최장형 정일해에게 무죄를 선고했다.

당시 13세로서 원당면 성사리에 살던 강광옥, 이방용 노인은 2월 서대문 경찰서 경찰관들이 토벌작전을 벌이듯이 총을 쏘면서 마을에 들어와 무차별하게 청장년을 잡아가는 모습을 목격했다.

아들 이방용 노인은 부친 이유성이 산에서 나무하던 중 다쳐 버선에 묻은 피 때문에 끌려갔다고 기억하고 있다. 서대문경찰서에 끌려가서 고초를 겪었으며 결국 무죄로 석방되었다고 한다.

여기서 불알 달린 사람은, 남자는 다 끌려갔었요. 할아뱅이고 청년이고. … 경찰들이 쫓아오면서 그냥 쏘니까. 경찰들이 총을 쏘고 저쪽 산에서 이쪽으로 넘어오니까 있던 사람들이 창문으로 도망도 가고 그랬었다고요. … 그 전에 불을 쬐고 이렇게. 2월달이에요. … 화롯불을 쬐고 있는데 총소리가 나니까 그냥. 경찰들이 막 총을 쏘고 쫓아오니까. _강광옥

우리 아버지가 산에서 나무을 해 오다가 가시에 긁혔습니다. 그 긁힌 것을 갖다 버선 짝에 이렇게 닦으니까. … 그 버선 짝에 피 묻혀 가지고 왔더니, 그 사건에 참여했다고 끌어다 서대문형무소에 갇혔어요. 죄도 없이. … (아버님 성함은) 이유성이에요. … 사건이 나니까 형사들이 전부 죄 다니면서 다 잡아간 게야. 무조건 다 끌고 갔으니까. … 우리 아버님은 우리 어머니가 돌아가셔도 못 나오셨는데, 뭐. … 죄 없으니까 풀어줘라 해서 나오신 거예요. _이방용

희생자 강석동은 회의에 참석했으나 장사때문에 인천으로 떠났으므로 원당면사건에는 가담하지 못했다. 하지만 회의에 참석했으므로 경찰의 감시 대상이 되었다고 한다.

그 당시에 아버지가 뭘 하셨냐며는 인천으로 양키물건 장사하셨다고요. 8·15 해방되고 미군이 들어왔잖아요. 그 미군 물건을 사다가 장사를 하셨다고요. 우리 큰엄마하고 외숙모가 이고 다니면서 파는 거 죄 기억이 나요. … 우리

아버지 그 회의 하라는데서 어디 배치하라는 것을 모르고 인천을 가신거야.
… 우리 아버지가 회의에 참석했다는 것을 알고 그때부터 조금 트러블이 생
긴 거예요. … 그게 발단이 되어 가지고 우리 아버지가 돌아가신 거라. 그걸
물고 물고 나가다가 6·25가 나니까 아버지가 농지위원장을 보시게 된 거라
고. _강광옥

우리는 안 잡혀갔어요. … 제일 많이 살고 나온 사람은 한 20일 살다 나왔어
요. 죄가 없으니까. 그런데 우리 아버지를 잡으려고 외통 말도 못해. 우리 아
버지가 이것을 주동해 가지고, 죄 해 놓고 도망갔다 이거야. 알지도 못하는
우리 아버지를 갔다가. … 이래 가지고 아버지가 해 놓고 갔다고 개인감정으
로 뭐. _강광옥

그렇게 하다 우리 아버지를 잡으려고 하여튼 우익에서 경찰들이 무척. 우리
집 근처도 못 가게 했어요, 그때. 일가들도 우리 집을 안 왔어요. 빨갱이 집이라
고. 우리 아버지가 창피해서 이리 숨고, 저리 숨고 하는데. _강광옥

부친의 이런 상태에 대해 강 노인은 개인 감정에 의한 것이라고 했다. 하
지만 경찰서의 추적과 경찰서장의 보증, 원당지서장의 인정, 그리고 대동
청년단 활동 참여 등의 과정은 1949년에 있었던 국민보도연맹원의 가입
경위와 비슷하다. 강 노인은 이 영향이 인민군 점령기까지 이어졌고 결국
이 때문에 죽음에 이르게 되었다고 생각한다.

서대문경찰서 가서 신원조회를 풀어 보니까 아버지 이름도 없더래요. 그런
데 괜히 개인감정으로 이것들이 (잡으러 다닌 거야). 서대문경찰서장이 싸인,
보증을 서주니까 도망 다니지 말고 농사짓고 있으라고 했어. … 그래 가지고
그 이튿날 아침에 지서로 싸인 종이를 가지고. 지서를 가신다고 내려갔는데.
지서 안에 들어가서 명함을 내 주고 앉아 있으니까 오부장이라는 사람이, 원
당지서장이 들어오더라고요. 거기서 내다보면 바깥이 다 보였어요. (그때 아

버지에게) 개인감정이 있던 사람이 아버지를 잡으러 가라고 하기 위해 지서로 왔어요. (지서에 이미 와 있는) 아버지를 보고 들어오지도 않고 돌아가더라고요. … (부친이) 오부장 보고 싸인한 것을 내 주니까 풀어 줬어요. … (국민보도연맹이라는 거) 그런 거는 몰라요. 대동청년단에 우리 아버지가 죄 댕기신 양반이에요. 그 때 당시에 대동청년단. 이청천 장군이 만든 거. _강광옥

6·25전쟁이 나고 인민군이 고양지역을 점령했다. 희생자 강석동은 농지위원장 일을 하면서 의용군에 끌려갔다 온 청년들을 숨겨 주기도 했다.

그렇게 되자, 6·25가 나니까 채 피난을 못 나가시고. 제네들(인민군)이 들어오니까 일을 보라고 하니까. 그때는 어쩔 수 없는 거 아니예요? 들어와서 농지위원장 보라고 하니까 농지위원장을 보셨어요. … 아버지가 농지위원장을 보시니까 인민군들이고 애들이 남의 집 살던 사람들이 이리로 많이 왔어요. (소작농 하던 사람들이) 우리 집은 관심을 안 두었어요. 시방 다 돌아가셨지만 10촌 간 되는 형하고 권씨라고 나보다 2년, 3년 선배되는 사람인데, 의용군에 붙잡혀갔다가 도망을 왔어요. 도망 온 걸 나하고 셋이서 방공구덩이에 숨겨 놓았어요. _강광옥

이옥희 할머니의 오빠는 전쟁 전 했던 대한청년단 활동 때문에 인민군 점령 후 고초를 겪었으며 결국 의용군으로 징용되었다가 평양 근처 안변에서 탈출해 돌아오기도 했다고 한다.

오빠가 고역을 치르고 그랬어요. 이태호씨예요. 오빠가 대한청년단에 있었어요. 그래 가지고 고생 많이 했어요. 끌려간 것보다는. 갇혔지요. 밥은 주로 제가 날랐어요. 수복되기 전에 인민군으로 끌려 나갔어요. 의용군으로 끌려가 가지고 저 평양 근처 안변인가 거기까지 가셨다가 도주해 오셨어요. _이옥희

이방용 노인이 의용군에 끌려갔었지만 미아리에서 어리다고 돌려보냈

다고 한다. 그리고 인민군 후퇴 시기에 그의 부친이 수복하는 국군에게 불려나가 길을 안내하던 중 총상을 입었던 사실을 기억했다.

당시 옆집 아주머니가 아버지를 불러 나가보니 어떤 군인이 길을 알려 달라고 했다. 같이 동행하자고 하여 아버지는 국군 길잡이로 갔는데, 인민군과 교전이 벌어졌고 인민군 총에 다리를 맞았다. 국군은 도망하고 인민군이 빈 집에 아버지를 두고 갔다. 이후 동네에 와 있던 군인에게 치료를 받았으며, 다시 서울 시립병원에 다니면서 치료를 받았다고 한다.

> 근데 사실 참 이런 말은 할 것은 아니지만, 군대에서도 인정이 있는 사람이 있고, 냉정한 사람은 냉정해. 사람이 그렇더라고요. 나도 여러 번 인민군에 끌려갈 건데 "너는 키가 작고 나이도 어리고 그래서 도로 집으로 가라"고 그러더라고. 미아리까지 갔었어요. 거기서 너는 신체가 적으니까, 어리니까 도로 가라고 그러더라고요. 그래 도로 되돌아 왔지요. _이방용

> 우리 아버지도 사실 솔직히 군인 앞잡이로 가지 않을 건데, 동네 이웃에 사니까 동네 아주머니가 와 가지고 문을 열어 줬더니 군인을 데리고 왔더래요. 그래 "봉일천을 어디로 가느냐"해서 "이리로 갑니다", "같이 갑시다"해서 같이 갔는데, 저 만치 가니까 벌써 인민군이 총을 쏘더래. 아군은 총소리가 나니까 피하고. 그래 애매한 사람인 아버지가 따발총에 맞아 가지고. (인민군이) 끌어다가 민간인. 온데굴이라고 빈 방에 넣었어. 이놈들이 잔인해. "한방 먹여서 죽이고 가지 뭘 끌고 가냐고". 아군은 벌써 도망가고 인민군들이. 인민군들이 끌고 가서 방에다 넣어 놓고 간 거지. … 피난민이 우리 집에 와서 "아저씨가 저기 방에 계시니까 한번 가보라"고. 그래 가 봤더니 우리 아버지야. 그래 살아 있었어요. 여기 육군병원 다니면서 치료해 가지고 고쳐가지고 집에 와서 살다 돌아가셨어. 그런 일이 있었다 이거지. 인민군이 쫓겨 들어갈 때 얘기예요. _이방용

희생자 강석동은 국군 수복 후 가족들의 만류에도 불구하고 미군이 수복

한 능곡지역으로 치안활동을 나갔다. 그런데 평소 감정이 좋지 않았던 치안대원 중 한 명이 농지위원장을 했다고 고발하여 그 자리에서 체포되어 원당지서로 연행당했다.

> 9·28수복되고 인천에서 상륙하니까, 밤나무 밑에서 우리 어머니하고 나하고 이렇게 밤을 까고 있으려니까 아버지가 "나 능곡으로 치안하러 나간다"고 그러시더군요. … 그래서 제 어머니가 "거기 나가지 마시라"고 그랬어요. 농지위원장 일을 봤으니까. 나도 아버지 거기 가시지 말라고 그랬어요. 능곡 치안대 나가시는 걸. 그런데도 제 아버지가 고집을 부리시고 "내가 무슨 죄가 있다고 그러냐?"고. 치안하다 먹는다고 밥을 좀 싸라고 하셨어요. _강광옥

> 능곡으로 가서 치안을 하니까, 시방 개인감정을 가진 사람이. 그때는 손짓 한 번만 하면 끝나는 거였어요. … 저희가 능곡교회 4년 다녔어요. 거기가 원당에서 초창기에 (만들어졌어요). 우리 아버지가 장로이시고. 그때 다닌 거예요. 그래 거길 갔는데. 여기 청년들하고 쎄서(모여서) 갔는데. 그 중에 개인감정을 가지고 있던 사람이 '농지위원장까지 하고 빨갱이다'라고 손짓하니까 그냥. 거기서 잡혀 가지고요, 거기 목사님들이 다 그렇지 않다고 얘기해도 안 듣고 원당으로 그냥 (데리고) 들어온 거예요. _강광옥

당시 원당지서 창고에는 능곡에서 잡혀 온 강석동을 비롯해 주민 40여 명이 감금되어 있었다. 아들 강씨는 본인도 잡혀갈까 두려워 집에서 나가지 못하고 있는 상태였으므로 7살 누이동생이 지서 창고로 밥을 날랐다. 당시 이방용 노인은 강 노인의 동생이 밥 나르는 것을 보았다.

> … 창피한 소리로 내 누이동생이 밥을 날랐어요. 나도 잡아 죽인다는 소리 때문에 (무서워서). 창고에는 한 40명 이상. … 그 창고에서 아버지가 끌려와 가지고 고문도 무척당하고 매도 무지하게 맞으셨데요. 나는 그때 집에서 있었고요. 꼼짝도 안하고. … 그 안에서 불러내 가지고 개인감정이 있는 사람들이

때리고. 말도 못하게. 그것을 또 내 친구가 나에게 전해 주는 거예요. 누가 때리고 누가 어떻게 했다고. 그 사람이 바로 누구냐? 의용군 갔다가 도망온 걸 아버지가 구해 준 사람이. 벌써 그렇게 되니까 그것을 나한테 와서. 게는 풀려 나와서 거기서 치안(활동)을 하거든요. 당시 치안대장은 권영주라고… 그 사람이 치안대장 했을거야._강광옥

1950년 10월 12일 원당지서에서 강석동의 밥을 더 이상 받지 않았다. 얼마 뒤 희생자가 지서 창고에서 불려나간 뒤 원당지서 뒷산에서 다른 주민들과 함께 총살당했다는 소문이 났다. 주민 일부는 고양경찰서로 이송되었다.

일곱 살 먹은 내 누이동생이 밥을 들고 다녔어요. 내가 못 가고. … 음력으로 9월 초이튿날(1950년 10월 12일) 밥을 가지고 가니까 없다고 밥을 안 받더래요. 없다고 밥을 안 받기 때문에 애가 그냥 가지고 온 거예요. 창고에 없으니까. … 내가 초이튿날 진매를 떠 놓고 현재(제사를 지내요). 그리고 여태 소식이 없는 거예요. 초이튿날 돌아가셨기 때문에 초하루날 제사를 지내요._강광옥

밤중에 부르면 그건 죽는 거야. 밤중에 누구 이름 불러 나가면 그건 죽으러 가는 거야. … 그것도 알아요. 죄 뭐하면 그리(고양경찰서) 넘긴다고 차에 싣고 가는 것까지도 나는 다 본 사람이예요. 원당지서에서도 고양경찰서로 가신 분들이 있지요. 창고에서 해 놓고. 고양경찰서로 간 경우가 아니라며는 원당지서 뒷산에다가 그랬지요._강광옥

총살현장에는 4~5명씩 매장된 구덩이가 8개 있었으며, 아들 강광옥이 희생자의 시신이나마 수습하고자 찾아다녔으나 구덩이를 모두 파헤칠 수 없었다. 나중에 구덩이를 판 사람을 찾았으나 그는 죽을 때까지 아무런 말

도 해 주지 않았다.

친구 이방용 노인도 골짜기마다 많은 주민들의 시체가 방치되어 있는 모습을 목격했다. 이 노인이 보기에 당시 피해는 주민들 사이의 개인적 갈등이 가장 큰 원인인 것 같았다. 양 측의 점령 세력들이 서로를 미워하게 만들었기 때문이었다. 그가 말하는 지방빨갱이는 점령군 측과 수복군 측 양쪽에서 협력하던 사람들이었다.

이옥희 할머니는 희생자 강석동이 9·28수복 후 원당지서로 끌려갔다가 지서 뒷산에서 희생되었다는 소문을 들었다.

그래서 그것을 찾으려고 애를 무척 썼는데. 한 구덩이에 네 다섯 씩을 묻었어요. 여기 지서 뒤에. 거기다가 불러내 가지고. … 아버님 시신은 못 찾았지요. … 지서 뒷산이 구렁텅이, 고랑이 있었어요. 지서 뒤가 바로 골짜구니거든요. … 구덩이 판사람을 가르쳐 준 거라. 그런데 그 사람이 끝끝내 안 알려 주고 돌아갔어요. 그래 못 찾은 거예요. 먼저 한 사람이 산소는 알지만 그 구덩이 판 사람한테 물으면 정확히 알 거다. (그러나) 끝내 말 안하고 돌아갔어요. … 내가 생각할 적에 50명은 안되고요. … 여덟 구덩이 그건 나도 봤어요. 구렁텅이에 무더기 무더기 있는 건 봤지요. _강광옥

원당지서 뒷골짜기에서 돌아가셨다는 얘기는 많이 들었어요. 우리 아버지가 죽었다고 해서 찾으러 다니고 해서. 골짜기마다 시체가 많았어요. 난 댕기면서 보았어요. 차마, 나도 어린 마음에 아버지 나가서 안 들어오고 그러니까 찾아다녔어요. 시체를 찾아야 되니까. 거기서 죽은 사람들은, 민간인이 죽죠. 군인들은 안 죽습니다. 민간인들이 애매하게 끌려가서 죽죠.
경찰이 한 거나 그렇지 않으면 지방빨갱이들이 했다고 해도 과언이 아니에요. 솔직히 말해서 지방빨갱이들이 했지 군인이 누가 누군지 압니까? _이방용

서로 그때 당시에는 감정이 많았습니다. 뭐냐 하면, 지서에서 저거하는 것이 그 사람이 볼 때는 경찰을 보거나 무슨 간부로 있거나 그러면 먼저 잡아가요.

또 제네들이 들어왔을 때에는 남의 집 머슴살이를 위원장시키고, 치안대 뭘 시키고. 그래 가지고 서로. 그러니까 서로 감정이 있으면 너는 그전에 뭐했다, 너는 뭐했다, 이렇게 얘기해 가지고 서로 잡아갔어요. 그렇습니다. _이방용

원당지서와 치안대는 강석동의 피살 직후 부역 활동을 통해 모은 재산이라며 농사지은 벼 한 톨까지 모두 수탈해 갔다. 송포면 덕이리 김기성 유족의 경우처럼 강광옥 유족에게 남은 것은 몇 개의 숟가락과 밥그릇이었다. 그 과정에 동네 주민들이 동원되었다. 이는 남은 가족들의 생명까지 위협하는 행위였다.

내가 열 일곱 살 먹어서 얼마나 (고생했는데요). 아버지가 빨갱이 노릇을 했으면 (그 동안) 얼마나 주워 모았겠습니까? 재산을 싹 다 가져가는 거예요. 솥까지도. … 그러니까 아버지가 빨갱이 짓하면서 재산 모은 거다 하면서. 재산몰수야. 어머니가 결혼하면서 장(농) 가지고 온 거, 솥까지 다 가져갔어요. 그래 가지고 창고에다 쌓아 놨더라고요. 그때 우리가 자전차가 있었어요. 시방 자동차보다 귀했어요. 아버지가 자전차도 사 줘서 학교도 타고 다니고 그랬었는데. 그 자전차를 가져간 사람이 엊그제 죽었어요. 아흔 몇 살 먹었는데 엊그제. … 이흥석이라고 하는데 그거 말 마세요. 그 자전차를 지가 타고 다니면서. 남의 것을 왜 지가 타. 어머니 장도 가져가고. 먹는 숟가락하고 밥그릇만 두고. _강광옥

그 중에 표씨인데, 표동렬이라고. 어머니가 닭을 11마리를 길러 월사금을 해서 공부를 시켰어요. 그 알 낳는 것을 모아 팔아서. 수탉 하나하고 11마리를 길렀는데 그것까지 다 가져가는 거예요. (그런데) 동렬이라는 사람이 두 마리를 빼 주면서 "오늘 저녁에 볶아 먹으라"고 주고 가더라고. 시방도 잊어버리지를 않아요. _강광옥

그 해 농사 지은 것도 동네 사람들이 다 베어가서 거기다 타작해 가지고 가져

갔어요. 벼 한 톨도 안 주고 다 가져가는 거예요. … 거기서 시켜 가지고 동네 사람들이 들어와서 벼를 베어 가지고 저기 가져다가, 집은 여기인데, 말려서 쌓아놓고 타작하고. 벼 한 톨 안 주고 다 가져가는 거야. 그러니 뭘 먹어요. 그러니 어머니하고 누이동생 셋하고 나하고 다섯 식구가. 내가 벌어먹고, 나무도 해다 팔고. 능곡으로 지고 다니고. 나무를 지고 밤새도록 영천 독립문까지 가서 팔았어요. 그거 한 짐 팔아서 우리 하루 먹고 (그랬어요). 다섯 식구가 하루 사는 거예요. _강광옥

우리 집에 와서 동네 사람들이 죄 가져가는데 몇 사람은 동산에서 빙빙 돌고 집에를 안 들어오는 거예요. 어떤 놈들은 무슨 살 일이 났는지. (우리는) 눈 멀겋게 뜨고 죄 뺏기는 거지. 전부 지게로 지고 가는 거예요. 두 사람은 바깥에서 빙빙돌고 집에 안 들어 왔어요. 차마 그런 짓을 못 했던 거지요. 동네에서. 그렇게 겪었습니다. 나는 뭐냐면, 지나간 일 과거를 생각하면 살 사람이 없어요. 난 과거는 잊어요. 기록은 해 놔야지요. _강광옥

    강석동의 죽음 후 마을 치안대는 아들 강광옥 노인마저 죽이려고 했으나 거기까지 이르지는 못했다. 이후 중국지원군의 참전으로 유엔군의 전세가 불리해 진 11월경 이번에는 아들 강광옥을 비롯하여 희생된 주민들의 가족들이 같은 창고로 연행되었다.

나는 정말 왜 이런 얘기냐면, 그 다음에. 나를 죽이겠다고 하는 사람이 … 여기 골프장 하우스 밑에 돼지고리라고 하는 데가 있어요. 나를 죽인다고 (거기에다) 자리까지 잡아 놨었데요. 거기 하우스 밑에. _강광옥

10월 즈음 되는 거지요. 음력으로. 내가 그렇게 끌려가 가지고. 창고 안에 원당면에서 좌익 일을 본사람 자식들을 죄다 잡아서 창고에다 가둔 거예요. … 시방은 없어졌지만 당시 원당에 창고가 있었어요. 검은 창고라고. 시방 동사무소 옆에 있었어요. 왜정 때 창고로 지은 거예요. … 동네에서, 지서에서. 경

찰이 아니라 그 밑에서 일 하는 사람이 데리고 간 거지요. 그래서 끌려가 가지고 역시 그 창고에 들어갔어요. 까만 생철로 지은 거예요. _강광옥

12월 무척이나 춥고 큰 눈이 내리던 날 밤이었다. 부친을 잃은 강 노인과 형을 잃은 이웃 동네 이해영이 함께 불려나갔다. 갇혀 있던 사람들이나 불려나간 사람들이나 이럴 경우 대부분 총살당한다는 것을 알고 있었다. 그러나 예상 외로 이들을 불러낸 치안대는 풀어 준다고 했다. 두 사람은 믿을 수 없었지만 일단 지서 밖으로 나왔고 풀어놓고 뒤에서 총을 쏠까 봐 죽을 힘을 다해 마을로 뛰어갔다.

거기 들어갔는데 12월쯤 눈이 무지하게 왔어요. 정말 추워 죽겠더라고요. 바닥 콘크리트하고, 생철로 한데다 섣달에 눈이 오는데다 집어넣었는데 말 할 것도 없는 거지요. 치안대장이라는 사람이 밤중에 술이 잔뜩 취해 가지고 "이놈의 새끼들 죄 때려 죽인다"고 그러니까 정말 이제 다 죽나보다 그랬어요. 사무실에 오더니 치안하는 사람들을 죄 집합을 시키더라고요. 그러고 나더니 (치안대원 보고) "이놈의 새끼들" … 가서 짚하고 멍석 이런 거 다 가져오라고. 그래 가지고 밤중에 바닥에다 짚을 깔아주고 멍석까지 죄 쳐주니까 사뭇 덜 춥더라고요. 그게 12시가 넘었어요. 일단 바닥이 차지 않으니까. _강광옥

그러고 있으니까 이해영이라고 나보다 4살 더 먹은 사람이 있어요. 그 사람은 형님이 진짜 빨갱이여서 끌려온 거였어요. 12시가 넘었는데 그 사람하고 나하고 둘을 불러내더라고요. 그러니까 이제 죽으러 가는구나 했어요. 밤에 부르면 그건 영락없이 죽으러 가는 거니까. 추후에 얘기지만 거기 있던 사람이 우리들이 안 들어오니까 죽었다고 생각하고 밤새도록 울고 그냥. _강광옥

사무실에 들어갔더니, 그 당시에는 장작 나무로 불을 때거든요, 거기 보니까 뭐 뭐 한사람이 딱 앉아 있더라고요. 그러더니 "너희들 추워서 혼났지" 그러더라고요. 시방도 그분은 살아 있어요. 아흔 몇인가 살아계시더라고요. 난

로 불에 않아서 쬐라고 그러더라고. 이건 얘기니까 그렇지 옛날부터 죽이려면 잘 먹인다는 말이 있잖아요. 불을 쬐라고 하는데도 마음이 안 놓이는 거예요. 그 사람(이해영)은 자기 형이 진짜 좌익이었더라고요. 우리 아버지는 이미 돌아가신 거고. 그러더니, 몸을 녹이니까 (조용히) "빨리 집에 돌아가"라고 하더라고. 그 사람이 집에 빨리 돌아가래. 그러니 도대체가 이게 어떻게 되는 건지, 가라고 해 놓고 죽이려고 그러나 이런 생각이 (들었어요). _강광옥

가라고 하니까 나와 가지고. 사무실에서 큰길이 한 30미터 될 거에요. 거기까지 가도록 또 뒤에서 쏘나 (불안했어요). 캄캄한 밤이지요. 둘이 시방 일산 다니는 큰길에서 밤중에 그냥 뛰는 거예요. 나는 그 생각하면 (기가 막혀요). 그래 뛰어 가지고 동네에 내려와 가지고 둑을 넘어 가지고. 그 사람은 저 아래 동네 사람이고 나는 여기니까. "형님은 저기 논두렁으로 가시오." 거기까지 오면 누가 쫓아오지는 않으니까. 캄캄한 밤중에. 집에 문을 열고 오니까 (울먹이며) 우리 엄니가 얼마나 반가워하시는지. _강광옥

강 노인은 집에 돌아온 직후 살기 위해 청년방위군으로 입대할 방법을 찾았다. 하지만 때가 늦은 데다가 나이도 어려 입대할 수 없었다. 다른 방법은 제2국민병이라고도 부르는 국민방위군이었다. 제2국민병은 정식 군인으로 편재되지 않은 청장년들로 인민군이 점령할 경우 의용군으로 징병될 가능성이 있는 연령층이 그 대상이었다.

강 노인은 추운 겨울 제2국민병으로 문경 새재를 넘어 마산 덕산면까지 가서 3개월을 보내야 했다.

밤중에 들어와 가지고 그렇게 자고 나니까, 큰아버지가 "너 청방들 나가는데 쫓아가라" 이러시더라고요. 제2국민병이 아니라 청년방위대. 그 사람들은 목총을 가지고 훈련을 받았어요. 그것 하는데 내 사촌매부가 감찰대장이었다고요. 그래 거기 가보라고 그러시더라고요. 그래서 갔더니 사촌매부가 안되겠다고 그러더라고요. 이거는 이미 훈련을 받았으니까 거긴 못 쫓아가고 내일

5장 도망갈 땐 언제고 이제 와 부역자라고

모레 제2국민병이 내려가니까 거길 (내려가라고 그러더라고). 나는 17살이
니까 해당이 안 되. 만 16살이지요. … 그래서 3일째 그걸 쫓아 내려가 가지고
마산 창원군 덕산면이라는데 국민학교에서 석달 겨울을 나니까 만 16세 이
상은 죄 나오라고 하더라고요. _강광옥

그때 제2국민병으로 고양군에서 오백 몇 명이 내려갔어요. 석줄로 가는데 여
기서 끝이 안 보이잖아. 그래서 거길 지원해서 쫓아간 거예요. 마산까지 그냥
걸어갔어요. 말 마세요. 그때 고생 많이 했어요.
그렇게 내려가다가. 창원군 덕산면(현 창원시 진해구 덕산동) 신동국민학교
까지 가기를. 하루 웬종일 가야 40리를 가고. 줄지어서 가는데, 여기 무슨 고
개야. 문경 새재를 넘어가는데 눈이 이렇게 와 가지고 길이 얼어서 어떻게 미
끄러운지 거기를 넘어가는데. _강광옥

여기서 목적지를 미리미리 정해 놓고 가야되요. 500명이 한꺼번에 못 들어가
니까. 그 동네에서 밥을 다 해 주고 그래야 되니까. 여기서 미리 연락을 해 가
지고 가는데, (문경 넘어서) 자는 걸 해놓고 떡하니 들어가는데, 거기 치안하
는 사람들이 (넘어가는 것이) 안 된다는 거예요. 빨치산이 많아서 많이 죽었
다는 거예요. 그러니 밤중이라도 고개를 넘어 가라는 거예요. 시방도 가보면
아휴! 밤에 고개를 넘어가는데, 내가 인민군 군화를 신고 다녔어요. 어떻게 미
끄러지던지 쪼금만 가면 주저앉고 주저앉고. 그래도 넘어가서 자라고 그러
더라고요. 여기 내려오니까 그리 넘어가라고 그래서. 그게 여기 김포사람들
이야. 김포사람들이 방위군으로 우리를 데리고 내려가는 거야. 천옥천이라고
해서 내가 이름도 안 잊어버려요. 그 사람이 방위대장이었는데. 내가 우니까
"조금만 더 가면 된다"고. 그 사람이 붙잡고 끌고 갔어요. 하여튼 그렇게 내려
간 거예요. … 마산까지 내려가 가지고. 창원군 덕산면이라는데 국민학교로
집어넣더라고요. 그 국민학교 들어가서도 말 마쇼. 그냥 바닥에다가 섬 깔고
그냥 잤어요. 석달을. _강광옥

3개월 뒤 귀향길도 순탄치 않았다. 억울하게 죽은 부친의 한을 풀기는 커

녕 다시 그 때문에 빨갱이 자식이라며 매를 맞아야 했다.

> 그 이듬해 3월이 되니까. 그때가 한 2월 25일 즈음 될 거예요. 만 17세 이하 나오고 34세 이상 나오라고. 그 사람들은 해당이 안 되니까 집으로 보내주는 거야. 나머지 나하고 같이 갔던 형들이 다 입대해 가지고 06군번 받았다고요. 그게 2월 27일 8일 그렇게 될 거예요. 나오라 해서 나갔더니 감찰대에서 날 부르더라고요. "너 6·25 때 무엇했냐"는 거예요. "나 아무것도 안 했다"고. … 감찰대가 끌어가더니 대나무 이런 걸 가지고 들이 패는 거예요. … 그게 무슨 원수였다고 그 개○○가 "저○○, 빨갱이 아들"이라고 아버지는 이미 돌아간 걸 얘기 한 마디 했더니 (그걸) 감찰대에다 (말한 거예요). "안 했다"고. 6·25 때 학교 간 것밖에 없었으니까. 인민군 애들이 나오라고 하니까 며칠 나갔었고. 어쩔 수 없는 것 아니에요? 다리 패는데, 이리 구르고 저리 구르고. 대나무는 (허벅지를 가리키며) 이런데 맞으면 깨져요. 그걸 가지고 때리는데 "짜르륵 짜르륵". 더 아프더라고요. 한참 맞고, "사실 아버지가 일 보다 돌아가셨다"고 말이야. "우리는 알고 그랬는데 왜 진작 얘기를 안 했냐, 말을 했으면 매를 안 맞았을 것 아니냐" 그렇게 하고는 "잘 가라"고 그러더라고요. _강광옥

> 거기서 쌀 한 말하고 돈 3,200원하고 주면서. 귀향이야. 쌀은 거기 있는 동네 사람들 밥 해 먹으라고 주고 돈은 내가 넣고 인천까지 오는데 18일 걸렸어요. 거기서 걸어서. 그렇게 해서 다 끝난 겁니다.
> 그 때만 해도 한강을 건네주지 않아서 거기서 한참 있다가. 큰집이 거기 있기 때문에. 인천에 계셨기 때문에 거기에 있다가. 한강도 몰래 배 타고 건너 온 거지요. 도강중 그거 군인들이 장사하는 거야. 밤중에만. 그거 타고 건너와서 집에 와 있다가 그대로 사는데. 모든 것은 다 끝났습니다. 아버지도 돌아가시고 (시신도) 그렇게 못 찾고 그랬는데. _강광옥

강 노인은 부친만 희생되어 억울하다고 했다. 인민위원회 서기장을 한 사람이나 마을 청년들을 의용군으로 보낸 사람들이 무사히 죽음을 피했을

뿐 아니라 이후 면장까지 하면서 큰 어려움 없이 살 수 있었기 때문이었다.

> 오죽하면 수용소에서 나와 가지고 때려 죽인다고 그러는 걸 내가 말렸어요. 그 사람을 시방 가서 때리면 뭘 하고. 내 외사촌이 갔다 오고 동네 사람 둘이 거제수용소에서 풀려 나와 가지고 와서 "그 놈이 우리를 내 보내서 고생했다"고. 사실 그걸 내가 말렸어요. … 그때는 누구를 막론하고 어쩔 수가 없었어요._강광옥

강 노인은 부친의 희생 후 본인도 죽을 대상이었지만 마을 권씨 집안 형이 말려서 살 수 있었다는 것을 1970년대 새마을사업 당시 알게 되었다고 한다.

> 아까 말한 의용군 갔다가 온 사람(권영모)이 (있어요). 그 사람 형이 있어요. 둘째 형인데 그 사람이 치안대 일을 보고 있었는데. 나를 죽이려고 했다는 것을 (내가) 뭘 알겠습니까? 비밀이니까 모르는 얘기지요. 그래 모르고 있었는데 새마을사업하면서 … 이제 골프장도 생기고 샛밥을 하는데. 골프장 나가는 사람은 늘 부역을 안 나가려면 이 마을 지나면서 돈을 내놔라 했어요. 그 돈으로 일을 하는데 빵들을 사다가 먹었어요. 그러고 있는데 한 사람이 "자네는 나를 잊어서는 안 되는데" 취중에 그 소리를 듣고. … 뭘 알아야 은혜를 갚던지 그럴 것 아니에요. 그 사람이 의용군 갔다왔다는 사람 형이야. "아까 형님 날 보고 하신 말씀이 도대체 뭘 알아야 할 것 아닙니까?" 물으니까 … 다 끝난 일이니까 얘기한다고 그러면서 "자네, 나 때문에 살았네" 이거예요. 아까 말한 거기에서 죽인다고 창고문을 열어달라는 걸 "게가 무슨 죄가 있냐고" 하면서 막아 자네가 살았다고._강광옥

강 노인이나 이방용 노인은 당시가 참 어려웠던 시절이었다고 회고했다. 강 노인의 누이동생은 대통령의 1번 캐디였고, 본인은 보수정당의 요직에 있었으므로 희생자들은 좌익이 아니었으며 어쩔 수 없이 부역에 동원되었

던 것이라고 주장했다.

> 우리 아버지가 좌익이라는 걸 하고 있었는데. 말씀드렸지요. 우리 아버지가 진짜로 좌익이었을 거 같으면 이북으로 넘어갔지 왜 여기 계시겠어요. 그리고 내가 얘기했겠지만, 의용군 나왔다가 도망 나온 것을 우리 집에다 숨겨 놓고 우리 아버지가 살려 놨는데. 그렇게만 봐도 좌익이 아니란 게 나타나는 거 아닙니까? 딴 거는 둘째고. _강광옥

지도면 행주리 맨들마을 이기준

수복 직후 맨들마을에서 63명이 한꺼번에 희생되었다는 사실에 대해서는 《고양시사》 등 이미 여러 문헌과 증언에서 다루고 있다. 하지만 누가 희생되었는지, 어떻게 희생되었는지에 대해서는 밝히지 못하고 있다. 아직까지 의문으로 남아있었는데 이번 증언들은 이와 관련된 최초의 것으로 보인다.

희생자 이기준의 손자 이홍재씨(1959년생)를 2014년 3월 25일 고양시 주엽동 재단 사무실에서 만났다. 그는 60년이 지난 이야기를 꺼내는 것이 이득이 될 것이 없지만 그 동안 들었던 이야기를 꼭 하고 싶어서 왔다고 했다. 손자 이씨의 증언은 정확성이 떨어지는데다 주관적 판단이 많이 개입되어 있었으며 사후 합리화 과정을 거쳐 재구성된 기억으로 보이는 경우가 많았다. 심지어 국군 수복 후였음에도 희생자가 인민군 측에게 피해를 입었다고 생각하고 있었다.

이틀 뒤 이씨의 모친인 희생자의 며느리 최재춘씨(1938년생)를 만났다. 며느리의 증언은 결혼 후 남편과 시어머니로부터 들은 이야기들이었지만 소극적 태도에 비해 상당 부분 객관성이 있어 보였다. 각 인용문 끝에 증언

자의 이름을 밝혀 구분했다.

전쟁 전 맨들마을은 70여 호로 구성된 이씨 집성촌으로 전주 이씨와 연안 이씨가 대성이었다. 행주나루를 끼고 있는 한강변 어촌으로서 상대적으로 부유한 마을이었다.

> 맨들마을이 이씨 집성촌인데 절반은 외지인들이 사서 매매가 되었고. 전주 이씨들은 거의 나가고. 전주 이씨 성령대군파예요. 시제도 여기서 지내요. 행주대교 밑 행주나루터에 시제 지내는 비당이 있어요. 연안 이씨도 많이 (살고) 있어요. … 당시 맨들마을에 초창기에는 한 70가구 살았나 봐요. … 맨들, 우리 동네에 빨갱이들이 좀 많이 있었나 봐요. 잣골도 있고 나루터도 있고, 서원촌도 있고 네 마을이 그렇게. 네 집성촌이 있었어요. 맨들마을이 살기가 좋았데요. _이홍재

희생자 이기준은 배운 것은 많지 않으나 마을 일을 많이 했다고 한다. 인민군이 점령하자 어쩔 수 없이 일을 했던 모양이고 이것이 빌미가 되어 국군 수복 후 연행된 것이었다. 희생자는 밭에서 일하던 중 강매산 방면으로 끌려갔다.

손자 이씨는 당시 끌어간 사람들이 김○마와 김○형으로 이들이 실제 부역일을 했었다고 주장했다. 빨갱이한테 끌려가 죽었다고 전해들었지만 희생된 시기는 국군 수복 후였던 것이었고 이후 제사를 지냈던 것으로 보아 납북은 아니었다고 했다. 한편, 이에 대해 며느리 최씨는 남편과 시어머니로부터 국군 수복 후 마을에 살던 경찰 가족이 고발하여 연행된 것이라고 들었는데 김○형은 관련이 없다고 했다.

강매산 방면으로 끌려간 희생자는 그 뒤로 행방을 알 수 없었다. 죽인 자도 누구였는지 짐작하지 못하고 있다.

(아버지께서) 그 이야기를 하더라고요. 할머니께서도 그랬어요. 그 두 분이 고발을 해 가지고 끌려갔데요. 빨갱이들한테 끌려가 갖고. 어디로 가나 봤더니 거기 강매산 쪽으로 끌려가는 걸 봤는데 그 이후로는 돌아오지 않은 거지요. _이홍재

시어른이 여기서 뭐 옛날에 반장 보시고, 배운 것은 많이 없어도 동네일을 많이 하셨데요. 그래 가지고 6·25가 나니까. 그게 뭐 사람이 좋다고 해서 남들이 그냥 놔두는 것도 아니고. 그런데 무척 착하시게 여기서 사셨는데, 난리가 나고 끝나니까. 그때가 난리 통이지. 이제 군인들이 들어 온 거예요. 인제 빨갱이는 물러가고. … 그러니까 아마 여기서 경찰 가족했던 사람이 그렇게 신고했던 모양이에요. … 느닷없이 밭에서 일하는 분을 붙들어 갔데요. 그분이 무슨 그 빨갱이에 가담해 일을 하였다면 억울할 게 하나도 없지요. 그러니까 밭에서 일하시는 분을 별안간 붙들어 가고. 빨갱이 짓을 했다면 숨고 그러잖아요? 그렇게도 안했는데 붙들어 가니까 어이가 없어 가지고. 아휴 시어머니가 난리를 치고 그랬는데. _최재춘

우리 아저씨도 그때 열 네 살 정도 됐는데, 그렇게 아버지를 붙들어 가니까. 누구의 소행인가 하고 알아보니까 여기 또 그렇게 신고한 사람이 있었나 봐요. 신고한 사람에 의해서 군인이 그냥 데려간 거예요. 무조건. _최재춘

(아버님 성함은) 이강성씨요. … 돌아가시기 전까지 약주만 드시면 늘상 할아버지 이야기를 하더라고요. 동네에 빨갱이가 있었는데 그 놈이 신고해 가지고 끌려갔다고. 그래서 영영 돌아오지 않았다고. 그래서 그 놈을. 바로 이웃 사는 사람이었더라고요. 소리 안 나오는 총이 있으면 쏴 죽인다고 늘상 입버릇처럼 이야기했어요. 그게 김○마, 김○형이라는 사람입니다. 한 동네 사는 사람이에요. 그 양반 이름을 늘 부르면서 복수하고 싶다고 그랬는데, 결국은 그 분들 다 돌아가시고 나서 돌아가셨어요. _이홍재

그랬는데, 뭐 간 뒤로 소식 불명이죠. 그리고는 여태 아무 소식도 없고. … 죽

여서 그냥 한 데 묻은 모양이에요. 없어졌으니까. 평생을 두고 사는 동안에 그 집을 원수로 삼고, … 그 집을 항상 그냥. 우리 아저씨가 나 시집와서도 "그냥 안 둔다"고, 내 부모 끌어다 죽였다고 그냥 안 둔다고 난리를 치고 술 먹고. 한 번은 싸우는 것도 보고 그랬어요. … 시어머니 돌아가시고. 무덤이 없지. 아버 님은 시체가 없는 무덤에다가 어머니 한 분을 모셔놓고 우리가 같이 제사를 지내요. 그 무덤은 현재 파 보면 우리 아버님은 안 계세요. _최재춘

며느리 최씨는 당시 마을에서 희생자와 함께 희생된 사람 여럿을 알고 있는데 아직도 희생사실에 대해 말하기를 꺼려하고 있다면서 본인 역시 이웃의 피해사실에 대해 말하는 것이 잘 하는 일인지 알 수 없으므로 당사자의 뜻을 확인하지 않고 더 이상 유족들에 대한 정보를 알려 줄 수 없다고 했다. 유족들에게 여전히 남아 있는 국가폭력의 공포감이 다시 한번 느껴졌다.

여기 동네에도 아마 몇 사람이 그렇게 빨갱이 짓을 안 하고도 억울하게 붙들려 간 사람이 몇 사람 있는 것 같아요. 그 분들이 여태까지 신고를 안했지요. 이 동네에서 누구라고 내가 얘기를 못 하고. 그 분들도 이것을 보면. 그 사람들도 억울한 것이 있겠지요. 노인정에서 어제 얘기를 하고. 그 분들도 억울하게 끌려갔다, "빨갱이 짓을 안했느냐?" 그러니까 안했데요. 우리 시아버지하고 같이 끌려간 거예요. … 그 사람이 원치 않으면 내가 해 준다고 해서 하는 것은 아니지. _최재춘

희생자의 아들은 죽을 때까지도 같은 마을의 고발자들을 증오하여 다투기도 했으며, 언제든 기회가 오면 보복하겠다고도 했다. 그런데, 증언만으로 판단하자면, 복수심에 사로잡혀 살아왔으면서도 정작 직접 가해자가 누구였는지 알지 못했다. 아니 아마 알려고 하지 않았을지도 모른다. 당시 살인자가 국가라고 하는, 응징이나 처벌이 불가능한 상대임을 알고 있기 때문이었을 것이다.

이번 면담을 통해 희생자 이기준은 국군 수복 당시 희생당한 맨들마을 63명 주민 중 한 사람으로 보인다. 하지만 같은 마을 희생자들이 연행당하는 모습만 봤을 뿐 희생당한 곳이 어딘지, 어떻게 희생당했는지 모르고 있으므로 여전히 이들의 희생경위는 분명하지 않다.

아들 이씨와 며느리 최씨의 증언으로 보아 맨들마을 63명이 모두 한 날 학살당한 것은 아닌 것 같다. 행주나루 부근에서 무더기 시신이 발견되었다는 주민들의 증언은 아직 없지만 시신을 유기하기 쉬운 한강변에서 총살이 자행되었을 가능성은 매우 높다.

한편, 능곡지서로 연행되었을 가능성도 무시할 수 없다. 행주나루 부근의 창고에 갇혔던 행주리 주민들이 능곡지서를 거쳐 고양경찰서로 이송, 금정굴에서 희생된 사례들이 있기 때문이다. 희생자가 능곡지서로 연행되었다면 금정굴 희생자가 되었을 가능성도 높다.

진실에 한 걸음 더 다가가다

1950년 9월 28일경 고양지역에서는 후퇴하는 인민군 측에 의한 피해와 수복하는 국군, 경찰에 의한 사건이 동시에 발생했다.

전략적 후퇴에서 복귀한 경찰관들은 누가 부역을 했는지 알 수 없었다. 결국 이를 가장 잘 알 수 있는 자, 즉 진짜 부역자가 다시 경찰에게 협력했다. "검거당하는 자보다 오히려 그 죄상이 더 심한 자가 검거했다"는 주민들의 불만이 근거없는 것이 아니었다. 덕이리 김형렬은 수복하는 마을 주민들과 함께 경찰을 환영하러 나갔다가 끌려갔다. 모두 세 명이 끌려갔는데 이미 경찰 측과 내통하고 있던 누군가가 제공한 정보에 따른 것으로 보였다.

연행당한 주민들은 1차로 거주지 가까운 곳의 지서나 치안대 사무실, 임시 유치시설에 감금되어 있다가 지서 소속 경찰관 또는 치안대의 조사과정을 거쳐 고양경찰서 유치장으로 인계되었다. 감금당한 주민들은 가족들이 가지고 오는 밥을 나누어 먹어야 했다.

각 지서에서 1차 조사를 받은 주민들은 고양경찰서로 이송되었다. 고양경찰서에는 4개의 유치장이 있었으며, 경찰서 앞 양곡창고를 임시 유치시설로 사용하고 있었다. 당시 4개의 유치장에는 80여 명이 감금되어 있었고, 양곡창고에는 180여 명이 감금되어 있었다. 이들은 3~4일에 걸친 조사 후 풀려나기도 했지만 대부분 학살당했다. 학살로 생긴 유치장의 빈자리는 곧 다른 주민들로 채워졌다.

유치시설에서 끌려 나간 주민들은 적게는 5명에서 많게는 47명까지 고양경찰서 앞 공터에 모여 양팔을 군용통신선(삐삐선)에 묶인 채 경찰관, 태극단, 의용경찰대의 감시 아래 금정굴로 향했다. 가해자들은 주민들을 굴 입구에 앉혀놓고 각각 1명씩 분담하여 M1소총 또는 카빈소총으로 1미터 뒤에서 쏘아 학살했다.

총살은 1회에 5명 내지 7명씩 했으며, 처음에는 총을 쏘아 굴로 바로 떨어뜨렸으나 생존자가 발생하자 굴 입구에서 총살한 후 굴 속에 던져 넣는 방식으로 바꿨다. 중면 일산리 이춘희가 희생당하는 날인 10월 9일 희생자의 처가 굴 건너편 고개에서 이 장면을 목격했다. 당시 생존자는 이경선이라는 중산말 주민이었다.

학살은 20일 동안 고양경찰서 소속 경찰관, 의용경찰대 등 60여 명이 번갈아 가며 저질렀다. 고양 금정굴사건의 마지막 날인 10월 25일 20명이 학살당하는 현장에는 고양경찰서장까지 직접 가담했다. 금정굴 희생자는 모두 200여 명에 달했다.

사건 직후 이승만 정부가 이 사건을 조사했다는 사실이 2009년에 와서야 밝혀졌다. 군검경 합동수사본부는 학살에 가담했던 의용경찰대원들이 진짜 부역자였다며 연행해 1950년 12월 22일 재판을 받아 2명이 사형판결을 받았다. 하지만 이로 인해 처벌받은 경찰관은 없었으며 고양경찰서장은 다른 이유로 직위 해제되었지만 경찰관으로 다시 근무할 수 있었다.

고양경찰서는 부역혐의를 받던 주민에 대한 학살에 그치지 않고 그의 가족까지 대신 살해했다. 재산수탈에 있어서도 희생자의 재산에 그치지 않고 가족의 재산까지 탈취했다. 송포면 덕이리 김기성 유족과 원당면 성사리 강광옥 유족의 증언에서 이 사실을 확인했다.

이와 같은 학살사건은 각 지서에서도 저질러졌는데, 송포면 대화리 양귀석 유족의 증언에서 당시 송포지서에 의한 피해를 확인할 수 있었다. 송포지서의 임시 유치시설이었던 가좌리 양곡창고와 대화리 양곡창고로 끌려갔던 주민들이 한강변 등에서 희생되었다.

벽제면에서는 고양리 김돌풍 일가족 35명이 1·4후퇴를 앞 둔 겨울에 경찰과 치안대원들에 의해 고양시장에서 발가벗긴 채 얼음물을 끼얹는 등 조리돌림을 당한 후 공동묘지 터에서 집단학살당한 사실이 확인되었다. 이 사건은 지역주민들에게 큰 심리적 상처로 남아 있었다. 이 외에도 벽제관 신사터(현재 배갈비집) 옆 구덩이에서 경찰과 대한청년단원들이 40여 명을 학살했음도 확인되었다.

원당면에서는 지서로 연행되었던 주민 40여 명이 창고에 감금되었다가 지서 뒷산에서 집단희생되었다. 이 사건으로 1950년 10월 13일 인민군 점령기 농지위원장이었다는 강석동의 희생사실이 확인되었다.

2015년 10월 현재까지 한국전쟁 중 고양지역에서 발생한 것으로 판단되는 민간인 집단희생지와 희생자 수를 정리하면 다음 <표>와 같다.

<표> 고양지역 한국전쟁 민간인 희생자 현황(2015년 12월 현재)

구분	사건발생일	희생장소	수	가해조직	비고
폭격	7.13.	일산리	1	미군	
수복 전	9.26.	한산마을 뒷산	20	내무서	
수복 전	9.28.	은장마을	13	내무서	태극단원
수복 전	9.28.	내무서 뒷산	20	빨치산	안골 김씨일가
수복 전	10.1.	오금리	18	타공결사대	마을치안대피해
수복 후	10.6.~25.	금정굴	200	고양경찰서	태극단
수복 후	10.	새벽구덩이	10	송포지서	치안대
수복후	10.	원당지서 뒷산	40	원당지서	
수복후	10.	고양리 신사터	40	고양출장소	
수복후	10.	행주내리 맨돌	63	능곡지서	치안대
수복후	10.	한강변	200	송포지서	
수복후	10.	성석리 뒷골	20	벽제지서	치안대
수복후	10.	현천리 화전리	20	신도지서	치안대
수복후	10.~11.	신도면 일대	100	신도지서	타공결사대
1·4후퇴	12.	고양리 공동묘지	35	고양출장소	
전체 희생자 수			800		

그 사람들 다 죽이러 가는 거래 _김포 양촌면

전쟁 전 언론자료에 따르면, 김포지역의 우익청년단체로 이범석이 주도한 조선민족청년단 조직이 강력했던 것으로 보인다. 1947년 2월 16일 단원 100여 명과 지역유지들 참석하에 김포지부 결성식이 김포국민학교에서 열렸으며(《동아일보》, 1947. 2. 21.), 1년 뒤에도 1주년 기념식을 성대히 열었다고 한다.(《경향신문》, 1948. 2. 24.)

6월 25일 전쟁이 발발하자 개성지역을 방어하던 국군 1사단 12연대 2대대는 임진강변으로 후퇴하여 전선을 형성한다는 사단 작전계획과 달리 강화 앞바다와 김포 통진으로 철수하였다. 6월 26일 후퇴하는 국군을 따라 강화와 김포에 들어 온 인민군 6사단이 김포지역까지 점령했다. 6월 28일 행주를 도하한 국군 1사단 병력이 김포 개화산을 점령한 인민군으로부터 총격을 받기도 했다.

이후 3개월이 채 지나지 않은 9월 15일 인천상륙작전을 통해 김포에 미 해병대가 진입했으며, 9월 18일 미 해병대 5연대로부터 배속이 해제된 국군 해병대 3대대가 김포와 부평에서 패잔병과 부역자 색출을 담당했다. 하지만 당시 주민들은 이 때를 인민군도 없고 국군도 없는 상태였다고 기억하고 있다.

김포지역을 완전히 수복한 정부는 김포경찰서를 복귀시킨 후 주민들을 연행하기 시작했다. 이후 김포에서는 1·4후퇴 직전까지 600명 이상의 주민들이 고촌면 천등고개, 김포면 여우재, 대곶면 소라리고개, 양동면 마곡리 한강변, 양촌면 양곡지서 뒷산, 하성면 태산골짜기 등에서 집단희생당했다.

양촌면 양곡리 채수옥 김인숙 부부

한국전쟁 당시 국군 수복 후 김포 양곡리에서 살던 채수옥, 김인숙 부부가 김포경찰서에 의해 희생당했다는 증언을 듣게 되었다.

아들 채성병(1946년생) 유족을 2014년 1월 24일, 희생자의 사촌 채수낭(1931년생) 할머니를 4월 16일 만나 희생 경위에 대해 증언을 들었다. 아들 채씨는 지난 진실화해위원회에서 조사할 때 아무것도 몰랐으며, 2013년에야 이 사실을 처음 알게 되었다고 한다. TV화면에 스쳐지나는 자막을 보고 인터넷에서 조회를 해 연락이 되었다고 했다.

아들 채성병씨는 어머니 김인숙이 끌려가는 모습을 잊지 못한다. 치안대는 매달리는 아들부터 죽이겠다고 위협했다고 한다.

희생자는 일제강점기 서울에서 살면서 양복점에서 일했다. 결혼 후 김포에서 양복점을 크게 했다고 하는데, 여러 대의 재봉틀을 두고 공장을 경영했으며 고용한 노동자도 여러 명이 있었다.

양복점을 크게 했었어요. 거기서, 아주 부자로다. 부자 소리만 들었다고 그래요. 당시 재봉틀이 여섯 대인가 여덟 대 있었데요. 직공들 두고서. 그때는 자전거 하나만 있어도 부잣집이었어요. 직공들 두고서 해서 떵떵대면서 잘 살았다고 해요. 제가 어렸을 때 찍은 사진을 보면 … 엄마 아빠도 양복 좌악 빼입고 찍은 가족사진도 있어요. _채성병

어휴 세상 못 만나서 그렇게. … 사촌오빠인데. 우리 아버지가 오형제 중 둘째 아들이에요. 우리 아버지가 둘째아들인데. 우리가 고모가 없어. 여자가. 남자만 다섯이야. … 결혼하기 전에 서울에서 살았어요. … (하신 일은) 양복점이요. 그때 서울에 있을 때는 남의 양복점을 다녔나 봐. 직원으로. 총각 때니까. 그러다 김포에 와 가지고 양복점 낸 거지. 양곡읍에서 양복점 했어. _채수낭

사촌 채수낭 할머니는 전쟁이 나던 날 모습을 기억했다. 대포소리는 천둥 같았고 폭발의 불빛은 번개 같았다. 인민군이 점령하자 남편이 의용군에 끌려가는 것을 막기 위해 환자처럼 꾸미기도 했지만 오래 갈 수 없었다. 남편은 고향인 강화도로 피신하여 생활했다. 채 노인은 당시 제비를 뽑아서 인민위원회 일을 보았으며, 의용군에 징용가는 것 역시 자발적인 지원자가 없으면 제비를 뽑아 보냈다고 한다. 형이 아픈 척하고 있으니 결국 밭일을 마치고 돌아온 시동생 한상철이 끌려가게 되었는데 그날 미군 폭격

전쟁 전 단란했던 채성병 일가족 모습. 왼쪽부터 부친 채수옥, 본인 채성병, 여동생 채영희, 모친 김인숙. 1950년 10월 불과 다섯 살에 불과했던 아들 채씨는 홀로 남게 되었다.

에 사망했다고 한다.

> 원래 문수산이라고. 우리 동네는 산이 없었어요. 문수산에서, 이북에서 쳐들어오는데 우린 몰랐어요. 방에서 앉아있으면 어디서 대포소리 같이 쾅 소리가 났어. 그때 날이 가물었어요. 아주 가물었어요. '얼마나 비가 오려고 노성하나, 참 희한하다.' 밤에 보면 불이 번쩍번쩍 해. 노성(뇌성, 천둥)하는 줄 알았어. 그리고 며칠이 지나니까 여자 남자가 집 앞으로 걸어가는 거야. 피난 가는 거야. 어디서 오는 거냐니까 개성서 나오는 사람이래. _채수낭

> 전쟁 나고 이북사람들한테 겪은 거 그건 많지. 제 아버지 의용군 안 보내려고 방에다 들어놓고, 포대기 하나 덮고. 오뉴월에도 내가 육모초 뜯어다가 삶아서 약탕관에다가 하나 들여다 놓고, 약 다려먹는 환자라고 하려고. … 화롯불 놓고, 약탕기 놓고, 짜는 시늉하고. … 나중에 견딜 수가 없으니까. 인제 그때는 억지로 치안을 보아야 하잖아. 그놈들이 시키니까. 그래 가지고 일 보는 사람들 보고 증명 좀 해 주라니까 안 해 줘. 강화로 가서 숨으려고. … 열흘이 되어도 소식이 없잖아. 난 가다 어디서 죽은 줄 알았지. … (시아버지 말씀이) 괜찮다 빨갱이네 집에 숨어 있어서 괜찮아. 누산리에 사는 작은어머니 동생의 남편이 빨갱이야. 그 집에 숨어 있더래잖아. 그 집에서 일 해 주고. 사돈이니까 말도 못 하잖아. … 그래서 누구에게도 말도 못하고 우리 (시)아버님도 말하지 말라고 하고 그래서. 누산리로 와야 되잖아. … 그때 누가 일 보았냐면. 아가다 아버지가 일 보았어. 억지로. 동네에서 시키는 거니까. 우리 동네, 인제 그 빨갱이 시절에 동네에서 누가 일을 보아야 돼. 지금으로 말하면 이장

채수낭 할머니는 당시 밥 해 달라는 인민군의 청을 거절할 수 없는 처지였다고 했다. 할머니는 의용군을 피하기 위해 남편을 환자로 만들었지만 결국 시동생이 제비뽑기로 끌려가다 미군 폭격에 희생된 사실을 가슴 아파하고 있다.

보듯이 뭘 보아야 되요. 회의를 한다 그러면 누가 일러줘야 하잖아. 누구도 안 하니까 제비질을 해서 시킨 거 아니야. 제비질을 해서. _채수낭

당고모가 대성통곡을 하고 우셔. 고모 우리 시동생 어디 갔는데, 소식이 없어서 왔는데, 그니까 어유 어떡하냐? 하루종일 콩밭 매고 들어왔는데, 의용군 나가는 사람이 없어서 지원을 하라는데, 하나도 없어서 그니까 제비질을 했데. 제비질을 해 가지고 제비에 뽑힌 거야. 어머나.
제 형은 병자같이 드러누웠는데, 우리 고모님이 그러셔. 하얀 옷을 해 입혀서. 하루 종일 일하다가 의용군으로 뽑혀 나가니까. 걸어가다가 행길에서 보이니까 우리 집을 들어왔어. 형이 아파서 어떡하면 좋아요. 그때는 형이 아픈 걸로 거짓말 했으니까. 그래요. 형이 아파서 그래요. 그런데, 우리 시동생 사상이 다른 줄 알고 말을 못 하는 거지. 사상만 안 다르다고 그렇고. 제비에 뽑혀서 나간다고 하면 못 가게 숨겼지. 그런 말을 안 하고.
그때는 다 가게 되는 줄 알았어. 그때 당시에는 사람이 집에 붙어 있지 못한다고 그랬어. 그런데, 어떡하냐 걱정하고. 잘 갔다 오라고 보내놨는데, 내가 잠을 자다가. 그날 가다가 죽은 거야. 폭격에. 내가 잠을 자는데, 꿈에 우리 집에 왔는데, 하얗게 옷 입고 동그러니 앉아 있는 거야. 그날 가다말고, 서울 올라가다말고 폭격에 죽었지. 행길에 미게 데리고 갔는데. _채수낭

　　국군 수복 후 희생자 채수옥이 먼저 양촌치안대에게 끌려가 희생되었으며, 직후 월곶면(현 통진면) 고정 1리 큰집으로 피신했던 그의 처 김인숙 역시 치안대에게 끌려가 희생되었다. 김인숙이 끌려가는 모습은 당시 함께 있던 아들 채병성씨가 목격했다. 끌고 가던 자들은 양곡치안대였을 것이라고 한다.

채수옥의 희생사실에 대해 채수낭 할머니는 국군 수복 후 하성면 봉성리 외삼촌 댁에 쌀을 얻으러 간다고 간 후 행방을 알 수 없다고 했다. 국군 수복 후에는 누산리 집에 있던 채 할머니는 양곡에서 누산리를 거쳐 김포읍 방향으로 끌려가는 수많은 사람들을 목격했다. 당시 어디론가 끌고 가 총살할 것이라고 알려졌다. 희생자 채수옥도 그 중 한 명이었을 가능성이 있었다.

채수옥의 처 김인숙의 희생사실에 대해서는 인민군에게 밥을 해 주었다는 이유로 희생되었을 것으로 생각한다. 당시 읍내에서 인민군이 들어와 밥을 해 달라면 안 해 줄 수 없었다고 한다.

> 5살 때 양촌면 양곡리 419번지에서 사셨고, 거기에서 아버님이 끌려가셨고, 이후 어머님을 따라서 동생과 함께 월곶면 고정 1리로 피난하고 계셨는데 그곳으로 양곡지서 치안대인지 월곶지서 치안대인지에게 잡혀갔어요. 아마 양곡이 관하니까 양곡치안대에서 그랬을 것 같아요. _채성병

> 그때 당시에 우리 집에 들어 왔더랬어, 누산리를. 저녁 때 해 넘을 때. 그래서 "오빠 어디 가는데 왔어?" (그랬더니 오빠가) "봉성리 외삼촌네로 쌀 사러 가려고" 그래. 그 소리만 듣고 끝이야. 쌀 사러 간다고. 식량이 없어서 쌀 사러 간다고. 그리고 끝이야. 그때 쌀 사먹기가 어려웠거든. … 그땐 손가락질만 하면 다 죽였잖아. … (희생자 김인숙은) 양곡에서 월곶면 고정리 큰집으로 피신했는데, 살던 데서 잡으러 온 거지. 양곡에서. _채수낭

> 콩 까고 마당에서 그러고 있는데, 치안대에서 데리러 온 거예요. 이젠 붙들려 가는데, 내가 막 우니까 "이놈의 새끼부터 쫘 죽여 버릴까 보다" 그러더라고. 아버지 죽으면서 그 한 시기이지요. 그때 다 같이 치안대에서 다 죽인거야. 웬만한 사람, 하여간 저기한 사람은 다 죽인거야. 그랬어. 그래 가지고 붙들려 가는데, 엄마가 소변 마렵다고 그러는데 소변도 그냥 누라고 그러더라

고. 아휴!_채성병

내 기억은. 우리 집 안뜰이 넓잖아요. 인민군이 쫙 둘러있고, 밥을 해 준 생각이 나, 엄마가. 밥을 해 주었는데, 내 보기에는 밥을 해 주어 가지고서 빨갱이로 몰려서. 그래 가지고 빨갱이로 모니까 그리로 도망을 간 거야. … (치안대가) 데리고 갔겠지요. 왜냐하면 아버지가 없으니까 고문을 했을 거라고. 양곡 경찰서 파출소 지하실에서 고문을 한 거야._채성병

그때는 가다가 손가락질만 하면 죽였어. 미군들이 다 쏘아서 죽였어. 한국 사람이 손가락질 하면 미군이 다 쏘아서 죽였어. … 양곡에서 사람들을 끌고 양곡길에서 끌고 좌악 우리 집 앞으로 나와요. (그러면) '저 사람들은 어디 가는 걸까?' (생각했어). 그때 우리들은 말도 못하지. 우리네는 그때 가슴이 떨려 가지고 사람들이 잡으러 또 어디서 올까 봐 말도 못해, 무서워서. 그런데 사람들이 양곡에서 무척 걸어서 나오는 거야. 여자 남자가. 10명이 뭐예요? 무척 많지. 떼를 지어서 오는 거야. "저 사람들 다 어디 가는 거야?". 그러면 저 사람들 다 죽으러 가는 거래. 그 사람들을 어디서 총 쏴서 죽이려 가는 거야. 그 소리만 들었지._채수낭

(김포읍) 그 쪽으로 가는 거야. 그러면 저 사람들은 다 어디 가는 거야. 멀리 바라보면서 그러는 거지. 그러면 아휴. 그 사람들 다 죽이러 가는 거래. "어머나 세상에 저 사람들 다 어디다 죽인데." 그러면 몰라. 어디 낭떠러지에 놓고 총 쏘려고 그러겠지 뭐. 그랬으니까 몰라. 우리 동네가 아니었잖아. 누구하고 말도 못해._채수낭

채수낭 할머니에 따르면, 같은 집안 사람인 채수근, 채태희가 수복 후 희생되었다. 부모의 희생으로 졸지에 고아가 된 채성병씨는 어린 동생 채영희까지 잃었다. 하지만 아직도 부친과 여동생의 사망 사실이 신고되어 있지 않아 옛 양곡집 주소지에 살고 있는 것으로 되어 있다고 한다.

> 제가 피해를 본 것은 아버지, 어머니, 동생. 동생이 두 살 때니까. 나보다 세 살 아래니까. 누가 돌봐 주지 않으니까 바로 병 걸려서. 금방. 바로 병 걸려서. 큰집에 와 가지고 바로 병 걸려 가지고. 엉덩이 부근이 썩는 것까지 제가 봤어요. 동생도 결국 그 사건으로 죽은 거나 마찬가지지요. 동생의 이름은 영희요. 채영희. 여자예요. _채성병

사건 당시 5세였던 아들 채씨는 아버지의 얼굴을 기억하지 못하는 것을 한스럽게 생각하고 있다. 그나마 일가족 사진을 갖고 있어 위안이 되었는데, 이런 사진은 다른 유족들에게서 거의 구할 수 없는 소중한 유품이다.

진실화해위원회는 수복 후 연행된 주민들이 양곡지서에 갇혔다가 지서 뒷산과 양곡중학교 뒷산, 한강변 등에서 희생된 사실을 확인했다. 김포경찰서로 이송된 주민들은 대부분 여우재에서 살해당했다.

현재까지 증언으로 보아 수복 초기에 연행된 것으로 보이는 희생자 채수옥은 양곡지서 뒷산이나 김포경찰서로 이송되어 여우재에서, 이후 끌려간 처 김인숙은 양곡지서 뒷산에서 희생되었을 것이다.

죽었는지 살았는지 어떻게 알고 도장을 _광주 오포면

경기도 광주에서는 1946년 10월 20일 주민들과 경찰의 충돌이 있었다. 새벽 2시 주민들은 광주경찰서와 신장지서, 동부지서 등 산하 지서, 출장소 등을 공격하여 갇힌 주민들을 풀어 주고 경찰서에 불을 놓았다고 한다. 충돌과정에서 경찰서에 근무 중이던 경찰 1명이 사망했다고 하는데, 당시 주민들의 피해 사실과 규모 등은 언론에서 확인되지 않는다.(《경향신문》, 1946. 10. 22., 《경향신문》, 1946. 12. 27.)

광주지역에 대한 지난 진실화해위원회 조사결과 국군 수복 후 동부면과 중부면에서 주민들이 희생된 사실이 확인되었다. 동부면에서는 1950년 10월 6일 덕풍리 이무흥이 아들을 대신하여 덕풍리 곡물창고에 감금되었다가 30여 명과 함께 동경주에서 희생되었다. 중부면에서는 1950년 12월 29일 수진지서로 끌려간 김광산이 구타와 고춧가루물 고문을 당하다 사망했다.

2014년 실태조사 과정에서 광주지역의 피해사실을 보완할 수 있었다. 이번에 만난 사건은 오포면에서 일어난 것이었다.

오포면 매산리 김후동

희생자 김후동의 아들 김인화씨(1948년생)를 2014년 9월 3일 재단 사무실에서 보은유족회 최용탁 총무님의 참관 아래 면담했다. 두 분은 현재 안양에 살고 있는 이웃으로 절친한 사이였고 이번 자리는 최씨의 권유로 이루어졌다.

최씨는 희생자의 죽음이 국민보도연맹사건에 의한 것으로 의심된다는 주장을 했고, 아들 김씨는 희생시기에 대한 목격자들의 증언으로 판단되지 않아 도움말을 듣고 싶다고 했다.

희생자 김후동(1920년생)은 광주군 오포면 매산리에 살았다. 아들 김씨가 들어왔던 말들로 보아 희생자는 좌익성향의 지식인이었던 것으로 보인다.

> 아버님 성함은 김후동. 경기도 광주군 오포면 매산리에 사셨어요. … 아버지가 스탈린 뭐 그런 책을 읽었다고 그러더라고요. 아버님께서 책을 많이 읽으

세 살 때 부친을 잃은 김인화씨는 마을에서 고립되어 살아 그 이유를 알 수 없었다. 재가한 모친의 행방도 결혼을 앞두고서야 알게 되어 다시 만날 수 있었다고 한다.

섰나 봐요. … 우리 어머니가 올해 나이 아흔 넷이거든요. 아버지가 두 살 더 잡수셨으니까 맞네요. 호적에는 25년으로 되어 있는데 원 나이가 어머니보다 두 살을 더 잡쉈다고.(호적에는 1920년생으로 되어 있음)

인민군이 광주를 점령하자 면사무소 일을 보게 되었는데, 당시 일제강점기부터 만주에서 활동했다가 고향으로 돌아온 정원식과 함께 활동했다고 한다. 인민군 후퇴 당시 함께 월북하는 줄 알았던 희생자의 부친은 월북자들 중에서 희생자의 모습을 찾을 수 없었다.

정원식이라는 분이 만주를 왔다 갔다 했데요. 일본정치 때 왔다갔다 했나 봐요. 지식이 있으신 분인가 보지. 그 양반이 해방이 되니까 고향에 온 거예요. 뭘 했는지는 잘 몰라요. 오포에 와서 동네에서 면에 다녔던 모양이에요. 당시 같이 다니면서 그렇게 되었던 것 같아요.

국군이 막 밀고 올라오니까 우리 큰아버지가 아우를 찾으려고 면사무소에 갔데요. 아무리 찾아도 인민군들만 가지 (동생이) 안 보이더라는 거예요. 하루 종일 기다리다가 못 찾고 이튿날 또 갔었더래요. 결국은 못 찾고 왔다고 사촌 누이가 그렇게 얘기를 하더라고요. 누이가 아버지한테 들은 거지요.

국군 수복 후 경찰로 보이는 자들에게 끌려갔는데 면에서 함께 일했던 정원식도 같이 끌려갔다. 끌려갈 때 베로 만들어진 옷을 입고 있었으며, 트럭에 실려 오포지서로 간 뒤 살해당했다.

아들 김씨의 큰어머니, 같은 마을 주민 권영순, 남택순의 목격담에 따르면 매산리에서는 부친과 정원식을 비롯하여 7~8명이 트럭에 실려 간 뒤 지서 뒤 문형산에서 총살당했다고 한다.

베옷을 한 벌 해 입고 나갔다는 애기지요. … 등장을 해 달라고 해서 입었다 니까. … 우리 사촌 누이 말이 정원식이라는 분이 면사무소에 윗분으로 계셨다고 하더라고요. 그 양반이 (면에) 데리고 갔었다고 그렇게만 이야기하더라고요. 보도연맹이냐고 물어봤더니 보도연맹은 아니고 연맹인데 무슨 연맹인지 모르겠다 그러더라고요. … 사촌누이는 인민군들하고 일했기 때문에 끌려갔다고 했는데 내 보기에는 일을 했다기보다는. 정원식이 오라고 해서 면사무소에서 일을 하는 걸 아마 봤나 봐요. 큰아버지가 우리 동생을 거기에서 빼 달라고 했는데 안 빼줬데요. 정원식이 안 빼줘서 그렇게 되었다고 사촌누이가 그러더라고요. 사촌누이가 3학년 때인가 4학년 때인가 그렇게 되었다고 하더라고요.

우리 엄마보고 해 달라는 소리를 하지 않고 큰어머니한테 해 달라고 해서. 당시에는 베옷이 정장 옷이래요. 해 달라고 해서 한 벌을 해 입혔다는 거지요. 큰어머니는 돌아가셨어요 그나마 옷 한 벌 해 입힌 게 얼마나 마음이 편한지 모르겠다고 그렇게 말씀하시더라고요. 외출복이 없으니까 해 달라고 했데요. 뭘 알고 한 건지는 모르고.

권영순씨는 트럭이 와 가지고 싣고 가서 (죽였다고 했어요). 끌고 간 사람들은 군인과 경찰이. 동네 청년들을 다 데리고 갔다는 애기하고. … 같이 없어진 것으로 알아요. 정원식씨하고 한 날. 그 차에 태워서 같이 끌려갔다. … 7~8명 정도 된다고 하셨어요. 이후 몇 시간 뒤에 오포지서 뒤에서 다 총살당했다는 애기가 들려오더라는 것까지만 들었어요. 끌고 간 사람들은 군인과 경찰이었다. 저는 G2라고 하길래 보도연맹사건이라고 보았어요. … 지서로 데리고 간 것으로 알고 있어요. 오포지서. 그래서 문형리 뒷산에서 총살당했다 그런 소문이 들어온 거지. 거리가 멀어서 총소리는 못 들었어요. 직선으로 한 4키로 정도 되요.

같은 장소에서 함께 희생된 오포면 주민들이 많았다고 한다. 일부는 시신을 찾아가기도 했다고 알려져 있지만 희생자의 유족들은 시신을 찾다가 들키면 살아남지 못할 것이라는 당시 분위기로 인해 수습을 시도조차 못했다.

> 매산리에 살고 있는 분으로 권영순씨 말고는 남택순씨. 그 동네에 아버지 같은 분들이. 아마 그렇게 해서 돌아가신 분들이 꽤 되요. 우리 아버지하고 그 분만 돌아가신 게 아니고. 당시 동네가 한 35세대 되었을 거예요. 혼자 있는 세대가 거의 없었어요.
>
> 돌아가신 곳은 오포면 고산리 옆 문형리 문형산. 가까운 데 있는 분들은 시신 몇 구 찾아가고 나머지는 못 찾았다고. 매산리하고 문형리는 한 4키로. 직선으로. … 돌아가시기 전에 큰 어머니한테 여쭤 봤는데요, 왜 시체를 못 찾았습니까 하고. 그때 시체를 찾을 경황이 아니었데요. 거기를 찾으러 갔다가는 같이 붙잡혀 총살당할까 봐. 가까운 곳 몇 몇은 찾아갔지만 (대부분) 찾아가지 못했다고 전해 들었어요.

희생자의 죽음 후 남은 가족들에게는 경기도민증이 발급되지 않았다. 빨갱이의 가족이라는 이유였다. 이로 인해 희생자의 처와 아이들은 피난을 가면서도 큰집으로부터 외면당하는 수모를 겪었으며, 외갓집에서 피난생활을 하면서도 구박을 많이 받았다. 아들 김씨는 모친이 학대를 잊지 못해 결국 친정과의 관계를 끊기에 이르렀다고 증언한다.

부친의 희생 당시 세 살이었던 아들 김씨는 열 여덟 살이 되어서야 부친의 사망사실을 신고했는데, 1965년 당시 사망신고를 받아 줬던 이장이 지서로 끌려가 고초를 겪었다고 한다.

> 그때 어머니처럼 혼자 되신 분들이 엄청 많았어요. 어머니가 피난을 가는데,

1·4후퇴 때 피난을 가는데, 도민증이 없어서 큰아버지가 너하고 같이 가다가는 죽는다고 안성에서 떨어져서 가라고 그랬데요. … 도민증을 못 만들었다고. 큰집은 있었다나 봐요. 그래 가지고 울며불며.
외갓집에 가서 구박도 많이 받고. 누나가 하루 밥 한끼 먹고 구박만 받고 왔다고. 그 얘기는 엄마한테 들었어요. 피난 갈 때 얼마나 학대를 했는지. 날 더러 죽으라고 못 오게 했다고. 우리 어머니가 친정에를 안 다녔어요. 너무 학대를 받아 가지고. … 어머니는 그 후 한참 있다가 재가했어요.

돌아가신 날짜는 모르신데요. 큰어머니도 모르시고. 내가 볼 때는 누이의 말이 맞을 것 같아요. 큰아버지가 인민군이 올라갈 때 면사무소에서 아버지를 찾았다고 하니까 부역 일을 했던 것 같아요. … 내가 3살 때 그런 거니까. 동네에선 빨갱이 집안이라고 몰아 버린 것 아니에요. 성장하면서 동네에서 있기가 싫어 가지고 스물 한 살 때 안양으로 와 버린 거지. 그러니까 그 역사도 들어 본 적도 없고. 대충 큰 어머니한테 그런 걸 들었지요.

제적등본에는 사망신고가 안 되어 있다가. 사촌형이 이장님을 통해서 사망신고를 했어요. 65년도인가. 내가 열 여덟 살인가. 그때 이장이 끌려가서 고생했데요. "네가 죽었는지 살았는지 어떻게 알고 도장을 찍어 줬느냐" 하고. 그러니까 지서에서 이장을 끌고 간 거야. "죽는 거 봤냐?" "어디서 죽었느냐?" 그래 가지고 그때 곤욕을 치렀다는 말이 있어요. 65년도인가.

스물 한 살 고향을 떠날 때까지 부친의 희생사실에 대해 들을 수 없었고 희생자의 친인척들도 희생자의 사망일을 알고 있지 못했다. 아들 김씨는 결혼하면서 재가한 모친을 다시 찾게 되었다. 그 전까지 아무도 연락처를 알려 주지 않았다.

오죽하면 그 동네를 떠나왔어요. 이장이니까 봐 준 거지. 큰아버님하고 이장님하고는 친해요. 이후 교육을 못 받았어요. 결혼을 해서 호적등본을 떼어 봤어요. 혼인신고를 하려고. 거기에 (어머니가) 호적을 파간 게 나왔어요. 충청도 진천에서 사시는 곳을 찾아갔어요. 그래서 어머니를 찾은 거예요. 재가를 하셨는데 알려 주지도 않았어요. 서울 가서 식모살이 하시다가. 떨어져 있다가 내가 초등학교 3학년인가 4학년인가.

부친과 함께 끌려간 것으로 목격된 정원식은 인민군 점령기에 면사무소에서 일했는데 부친이 그의 권유로 함께 일했다는 점, 인민군 후퇴 시기 큰아버지가 찾아다녔다는 점, 희생 후 시신 수습을 못 한 점, 1·4후퇴 당시 도민증을 받지 못한 점 등으로 보아 국민보도연맹사건보다는 9·28수복 후 희생자로 판단된다.

이북이 오면 이북 편, 이남이 오면 이남 편 _홍천 희망리

한국전쟁을 전후하여 강원지역에서 민간인이 집단희생된 사건에 대해 크게 알려진 사례는 많지 않은 편이었다. 신청자 수는 적었지만 지난 진실화해위원회에 접수된 사건은 양양, 인제, 춘성, 홍천, 평창, 강릉, 삼척, 영월, 원주, 횡성의 것이었다. 이로 보아 각 지역에서도 사건이 발생했음을 알 수 있다. 이중 개인적 피해를 넘어 대규모 피해가 확인된 곳은 군형무소사건이 발생한 원주, 국민보도연맹사건이 발생한 횡성, 국군 수복 후 226명이 희생된 영월, 207명이 희생된 강릉 등이었다.

이번 유족들을 통해 집단희생사실이 확인된 곳은 홍천지역이었다. 강원도경찰국이 1970년 작성한 자료에는 74명이 국군 수복 후 처단당했다고 기록되어 있으며, 지난 진실화해위원회 조사 당시 목격자는 100여 명이라고 했다. 이번 면담한 증언자 신광선씨는 희생자들이 트럭에 실리는 것을 목격했으며, 그 수가 200여 명은 될 것이라고 했다.

홍천읍 희망리 신재춘, 정백성

2015년 10월 7일 희생자 신재춘(1917년생)의 아들 신광선씨(1939년생)와 희생자 정백성(1917년생)의 손주며느리 김은주씨(1965년생)를 방배동에서 만났다. 각 증언의 인용문 끝에 이름을 적었다.

 신광선의 부친 신재춘과 김은주의 시조부 정백성은 한국전쟁 당시 강원도 홍천군 홍천읍 희망리에 이웃해 살고 있었다. 희망리는 홍천군청과 홍천경찰서 등 관공서가 있는 곳으로 홍천군 행정의 중심 지역이다.

> 우리 집에는 할아버지, 할머니, 아버지. 작은아버지는 남의집살이 가 있었어요. 일본 사람 집에. 우리 식구가 한 일곱 식구 되지요. 농사지었어요. 마을에서 어떤 일 했는지 몰라요. 홍천면 희망리 2구. 여기서 살다가 전쟁을 만났지요. 뭐 일 다니고 그랬고 특별히 뭐 한 것은 없어요.
> (희망리) 거기가 읍이에요. 조금 떨어져 경찰서도 있었지요. 군청도 저 위에 있었고요. 30분 정도 걸리지요. 경찰서는 이쪽 밑에 있었고. 그 때는 떨어져 있었어요. … 우리 아버지랑. 전쟁 전에는 농사 일 짓고 아무것도 한 것도 없어요._신광선

> (희생자 정백성은) 농사짓고 있는데 마을 이장인가 하는 사람이 도장을 달라고 그랬대요. 농사짓는 사람이 도장이 어디 있느냐 그랬더니 지장이라도 찍어라 그래 가지고 찍어 주셨데요. 그런 뒤 얼마 안 되어서 잡혀갔데요. 할머니가 어디로 면회를 가셨는데, 그게 어디인지 모르겠어요, 거기서 그러더래요. 얼마 전에 다 끌려가서 사형시켰다고 얘기를 하더래요. …
> 그래서 날짜는 언제냐고 그러니까 할머니가. 그때만 해도 그 날짜를 모르셨

아들 신광선씨는 이북이 오면 이북 편, 이남이 오면 이남 편을 들었던 이웃 이씨의 고발 때문에 주민들의 피해가 컸다고 했다. 신씨는 왜 그런 사람들이 명을 다할 때까지 큰 소리를 치며 살 수 있었는지 이유를 알 수 없었다.

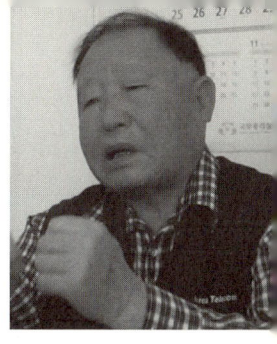

나 봐요. 생각을 못 하시고 있었는지. 그래서 제사 날짜를 모르는 거예요. … 제사가 언제인지 기억이 안 난다고 그러시더라고요. 그냥 농사짓다 끌려갔기 때문에 면회 가서. 그것도 얼마 안 되서 바로 돌아가셨다고 얘기 들었거든요. 절에서 그냥 백중 날 지내고 있어요. 명절 때. _김은주

전쟁이 나고 인민군이 마을을 점령하자 인민군 측의 점령기관이 세워졌고 점령지 주민들은 점령정책에 협조할 수밖에 없었다. 희생자 신재춘은 내무서 등에 불려나가 일을 도와야 했는데 일을 시키는 사람은 신재춘의 뒷집에 살던 50대 이씨였다고 한다.

이씨의 아들이 경찰이었다. 인민군이 점령하자 피난하지 못하고 잔류한 채 집에 돌아왔으나 이씨의 신고로 내무서에 끌려가 총살당한 사건이 벌어졌다. 아버지의 고발이 아들을 죽음으로 몰아간 것이었다.

희생자 신재춘의 동생 신재홍은 의용군으로 끌려가 행방불명되었다. 함께 끌려갔다가 탈출한 주민의 증언에 의하면 수류탄이 터져 발을 다쳤다고 한다. 이후 마을이 폭격을 당했지만 폭발은 하지 않아 큰 피해는 없었다.

게네들이 배급을 주고 그랬기 때문에 일을 나갔단 말이에요. 나오라고 그래서 나간 거거든요. 배급을 탔는지 안탔는지 저는 잘 모르겠어요. 불려 나가서 그렇게 된 것만 알고 있어요. 나는 도장을 확실히 찍었는지 안 찍었는지 그것까지는 몰라요. 직책을 맡았다든가 그런 거는 모르지요. 일을 다녀서 걸려 들어간 것만 알지. … 내무서원인가 그런 거지요. 내무서라고 그런 것 같더라고.

행정 일이 아니고 노동 일 했지요. 그 동네 사람들은 다 했지요. 안 하면 죽이는데 죽을까 봐 다 나가 가지고. … 인민군 들어왔을 때 돌아간 사람은 없어요. 죽은 사람은 없지요. _신광선

그 당시에 우리 작은아버지가 의용군에 끌려갔어요. 학교 마당에 내가 가보니까 거기다 많이 세워 놓고 노래 부르고 막 그러더라고요. 학교에서. 의용군 간 작은아버지는 신재홍. 안 돌아왔어요. 돌아가셨는지 어떻게 되셨는지 모르지요. 그런데 같이 간 사람은 왔어요. 의용군에 같이 갔다가 탈출해서 온 사람은 있어요. 내가 그 얘기는 들었어요. 가다가 수류탄에 발을 다쳐가지고 질질 끌고 가고 그런 현상을 봤다고 얘기를 하더라고요. 그 사람이. 셋째 (아버지)이지요. 둘째는 일본 가서 돌아가시고. 신재천이는. _신광선

폭격 피해 당한 거는 우리는 없어요. 마을에는 폭탄이 어디 떨어졌냐면 개울에 떨어졌거든요. 다리를 끊으려고 폭탄이 떨어졌다고요. 누구네 집에 들어와 가지고 터지지 않고 집에 박혀 있는 그런 장면도 본 것 같아요. 사람이 다치지는 않고요. _신광선

국군 수복 후 마을 주민들이 홍천경찰서에 끌려가게 되었다. 희생자 신재춘은 10월 초 밤에 경찰에 의해 연행되었다. 희생자 정백성의 경우 밭에서 일하던 중 지장을 찍은 일이 있었는데 이것이 빌미가 되어 연행되었다고 한다.

우리 뒷집이 조금 나쁜 사람이 하나 있었어요. 그 사람이 신고를 해 가지고 잡혀 들어갔다고 인제. 그 사람이 일을 막 시키고. 내무서에서 일을 하던 사람이에요. … 어렸을 때 그걸 잘 모르고 있었는데 우리 뒷집에 있는 사람이 죄다 신고해서 잡혀 들어갔다고 하더라고요. _신광선

우리 아버지만 잡혀간 것만 알지. 그때 우리 동네 사람들이 다 잡혀갔지요. 그

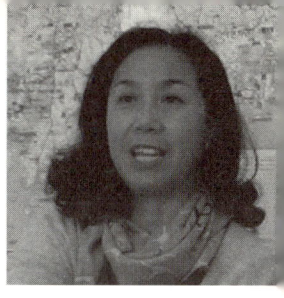

손자 며느리 김은주씨의 증언은 비록 전해 들은 이야기이지만 당시 상황과 정확히 일치한다. 희생자의 처가 경찰서 유치장을 찾았을 때는 이미 희생된 후였고 이는 연행 즉시 총살이 저질러졌다는 것을 의미했다.

당시에는 아가씨들도 잡아 갔어요. … 경찰서로 갔다고 하는데. 경찰서에서 직접 나서서 밤에 잡아갔어요. 밤에 다 잡아갔어요. 우리 아버지 잡혀가는 것을 못 봤다니까요, 글쎄. 왜냐면 밤에 잡혀갔으니까. 우리 뒷집에 사는 그 사람이 다 신고를 해 가지고 잡혀간 거예요. 끌려갔으니까 전쟁 통에 어떻게 할 게 없잖아요. 구제할 방법도 없는 거고. _신광선

홍천군 각지에서 홍천경찰서로 연행된 주민들이 1950년 10월 18일 삼마치 고개로 가는 길목인 연봉리 골짜기에서 집단희생되었다. 같은 날 아들 신씨는 아침 8시경 폭격으로 끊어진 다리 옆으로 홍천경찰서 유치장에서 끌려 나온 주민들이 트럭에 실려가는 모습을 목격했다. 트럭은 10대 정도 있었고 한 트럭에 20여 명의 주민들이 실렸던 것으로 기억한다. 경찰은 삼마치로 간다고 했다.

내가 한 번 일곱 시인가 여덟 시에 다리 위엔가 있었어요. 경찰들이 뒤에서 총을 들고 이렇게 차에 다 싣고 세워 가지고, 앉히지도 않고, 세워서 싣고 가더라고요. 강으로. 그 당시에 무슨 얘기를 들었는지 내가 다리 위에 갔어요. 차도 좋지도 않지요. 차 여러 대가 강으로 해서 가더라고요. 삼마치로 간다는 소리를 들었거든요. (나중에 알고 보니) 삼마치가 아니라 연봉이더라고요. 삼마치 못 가 가지고 연봉 지나서 거기 산골짜기에다 다 죽였다고 그런 얘기를 내가 들었다고요. _신광선

트럭이 여러 대가 가더라고요. 숫자는 몰라요. 내가 볼 때는 한 열 대쯤 나가더라고요. 경찰들도 이렇게 모자 쓰고 이렇게 (턱끈을 가리키며) 뻘건 줄로

날아가지 않게 끼고. (트럭이) 큰 거. 짜가리 큰 차. 그것도 뭔지 차에 다 싣고서. 그때 다리가 끊어졌거든요. 한 20명 탔더랬어요. 홍천군에 있는 사람들을 다 잡아다가. … 그날 나간 사람들을 다 죽였어요. 나도 그거를 삼마치로 알았는데, 내가 엊그제 내려갔을 때는, 들으니까는, 나이 많은 사람한테 얘기를 들었더니 삼마치가 아니고 연봉이라고 그러더라고요. 연봉에서 가게 되면 삼마치 조금 못 가 가지고 골짜구니가 있다고 그러더라고요. 거기다 다 사형시켰다 그러더라고요. _신광선

현장에서 생존한 사람이 있었다. 주민들을 세워 놓고 총을 쐈는데 한 아가씨가 총을 쏘기 전에 미리 쓰러져 살 수 있었다고 했다.

주민들이 연행되자 가족들이 경찰서 유치장으로 면회를 갔으나 희생자들은 이미 연봉리 골짜기로 끌려가 학살된 뒤였으므로 면회가 불가능했다. 당시 유치장 담당 경찰들은 이미 끌려가 총살당했다고 말했다.

가족들은 시신을 찾을 엄두도 내지 못했다고 한다. 아들 신씨는 이후 집이 폭격에 불탔으므로 다리 밑 오막살이 생활을 해야 했으며 군에 갔다 온 후 마을을 떠났다.

> 작은아버지네 한 아줌마를 내가 만났어요. 그 얘기를 했지요. 그 아줌마도 거기 왔더라고요. 사형시키는 장면을 얘기하더라고요. 세워 놓고 총을 쏘라고 그러더래요. 이 아줌마는 처녀니까 쏘기 전에 쓰러졌다는 거예요. 미리 쓰러지니까. (총을) 쏘니까 다 쓰러져 그냥 들어간 거예요. 시체를 헤치고 나왔다고 그러더라고요. 그 아줌마는. 그런 얘기를 하더라고요. _신광선

면회를 가신 거예요. 며칠이라고 얘기를 했는데 할머니가 기억을 못 하시는 건지는 모르겠어요. 언제 "끌려가서 다 총살당했습니다"라는 말을 하시더래요. 경찰서 쪽에서. 밭에서 일을 하다가 도장을 찍었더니 끌려가셨다고. 무슨 도장을 찍었냐고 하니까 이장이 와서 읽어보지도 않고 그냥 찍어주셨

나 봐요. 그래서 그렇게 고생을 하게 되었다고 어머니가 신세 한탄을 하신 적이 있어요. … 끌려가서 오랫동안 안 계시고 바로 총살당하신 것 같아요. 그러니까 할머니가 가셨는데 벌써 그렇게 했다는 거지요. 가족들한테도 얘기를 안 한 거 보니까. 며칠 전에, 어제도 아니고 며칠 전에 그렇게 했다고 하니까. _김은주

(이후) 군대 갔다 와서 (마을을) 떴지요. (군대 가기 전까지) 작교 밑에서 살았었지요. 집이 타서 없으니까. 저쪽에다 오막살이집을 짓고 그 밑에서 살았지요. _신광선

저희 어머니도 그런 것 때문에 애기 아빠 군대 가 있을 때 노심초사하셨어요. "빨갱이라고 해서 그렇게 돌아가셨는데 너네한테 피해가면 어떻게 하지?" 하셨어요. _김은주

신씨는 부친을 비롯하여 마을 주민들이 끌려가게 된 이유는 뒷집에 살던 이씨때문이었다고 했다. 이씨는 인민군 점령시 내무서에서 일하던 사람이 국군 수복 후에는 다시 경찰편에서 일을 했으며 이 때문에 마을 주민들의 피해가 더 커졌다고 한다.

우리 뒷집에 있는 아저씨가 빨갱이야. 진짜 빨갱이인데, 이 사람이 다 신고를 한 거야. 이 사람은 이북이 들어왔을 때는 이북 편이고 한국이 들어왔을 때는 한국 편이고 그래요 또. 그 사람이 빨갱이 짓을 그렇게 하더라고. (성은) 이씨지요. 거진 한 50대 되었어요. 그런 얘기를 내가 들었어요.
그 집도 괜찮게 사는 집이에요, 사실은. 그 집 아들이 경찰관이었거든. 큰아들이. … 밤에 자는데, 두 시인가 세 시에. 뒷집에서 아우성 소리가 나는데. 나중에 들었어요. 자기 아들이 집에 찾아온 거예요. 경찰관이. 6·25 때. 그러니까 인민군이 들어왔을 때지. 지 아버지가 인민군한테 신고를 했어요. 내무서에다가. 자기 아들이. 인민군들이 와서 잡아갔어. 잡아다가 저기 논배미에다 죽

인거야. 총소리가 막 나더라고. 아들을.
수복되어서 들어왔어도 이 사람은 살았었어요. … 자기 아들이 경찰인데 집에 찾아왔는데 신고해서 죽이는 게 어디 있어. … 그 놈이 신고를 해 가지고 마을 사람들 다 죽인 거 아니냐고. 그 사람이 고발해서 다 잡혀간 거라고. 그 소리만 내가 들었어요. 이북이 들어왔을 때 이북이고, 이남이 들어왔을 때 이남이고. _신광선

신씨 등 증언자들이 지난 진실화해위원회에 신고하지 못한 이유는 피해를 조사하는지 몰랐기 때문이었다. 신씨는 작은아버지 신재홍을 납북자로 신고하던 중 알게 되었지만 이미 진실화해위원회가 활동을 마친 뒤였다.

후퇴하면서 죽이고 수복하면서도 다 잡아 죽이고 _부여

부여지역의 민간인피해에 대해서는 이미 1장 전쟁 전 사건과 3장 국민보도연맹사건에서 다루었다. 여기서는 국군 수복 후 피해에 대해 다루었다.

구룡면 태양리 이태영

구룡면 태양리 희생자 이태영의 아들 이평훈씨(1950년생)를 2014년 6월 12일 태양리 자택에서 만났다. 희생자는 아들 이씨가 태어난 지 얼마 지나지 않아 경찰에게 끌려갔다. 모친은 아들이 장성해서도 자세한 내용을 알려 주지 않았다고 한다.

구룡면 태평리에서 정미소 기술자로 일하던 희생자 이태영(당시 28세)은 마을에서 구장 일을 보았다. 일제강점기에는 일본에 갔다 왔으며 마을에서

태어나자마자 부친을 잃은 아들 이평훈씨는 비참한 삶을 살아야 했다고 한탄했다. 그의 할아버지는 지관이었고 부친은 마을 이장이었다고 하니 당시 마을에선 지도층 인사들이었다.

똑똑하다는 평을 받았다.

원래 살던 곳은 이 너머 태양리인데 그 전에는 거길 보고 작교라고 했거든요. 태양리 작교. … 제 아버님이 일본도 갔다 오시고 똑똑하셨다고 말씀하더라고요. 억울하게 이렇게, 시국을 잘못 만나서 그렇게 돌아가셨다고. 시국을 잘못 만나서 그렇게 되었다고 그러더라고요. 그 얘기만 들었어요. 억울하게 돌아 가셨다고.

아버님께서 이장 일을 보셨다고 들었어요. 정미소. 뭐, 그런 것도 하시고. 그런 기술을 가지고 있었다고. 발동기로 하는 그런 시설도 하시고 이랬다고 들었어요. 아시는 게 많으셨죠. 정미소를 직접 하신 게 아니라 거기에 기술자로 일을 하셨어요. … 구장 일을 보신 그때가 인공 때라하던가. 그 전부터 이장을 보셨나 봐요. 그 전부터. 그때 무조건 잡아다가 했고. 노래도 시키고. 잡아다가 그랬다고 뭐 말씀들 하시더라고요.

수복 후 부역을 했다며 부여경찰서로 연행되었다. 모친이 찾아갔으나 경찰서는 면회를 시켜주지 않았다. 당시 태양리에서 많은 주민들이 함께 끌려갔다.

잡혀가신 때는 10월로 알고 있어요. 그러니까 50년 10월. 10월 10일 사이 일 거예요. 수복된 다음에 경찰들이 잡아갔겠지요. 어머니께서도 정확한 게 뭐 없지요. 어머니께서 끌려가시는 걸 못 보셨나 봐요. … 끌려가시는 것을 본 사람은 없는데, 부여경찰서로 갔다, 이것은 마을 분들이 다 알지요.
한 두 사람 끌려간 게 아닐 거예요. 많이들 끌려가셨다고 그러더라고요. 여기서 조금 가면 그 동네인데, 거기서 많이 끌려가셨다 하더라고요. … 저희 할아버지가 보셨을 텐데. 할아버지께서는 일은 안 하시고 뭐. 그냥 그런 묘자리나 보고 다니고. 시주나 하시고 그랬다고 그러더라고요. 어른들 말씀을 들어보면. 지관을 하셨어요. … 거 끌려가셨다는 소리를 듣고 면회를 갔는데, 면회도 안 되고. 그냥 끝난 거지요.

부친을 비롯하여 끌려간 주민들이 어디선가 희생당했는데, 부친의 사망일은 1950년 10월 10일로 알고 있다. 희생자들의 시신은 수습되지 못했다. 당시 나루터에서 수장했다는 소문이 돌았다. 유치장이 백마강에서 500여 미터 떨어져 있었으므로 부여경찰서에 감금되었던 주민들이 모두 나루터에서 희생되었던 것이다. 추정되는 희생자 수는 100여 명에 이른다.

면회를 못 하고 그냥 와서 나중에 소식만 들은 거지요. 그렇게 집단으로 저기(학살) 되었다고. 며칠 동안 갇혀 계셨는지 자세히 모르겠네요. 그러니까 끌려가신 뒤로 얼마 안 있다가 그렇게 되신 거 같아요. 강변에서, 뭐, 집단 사살을 해서 수장을 시켰네, 그런 얘기만 들은 거지요. 부여경찰서에 갔던 분들을 다 강변에서 죽였어요. 경찰서하고 강변하고 한 500m? 그 정도밖에 안 되었어요. 지금은 경찰서를 옮겼지요. 옛날 경찰서 있던 자리는 그냥 공원으로 되어 있어요.

제사는 10월. 자세히는 모르고 대강 이렇게 전 날 그냥 따져서 10월 9일. 이렇게 지내거든요. 돌아가신 날을 10월 10일로 잡고서. 시신도 찾지를 못해서 그냥 위폐만 모시고. … 부여경찰서에서 강변으로 끌려가서 돌아가신 분들이 백여 명 안팍 되는가 봐요. 정확한 통계는 안 내어 봤지만 거기 있던 분들 다 저기 했다니까 백여 명 되겠지요.

강에서 희생되었으므로 시신을 찾을 수 없었다. 갓 태어나 가장을 잃은 이씨와 그의 가족들은 힘겨운 삶을 이어가야 했다. 이씨는 군대에서 있었던 실수로 베트남전까지 다녀와야 했고, 반면, 일부러 베트남 행을 자원했던 이씨의 형은 신원조회에서 걸렸다고 한다.

> 시신도 못 찾고 어렵게 지내왔어요. 그 후로 가족들 참 비참하게 지내왔지요. … 지금 그런 얘기를 묻기도 그렇고. 누가 자세히 얘기해 주려고도. 지금이니까 이렇게 그러지, 사실 우리 어렸을 때만해도 그렇잖아요. 그런다 하면 취직도 안 되고. 참, 비참하게 살아왔어요.
>
> 연좌제 피해는. 배운 것이 있어야. 시험을 보던가 하지요. … 탄광생활도 하고. 그 다음에 노가대. 백제교 놓을 적에 노가대 데모도로 다녔고. … 충북 영동에서 근무하다가 근무를 잘못 서 가지고 월남 보내더라고요. 그래서 갔다 왔어요. 저희 형님도 해병대 지원했는데, 월남가려고 훈련까지 다 받고. 신원조회에 걸렸는지 형님은 못 가고. 제가 완전히 휴전시켜 놓고 철수병력으로 왔지요. 저희 부대 많이 죽었어요. 나도 죽을 고비를 몇 번 넘겼는데, 명이 길어서 살아 있어요.

사건을 겪은 희생자의 처는 정상적인 생활이 불가능했다고 한다. 이씨의 형제들도 삶의 무게를 견딜 나이가 아니었고, 지역사회 역시 이들을 돌볼 생각을 못 했을 것이니 그 고생이 이루 말할 수 없었을 것이다. 이씨는 이제라도 진실을 규명하고 희생자의 명예가 회복되길 바란다고 했다.

홍산면 교원리 이극

이극의 희생사실에 대해 조카 이병구씨(1952년생)가 증언했다. 희생자가 어린 학생이었으므로 남긴 행적이 없고 목격자들도 많지 않다. 조카 이씨는 삼촌의 사망 후 태어났으므로 직접 목격한 것은 없었으며, 그의 증언은 대부분 가족과 이웃들로부터 전해 들은 것이었다.

조카 이씨는 희생자가 사건 당시 부여고등학교 2학년 학생이었다고 한다. 이극은 국군 수복 후 1950년 10월 부여경찰서로 연행되었다.

> 이극은 제 숙부님이신데, 당시 고등학교 2학년 재학중이셨데요. 학교는 부여 고등학교요. 학교에서 어떤 활동을 하셨는지 모르겠어요. … (수복 후) 학교에서 몇 번 나오라는 통보를 받았었데요. 그래 가지고 안 나가고 그랬더니 경찰서에서 와 가지고 끌고 갔데요. … 당시 돌아가신 때가 한 10월이었어요. 그런 것만 어른들한테, 형님한테 들었어요. 큰형님한테 조금 들은 것이 있고. … 18, 19세에서 부역을 한다 해도 할 것도 없었지요.

연행 소식을 들은 가족들이 부여경찰서로 달려갔다. 하지만 만나 볼 수 없었다. 이미 끌려간 주민들이 모두 희생된 뒤였기 때문이었다.

> 부여경찰서에 계시는데, 할머니 할아버지께서 만나 본다고 거기를 가서, 찾아갔더니 거기 끌려가신 분들이 다 학살되셨다는 그런 통보를 받고. 시신도 못 찾고 지금까지 지내왔다고 그러시더라고요. 그러고서는 여태까지 시신도 어떻게 했는지도 모르고, 참. … 아무것도 연락도 못 받고 이제까지 지내시다가 어른들은 다 돌아가시고. 참, 제가 이렇게 혼자 집을 지켜가면서 이렇게 연명해 나가고 있어요. 우리가 아는 것이라고는 그것밖에 몰라요.
> 경찰이 10월 끌고 간 것은 확실합니다. 부여경찰서로 면회 간다고 가서 보니까 사살되고 안 계시더라는 그런 말씀을. … 집안 당숙들한테 듣고 그랬어요.

대부분 시신을 찾지 못했으므로 희생자의 유족들은 소문으로 짐작만 할 뿐 백마강변에서 희생된 사실에 대해 확신을 갖지 못한다. 이후 가족들이 신원조회를 당했으며 이로 인해 피해를 많이 입었다. 희생자 사망신고는 조카 이씨가 했다. 신문에 한 달 동안 광고를 낸 뒤에 신고서류를 홍산면에

조카 이병구씨는 국군 수복 당시 고등학생에 불과했던 삼촌 이극이 무슨 부역을 했다고 끌어가냐며 억울함을 호소했다.

제출했다고 한다.

돌아가신 곳은. 소문으로 강에다 버려졌다는 소리도 있고. 자세한 것은 잘 모르겠어요. … (이후) 할머니 할아버지께서는 혹시라도 살아 오실까 봐 사망신고도 안하고 이렇게 지내다가.
제가 객지 생활하다가. 제가 아버지 어머니를 일찍 잃었어요. 그래 가지고 할아버지 할머니를 모신다고 집에 들어왔는데. 큰형님께서 교편 잡고 계셨었지요. 나 보고 사망신고를 하라고. 신문광고를 내 가지고. 한 달 동안 내 가지고. 제가 홍산면 사무소에서 사망신고를 제출했어요.

우리는 신원조회 같은 걸 많이 받았어요. 우리 숙부님이 혹시라도 살아서 뭔일이 있으라나 하고서. 경찰서 같은 곳에서. 그리고 당숙들이나 모든 분들이 직장이라도 잡으려고 하면 신원조회가 꼭 나오고. 어떨 때는 지금까지도 나오고 있어요. … 신원조회가 많이 오고 그랬어요. 취직하고, 선생 같은 거. 우리 집안에 선생들이 참 많아요. 그래서 교육자 집안이라고 항시 들. 학교 같은 데 들어가려고 하면 꼭 신원조회가 내려오고 꼭 삼촌 이름이 붙고 그러더라고요. 따돌림당하고 그런 것은 없었어요. 제가 마을 이장 같은 것도 하고요. 그런 건 없어요.

장암면 장하리 강병구

2014년 6월 12일 장암면 장하리의 국민보도연맹사건 희생자 유족들을 집단 면담할 때였다. 희생자 강병구의 아들 강명모(1939년생) 노인이 조심스럽게 자신도 들려줄 이야기가 있다고 했고 같은 마을 주민 강상모(1937년) 노인이 그의 증언을 보완해 주었다. 각 증언자의 이름을 인용문 끝에 적었다.

강명모 노인의 부친 강병구는 국군 수복 후 인민군 점령통치에 가담했다는 이유로 장암지서로 연행되어 3개월 정도 갇혀 있으면서 매를 맞는 등 극심한 고문을 당했다. 1951년 1월 부여경찰서로 이송되었으며, 갇혀 있는 동안 아들 강 노인과 동생이 밥을 날랐다. 당시 장암지서 방공호에 많은 주민들이 갇혀 있었다.

> 그때 끌려간 유가족들이 또 정신이 사나울 것 아니에요. 내 자식, 내 형제가 죽고 그랬으니까 그 분들이 흥분도 하고. 같은 일가끼리라고 해도, 집성촌이라고 해도 늘. 그게 민족 비극이야. … 인민재판에 죽은 사람은 없고. 저, 말을 다 하자면 밉게 보이던 사람들은 또 다치고 그랬지.… 9·28수복 후에 경찰서로 많이 끌려가고 해서 애매하게 돌아가신 분들도 있고. (강명모를 가리키며) 여기 있는 이 사람도 아버지가 가셨어. 돌아가셨어. 경찰서에서._강상모

> 연도나 그런 거는 우리가 기억도 안 하고. 저는 강명모. 77세. 39년생. 아버님 성함은 강병구. 인공시기 거기서 가담했다고. 인제 농사나 짓고 활동 같은 거는 다니지도 않고 그랬는데 이제 취조를 막 하니까. 아무개도 가고 아무개도 가고. 그렇게 해서 장암지서에 몇 개월 계셨거든요. 그러다가 부여로 넘어가셨더라고. … 직접 본 것은. 연서를 받아서 냈을 거예요. … 나하고 또 내 밑에 여동생하고 둘이 밥 싸 가지고 가서 면회하고 그랬어요. 서너 달 될 거야._강명모

> 아무것도 몰라, 배운 게 없는 분이라. 수복되면서 장암지서로 바로 끌려가시고. 지서에 다 있었잖아. 거기에 많이들 있었지. … 그때는 젊은 사람들 어지간 하면 데리고 가고 그랬잖아. 조금만 뭐시기 하면 다 지서에 갖다가 굴 속에다 다 집어넣고. 장암지서에 방공호 안에다 다 넣은 거야. 그 안에 많이 있었

어요. 어지간한 분들 다 거기 있다가 나오고. 그것도 알만한 분들은 쉽게 어쩌다 나오고. 아무것도 없고 이런 사람들, 또 거기서 못난 사람들, 이런 사람들은 더 오래 있는 거고. _강명모

희생자는 부여경찰서로 이송된 다음날인 1950년 음력 12월 4일(1951년 1월 11일) 사망했다. 유족들은 부여경찰서로부터 시신을 찾아가라는 연락을 받았다. 시신의 얼굴에 심한 상처가 나 있는 것으로 보아 심한 고문을 받은 뒤 사망한 것이었다.

넘어가셔서 얼마를 투드려 맞았는지 (얼굴을 만지며) 이런 데가 뼈만. 그렇게 해서 돌아가셨어. … 돌아가셨다고 시신을 모셔가라고 그래서 갔어요. 고문 사당하신 거지. … 제삿날은 동짓달 초 나흗날. 장암지서에 밥을 가지고 가니까 부여로 넘어갔다고 그래서 면회도 못하고. 넘어가서 그날 죽은 거야. … 식사를 드리려면 다 보고 그러잖아요. 그런데 거기서는 그날 가 가지고 그냥. 뭘로 물어 뜯었나 (얼굴이) 다 그냥. 어떻게 했나 봐. 무슨 죄명도 없이. _강명모

강명모 노인의 목격담 외에도 장암지서 지하 방공호에 직접 잡혀 들어갔던 주민의 증언을 들을 수 있었다. 국민보도연맹사건으로 부친을 잃은 유족 강은모 노인은 희생자의 아들이라는 이유로 국군 수복 후 장암지서 방공호에 갇혔다. 심하게 매질을 당한데다가 장질부사로 죽을 정도가 되자 풀어 주었다. 죄가 없어서가 아니라 지서에서 죽지말라는 의미였다. 인근에 살던 고모댁에서 정신을 잃었으나 고모의 보살핌으로 깨어날 수 있었다고 한다.

나도 잡혀갔지. 아들이니까. 장암면에 가면 지서라고 있지. 파출소 마당에 이렇게 굴을 뚫었어요. 방공호. 굴을 뚫었는데 이쪽에도 문이 있고 또 이쪽에도 문이 있었어요. 다른 데가 구멍이 없고 통으로 되어 있었어요. 두 개만 딱. 문

을 해 가지고. 거기에 갇혔어. 방공호 구덩이에. 나뿐만 아니라 바글바글했지. 부모네가 보도연맹 가입한 사람이나 이런 사람들을 전부 잡아다가 가둬갖고. 인제 열 여덟 살 먹었으니까 그때만 해도 애들이지 뭐. _강은모

언제인가 불러. 엎드려뻗쳐 해 놓고서는. 엉치를 한 대 얻어맞았는데, 이 혀가 안 돌아가 가지고 데굴데굴 구르니까 떼 메다가 굴속에다 넣었어. 굴속에서 아파 가지고 앓고 있는데, 밥은 조금씩 주었으니까 살았겠지. 거기 공기가 얼마나 나쁘겠어요. 수백 명을 거기다 처박아 놨으니. 장질부사라고 하지. 그때는 운기라고 있어. 머리 빠지는 병. 그게 걸렸는데 다 죽어가게 생겼으니까 보내더라고. _강은모

그때 치안대라고 해 갖고 말하자면 우익 사람이지. 동네마다 파출소에 치안대 보초를 서러 왔어. 그런데 거기 고모네 집에 원문이라고 있어. 거기서 얼마 안 돼. 우리 집은 거기서 십오리나 되지만. 그 동네 사람들이 치안을 하러 왔다가 내가 죽어가는 걸 알아 가지고. 우리 외사촌 형님이 있었어. 외사촌 형님이, 그 동네 청년들이 업고 왔어. 서넛이 고모네 집으로 업고 갔어. 집에는 못 오고. 집에는 와 봐야 어머니가 있어 아버지가 있어? 다 돌아가시고. 할머니만 계시는데. _강은모

거기서 죽어서 바까지 쳤거든. 한약을 먹다가 죽었어. 우리 고모님이 부락 한약방에서 약을 지어다 먹이다가. 약을 먹다 저녁에 죽었어. 나는 어쩌다가 잔 거야. 자다가 눈을 떠 보니까 방 가운데 호롱불만 하나 켜 있는 거야. 그래 내 생각이 '내가 죽었었나? 왜 방을 싹 치웠을까?'. 그러면서 또 죽었어. 고모님이 막 흔들며 정신 차리라고. 그래 나중에 어떻게 해서 깨어났지.
고모 말이 어린 것들 둘만 두고 가면 놀라니까, 죽은 시신이 있으니까, 붙잡고 한약방을 간 거야. 애가 죽었으니 어떻게 하느냐고. 의원이 하는 말이 닭 울기 전에 깨어나면 살고 아니면 죽는다고 하더래요. 닭 울기 전에 깨어났으니 살아난 거지. 고모님 때문에 살았어요.
장암지서 굴이 지금도 있어. 앞에는 막았겠지. 속에는 어떻게 막았겠어. 거기

만 지나가려면 섬뜩해. 거기서 돌아가신 분도 있다네. _강은모

강 노인의 증언을 비롯해 면담 증언을 종합 정리하면, 장암면에서 희생된 주민들이 다음과 같음을 알 수 있다. 전쟁 전 희생자는 장하리 강병선, 국민보도연맹사건으로 희생된 주민은 장하리 강준모, 강순모, 강윤모, 강석빈, 강진모, 강주구 등 6명, 북고리 강태구, 강판구, 강연구 등 3명, 9·28수복 후 희생자는 강병구이다. 강충구, 한경수는 재판을 받아 수형생활을 했다.

부여읍 중정리 강사중 김찬중 김용현 김용희

희생자 김용현, 김용희의 조카 김완중(1934년생) 노인을 2014년 6월 12일 중정리에서 만났다. 희생자 김찬중은 사촌이고 강사중은 사촌누이의 남편이다. 이 자리에는 류승열 노인이 참관했다. 류 노인은 전쟁 발발 직후 중정리에서 삼촌인 류인철, 류인혁이 국민보도연맹사건으로 희생되었다고 한다. 각 인용문 끝에 증언자의 이름을 적었다.

국군 수복 후 부여경찰서가 김찬중을 잡으려 했으나 도망하고 없자 그의 가족들을 괴롭히기 시작했다. 가장 먼저 부친 김용현을 연행하여 고문했으며, 이어 은산면 회곡리로 출가한 여동생의 남편 강사중을 잡아 매를 때리며 고문했다. 강사중이 고문을 이기지 못하고 김찬중이 숨어 있던 곳을 알려 주게 되었다. 부여경찰서는 강사중이 고문으로 인해 사경을 헤매자 풀어 주어 집에서 죽게 했다. 김찬중 역시 고문을 견디지 못하고 사망했다.

한편, 부친 김용현도 지서에서부터 극심한 고문을 당한데다 부여경찰서에서 다시 고문을 당했다. 나중에 풀려나긴 했으나 이로 인해 곧 사망했다. 김용현의 사망일은 1951년 1월 24일(음력 12월 17일)이었다.

김완중 노인이 증언하는 희생자들은 모두 고문사당한 경우였다. 부역한 주민을 잡기 위해 그의 가족들을 고문하고 그렇게 잡힌 주민들을 다시 고문하여 다른 주민을 끌어들이게 만들었다. 가장 반인륜적인 방식이었다. 게다가 고문당한 사람들 역시 풀려나더라도 얼마 살지 못했다.

사촌 형 김찬중이라고요. 김용현씨 큰아들이 6·25 때 내무서에서 근무를 했어요. 9·28수복 되니까 도피를 했어요. 김찬중은. 도망가고 그 아버지를 치안대에서. 여기는 치안대에서 굉장히 엄하게 했어요. 김용현씨를 붙잡아다가. 부락 치안대가. 아들 찾아내라고 고문하고. _류승열

아들이 어디로 갔는지 몰랐지요. 그 사람들이 연고지를 찾아서. … 여동생이 은산면 회곡리로 출가를 했는데 그 매제를 치안대에서 붙잡아 고문을 무지하게 했어요. 그래 할 수 없이 숨겨 놓은 곳을 불었지요. 그래 거기서 잡아 온 거예요. 매제는 매를 옴팍 맞아 가지고 집에 가 죽고. 매제 회곡리 강사중이. … 집에 가 죽었어요. 그리고 김찬중은 붙잡아다가 경찰로 넘기고. 치안대에서 붙잡아다가 경찰에 넘겼어요. _류승열

(김찬중은) 나와서 우리 집에서 죽었어요. 3일 만에. 아버지가 찾아다가 데리고 왔어. (김용희께서는) 거기(대전형무소)에서 작고했는데 찾아다가 차에 해서 연산 산에다 매장했지. 먼저는 두마면이었는데 지금은 논산 엄산면이어. 엄산면 노달리. 큰아버지 용현씨. … 김용현씨는 부락 치안대에서도 고문을 무지하게 했지만 경찰서에서도 또 고문을 당했어요. 그 양반도 매를 맞아서 나와 돌아가셨어요. 김찬중은 나중에 무혐의로 풀려나와서. 거기도 많이 맞아서 죽고. 그래 셋이 죽었어요. _김완중

김용현이 죽자 연산에 살던 막내 동생 김용희가 부여경찰서에 왔다가 또 연행되어 재판을 받았다. 대전형무소에 수용되었으나 1952년 4월 2일(음력 1952년 3월 8일) 옥사했다. 부여에 살던 형제들이 대전형무소를 찾아 시신을 인수하여 수습했다.

그러니까 숙부(김용희)되는 분이, 난리 나니까 연산 살다가 여기를 와 봤어요. 용희씨가 큰집을 와 봤어요. 오니까 치안대에서 잡아다가 경찰서에 넘겼어요. 경찰서에서 어떻게 했나 나중에 대전형무소에서 시신을 찾아가라고 해서 가족들이 시신을 찾아다가 연산에다 이장을 한 거지요._류승열

김용희는 대전형무소에서 돌아가셨어요. 찬중이 형 때문에 우리 식구가 다 빨갱이니 뭐니 해 가면서 많이 맞고 그랬어요. 제일 먼저 잡혀가신 분은 김용현 어르신이고, 그 다음에 매제 강사중, 그 다음 김찬중께서 고문받아 돌아가셨고, 그 다음 연산에 계셨던 김용희께서 대전형무소에서 돌아가신 거지요._김완중

아버님은 조카 찾아내라고 고문만 하고. 맞고 나오고 맞고 나오고. 끌려가다 다 밤에 겨우 풀려나오기는 했어요. 아침에 붙잡혀 가면 저녁 때 나오고 그 이튿날 나오고 그랬어요, 아버지가. 조카 찾아내라고. 아버지도 결국 그걸로 돌아가셨어. 결국은 고문 후유증으로. 오래 살았는데 방에서 오래 살았어. 움직이지도 못하고._김완중

부여읍에 살던 친인척들 역시 부여경찰서로 끌려가 고문을 당했다. 9·28 수복 후 피해를 당한 중정리 주민으로 류종열, 원용만, 권태갑이 더 있는데, 이들은 진실화해위원회에 의해 진실규명되었다. 사건 후 희생자들의 재산은 대부분 누군가에게 빼앗겼다.

치안대에서 잡아다가. 무조건 동네 사람 다 잡아갔어요. 경찰서에다 검문하고. 만만한 사람은 늦게 풀어 주고 또 모르는 사람은 일찍 풀어 주어 써 먹고 그랬어요. 고문이 심해 가지고. 데리러 가는데 가까운데. 빈사상태로 나왔다고 했어요. 다 죽어서 걷지도 못하고. 집에 와서 치료하다가. 그때 한방치료밖에 없었잖아요._류승열

가 보니까 아저씨(김완중의 부친)가 피투성이가. 맞아 가지고 창고에 가두었어요. 동네 사람들 잡아다 뚜드려서. 벌벌 떨면서 여기 와서 이불을 달라고 하니까 이불을 줬다고 하더라고요. 이 아우님이 고맙다고 우리 형님이 그렇게 고마운 일을 했다고 은혜를 잊지 않는다고 그래요. 나는 우리 형님 돌아가서 가슴이 아픈데 가끔 술 먹으면 그런 이야기를 해요.

내 형님이. 그때는 무서워서 아무런 활동을 못 할 때예요. 우리 형님이 과감하게 우리 집에 이불을 가져다가 주고. 그러니까 이 사람들이 미워했던가 봐. 무지하게 고문당하고 경찰서로 넘겨지고. 경찰서에서 죽게 생겼으니까 데리고 가라고 해서 데려왔는데 집에서 도저히 살리지 못하고 집에서 작고를 했지. 집에서 그랬다고 (진실화해위원회에서) 기각시켰어. _류승열

땅도 막 빼앗았어요. … 여기는 농사지은 것까지 싹 빼앗아 갔어. 만만한 사람은. 여기도 조카가 내무서 가서 죄가 조금 있고 그러니까 땅도 빼앗았다니까요. 위원장하던 신이길이. 여수만에 땅 빼앗아서 다른 사람이 짓고 있잖아. 그 자손들은 말도 못하고 다 흩어져서. 큰아들은 죽고 작은아들은 머슴살다가 저기 익산인가 저 아래 가서 살아. 무법천지였었어요. _류승열

내산면 이건영

은산면 희생자 유재문의 딸 유은순씨 부부와 내산면 희생자 이건영의 아들 이장훈씨 등 3명을 2014년 7월 29일 영등포에서 만났다. 이씨는 기사식당을 운영하고 있었으며 유씨는 주부였다. 세 사람은 모두 국민학교 동창으로서 사건 당시 5세에 불과했다. 당시 희생자 이건영의 희생 과정에 대해 모친으로부터 많은 것을 전해 들은 이씨의 기억부터 정리해 본다.

1910년경 내산면에서 출생한 희생자 이건영은 전쟁 전 강원도 속초 모 회사에서 측량기사로 근무하면서 처 박양례, 아들 이장훈 등과 함께 살았다. 전쟁이 발발하자 그는 일가족을 끌고 고향인 부여 내산면으로 피난 와

아들 이장훈씨는 부친의 억울한 죽음 때문에 연좌제에 묶여 하사로 제대했던 기억을 생생히 갖고 있다. 정작 경찰서에는 아무런 기록이 남아 있지 않다고 하니 그는 이 주장을 믿을 수 없다고 한다.

생활하게 되었다.

> 아버지는 강원도 삼척에서 측량기사로 근무를 했답니다. (그러다) 6·25가 나서 피난을 왔답니다. … 아버님은 지금으로 백세가 넘으셨으니까 1910년생쯤 되셨을 겁니다. 하신 일은 말하자면 측량기사셨답니다. 강원도 삼척 어느 회사인지는 모르고. 사택에서 살았다는 이야기를 어머니께서 하시더라고. 꿈인지 생시인지 모르겠지만 아버지 목등을 타고 무슨 굴인가를 들어가 본 생각이 납니다. 그때가 다섯 살이었으니까.
>
> 우리 아버지가 재혼을 했어요. 아기 낳다가 돌아가시는 바람에 새장가를 가셨다고 합니다. 어머니하고 나이 차이가 십 년이라나. 십 년 차이가 더 난다고 합니다. 살아계시면 백 세 살. 어머니는 시방도 정정해요. 노인 양반들 총기가 그전 같지 않아서요.
>
> 그래 가지고 피난 와 가지고 살았으니까. 피난을 차도 없을 때 걸어서 왔을 테니까 좌익 활동을 했을 무슨 기회가 없었을 겁니다. 무슨 보도(연맹)는 알도 못하는 얘기입니다. … 강원도에서 직장생활을 하다가 6·25 난 바람에 부여로 내려온 거예요. (아버지) 어머니하고 같이 내려왔어요. 할아버지하고는 내산(면)에 계시고 아버지만 직장이 거기이니까 강원도에 계시다가 내려온 거지요. 동생하고 네 식구가 거기 살다가 내산면으로 피난 내려온 거지.

9·28수복이 되자 복귀한 부여경찰서는 아무런 근거도 없이 부역 활동을 할 여유도 없었던 희생자를 부역자로 몰아 연행했다. 연행을 목격한 할아

버지와 처 등 가족들은 부여읍내 여인숙에 기거하면서 희생자를 뒷바라지 했다. 이때 고문으로 팔이 부러진 모습을 목격하기도 했다.

> 어머니께서는 은산면 회곡리에 있어요. 성함은 박양례. 어머니께서는 경찰 둘이 와서, 밤에 잡아 갔다고 이야기하셨어요. … 물어보니까 부여로 바로 끌고 갔다는 거예요. … 9·28수복 후 아닌 밤 중에 홍두께 식으로 우리 아버지는 끌려갔어요. 그때는 우리가 먹고 살만 하니까. 할아버지하고 어머니하고. 내 산에서 부여까지는 한 40리 길이 됩니다. 옛날에는 다 걸어 다녔어요. … 집에 와 바로 행장 꾸려서 면회 가 보니까 맞아 가지고 팔까지 부러지시고. 수복 후 10월 부역자로 몰려서 부여경찰서로 가신 겁니다.

가족들은 10월 10일경 늦은 밤 강가에서 나는 엄청난 총소리를 들었고 이튿날 부여경찰서 유치장에 있어야 할 희생자가 이송되고 없다는 소리를 듣게 되었다. 또 다른 희생자의 가족들도 경찰서로 모였지만 발만 구를 뿐 어떻게 할 방법을 알 수 없었다. 이날 희생자의 처 박씨는 또 다른 희생자 유재문의 처를 만났다.

> 부여읍내 여인숙에서 우리 어머니랑 할아버지랑 자면서 날마다 면회신청해서 면회를 하고 이런 모양이더라고요. … 아버지를 꺼내려고 경찰서에 돈을 다 쓴 모양입니다. 돈을 가져다 주지 않으면 면회도 시키지 않았다고 합니다. 심지어는 요즘말로 성희롱하고 말이지, 뺨도 때리고 그랬다고 합니다. … 그런데 어느 날 가니까 면회도 안 시켜주면서 다른 데로 갔다. 이렇게 해서 많이들 실망하고 돌아서고. … 읍내에서 밤새 총소리가 났다고 그러더랍니다. 그러니까 그날 밤에 총살을 시킨 거예요. 가니까 그 이튿날 뭐라고 하냐면 다른데로 갔다, 없다고 그러지. 물어보니까 구드레나루에 수장시켰느니 어쩌니 해 가지고, 일부나마 시체를 찾고 나머지는 못 찾고 그랬나 보더라고.

그때 갇혀 있던 사람들이 한 두 사람이 아니었던 모양이에요. 그때 당시 (유은순씨를 가리키며) 여기 어머니를 만났던 모양입니다. 시방 어머니 얘기는, 정확한 날짜를 기억하지 못하지만, 나이가 구십이니까, 10월 10일 정도 되지 않았냐 하시더라고요. … 우리 어머니도. 내 동생이 다섯인가 있었거든요. 그때 자식이 눈에 뵙니까? 남편이 그렇게 생겼는데. 경찰서까지 면회를 가셨는가 봐. 못 만나게 하니까.

강가에서 희생되었을 것으로 짐작한 가족들은 백마강 나루터에서 시신을 수습했다는 읍내 주민들의 말에 따라 3일 밤낮을 강가에서 시신이 떠오르기만을 기다렸으나 결국 시신을 찾지 못했다.

돌아가신 곳은 부여경찰서. 밤새 총질했다고 합니다. 부여 유스호스텔 바로 옆에 구드레나루라고 있습니다. 백제교 다리가 옛날에는 없었어요. 거기 물에다 다 수장을 시켰다고 합니다. 경찰서에서 가까워요. 바로 뒤인데요. 부여 읍내 몇 사람은 시체를 건졌나 봐요. 우리 어머니는 삼일 밤낮을 시체가 뜨기 기다렸다고 합니다. 시체를 못 찾고 그냥 왔다는데. 그 심정이 어떻겠습니까. 누구라든가 그 아들이 자기 아버지 시체를 건져서 묘를 쓴 사람이 있어요. 아마 살아 있을 거예요.

(유은순의 모친이) 은산에서 왔다고 해서 같이 구드레나루로 가서 보고 그랬는데 이 양반은 혼자 몸으로 오셨으니까 그렇게 가시고 우리 어머니랑 할아버지는 3일 동안을 시체 찾으려고 계셨던 모양이에요. 두 살인가 한 살인가 먹은 것을 등에 업고. 10월 10일 전후면 추웠어요. 그래 가지고 내 동생은 등허리에서 죽었다 이렇게 알고 있어요. … 돌아가신 날을 모르니까 제사는 남들 지내듯이 그냥 음력 9월 9일에 지내요.

아들 이씨는 부친이 희생된 원인을 근거없는 모함에 의한 것으로 생각하고 있다. 집안에서는 같은 집안 출신 치안대원이 부친을 질투했기 때문이라는 말이 있지만 이 또한 근거 없는 주장이라고 한다.

내가 작은 집 종손입니다. 구룡면이나 탄천에 가면 선친 묘들이 많이 있습니다. 시제 지내는 곳에 많이 다녔어요. 그때 들은 얘기가 집안 양반 하나가 내 사촌이 있었답니다. 우리 아버지 때문에 크질 못 했답니다. 그 양반이 불만을 가지고 그랬다는 말을 하더라고요. 근거가 없는 얘기예요. 그 양반도 시방 돌아가셨어요. 홍산에서 살고 있었는데. 부여군 홍산면. 당시 치안대라던가 그런 것을 했던 모양이에요. 창고열쇠를 갖고 다니면서 보복했다고 하는데 진짜인지는 구분할 수 없습니다.

아버지가 약간 똑똑하셨답니다. 내산면내에서는 유지였던 모양이에요. 그러다 누가 뵈기 싫으니까 모함해서 경찰들이 한 것이라고 어머님이 말씀하시더라고요. … (눈물을 보이며) 어머니 말씀을 들을 적에 진짜 목이 메이더라고. 강원도 삼척에서 근무하던 사람이 6·25가 터져서 피난을 와 가지고 9·28수복이 되서 아닌 밤중에 경찰이 잡아가 가지고 너 빨갱이니 좌익이니 그러면 사람 죽는 일 아닙니까. 그때 당숙도 국군이었고. 이를테면 국군 가족 아닙니까. 집안에 국군이 둘이나 있었단 말입니다.

부역자 집안이라는 소문이 나자 고향에서 살 수 없었던 희생자 처는 살기 위해 재혼해야 했다. 재혼해서 살게 된 곳이 은산면이었는데 그 곳에서 또 다른 희생자 유재문의 처를 만나게 되었다.

아들 이씨는 열 일곱 살 때 지서장 출신 경찰관으로부터 당시 많은 주민들을 몰살시켰다는 말을 듣게 되었다. 이후 군에 입대하여 장기 복무를 신청했으나 연좌제에 걸려 좌절당한 경험이 있다. 외항선을 타려 했을 때도 신원조회에서 걸렸다고 한다.

그 후로 내 동생은 할아버지가 산에다 묻고. 작은아버지 두 분하고 가족은 뿔뿔이 흩어지고. 빨갱이로 잡혀가 죽었다고 소문은 나고. 어떻게 거기서 살 수가 없었어요. 우리 어머니는 누가 거둘 사람이 없었어요. 우리 어머니가 스물 일곱 먹었답니다. 내가 다섯 살 먹고. 어떻게 살 길이 없으니까. … 저는 내산이 고향입니다. 내산면이 고향이고. 우리 어머니가 재혼하는 바람에 은산에 와 가지고 어린 시절 초등학교까지는 거기서 보냈고 이후로 나 혼자만 객지로 돌아다닌 거지.

어머니께서는 지금 은산에 있어요. 바깥출입을 일절 못해요. 그때 (부여경찰서에서) 만났는데 나중에 재혼해서 은산에 가니 (유은순을 가리키며) 이 양반 어머니시더라는 애깁니다. 그래서 내가 여기(유은순 부부)를 아는 거여. 재혼해서 은산에 가 보니 은산 사람이더라는 거여. 여기 어머니도 어디 갔는지 알아야 뭘 할 것 아닙니까. 안 다닌 데 없이 다녔을 거야.

그 후로 내가 열 일곱 정도 먹었을 때인데. 은산에 호생이 외삼촌이 부여경찰서에 근무했습니다. 6·25 당시에는 판교 지서장이었다고 합니다. 그 양반이 나창은씨에요. 그 사람이 동네 정자나무에 앉아서 하는 얘기가 그 때 하루 저녁에 다 총살시켰답니다. 그걸 자기가 목격했답니다. 그 양반이 그 목격한 충격으로 마약을 하다가 돌아가셨어요. 병갑이 아버지가 좌익을 하다가 그 치안대에게 무지하게 맞았어요. 육십 조금 넘어 죽었어요. 은산 쪽으로 사람을 죽이면 안 된다고 해서 사람이 안 죽었데요.

나 같은 경우는 어머니가 재혼을 했으니까 의붓아버지 밑에서 큰 것 아닙니까. 고생을 많이 했고. 맨날 맞기 싫고. 어머니도 많이 아팠겠지요. 군대를 가니까 그렇게 좋더라고. 세상이 내 천지여. 하사관학교 교육 끝나고 나서 전방에 갔는데 내 세상이더라고. 훈련이 없으니까. 하사가 보초 서는 것 봤어? 그러다가 제대를 않고 장기복무로 들어갔어요. 연좌제 걸려 진급이 안 되는 거예요. 어쩔 수 없이 육군 하사로 제대를 했어요. 노가다로 돌아다니다가 여기까지 왔어요. 식당이라도 해서 먹고 살아요.
신원조회당한 거는 없어요. 배 좀 타 보려고 했는데 당시 몸이 좀 안 좋았어요. 신원조회를 띄워 보니까 그게 나오더라고. 좌익 거시기가 되어 있더라고. 몸이 안 좋아서 떨어졌어요. 특별히 뭐 한 것은 없어요.

아들 이씨는 재판 없이 총살했다는 사실을 두고 무법천지라고 표현했다. 지금도 관련기록이 나타나지 않는 것은 사죄하지 않는 국가의 모습을 적나라하게 보여주는 것이라고 주장한다.

> 나는 경찰하면 이가 박박 갈리는 사람이에요. 어떻게 재판도 안 받고 총살을 시킬 수 있습니까? 그건 말이 안되는 얘기거든. 요즘 세월호로 나라가 들썩대지 않습니까. (전쟁 당시) 서산 태안 당진 예산 이 쪽으로 많은 피해를 본 모양입니다. 이건 무법천지 아닙니까? 경찰들이 후퇴하면서 쫘 죽여 버리고 9·28 수복하면서 다 잡아다 쫘 죽여 버리고. 당시 우리처럼 부모 잃고 사는 사람들이 지금까지 고생하고 사는 거예요. 옛날에 연좌제 했어요. 그런데 지금 경찰서에서 (자료를) 떠들어 보면 아무것도 없습니다. 이거 환장할 일 아닙니까? 이것 때문에 내가 경찰서 수도 없이 다닌 사람입니다. … 나는 바라는 것은, 명예회복만 시켜 줬으면 감지덕지해요.

은산면 내지리 유재문

사건 당시 희생자의 처 박양례는 부여경찰서에서 남편을 면회할 당시 또 다른 희생자의 가족들을 만났는데, 그 중 한 사람을 생활고로 재가했던 은산면 내지리에서 다시 만나게 되었다. 그가 희생자 유재문의 처였다.

은산면 내지리에 살면서 농방을 했던 희생자 유재문은 알 수 없는 이유로 부여경찰서로 끌려가 구드레나루터에서 희생자 이건영과 함께 희생되었다. 희생자 유재문의 처는 부여경찰서에 밥을 나르던 중 희생자 이건영의 처를 만났었다.

희생자 유재문의 딸 유은순씨는 어머니로부터 아버지의 희생사실에 대해 들은 것이 많지 않았다. 그 이유에 대해 동창 이씨는 자식의 앞날에 해가 될까 봐 염려했기 때문이라고 했다. 유씨가 부친의 피해사실을 알게 된 것

집안의 보호로 비교적 어려움을 모르고 살았던 딸 유은순 씨는 부친의 희생사실과 경위에 대해 자세한 내막을 알지 못했다. 희생자의 가족들 역시 언제 불행을 겪을 지 알 수 없는 상황이었으므로 모두 조심했다고 한다.

도 이씨의 어머니를 통해서 였다.

> 아버지는 그때 농방도 했다고 하고. 그리고 창숙이 그 집에서 살았데. 엄마랑 아버지랑. 나중에 집으로 또 들어오고 이제. 저는 전혀 모르겠어요. 사진만 보고 저거 했지. 얼굴도 생각 안 나고. 사진으로는 봤으니까. _유은순

> (친구) 유은순은 일찍 아버지가 작고하신 후로 할머니 할아버지 어머니하고 크다가. 어머니가 말씀을 안하셨어요. 왜냐하면 할아버지께서 면 소재지에서 그래도 참. 요즘 말로다가 지방 장관이에요. 똑똑하고 그러신 분이라 자식들에게라도 누가 될까 봐 아마 어머니께서 말씀을 안 해 주신 것으로 알고 있어요. 그런 경우가 참 많이 있어요. (유은순 부부를 가리키며) 여기도 어떻게 알았냐면 우리 어머니가 말씀해 주셔서 알았습니다. 우리 어머니께서. _이장훈

딸 유씨는 경찰에게 연행된 후 면회조차 못했는데 어느날 다른 곳으로 이송되었다는 답변을 들었을 뿐 이후 행방을 알 수 없었다는 것을 어머니로부터 들었다.

> 어떻게 돌아가시게 된 건지 저는 그때 너무 어렸으니까 그런 상황은 잘 모르겠어요. 주로 어머니한테 많이 들은 것 같아요. 부여경찰서로 연행된 것은 몰랐고. 사복 경찰에 의해 연행되셨던 것 같아요. 그때 당시에. 경찰서에 계셨었는데 그 후로는 연락도 안 되고 면회도 안 되고 그랬었데요. (그래) 찾아가니까 다른 데로 이송되었다고 그러더래요. 집에서는 궁금하니까 계속 찾아서. 그 후로는 두절되었다고. _유은순

제가 부여중고등학교를 졸업했는데. 구드레나루터가 있어요. 거기에서 처형되었다는 이야기들이 많이 흘러 나와 가지고. 거기에서 노제를 지낸다는 등 그런 이야기를 제가 어렸을 때 많이 들었어요. 아마 그 때 당시 처형당하지 않으셨나, 저희 처갓집에서는 그렇게 생각하고 계시더라고요. 그래서 집에서는 계속 소식이 오기만을 기다렸던 거지요. 혹시 또 모든 조사를 끝내고 돌려 보내려나 하고요. 그 후로는 영영 소식이 두절되었지요. _유은순의 남편

사건 후 희생자의 처는 살아 돌아오길 빌며 희생자의 밥을 장독에 떠 놓고 기다렸으며 치매 상태에서도 대문을 항상 열어 놓았다고 한다.

(부친은) 당시 서른 살 즈음 되셨을 거예요. (슬하에) 남매인데 동생은 먼저 가고. 동사무소에서는 행불로만 나와 있는 것 같아요. 어머니는 집에서도 밥 같은 거를 꼭 놔 두시더라고요. 거 장독 미신이 있잖아요. 옛날에 어른들. 밥 한술 떠다 놓고 기다리고 있는. 그러다가 할아버지 돌아가시고 할머니 돌아가시고. 지금 그때 후로 치매가 계셨었는데 잠을 못 이루니까 그런 증세가 있으시더만. 기다림에 대한 거, 참. 잠을 못 주무시고 대문을 항시 열어놓고 계시니까 그런 상황이 오시는 것 같더라고. 그런데 저는 어려서 잘 못들었어요. 어렸을 때 아버지가 없었으니까 그런 것도 듣고 싶지도 않고. 엄마는 매일 삯바느질도 하고 여러 가지 일이 많았거든요. 시아버지 시어머니까지 계시니까 많이 힘들었고 그러니까 빨리 노화가 되셨고. 바느질을 그렇게 잘 하셨거든요. _유은순

제사도 안 지냈어요. 그 뒤로 안 들어오시니까. 언제 돌아가셨는지 전혀 모르지. 수복 후에 끌려가셨다는 것만 알아요. 저는 어려서 아버지에 대해서 모르니까 그냥 그렇게만 들은 거예요. 작은아버지하고 얘기는 했었는데. 집에서 그냥 끌고 나가 가지고. 전쟁 난 후 행불되신 거래요. 먼 소재지에 살고 있었어요. 목공 공장은 아니었나 봐요. 솜씨가 있으셔 가지고. 할아버지한테는 내가 얘기도 안 해 봤어. 우리 방에 있는 농이 아버지가 짜신 거라고 엄마가 그러시더라고. 그래서 알았지. _유은순

알려지지 않은 수복 후 부여지역 피해

수복 후 부여지역 민간인 피해에 대하여 아직까지 종합적으로 정리된 바는 없는 것 같다. 지난 진실화해위원회에는 부여읍 중정리, 염창리, 규암면 합정리, 장암면 북고리 주민 6인에 대한 신청이 접수되어 진실규명으로, 조사 중 알게 된 2인이 추정으로 결정되었다. 모두 부여경찰서로 연행되었다가 희생된 주민들로 집단적 피해 사실이 분명함에도 시신 수습 사실 등 개별적 피해 일부만 확인되었다. 지난 조사결과에는 희생장소가 분명하지 않았으며 보고서를 통해서는 연행된 주민들의 규모도 판단할 수 없었다.

이번 인터뷰를 통해 진실에 조금 더 다가갈 수 있었다. 부여읍 중정리 외에 새로 구룡면 태양리, 홍산면 교원리, 장암면 장하리, 내산면, 은산면 내지리 주민들의 희생 사실을 만나 지난 조사에서 부족했던 부분을 보완할 수 있었다.

이평훈, 이장훈 등의 증언에 따르면, 부여경찰서로 연행된 희생자들은 100여 명이었고 총살당한 장소는 구드레나루였다. 희생 장소가 강변이었으므로 시신을 수습한 경우는 거의 없었다. 한편, 지난 조사에서도 부여경찰서 내에서 고문사당한 경우도 많았는데 장암면 장하리 강병구, 부여읍 중정리 김찬중 등의 희생사실에서도 이를 다시 확인했다.

구룡면 금사리에서 만난 이성희 노인은 구룡지서 옆 창고에 가두었던 주민 30여 명이 고속도로가 새로 난 앞산에서 살해당했으며, 본인 역시 부여에서 피신하던 중 새벽에 부여경찰서에서 주민들을 끌고 나간 뒤 총소리를 들었고, 부여읍내 집단학살현장에서 장인이 총을 맞았음에도 살아 나왔다고 증언했다.

강명모, 강은모 유족의 증언에 따르면, 장암지서에서도 극심한 고문이 있었다. 이는 부여경찰서 외에 각 지서에서도 희생된 주민들이 많이 있었음을 의미한다.

옹동벚 고랑에가 하얗게 드러누웠어 _태안

태안지역에 대한 조사는 2015년 7월과 8월 정명호 전국유족회 서산유족회장님과 함께 진행했다. 조사된 내용은 2장 공주형무소 사건, 3장 서산 국민보도연맹사건에서 일부 소개했다.

태안에 대한 언론자료에는 국군 수복 후 피난민 18명이 태안경찰서에 의해 학살당한 사건이 확인된다. 국군 1사단 11연대 군인이었던 손씨는 1951년 1월 1·4후퇴 시기 낙오되었다가 고향인 개성에서 일가족과 함께 현금 2천 9백만 원, 재봉틀 등 당시 시가 6천만 원어치 재산을 배에 싣고 피난 길을 떠났다. 배에 탔던 18명의 일행은 1월 14일 서산 거아도에 도착했으나 태안경찰서 남면지서에 의해 연행되었다. 군인과 피난하던 그의 가족들이라는 손씨의 해명이 받아들여졌기 때문인지 태안경찰서장은 부대를 찾아가라며 손씨를 풀어 줬다.

홀로 부산으로 떠나던 손씨는 가족들을 부산으로 보내 달라고 부탁했지만 가족들은 부산에 오지 못했다. 6월 부상으로 제대한 손씨가 가족들을 찾아 태안경찰서를 방문했고 남면지서로부터 가족들을 배에 태워 부산으로 보냈다는 답변을 들었다. 하지만 가족들의 행방은 어디에서도 알 수 없었다.

가족들의 행방을 찾던 중 우연히 태안경찰서 의용경찰대원 전씨의 집에 자신의 재봉틀이 있는 것을 확인하고 추궁한 결과 18명 모두 학살당했다는 사실을 알게 되었다. 학살자는 남면지서장과 경찰관 4명, 의용경찰대 1명이었다고 한다.(《동아일보》, 1951. 10. 17.)

이 사건은 태안경찰서가 군인 가족조차 집단학살하고 은폐를 함께 공모한 것이었다. 군인 가족들에게조차 이럴 정도였으니 일반 주민들이 겪었을 고통은 짐작하고도 남는다. 지난 진실화해위원회 조사결과 국군 수복 후 서산과 태안지역의 희생자 수는 2천여 명에 이른다. 이 조차 믿기 힘들지만 조사에서 누락된 지역이 많다는 것을 감안하고 판단한다면 그 결과는 우리의 상상을 훨씬 뛰어넘을 지 모른다.

소원면 송현리 이창하, 이재우, 국중오 등

1장과 2장에서 이미 소개한 소원면 윤태의 노인은 국군 수복 후 이창하, 이재우, 김장환, 서상대, 문철수, 국중오, 박덕선, 정대호, 이사영이 소원면사무소 앞 신덕리 해안 수문통 등에서 총살당했다고 증언했다. 희생자들 중 이재우의 시신은 그의 가족들이 수습했으며 윤 노인은 그의 장례 치르는 모습을 목격했다.

> 이재우는 소원 신덕리 수문통 앞에서 총살당해서 죽었거든. 어쨌든 다 불쌍하게 되어서 죽었어. 경찰들 들어와 가지고. (면사무소) 소재지 앞에 수문이 있어요. 원둑. 신덕리. 이게 저녁 때 들것으로 이렇게 산으로 가더라고. 거기서 찾아 가지고. 매장하러. 그거는 봤지. 가족들이 시신을 들 것에. _윤태의

국중오의 희생사실과 경위에 대해서는 누이인 국사례 할머니의 증언이 있었다. 동생은 의용군으로 나갔다가 돌아오는 길에 처가가 있던 이원면에 들렀다가 체포되었다. 소원지서에 감금되었다가 1950년 11월 4일(음력 9

월 25일) 총살당했다.

> 국중오는 내 동생이지. 우리 오빠가 거기(공주) 갇혔기 때문에 그 때 그 죄로. 그 물을 먹었다는 걸로 애매하게 죽었어. 내 동생인데. 의용군이라고 있었어. 의용군 가면 안 죽는다고. 안 죽일 테니 의용군 가라고 그래서. 의용군 보내 가지고. 올 텐데. 오다가 뭐가 잘못되었는지. 집에 오는 소원에서 죽었지. 동생 시신은 몰래 갖다가 묻었지. 우리 친정 집 앞에다. 어디다가 숨어 묻었다가 이장했지. 국중오 제사일은 음력 9월 가을 24일. _국사례

> 국중오는 의용군 갔다 오다가 (처가) 저희 신랑이 없어 친정에 가 있으니까, 이북(면)인가 어디에 있으니까, 처갓집으로 안 들어갔으면 할 텐데 처갓집이 거기 (인민위원회 사무실). 조사해서 김일성이 사진인가 뭐 있더라데. 아 난리 겪었으니까 그걸 어디다 치워서 없애지. 그렇게 해서 그 죄로.
> 의용군 갔다 오다가 두 달만인가 한 달만인가 가을에 오다가 소원지서에서. 그러니까 집으로만 왔으면 내 동생은 살아 있지. 그런데 그 처갓집이 그 사무실을 꾸몄더래요. 처갓집이 인민위원회 사무실이었데. 그 죄로. 애매하게 죽었지. _국사례

할머니는 이들 외에 이웃에 살았던 같은 집안 이재우가 1950년 가을 인민군 물이 들었다는 이유로 죽었다고 기억했다. 김장환은 인민위원장으로 사랑방에서 항상 회의를 열었으며, 같은 마을 이창하의 경우 희생사실 외에 알고 있지 못하다고 했다.

이원면 포지리 옹동볓사건

진실화해위원회에서 진실규명결정된 희생자 손인원의 며느리 윤태자(1937년생) 할머니가 2015년 8월 6일 옹동볓사건에 대해 목격담을 들려

주었다. 윤 할머니는 이에 대해 처음 이야기하는 것이라고 했다. 할머니는 이원면 포지리 1구에서 태어나 지금까지 살고 있으며, 사건 발생 당시 14세였다.

1950년 10월 말 새벽에 총소리가 수도 없이 났다. 다음날 친구들과 함께 포지리 바닷가를 가게 되었는데 옹동빛을 지나던 중 학살당한 주민들이 골짜기에 쌓여 있는 모습을 보았다. 놀라서 돌아오던 길에는 옹동빛 옆에 있던 소금창고에서 시신 3~4구가 가마니에 덮여 있는 모습을 직접 목격했다. 경찰과 치안대의 눈에 띌 경우 총살당할 수 있으므로 밤에 수습하기 위해 일단 창고로 옮겨 놓은 것이었다. 덜 덮여 있던 가마니 아래로 희생자들의 얼굴도 보였다. 누구인지 알 수 없었지만 빨갱이로 잡혀가 총살당한 것이라고 소문이 돌았다.

> 새벽에. 새벽에 죽였어. 밤중 넘으니까. 자는데 새벽 넘어 탕, 조금 있다 탕. 시간을 조정해서 탕 소리 나고. 그래도 거기가 죽였는지는 몰랐지. 가다 보니까 그래. … 고랑에 하얗게 시체들이 드러누워 있는 걸 봤지. 경찰이 죽인 거지. 몇 명인지 어떻게 알아. 그때 사람들을 다 엮었더래. 언제인가 잘 생각나지 않아요. 안 추웠으니까 바다를 갔겠지? 가을일거야. (시아버지의) 제사를 음력 9월 11일(1950년 10월 21일). … 저 아래로 내려갔어요. 포지리. 그런데 죽은 데도 포지리여. 옹동빛이 포지리여. (가다) 보니까 하얗게 드러누웠어. 오다가 보니까 이쪽 창고에 (시신을) 덮어놨는데 하이칼라 머리가 이렇게 보이고. 자기네 가족들이라고 (안장하기 위해) 끌어다 둔 거야. 옮겨 놓은 거야. 밤에 가지고 가려고. 낮에는 못 가져가니까. 소금창고 하던 곳인데.

> 옛날 거는 어째 하나도 안 잊어버려. 그때 몇 명이 같이 갔었어. 가다 보니까 그런데. 옹동빛 고랑에가 하예. 오다 보니까 소금창고에도 사람이 있었고. 거기다 옮겨 놨더라고. 오면서 무서웠어. 백 번을 (말)해도 그대로지. 시신은 흙바닥에다 거적을 덮었어. … 그런데 작은아버지 보니까 줄 묶은 것도 채 못

윤태자 할머니는 밤새 총소리를 들은 다음날 옹동벚 현장을 목격했다. 현장에는 20여 명의 시신이 널부러져 있었고 몇 구의 시신은 소금창고로 옮겨져 있었다. 유족들이 시신을 확인한 뒤 수습을 위해 옮긴 것이었다.

> 끌렀데요. 그렇게 그냥 묻었데. 끔찍해. 몰래 다녔데. 밤이면 몰래 묻느라고.

> 그때는 빨갱이로 잡혀간다고 다들 그랬지. 나이 어려도 그거야 알지. 빨갱이로 잡혀간다고. (치안대가) 하나씩 붙잡아 오면 총 쏘아가며 막 소리 지르면서 오더라고. 좋아서 총 쏘는 것이라고 이러더라고. 붙잡아 놓으니까.

이후 22세에 손명승과 결혼하였는데 남편은 1950년 10월 당시 옹동벚에서 희생된 손인원(다른 이름 손세남)의 아들이었다. 결혼 전부터 이 사실에 대해 소문을 들어 알고 있었는데, 당시 헌병대에서 근무했던 부친도 이 사실을 알고 있었으므로 결혼에 반대했었다.

> 빨갱이네로 시집갔다고 뭐라고 하는 사람들도 있었고. 아버지는 그렇게 헌병대로 있는데 그런 데로 시집가느냐고. 그런데 (남편) 명승이가 그렇게 똑똑하다고 누가 괜찮다고 그래 가지고. 옛날에는 얼굴도 못 보고 시집 갔어요. … 그 집은 우리 집안하고 사상이 달라서 절대로 그런 이야기 안 했어요. 결혼도 어른들이 반대하는 걸 했기 때문에 아버지가 그 일은 입에 올리지도 않았어요.

윤 할머니는 남편이 제1회 태안군민상을 받을 정도로 똑똑했지만 연좌제 때문인지 공직에 진출하지 못했으며, 피해의식 때문인지 말을 하지 않았으므로 남편과 시어머니로부터 시아버지의 구체적인 희생사실에 대해서 더 이상 듣지 못했다고 한다. 시신은 수습되어 선산이 있는 이원면 관리에 모셔져 있으며, 제사는 음력 9월 11일에 지내고 있다.

태안 옹동벛사건에 대해 이원면 희생자 한석의 동생(정동현의 처남)인 한원석 노인(1937년생)이 2015년 8월 6일 증언해 주었다. 자리에 윤태자 할머니와 함께 있었으므로 인용문에 각 증언자의 이름을 적어 구분했다.

이북면(1987년 후 이원면) 면사무소 총무계장이었던 매형 정동현이 국군 수복 후 이북지서 의용경찰대에게 연행되어 창고에 갇혔다. 한 노인에 따르면, 희생자들은 부역한 사실이 없는데도 지서경찰과 의용경찰대의 질시를 받아 희생된 것이었다. 총살 전까지 면사무소 창고에 갇혀 모진 고문을 받았다. 인근 마을 주민들은 희생자들이 고문을 당하는 소리를 들었다.

희생자 정동현은 1950년 10월 21일(음력 9월 11일, 진실화해위원회 보고서는 10월 23일로 기록되어 있다) 옹동벛 골짜기에서 총살당했다. 당시 함께 희생당한 주민들은 모두 23명이었는데, 한 노인은 이를 두고 1차 학살이라고 불렀다.

> 그때 직접 목격한 것이. 우리 매형이 면사무소 총무계장으로 있었고 또 우리 형님이 서울에 가서 대학교를 다니다가 (여기로) 왔어요. 우리 매형은 빨갱이라고 갖다 총살을 시켰고, 그때. 매형 본가는 여기서 한 100리 80리 떨어진 남면에서 살았거든요. (이름이) 정동현. 우리 집 처갓집은 여기로 와서 면사무소로 다녔어요. 누님하고 매형은 여기 소재지에서 방을 하나 얻어 가지고 면사무소를 다녔어요. 뭣 때문에 그랬는지 빨갱이라고 제1차에 갖다 죽였어요. … 1차면, 내가 그걸 잊어버리지도 않아. 그게 내 생일이야. 음력으로 9월 11일이야. (우리 시아버지하고 한 날이네·윤태자). 9월 11일 저녁에 죽였어. 내가 생생하게 그걸 기억하고 있어. _한원석

> 그때 의경이라고. 의용경찰대라고 (있었어요). 경찰은 아니더라도 경찰들하고 같이 그 앞잡이라고 있었어요. 게들이 와서 잡아갔어요. 실정을, 15살 어려서도 그때 내가 직감으로 그런 걸 생각하고 있었어요. 당시에 그 사람이 빨갱이가 되었든 좌익이었든 우익이었든 그거를 판단하는 것보다도 요 동네 사

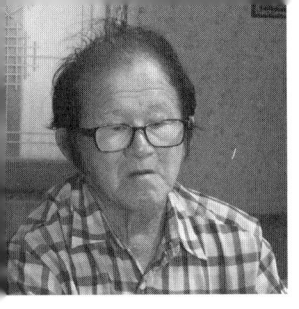

옹동벚에서 형을 잃은 한원석 유족은 국군 수복 후 치안 활동에 동원되었다. 마을에서 보초를 서던 중 지서 경찰관 김○에게 "빨갱이 새끼들"이라며 총살당할 뻔 했다.

람들이나 면내 사람들이 그 사람들을 밉게 봤으면, 의경 게들이 고자질하면 다 죽이는 거야. 나보다 저 사람이 말 마디나 하고 잘 난 사람들은 다 죽이는 거야. 그래서 일차적으로 매형이 죽어서. 그러니까 매형이 밤에. 끌어갔다는데, 총소리는 났는데 어디 있는지 모르겠다고 누님 말이 그러더라고. … 면사무소 창고에서 며칠 가두었었지. 면사무소 창고에서. 지서는 바로 여기 30미터. _한원석

패는 소리가 얼마나 났는지 여기까지 들렸어. … 면사무소 창고에서 "아야, 아야, 아이고 죽겠네" 지르는 소리에 간이 시려워 _윤태자

총소리를 듣고 누님과 함께 시신을 찾으러 옹동벚에 갔다. 골짜기에는 양팔을 앞으로 새끼줄에 묶인 채 가슴에 총을 맞은 시신들이 김장철 무밭의 무처럼 쓰러져 있었다. 낮에는 시신을 수습할 수 없었으므로 누님의 치마 검정천으로 발목에 묶어 표시해 둔 후 밤에 사창고개로 모셨다.

총소리가 21방이 났다고 하더라고. 그날 저녁에. 누님 말이. 그래서 알고 보니 옹동벚에서 죽였다고 그래서. 당시 왜? 나도 형이 있고 아버지도 있고 한데 내가 왜 누님하고 시체를 확인하러 갔는지 몰라. 가 보니까, 다음날 누님하고 같이 갔는데. 뭐야, 가을에 김장하려면 무시 짤라서 집어 던져 놓은 것 같아. 엮지는 않았고 새네끼로 묶었더라고. 이렇게 묶었어. 가슴으로 묶었더라고. 그때만 해도 가을이니까 춥죠. 그게 굳어 가지고 펴지지도 않아. 가서 만져보니까. 그때만 해도 6·25 때니까 여자들은 양복을 안 입고 치마저고리 입을 때 아니야?. 앞치마 찢은 걸 가지고 발목에다 묶어 놓고 왔어. 표 하느라고. 표시를 하고 그렇게 와서 사람들 모아가서. 그때 못 가져가게 하고. 가져가게 못했어.

그래서 밤에 갖다가 사창고개 우리 산에 묻었지. _한원석

1950년 동짓달(진실화해위원회 보고서는 11월 6일. 이날이 음력이라면 양력 12월 14일이다) 이북지서에 의한 2차 학살이 사창고개에서 벌어졌다. 30여 명이 희생되었다.

(옹동벛 1차 때) 그때 23명이라고 그랬어. 가슴에 총을 맞았어요. 만석이는 2차 때 죽인 거야. 그때는 범순이 아버지 죽인 거야. 1차 옹동벛, 2차 사창고개, 3차 또 옹동벛. 2차는 동짓달 언제야. 그걸 기억하지 못하는 이유는 내가 해당되는 사람이 아니니까. 2차, 3차도 한 30여 명씩 죽었어. _한원석

1950년 섣달(진실화해위원회 보고서는 12월 2일. 이날이 음력이라면 1951년 1월 9일이다) 3차 학살이 옹동벛에서 있었다. 이때 큰형 한석이 끌려가 희생되었다. 정부의 사면령이 내려왔다지만 지서 경찰들은 이를 지키지 않고 모두 살해한 것이라고 했다. 30여 명이 희생되었다.

우리 큰형은 또 빨갱이라고 또 잡아가서 한 두 달 후에 또 총살을 시켰어. 옹동벛 그 자리에서. 그건 3차여. 당시 죽고 나니까 무슨 소리가 들리냐면, 이대통령이 절대로 사람을 살상하지 마라는 명령이 내려왔는지도 모르고 그냥 여기 지서장 하나가 죽이라고 해서 다 죽였다는 거야. 3차는 섣달. 그러고서 그 뒤로 죽이지는 않았어. 그때는 내가 가지 않고, 우리 작은 형들을 끌어다가 묻었어요. 그런 사실들을 목격했고. _한원석

한 노인과 손명승 등 희생자 유족들은 사건 후 다시 경찰에게 총살당할 위기에 놓였었다.

(의용경찰대 중 살아 있는 사람이) 지금 현재로는 여기 없어요. 다 죽었어요.

이름을 내가 얘기하기 싫고. 악랄한 경찰 하나는 이름을 얘기하고 싶어요. 여기 이원지서에 근무했던 김○이라는 놈이 있었어요. 외자 이름이에요. 김○. 내가 잊어버리지도 않아요. 70년이 다 되었어도. _한원석

(윤태자를 가리키며) 이집 양반이에요. 명승씨라고. 그때는 외째고개라고 나사는 고개 넘는데 거기 보초막을 지어 놓고서 입초를 섰어요. 뭐냐면 수상한 사람들이 오는가. 하필 그날 형 대신 내가 보초막에 가서 이 집 양반 명승씨하고 보초를 섰어요.
서는데 김○이라는 경찰이 와 가지고. 우리야 애들 적이니까 누가 행길 어둑어둑한데 거기 오는 걸 살펴보았나? 그냥 앉아서 얘기하고 놀고 있었지. 아니 그런데 누가 와서 총을 겨누는 것을 보았나 못 보았지. "너희들 이리 내려와". 갔어요. 따귀를 한 대씩 때리더라고. 그러더니 "너희들은 빨갱이 새끼들이니 죽여야 한다"고 끌고 가더라고. 그때 쏘아 죽여도 아무 상관 없을 때여. 산으로 올라가라고 그러더라고. "뒤로 돌아서. 무릎 꿇어". 그렇게 하고서는 총을 장전하는 소리 "딸각 딸각" 하더라고. 애들 적에도 '아, 이제 우리는 죽었구나'. 눈물만 뚝 뚝 떨어뜨리고 게는 우리 잔등이를 처다 보고 있는 거야. 그때 당시 이제나 쏘려나 저제나 쏘려나 그렇게 하고 있을 때야. 그런데 이놈이 무슨 생각을 했는지 발을 탕탕 구르더니 "이리 내려와. 너희들 운 좋아서. 내가 쏘려다가 안 쐈으니까 또 한 번만 여기서 그렇게 보초 서면 너희들은 총살이야." 그러면서 발길로 차더라고. 나는 그때 쓰러졌어. 그렇게 해서 가라고 해서 온 사실이 있는데.
게가 그렇게 악랄하게 사람도 죽였고. (윤태자의 남편) 이 양반은 나보다 세 살 더 먹었으니까 열 여덟이나 열 일곱 먹었을 때고 나는 열 네 살 열 다섯 살 먹었을 때 그것들을 쏴 죽이려고 그 생각을 하고 그렇게 한 행위를 보면 그건 사람도 아니지요.
그때가 눈이 내렸을 때지. 겨울이지. 다 죽었으니까. 12월 늦었을 때 얼음이 무릎팍에 닿아 녹아서 젖었었으니까. 하여튼 김○이라고 잊어버리지도 않는데. _한원석

한원석 노인과 서산유족회장 정명호 씨가 옹동뱅 현장에서 시신이 놓여 있던 곳을 가리키고 있다.

이후 유족들은 연좌제 피해도 컸지만 가장 고통스러웠던 것은 의용경찰 대원들이 술을 마시며 학살 당시 희생자들의 마지막 모습에 대해 이야기하고 다니는 것이었다.

> 그때는 참 참혹한 세상이었어요. 나는 거기에 대해 너무 억울하고 애통스런 일이어서 말하고 싶지도 않은데. 우리 매형이나 우리 큰형이 무슨 빨갱이 짓, 부역자 노릇을 조금이라도 한 사람 같으면 그리 억울치 않은데. 이건 전혀. 우리 큰형은 학교만 다녔고 매형은 면사무소 행정기관에서 일을 보던 사람인데. 그 일시적인 조작으로 몇 사람이 죽이자고 해 갖고 죽인 것을 보면 이게 참. 한 마디라도 예를 들어서 무슨 부역자 짓을 했다거나 어디 가서 뭐를 했다거나 그러면 모르는데, 전혀 그런 사실이 없었어. 그건 국가적으로 엄청난 과오를 저지른 것이고. 그걸 어떻게 배상을 받아야. 배상이라기보다. 한 20년 30년 동안 빨갱이 가족이라고 심지어 우리들이 허가 내려고 신청을 하면 그런 가족이라고 허가 같은 것도 안내 준 사실이 있어요. _한원석

> 제일 분한 게 뭐냐면 의용경찰대로 같이 쏴 죽인 놈들이 그 죽던 현상을 어디 가서 술 먹고 얘기하고 그러더라고요. 그래서 그게 더 분개했었고. 잘했다고 주둥박이를 까고 그래. … 총을 쏘니까 어떻더라 어떻더라. 그 말로 표현하지 못할 소리를 하더라고요. 입에 담아서 할 소리가 아닌데. 그런 소리까지 들렸고. _한원석

> 지금 와서 무슨 가해자 피해자 그걸 따져서 벌을 준다는 것보다도 우리는 어떻게든지 세월도 흘렀고 앞으로 남은 세상살이도 그렇고 더 화합하는 차원에서 잘 살았으면 좋겠어요. 지금 와서 그걸. 나는 세상에 그런 변화가 오겠거니

해서 그렇지 그때 인간이 저지를 수 없는 짓을 했다고 봐요. 인간들이 할 짓은 아니었는데 참 그게. _한원석

한 노인은 이제와서 누구를 처벌하는 것보다 더 화합해서 잘 살 수 있는 세상으로 바뀌었으면 좋겠다고 한다. 증오보다 화해를 주장하는 피해자 유족들에게 그나마 더 나은 미래가 있는 것 같다.

자수하러 오는 사람을 끌어갔어 _영광 군서면

전쟁 전인 1946년 10월 영광지역에서는 경찰의 시위진압과정에서 주민 12명이 사망한 사건이 발생했다. 1949년 국군의 토벌작전이 영광지역에도 있었는데, 이로 인한 주민들의 피해는 5월과 9월에 집중되어 나타났다. 주로 영광읍 와룡리, 법성면 진내리 주민들이 희생되었다. 1950년 전쟁이 난 뒤인 7월 10일경 군남면 검덕산과 7월 12일경 영광읍 입석리 깃봉재에서 국민보도연맹원들이 희생되었다.

주민피해는 인민군이 후퇴하던 시기에도 발생했다. 영광에서는 1950년 9월 28일 영광읍 금융조합창고에 감금되었던 주민 다수가 입석리 신대 야산등에서 학살당했다고 한다.

영광지역은 불갑산 사건의 경우를 제외하면 주로 경찰의 토벌작전에 의한 피해가 많았던 지역이었다. 영광경찰서를 비롯해 9개읍면에서 개인피해로부터 군서면 송림리 300여 명의 집단피해에 이르기까지 광범위하게 발생했다. 영광경찰서 대마지서에 근무했던 강씨는 영광에서 수천 명은 희생되었을 것이라고 증언하였다.

경찰의 토벌사건 외에 11사단 토벌작전에 의한 민간인 피해사건도 확인된다. 현재까지 확인된 11사단 사건은 불갑면 금계리, 묘량면 연암리에서 발생한 것이다.

군서면 조희욱 조희선

수복 후 영광지역 주민들의 피해를 입은 사실은 조갑순 할머니를 통해 알게 되었다. 면담자 중 최고령인 조갑순(1918년생) 할머니를 뵌 것은 2014년 4월 5일이었다. 전쟁 전 임실에서 살면서 경찰서에 의해 연행되어 희생된 사람들의 피해사실을 조사하던 중이었다. 임실사건 희생자 박세열의 딸인 박봉자 여사와 함께 할머니의 자택에서 말씀을 들을 수 있었다. 고령에도 불구하고 또박또박 말씀하시는 목소리에는 힘이 들어 있었다.

할머니의 이야기는 우리의 근현대사를 넘나드는 파란 만장한 삶에 대한 것이었지만 여기서는 한국전쟁 전후의 목격담과 경험담으로 제한해 정리했다. 할머니의 바깥어른은 박세영 인권변호사였다.

조 할머니는 영광에서 출생하여 21살 결혼 후 임실에서 거주하였다. 같은 마을 길 건너편에 살던 박세열은 전쟁나기 전 경찰에 의해 연행된 후 어디선가 희생되었다. 당시 희생된 사실을 알리는 시도 자체가 매우 위험한 것이었으므로 아무것도 알리고 하지 않았다고 한다.

> (나는) 선생님을 처음에는 함평에서 하다가, 함평에서 살다가 결혼을 해 가지고. 그때는 합격을 했었어. 진안군청에 있었어. 보통관 시험에 합격해서. 나하고 결혼해서 1년 후에 공부한다고 일본으로 가 버렸지요. 5년 계획하고 갔는데 일본에 폭격이 심해서 시험이 중단, 고시가 중단되어 버렸어. 5년 만엔가 좌우간 되돌아 왔어요. 별 수 없이. 그때도 아직 해방이 안 되었어. 그래 가

지고 남원재판소에 근무를 했어. 또 학도병 안 갔다고 잡아갔어. 또 어떻게 나와 가지고 해방이 되니까. 남원에 있다가 해방이 되니까 놀고 있다가 또 시험을 봤지. 대한민국이 되면서 시험을 봤어.

(48년에) 임실에 있었어. 그 이(박세열이)가 어째서 했는지는 알지. 우리 영감 같으면 알지. 그런데 무슨 조직체가 있기는 있었던 것 같았어. 학교에서도 누가 삐라를 붙이고, 그것이 발각이 돼서 나도 가서 조사를 받고 하니까 영감이 벌벌 떨고 그러더만. 그게 남로당 무슨 사건인가 보데요. 여기(박세열) 끌려가기 전이여. … 나는 그런 것 하면 큰 일 나니까. 선생 잘 하고 착실해야 하니까 그런 거 안 다니고. 얘기만 조금 들었지, 그리고 학교에 가 있으니까 잘 모르고. 해방 직후 밤에 삐라 붙이라고 하는 건가 봐. 알고 보니까 그게 남로당 그거여.

남로당인가 뭔지는 몰랐는데. 무서우니까 숨어서 하고. 선생들하고, 영감도 하고. 여기 엄씨도 왔는가 몰라. 나중에 알고 보니 그것이 남로당이래. 그게 뭣인지 나는 몰랐어. 엄병학씨는 아니야. 엄병학씨는 국회의원이야. 문병학씨는 징역 살다가. 임실에서 아주 공산당 두목이야. 엄현섭이 또 대장이고. 엄현섭이하고 문병학이 공산당 대장이야.

우리는 하면 안 되지. 영감도 한창 숨어 다녔어. 언제 잡혀갈지 모르니까 항상 자기가 조심하고 다녔어요. 나는. 끌려갔었어요. 거기가 유치장인가 봐. 경찰서인데. 같은 동료 여직원이랑 같이 갔어. 문 뭐지? 있어요. 그도 다 잡아갔어요. (여직원은) 나발 나발 (말을 많이 했는데), 나는 별로 한 말이 없었어. 남편이 애가 타지요, 내가 헛소리 할까 봐. 그런데 (유치장에서) 나왔어요. 그 후로 또 잡혀간 게 있어.

조 할머니에 따르면, 전쟁 발발 당시 청주지검 검사였던 남편 박세영은 보은에서 국민보도연맹이라며 잡혀 온 주민들을 모두 석방했다는 이유로 검사직에서 쫓겨 났다. 이후 인민군이 점령하자 부역 활동에 동원되었다.

1994년 인터뷰 당시 97세로 최고령이었던 조갑순 할머니는 해방 후 겪었던 모든 일들을 생생하게 기억하고 있었다. 할머니에겐 이승만 정부가 남로당이라며 공격했던 여러 활동들이 지금의 사회운동과 별반 다르지 않은 것이었다. '원수를 원수로 보면 진짜 원수가 된다'는 말씀은 여전히 증오의 시대를 살아가는 사람들이 새겨들어야 할 말이다.

국군이 수복하자 인근 절로 피신했다가 돌아오는 길에 강경에서 잡히게 되었다고 한다.

검사하다가 왜 쫓겨 났는고 하니, 청주에서 6·25 후에 사람들을 몽땅 잡아다 줬어. 검사한테. 보도연맹인지 몰라. 잡아다 줬는데 다 석방해 버렸어. 거기가 보은이래. 보은에 무슨 일이 있었는지 몰라도 보은 사람들 몽땅 내보내 버렸어. 그러니까 박 모시기 검찰총장이 그만두라고 해서 변호사 했어. 자기 직업에 대해서 만족하고 산 사람이야.

(인민군들이 막) 들어왔어. 뭣인가 하더니 청주로 들어간다고 그래. … 우리는 그냥 있으라고 그랬어. 며칠 있어도 아무 소식도 없어. 할 수 없이 그냥 청주를 갔어요. 땀을 뻘뻘 흘리면서 출장을 갔다 왔데. 거기 가서 동 회장을 했어. 회장인가 뭣인가 거기 가서 일을 했어. 가서 된장도 나르고 뭣도 나르고. 인민군한테. 인민군한테 협조를 했어. 보름 동안이나.

다른 동료들은 가고 난리가 났는데 (우리는) 안가. (당시) 우리 식구가, 영감 동생하고. 동생도 서울대 다니는 놈이 오니까, 동생이 둘이나 있으면 안되니까, 너는 가거라, 동생 보고. 처남하고 우리 영감하고. 나하고 애기들 데리고 안 가고 있는데. 다섯 시까지 청주를 다 비워라. … 그때서야 애기를 들쳐 업고 돗자리 하나 가지고 처남하고 어디 절로 갔어요. 가 가지고도 밤만 되면 어디로 가버리고, 낮에도 없어. 산으로 어디 가고, 식구들만 놔두니까.

조 할머니 등 일가족은 함께 임실 방면으로 내려오다가 군인들에게 체포되어 강경경찰서로 연행되었다. 할머니는 군인들이 처음에 남편을 따로 죽이려는 것으로 판단하고 모두 함께 끌고 가라고 하여 남편의 목숨을 살렸다고 했다. 결국 일가족이 모두 경찰서 유치장으로 가게 되었다. 경찰서에서는 연행된 사람들을 고문하는 소리가 밤새 들렸다.

애기들을 둘 데리고. 하나는 계집아이고 하나는 내가 업고. 보따리는 강가에서 다 털렸고. 군인 놈이 너무 고약스러워 가지고. 그냥 요만한 것만 있어도 물어. "그래서", "그래서", "그래서". 결론적으로 너의 짐을 보니까 고향으로 돌아가는 짐이 아니라고. 좌우간에 피난 가는 짐이 아니래. 도망가는 짐이래. 짐을 보니까. 도망가는 짐이라고 잡아가 버렸어. 8월 바로. 8월, 9월. 추석 조금 지나고. 추석 지나고 바로여.

논산 강경에서. … 오다가 도랑가에서 군인한테 잡혀갔는데, 처음에는 차를 타라고 그래요. 죽이러 간다고. 죽이러 가도 다 같이 죽여야 한다, 영감 혼자면 안되니까 나 따라간다고. 애기를 데리고 나서니까 한참 생각하더니 내리래요. 그래서 이 사람 혼자 가면 안된다고 댐비니까 다 내리래요. 그러더니 어디로 다시 데리고 가. 그래서 어디로 가냐고 하니까 어디로 데리고 간다고 하고. 해가 저물어 버렸는데 강경경찰서로 보내더라고요. 도랑가에서 잡혔는데 강경경찰서로 데리고 가더라고.

그래서 경찰서로 가니까 모두 잡혀 가지고. "당신은 창 너머로 해서 도망가시오." 그러니까 도망가다 잡히면 자기도 죽이지만 다 죽인데. 그날 밤 유치장에서 자는데 그 비명소리가 말할 수도 없어. "아~악" 그냥 죽는 소리가, 악을 쓰는 소리가 밤새도록 난리야.

하룻밤을 가두었던 강경경찰서는 남편을 제외하고 나머지 가족들을 풀어 주었다. 풀려난 조 할머니는 어쩔 수 없어 아이들을 데리고 임실로 내려왔다.

아침에 날이 새니까 우리 식구는 놔두고 (남편) 하나만 잡아가더라고요. 영감만 잡아가 버렸어요. 땅을 치고 울어도 소용이 없어. (주변이) 아무렇지도 않아. 그래 아침부터 울어도 소용이 없고, 낮이 되니 애들이 배고프다고 밥 달래. 그런데 뭣이 있어야지. 신었던 신을 벗어 주면서 감자하고 바꿔서, 영감이 살아 있는가 죽었는가. 넣어 줬어요. 뭣이라고 하냐면 어서 고향으로 내려가라고 하더라고. 그래서 죽지는 않고 있구나 하고 가려고 하니 발목이 팍 쓰려 가지고 한 걸음도 못 걷겠어.

임실로 돌아온 할머니 일가족은 부역한 시동생의 가족이라고 소금창고에 감금되었다. 할머니는 평소 알던 사람의 도움으로 도민증을 받은 후 옥살이하는 남편을 찾아 떠났다.

6·25 후에 임실 사람을 다 잡아갔어, 거기서 뭐 한 사람은. 우리는 오다가 잡혀가 버렸어요. 그러니까 우리 시동생이 하나 있었어. 박인희라고. 그 사람이 같은 선생이었어요. 해방되면서 또 깃발 날리고 했갑디다. 그러고는 도망가 버렸어. 도망간 식구라고 잡아갔어. 임실에 웬만한 사람은 다 잡아갔어. 가족 전부 다. 식구마다 잡아갔어. 소금창고가 있어요. 임실에. 옛날에. 거기가 국회의원네 집인데. 소금창고에 다 가두어 놓고 밥은 해 먹으라고. 그때가 제2국민병 모집할 때. 모집하기 조금 전에. 그 속에서 무슨 소리가 밤새도록 나는데. 모집해서 데리고 가느라고. 밥도 해 먹고. (쌀) 떨어지면 또 가지러 가고. 그렇게 얼마를 살았을 거예요.

그래 가지고 영감도 없고 애기만 데리고 왔는데 애기들 데리고 할머니하고 다 잡혀갔지. … 우리 집에는 할아버지가 계셨어. 할아버지가 또 독립만세 한 사람이야. 할아버지는 다른 데에 가 있고, 할머니하고. 우리 식구는 다 잡아가 버렸지. 박인희 때문에. 그러니까 도피가족이라던가 그래. 이름이 있더만. 그 쪽으로 몰렸어. 나는 오다가 식구들을 잃어버렸는데 또 오니까 또 잡혀갔어. … 나는 오다가 잡혀가서 밥도 해 먹고. 가두어 놓고. 도망 못 가게. 추울 때여. 겨울에. 어느 때가 되니까 다 나가라 그래. … 곳간에 가서 밥해 먹고. 살다가 보니까 또 그때가 후퇴할 땐가 봐. 그러니까 다 내놨지. … 박인희라는 사람이 왔어. 도망갔다가.

(12월 후퇴) 가더래요. 그러니까 우리는 따라가지도 못해. 그리고 어떻게 된지도 몰라. 그래 점장이한테 점을 하니까 "야, 이년아! 죽던 안했다"고. 어떻게 할 수가 없어서 옷 한 벌을 싸서 보따리를 짊어지고 강경으로 또 찾아갔어요. 어디 잘 데가 없으니까. 누가 그러더라고. 저 할머니네 집에는 묵장사를 하는데 혼자 사니까 거기 가서 자라고. 그 할머니를 기다리니까 묵을 팔고 와 가지고. 묵 거시기를 주더라고. 그 묵을 얻어 먹고. 보따리를 짊어지고 갔는데 사람은 못 찾았어요.

풀려난 때가 주민등록 시작할 때야. 도민증 만든 그때일 거야. 그런데 도민증을 만들 자격이 못 되. 또 그러는데, 새암집 친정 며느리가 똑똑해. 그 사람이 (말을 잘) 해서 순사가 만들어 줬어, 특별히. 우리는 못 만들어. 자격이 없는 사람들인데 만들어 줬어. 그래서 그 도민증을 갖고 할머니하고 영감 찾으러 나섰어.
애기를 하나 업고. 강경까지. 걸어서. 그렇게 가니까 없어. 허허 벌판이야. 그 때가 언제인데 이제 왔느냐(고 그래).

어렵게 도민증을 받은 할머니는 남편의 행방을 찾기 위해 수복 당시 잡혀 있던 강경경찰서를 먼저 찾아갔다. 이어 청주검찰청을 방문하여 남편 박세영이 학살을 피하고 재판을 받아 15년 징역형을 선고받고 부산형무소로 이송되었다는 사실을 알게 되었다. 조 할머니는 배를 타기 위해 여수로 향했다.

결국 도민증을 얻어 가지고 손주를 업고 가니까 허허벌판이야. "그때가 언제인데 (이제) 왔냐?" 가만히 생각하니까 도리가 없어. 그때 강경경찰서에서 사람을 다 (죽였어). 그냥 했데요. 그런데 그 통에 살아남을 줄 있나 말이여. 생각도 말라고 그러더라고.

그때(국군 수복 후) 내가 애기를 업고 경찰서를 나오면서, 허기진 배를 안고 애기를 업고 나오면서 (보니까) 평상이 있더라고. (어느) 할머니가 "젊은 애가 배가 등가죽에 붙었네. 우리 집에 가서 눌은밥이라도 마시고 가지" 그래서 그 할머니를 알게 되었어요. 그 할머니 집에 가서 눌은밥 찌끄러기를 얻어먹고 길을 떠나서 집을 왔어. (도민증을 받은 후) 그 할머니를 다시 찾아갔어요. 그 할머니가 야단을 하더라고. "이제 돌아와서 찾냐?"고 말여. 없다고.

그래서 내가 가만히 생각을 해 봤어요. 청주로 갔을까? 청주는 무서워서 못 가. 나 가면 잡아가. 내가 거기서 또 뭘 했어. 벼슬시켜 주려고 영감이 애를 쓰고. 나를 여자 판사 시켜 주려고. 그렇게 애를 썼어. 그런데 안 되었지. 그러니 무서우니까 못 가지.

그러다가 검사네 집을 찾아갔어요. 경찰서는 "여기가 어디냐고 찾아오냐"고 그래. 모른데. 검사를 만나서 애기를 하니 저 안에서 "시끄러, 저런 것들 때문에 우리가 얼마나 고생하는 줄 아냐" 악을 쓰더라고. 여편네가. 검사하고 애기를 하니. 저런 빨갱이 때문에 고생을 했다고.
(남편이) 어떻게 되었냐고 물으니까 청주에서 기별을 했더니 그 사람은 중범이니까 꽉 잡아 놓으라고 하더래. 그래서 안 죽었지. 잡아 놓으면 자기네들이 잡으러 온다고. 그래서 가만히 두었더니 12월 언젠가 차가 왔더래요. 쓰리쿼타로. 그날이 추운 날이었는데 하도 벌벌 떠니까 데리고 간 사람이 차를 세워 놓고 논 바닥에서 짚 다발을 던져 주더래요. 그러니까 조금 살겠데요.

청주를 가니까 의외로 사람들이. 죽일 줄 알았더니 동정이 많이 왔데요. 의외로. 그래서 재판을 받았어요. 그거 (재판) 기록도 있어요. 죽이려고 작정을 했었어요. 그랬는데 가서 보니까 그것이 아니고 하니까 놔 두었는데,

형무소에서도 사람이 자꾸 죽더래. 날마다 죽더래. 잡아 놓으면 죽고, 잡아 놓으면 죽고. 형무소 안에서. 죽이는 게 아니라 얼어 죽고, 굶어 죽고, 그런 말 할 수도 없이. 그러고 있는데 조금 있다가 재판을 하는데 너는 얼마, 너는 얼마, 너는 얼마. 그렇게 재판을 했어. 청주에서. 15년형을 받았어요. 그러다가 후퇴.

(거기서) 검사가 청주로 보냈다는 말을 듣고. 검찰청에 갔어. 수위가 문을 닫는다고 "아줌마, 어서 가시오" 하도 심난하던가 봐. "왜 그러는데요." "우리 영감이 잡혀갔는데요 어디로 갔는지도 모르고 그래서 그래요." 그 다음에 또 물어요. "누구냐"고. 그래서 이제 "박세영"이다고. "(놀라면서) 네! 세영이!" 자기가 그 전에 부산에 죄수들을 끌고 갔는데 신분장을 봤데요. 그런데 그 영감 신분장이 거기에 있더래요. 그래 이상하다 했는데, 아마 거기 살아 있을 거라고. 부산으로 가 보라고.

그래서 거기서 다시 임실로 왔는데, 제2국민병이 동으로 서로 올라가는 놈, 내려가는 놈, 시끌시끌 하는데. 나는 부산을 가야 쓰겠는데, 기차가 안되니까. (나 같은) 이런 사람은 차도 못 타. 그래서 가만히 생각해 보니까 여수로 배 타고 가야 쓰겠어. 그래 여수로 간다고, 배를 타러 간다고 갔는데 그날 배가 안 간데. 바람이 부니까 배가 안 간데. 거기에 사람이 널렸어, 그냥. 꽉 찼어 그냥. 거시기 한 사람들은 서울로 올라가고, 나 같이 도망가는 놈. 순천역인데 여수하고 꽉 찼는데 그냥.

남편을 찾아 부산으로 가려던 조 할머니는 순천에서 고향 영광의 가족들 소식을 듣게 되었다. 국군 수복 후 영광읍에서 살던 부친 조희욱과 고모 조희선이 학살당했다는 것이었다. 작은아버지 조희태, 동생 조성현, 조인현의 행방은 알 수 없었다.

(순천역에서) 그 속에서 누가 나를 치더라고요. 에고. 지금도 그 영감이 살았

어. 정교수라고 동국대학교 철학과. 그 사람이 영광 사람이야. 영광 갔다가 지금 오는 길인데. "집이 엄마 아빠하고 다 죽었다요. 친정." 나 이러고 다니는 동안에 다 죽었다요. 그래 붙잡고 울어도 소용이 없고. 하도 우니까 우리 영광 사람 저기 있으니 거기 가보자고. 그래 순천 병원, 철도 병원 원장인가 하던 사람이 있어요. 조영선이라고. 그 집으로 가자고 그러더라고.

아버지 조희욱(당시 53세), 어머니 최재옥. 어매는 제 명대로 죽었으니까. 조희욱은 누가 죽였다는 사람이 있어. 만나지도 않았지만 그거여, 내가 하고 싶은 얘기가. 작은아버지는 영광 두목이야. 조희태. 그리고 우리 고모가 조희선. 그 사람이 여맹위원장이었어. 진작에 죽어 버렸어. 누가 죽였어.
동생은 영광에서 활약은 안하고 나하고 있다가 서울서 학교를 다녔어. 6·25 나면서 나한테 왔는데 셋이 같이 있으니 "너는 가거라"해서 갔어. 형은 또. 인민군한테 표창 받았다고 좋다고. 지가 영광 가서 이런다고. 그 사람은 인민군복 입고 다녔어요. 우리 동생이. 게가 조성현. 조성현이가 인민군복 입고 다녔어. 또 조인현이가 있어. 인현이가 게(성현) 동생이야.

조희태는 6·25 나기 전에 (서울로) 도망을 가 버렸어. (그 때문에) 조희욱이 보도연맹에 들었어. 조희태 때문에 보도연맹에 들어갔어. 아버지가 조희태 때문에. (전쟁 전) 조희태는 형님한테 식구들을 다 두고 도망가 버렸어. 도망가서 서울가서 있었어. 그래 가지고 서울에서 인민위원회 일도 하더래요.

조희선은 영광에서 유일한 산파인데, 여맹위원장이야. 수복 후 없어져 버렸어. 그 집 새끼들이 전부 살아. 가족 중에 그때 피해를 입으신 분이 아버님하고 조희선, 두 분인가 봐. 그런데 잘 모르겠구만. 왜 모른가 하니. 다 들은 이야기이고. 우리 식구가 (소금창고로) 다 잡혀갔잖아요. (그 후) 부산에 다녔잖아요. 면회 다녔잖아요. 그 사람(남편)을 살리려고요. 그 사람이 나오고 난 뒤에 영광에 가서 들었어.

들은 얘기로는 보도연맹을 이렇게 (집에) 붙였답디다. 딱지를. 그러니까

6·25 직전에. 이승만 때야. 우리 어머니가 돈을 싸 가지고 가서 국회의원 정헌
조, 영광 국회의원 정헌조. 그 사람한테 애기를 해서 나왔데요. 우리 집이 영
광읍내도 있지마는 또 양마동이라는 데도 있어. 양마동사건도 있을 거이요.
녹사리 양마동. 거기서 사건 난 사람이 또 있어. 보도연맹으로 겁나게 많이 끌
어다 어디다 죽여 버렸는데, 그때는 모면했어요.

그래 가지고 6·25가 났지. 인민군이 들어오고 양마동으로 피난을 갔어. 조인
현이라는 애는 서울대 학생이었는데 내려왔어. 그런데 그 아이가 학생들 하
는데 또 (활동을) 했는가 봐. 그 얘기를 한 사람이 있어. 그러는데 우리 어머니
친구가 있었어요. 아주 친한 친구가. 그 사람도 거기 같이 있었던가 봐. 그 사
람이 느닷없이 죽었다 그래요. 누가 죽였나 봐요. (그걸) 희욱이가 죽였다 고
발했다. 그렇게 덮어씌워 가지고 저기 가서 했는데(죽였는데) 흔적이 없어.
그것도 다른 사람은 못 찾는데.

우리 집이 커요. 한쪽 방에 형사가 방을 얻어 살어. 식구들이, 그러니까 그
형사를 통해서 조가들, 식구들이 파헤쳤지. 아버지가 어디가 어떻게 되었는
지. (알아 보니) 자수하러 오는 사람을 끌어갔다고 합니다. 군서면. 양만동이
군서면이니까. 군서면 파출소에 자수하러 갔는데 거기서 영광경찰서로 보냈
는가 봐. 영광경찰서에 들어가기 전에 (죽였어).
(군서지서에서 영광경찰서로) 가는데 누구를 만났다던가 어쨌다던데. 데리
고 가서 그냥 없앴데. 그러니까 우리 친척들이 무서우니까 형사 끼고 가서 찾
는데 흔적이 없더래. (머리) 위에서 총을 쏘아서 얼굴에 흔적이 없다고 하더
래.

(아버님 슬하에) 아들이 다섯, 딸이 둘. 하나는 나고, 하나는 여학교 나와 가지
고 여자의용군 가서 바로 없어져 버렸는가 이내 소식이 없고. 조희태는 아버
지 형제 간이고. 조희선은 아버님의 여동생. 조희태가 두목이야. 애기들이 조
희태 때문에 숨어 살고 그러다가. 아버지 말만 하면 질색을 해요. … (아버님
형제분은) 3남 1녀. 아버지하고 작은아버지하고 또 작은아버지하고, 또 고모

하고. 희태씨는 서울서, 중앙청에서 일을 보다가 서울로 어디로 올라가다 돌아갔겠지. 이제 나이가 얼마인데. 행방불명.

(아버님은) 국군이 수복 한 후에 경찰들이 끌어가 군서지서에서 영광경찰서로 가는 중간에. 6·25 때. 아까 국회의원에게 돈을 주고 보도연맹에서 빼 주었잖아요? 엄마 친구 분이 함께 있었는데 그 이가 없어졌데요. 그 이를 죽였을 것이다, (아버지가) 밀고 했을 것이라고 죽였다는 거예요. 확실한 얘기는 못 들어 봤어요. 장소도 영광 저기 어디 있데요. 어디에서 혼자 데리고 갔는데, 누가 그래, 머리 허연 영감을, 해가 지는데 "팡, 팡" 소리가 났으니까 그 영감을 죽였을 것이다 그래. 가족은 없어. 친척들이 형사하고 해서 어떻게 찾았다는 그 말이야. 찾아서 잘 모시기는 모셨지. 이제 소용 없지. 그때 오십 몇 살 일거야. 내가 33살인가 그랬어요. 그러니까 54살이나 55살 되었어요. 개띠니까.

(나는) 큰 딸. 희태씨는 큰 딸 데리고 가다가 죽었는가 살았는가. 이제 나이가 많으니까 돌아가셨을 거예요. (조희선) 고모가 아버지와 얼마 차이나는 지도 모르겠어요. 그래도 한 40은 되었겠지. … 나는 조인현이가 궁금해. 아버지는 이왕에 돌아갔고.

조 할머니는 순천에서 부친과 고모의 억울한 죽음에 대해 알게 되었고, 다시 남편을 만나기 위해 부산형무소를 찾아갔다. 형무소에서 만난 남편은 매를 많이 맞아서 생긴 독 때문인지 몸이 많이 부었고 걷지 못해 업혀서 나왔다. 면회 후 갈 곳이 없었던 할머니는 기적같이 아는 친척을 만나게 되었고 뒷바라지를 위한 부산생활을 시작했다. 남편은 1년 옥살이 후 병보석으로 석방되었다. 이후 영광에서 교사로 있었으나 형기가 남았다는 사실이 발각되어 다시 1년간 옥살이 했다.

그래서 배를 타고 가는데. 배도 처음 탔어요. 부산에 어딘가. 맨날 빨갱이 소리 들을까 봐 형무소가 어디냐고 물어 보도 못해. 막 ○이 마려운데 찾을 수가 없어. 밤에 배를 타면 새벽에 내려요. 어떻게 하다 보니까 빨간 담이 좌악 있어. 저것이 형무소구나. 저걸 따라가야지. 담을 따라가다가 볼 일도 보고. 거기를 가니까. 아침이 되었죠. (형무소 안에) 사람들이 버글버글하니까 내 마음이 말을 해도 되겠다 싶으니까 맘이 편안하더라고. 여태까지는 "빨갱이 때문에" 소리 때문에 정신이 없었는데, 거기를 가니까 동지들이구나.

번호가 되어서 나왔는데 이렇게 부었어. 붓고 걷지도 못하더라고. 업고 나왔더라고. 그래도 목숨이 살았으니까 한다는 소리가 "아이고 천명이요." 그 사람은 어떻게 나올 생각만 해. 누구를 찾아보시오, 누구를 찾아보시오. 그때까지만 해도 만나기만 하면 되는 줄 알았더니 15년인데 어떻게 나와. 까마득하지, 돈도 없지. 갈 데도 없어. 겨우 거기를 왔는데. 그 사람은 시간이 되니까 다시 들어갔어. 부산이 어디여. (거기서) 1년은 살았을 거야.

(강경경찰서에서) 되게 맞았는가 보더라. 뚜드러 맞았나 보더라. 그러는데 물어볼 사람은 없는데 울부짓고 악을 쓰고 땅을 치고 울어. 목을 놓고. 물어 볼 사람도 없어. 그야 말로 수라장이야. 밤중에는 어쩌고. 다시 집으로 돌아올 수도 없어. 그날 그렇게 막막한데 누가 막 부르는 소리가 나. 그게 소설 같은, 꿈 같은 이야기예요. 기적이라는 것이. 나를 부를 사람이 어디가 있어? 보니까 우리 증조할머니네 외손녀 딸이야. 서울서 사는 사람인데 피난을 왔어. 내가 잘 사는 줄 알고 찾았는데 형편이 없거든. 그래도 인자한 사람이라.

어떻게 왔는고 하니, 애들 셋을 데리고 피난을 왔데. 자기 방으로 가자고 하더라고. 방 하나에 여섯 가족이 살아. 발만 이렇게 대고 살아. 그 안쪽에는 백선엽이네 어미 아비가 산다고 하더라고. 백선엽이가 뭣인지도 몰랐어. 뚱뚱한데 평양 말을 하데. 이북 말을 하더라고. 할매는 뚱뚱해. 아저씨는 날씬하고. 아들이 백선엽인데 먹을 것을 많이 가져다 준다고 하더라. 참 정직하기는 해요. 그런 티도 안 내고. 한번은 내가 사고를 쳤어. 물을 버리는데 숟가락이 같이 버려졌어. 숟가락이 개천에 있는데 그 영감이 내려가서 찾아 주더라고요. 그런 서민적인 데는 있어.

거기가 물이 귀해. 빨래를 못 해. 어떻게 해서 동창생을 만났어요. 그 동창생이 아무개는 참 돈이 많단다. 네가 가서 조금 도와달라고 그래보라고 하더라고. 그래서 찾아갔어. 이불같이 쌓아 놨는데 그게 다 돈이래. 비행장을 만드는 사람이래. 그때 돈으로 3만 원인가 30만 원을 얻었어. 그래 가지고 껌장사 한다고. 오늘내일은 (영감이) 못 나오게 생겼어. 그래서 심부름을 좀 해 주다가. (어느 날) 할머니한테 편지가 왔는데 아들 하나가 아팠데요. 엄마를 찾으니까 와야 쓰겠다고. 할머니가 하나는 잘 먹는데요. 하나는 "아빠 오면 나도 껌 좀 사줘" (그랬어요).

조금 하다가 아프다니까 왔지. 그때는 눈물을 참을 수가 없어. 또 (부산에) 가봐야지. 가 보니까. 중통 통지를 내면 집에 가서 죽으라고 병보석 (시켜 준대). 나라에서. 그러면 가족이 가면 데리고 나와. 자기가 굶고 중통 통지를 받을라니까. 그런데 그게 쉽지 않아요. 의무관네 집을 찾아갔어. 형무소 의무관이 그걸 하잖아요. 그리 찾아가서 그 집 심부름도 해 주고. 나 없는 사이에 그 통지가 왔어. 그 통지를 받고 나왔어요.

그래서 사는데 아주 죄가 없어진 게 아니에요. 회복했으면 15년이니까 또 살아야 돼. 나와서 양마동 가서 살았는데, 고등학교 선생을 했어요. 감옥소에서 나와 가지고. 거기서 시기하는 놈을 만났어. 교감을 하려고 하는데 이 사람이 해 버렸어. 뒷 조사를 해 보니까, 그 사람 형이 경찰관이야. 보니까 형이 남았어. 고발하니까 다시 잡혀갔어. 1년인가 있다가 잡혀갔을 거야. 11월에 농사를 지어놓고 잡혀갔어. 넷째를 업고 형무소를 다녔어. 1년 살았을 거야. 청주에 있는 판사가 재심청구를 해 줬어. 그 집을 찾아가서 얼마나 또 심부름을 하고.

조 할머니는 끝으로 빨치산과 토벌경찰 사이 교전 현장 있다가 등에 총상을 입게 된 사연을 이야기했다. 잔인한 시대를 견딘 험악한 삶이었다.

남원 차를 타고 가는데. 저기서 깃대를 흔들면 여기서 가요. 거기서 깃대를 흔들지 않으면 못 가. 그때가 인민군이, 빨치산들이 더러더러 나오는 때여. 나는 짐차 위에 탔어. 몇 사람이 그렇게 탔는데, 저기서 흔드니까 가는데, 느닷없이 소리가 나. 엎드리고 난리가 났는데, 거기서 등에 총을 맞았다, 차 위에서. 흰 옷을 입었는데 피가 주르륵 나.

해는 저물어 가는데, 갈 수가 없어. 어딘지도 모르겠고 (상처를) 묶어야 쓰겠는데. 엎드려 있다가 보니까 어떻게 옆에 있던 사람들은 다 어디로 가버리고 없어. 이렇게 보니 길가에가 경찰이 좌악 엎드려서 총을 겨누고 있어. 그 속에 내가 떨어진 거여. 해는 저물지, 총은 맞았지, 사람은 없지. 죽기는 죽을라나 보다 하는데, 큰아들이 떠올라. 그 아들은 내가 한 번 보고 죽어야야 하는데. 주막집에 가서 총 맞은 데 묶어달라고 했어. 일어서려니까 못 일어나겠어. 그런데 어떤 젊은 아낙네가 와서 나 좀 살려 달라고 했어. 내가 여기 잔등만 넘으면 시아버지가 주막집에 계실 거여. (그때) 주막 여편네하고 살았어. 주막집에 가서 일지네(조갑순 택호)가 오다가 부상당했다고 그 말만 하고 가라고 그러니까 말도 안하고 그냥 되돌아서 가더라고. 그런데 그 사람이 말해 줬어. 그랬더니 캄캄해졌는데 사람이 오더라고.

임실 공의사한테 갔더니, 총상부위가 너무 커서 여기서 못하겠다고, 지혈이 안된다고. 그 날 밤에 자는데 너무 아프더라고. 베게 밑이 피로 흥건해요. (그런데) 저절로 지혈이 되었어요. 아침에 일어나니 전주 안 가도 되겠다고, 여기서 치료해도 되겠다고 그래요. 보름을 거기서 지냈어요. 어깨도 못 쓸거라고 하더니. 그 때가 양만동으로 가서 도민증 만들 때였을 거에요. 영감 찾으러 다니고, 총 맞고, 먹을 것도 없고. 그런 일을 겪고 나서 이러고 살았어요.

이제 조 할머니의 생생한 증언은 디지털 파일로나 만날 수 있다. 그렇게나마 소중한 기록을 간직할 수 있는 기회를 주신 것에 감사드려야겠지만 그래도 아쉬움이 많이 남는다. 우리 세대의 경험만으로도 할머니의 이후 삶은 편탄치 않았음을 짐작할 수 있다. 그 험난한 삶을 사셨으면서도 인터뷰 내내 구김살 하나 없으셨던 분이었다. 새까만 후배 앞에서 단 한 순간도 평온한 마음을 잃지 않으셨던 분이었다. 그저 할머니의 마지막 바램을 이렇게라도 남길 수 있어 다행이라는 생각 뿐이다.

사과하지 못하는 대한민국 _소결

"재판 없는 총살"은 전쟁범죄였고 재판에 적용된 법령은 위헌으로 결정되었다. 하지만 아직까지 아무도 이에 대해 사과하거나 변명하지 않고 있다. 대한민국이 희생자들에게 사과하지 못하는 이유는 무엇일까? 한국사회의 주류가 이들의 억울한 죽음을 인정하지 못하는 이유는 무엇일까? 전쟁이 나지 않았어도, 적군이 점령하지 않았어도 어차피 희생양이었다고 보는 걸까?

한국전쟁은 몰락하는 이승만 정권의 생명을 연장시켜 주었다. 이승만 정권의 집권기반은 친일파였고 이들의 지지기반은 처음부터 외세였다. 일본 제국주의가 남겨놓은 유산으로 연명해야 할 처지였으니 전쟁은 재활의 호기였다. 피해는 가장 조금, 혜택은 가장 크게 본 세력들. 그들이 오늘날에도 한국사회의 주류이니 사과할 턱이 없다.

이승만 정부는 수복 후 처리해야 할 부역자가 55만 명에 이른다고 했다. 보도연맹원 34만 명이 대부분 제거된 뒤 불과 2개월 채 지나지 않아 생긴 반국가 사범이라고 하기엔 지나치다. 여기에 미군폭격과 토벌작전, 증거없는 1심재판, 형무소 재소자 등 희생자들을 합쳐보면 적어도 100만 명에 이르는 청장년이 죽거나 범죄자가 되었다고 볼 수 있다.

비록 후세대들이 희생자들을 기억하지 못하거나 또는 기억을 억압했지만 1980년대 말 새로운 세대에 의해 민주주의가 회복되고 시민사회가 발전하기 시작했다. 정확히 한 세대가 지난 뒤였다. 2008년 고 노무현대통령은 울산위령제에서 국민보도연맹사건에 대해 사과했다. 이미 두 세대가 지난 뒤였다.

이후 이명박 정부와 현 박근혜 정부는 사과를 한 적이 없다. 게다가 새로운 국가범죄를 저질렀고 그 범죄행위는 계속될 것 같다. 가해자의 입장을 옹호하는데 그치지 않고 스스로 또 다른 가해자가 되어가는 것 같아 염려된다.

6장
1·4후퇴와 다시 시작된 공격

시어머니가 그때 자식을 잃고 마음이 약간 돌았을 때에요. 그 군인이 와서 뭘 하라고 하니까 내가 왜 하느냐고, 안 한다고 그러니까 네가 뭐냐고 그러면서 이만한 작대기로 막 패더니, 얼굴을 싸매 가지고 데리고 가더니 총살해서 죽였데요. _충주 살미면 오천한 유족

1950년 10월 1일 유엔군의 휴전선 돌파로 한국전쟁은 새로운 국면으로 전환되었다. 미군이 6월 25일 인민군의 남하를 침략으로 규정했듯이 중국은 이날의 북상을 침략으로 규정했다. 북진하던 유엔군은 북한지역에 진입한 중국지원군의 공격으로 12월 1일부터 후퇴를 시작했다.

후퇴하는 이승만 정부는 또 다시 국민에 대한 소개작전을 시작했다. 1·4 후퇴 시기의 피해를 두 가지 유형으로 구분할 수 있는데, 하나는 제2의 국민보도연맹사건으로 부를 만한 사건이었고, 다른 하나는 영호남 등 후방지역에 대한 토벌사건이었다.

이번 후퇴 소개작전은 북한지역도 대상으로 포함되어 있었다. 따라서 이 지역의 수많은 민간인들도 희생되었을 것으로 보이지만 신천 사건 외에는 자세히 알려진 사례가 없다.

피해는 남쪽 경기지역을 넘어 나타났다. 1951년 2월 전선은 경기와 충북 일부까지 내려왔다가 다시 올라갔지만 피해는 충북 음성과 충남 아산까지 나타났다. 사건의 전개과정은 1950년 7월 국민보도연맹사건을 그대로 재현한 것이었다. 이번 사건의 피해자는 주로 9·28수복 후 희생자의 가족들이었으며, 일가족 몰살의 사례가 많아 더욱 처참했다는 점이 달랐다.

전선과 멀리 떨어져 있었던 영호남지역에서는 11사단 토벌사건이 있었다. 11사단 외에도 2사단, 5사단, 9사단이 토벌작전을 벌였다고 하는데 이들에 의한 피해는 아직 알려지지 않고 있다. 같은 시기에 벌어졌던 사건 중 가장 널리 알려진 것은 1951년 2월 발생한 거창사건이라고 할 수 있다. 이 사건은 국군 11사단 9연대에 의한 것이다.

이번 인터뷰를 통해 새롭게 확인한 첫 번째 유형의 사례는 여주 왕대리에서 발생한 사건으로 국방부에 의해 2011년 33구의 민간인 유골이 발굴되었다. 두 번째 사례는 충주 살미면 토벌작전에 의한 피해로 보이는 것이었다. 가해자가 국군 8사단이었다고 한다.

그냥 총을 쏘면 "펑펑", 사람이 맞으면 "팍팍"_여주 왕대리

2011년 5월 국방부 전사자유해발굴감식단이 33구의 민간인 희생자 유해를 발굴했다. 유해가 발굴된 곳은 1·4후퇴 시기 주민들이 집중적으로 희생되었다고 알려진 하리 양섬너머 능선이었다. 이 사실은 2014년이 되어서야 알게 되었고, 구체적인 위치를 확인하기 위해 현장을 조사하게 되었다.

진실화해위원회 조사에 따르면, 수복 후 여주경찰서에 의해 여주국민학교 강당과 얼음창고로 끌려갔던 주민들이 교리 여주향교 뒷산, 하리 양섬 등에서 희생되었다. 가남지서는 태평리 공동묘지 등에서, 대신지서는 보통리 강변 송장웅뎅이 등에서, 북내지서는 신남리 버시고개 등에서, 금사지서는 옹기정 뒷산 등에서, 홍천지서는 복대리 쇠고개 등에서, 점동지서는 당진리 가시랏골 등에서 주민들을 살해했다.

여주에서는 1·4후퇴 시기에도 민간인 학살사건이 있었다. 1950년 12월까지 여주경찰서 임시 유치시설인 얼음 창고로 연행되어 감금되었던 주민들이 1·4후퇴 직전 하리 양섬 강변에서 총살당했다. 같은 시기 여주경찰서 매류출장소는 임시 유치장으로 쓰였던 출장소 옆 창고에 갇혀 있던 주민들 수십 명을 끌고 나가 고령토 구덩이에서 총살했다.

부역혐의로 주민들이 희생당하는 사건은 다시 수복한 다음에도 발생했다. 능서면 마래리 치안대는 1951년 2월 18일 오후 3시 좌익분자라며 용은리에 피난하던 양평군 지제면 지제리 조문환 등 어린 아이들이 포함된 일가족 6명을 매류리 공동묘지 부근에서 총살했다.

여주읍 왕대리에서 33구 발굴

　여주 왕대리 현장조사 중 2014년 4월 3일 사건현장을 목격한 홍정천(1934년생) 노인을 만났다. 노인은 여주읍 왕대리에서 태어나 지금까지 살고 있었다.
　홍 노인은 1950년 전쟁이 나자 남한강을 중심으로 전선이 형성되었으며 후퇴하는 국군이 남한강을 건넌 후 배를 파괴하자 인민군이 뗏목을 만들어 강을 건너던 모습을 기억하고 있었다.

　6·25 때 여기서 살았지요. 본 거로는. 여기서 전투를 했는데. 그때 우리 국방군은 저쪽으로 후퇴를 했었지. 후퇴해 가지고 이천 저쪽으로 가서. 또 인민군들이 강 건너. 강 건너에서 잔뜩 있다가. 그때 우리 국방군들이, 경찰들이 배를. 그때 다리가 없었어요. 배를 다 파산시키고 갔단 말이야.
　그런데, 그때 이렇게 산 위에를 올라가 보니까 그 사람들이 뗏목을 모았어. 나무를 해 가지고. 그래 가지고서 한 댓 명씩 건너와서 또 그걸 갖고 가고. 그렇게 건너 오더라고.

　그러더니 그 이튿날 한 나절쯤 되었나? 그때부터 우리 국방군은 이천으로 후퇴를 했고. 이 사람들이 여기서 포를 쏘기 시작하는데 포가 퍽퍽 저리 넘어가고. 또 거기서 쏘고. 저 북성산 높은 산에도 막 쏴서 떨어지고 그랬어요.
　그래도 우리는 여기서 어디 피난 갈 때가 있어? 그래 저 윗동네 가서 밤을 세우고. 누가 왔다갔다 하니까 또 저 아랫 동네로 내려갔어. 가다 보니까 포가 날아다니고. 그때 처음이니까. 아 그래 가지고 어떻게 해. 논이 있는데 거기 가서 들 이렇게 (엎드리고). (폭탄이) 쌕쌕쌕쌕 하니까 금방 떨어지면 죽는 것 같더라니까. 거기서 엎드려서 있다가 조금 뜸해지더라고.

　그래서 저기 내향리라고 하는 아는 동네, 저 아랫동네에 며칠 있다가. 여기 올라오는데 그냥 이런 골짜구니마다 인민군들이 그냥 바글바글한 거야. 그런데

홍정천 노인은 한국전쟁 초기 후퇴하는 국군과 여강을 건너려는 인민군의 전투를 목격했으며 수복 후 수많은 주민들이 왕대리에서 희생된 사실을 알고 있었다.

해꼬지는 안하더라고, 처음에는 이렇게 돼지를 먹이고 그랬는데 그냥 놔 뒀어. 밥도 썩은 거 그냥 막 갖다 놓고.

우리 군인이 이쪽에서. 그러니까 여기하고 저기하고 맞붙어서, 개울하고 맞붙어서 논에서도 우리 국군 죽고 인민군들이 여기서 내려가고. 여기가 그 전에는 다리가 없었거든요. 그 사람들이 배를 타고서 자꾸 건너오는 거야. 후퇴하면서 경찰서에서 배를 파손했거든. 그러니까 뗏목을 해서 건너오더라고.

인민군 점령 초기 국군 패잔병이 희생되었다. 여주에서는 잘 알려져 있는 이야기였는데 이 사건이 국방부가 왕대리 현장을 발굴하는 중요한 계기가 되었던 것으로 보인다.

여기 가면 우리 국방군 하나가 희생을 당했어요. 동네 사람 하나가 어떻게. 그때는 동네 사람이 하며는(도와주면) 그 놈들이 지랄을 해서 큰 일 나. 늙은이들 몇이 가서 대충 (묘를) 해 놨는데, 그런데 그거를 또 누가 약이라고 해 가지고서 뼈를 파 가고 아휴.

여기 논에서 (국군이) 다리를 관통당해 가지고. 그때는 누가 만져줄 수가 없어요. 이걸 갔다가 어디다 먹이지도 않고. 저 여주 가면 다리 건너서. 옛날에는 이렇게 보초 근무 서고. 거기다가 그냥 집어넣어 가지고서. 뭘 먹이기를 하나 뭘 해. 그래서 지나가는 사람들이 다들 불쌍하니까 몰래 던져주고 그랬는데 알게 되면 큰일 나잖아. 그러더니 거기서 그냥 죽어버렸어요. 아효 그게 참혹해서. … 국방군 하나가 저기 산 밑에서 죽었는데 그 사람은 동네 사람들이 그냥 거기다 이렇게 해 놨는데. 그건 뭐 다 없어지고 없어요. 캐 가고 그런 거지.

홍정천 노인이 1·4후퇴 때 주민들이 학살당했던 교통호를 가리키고 있다. 시신이 토괴화하면서 가운데 부분이 길게 내려 앉았다.

홍 노인의 증언에 따르면, 9·28수복 후에도 민간인 피해가 컸다. 주로 인민군들이 파 놓은 방공호에서 총살이 있었다고 했다.

그때 피난 갔다가 와 가지고서. 그런데 거기(왕대리 능선) 하도 갖다가 해서 어떤 게 어떤 건지 몰라요. 그 저기(부역)한 사람들은 저쪽 산에 인민군들이 호 파놓은 데에 거기 갖다가 많이 (총살)하고 그러고. 인민군들이 파 놓은데다가. 나중에는. 여기는 맨 빨갱이 그걸 했던 사람들을 죽인 데가 엄청 많아. 거기 많지요, 엄청.

그거는 인제 보나마나 그 사람들이 다 갔다가 그랬는데 우리가 볼 수도 없고. 그때는 여기가 이렇게 산이었어요. 지금은 도로가 났지만 고개가 있었어요. 여기가 다리 있는 데서부터 인민군들이 호를 팠어요. 거기다 갖다 죽였어요. 없어졌지. 그냥 갖다 놓고 앉혀 놓고서. 다 끌고 와서 호에다 놓고 총을 쏴서 묻어 버린 거지.

1·4후퇴를 앞두고 경찰이 연행했던 부역혐의 주민들을 왕대리 강변 뒷산으로 끌고와 인민군이 만들었던 참호에서 모두 총살했다. 희생자가 많았으며 도로가 만들어지면서 상당 부분이 훼손되었다.

그때는 여기 우리 국방군이 희생한 거는 별로 없고. 그때 후퇴할 적에 빨갱이 짓 한 사람들을 경찰서에서 잔뜩 가둬 놨었잖아. 새벽에 전부 끌어다가 그. 인민군들이 그 전에 호를 팠어. 잔등에다 쭉 이렇게. 거기다가 세워 놓고 죽여 버린 거지. 데리고 갈 수도 없고 그걸 어떻게 해. 그래 엄청 죽었지.

여기가 지금 이 밭이 반쪽은 넓은 도랑이었어요. 여기다가 빨갱이 짓 한 사람들. 나중에 여기다 죄 끌어다가 쭉 놓고서, 새벽에. 사람이 그냥 총을 쏘는 건 "평평" 하는데, 사람 맞으면 "곽곽" 소리가 나잖아. 새벽에 여기서 엄청나게 죽었어. 여기가 이렇게 고랑이었어. 여기를 메꾸어서. 나중에 보면 여기 뼈다구를 개가 물고 다니고 뭐 별짓 다 있었지.

서른 세 구라는 것은 난 확실히 몰라. 국군이 죽은 거는 아니고 빨갱이를 갖다가 죽인 거. (여기는) 군인들이 후퇴하면서 갖다가 죽인 데고. 군인들이 와서 한 데는 저 위야. (다시 위로 이동하다) 그때 여주경찰서에서 잡아다가 놔뒀잖아. 그렇데 후퇴를 해야 한단 말이야. 그걸 데리고 갈 수도 없고. 그래 여기다 죽였지.
그때 (내가) 20살 정도 될까 말까. 지금 80이 넘었지. 17살 되었겠다. 여기가 이리 올라가면 호. 여기가 인민군들이 파 놓은 호야. (시신이) 여기에 있을 거야. 누가 가지고 가나? 여기서 저기까지. 여기 산이 저쪽 산하고 연결이 되어 있었어요.

(33구 발굴 현장) 여기가 도랑이었어. 물이 막 내려가고. 거기 다 메꾸어져서 밭 해 먹고. 거기다 엄청 죽였지요. 개가 막 뼈다구 물어가고 뭐. 또 약 한다고 사람들이 캐 가고. 이렇게 뭐 도랑인데. 그거는 경찰서에 가두어 놨던 사람들. 빨갱이들. 후퇴하면서 어떻게 할 수가 없으니까 총으로. 아 위치는 저쪽으로 도랑이 넓었어요. 개나리 이쪽(앞쪽)으로. 앞쪽으로 여기도 이렇게. 거기서 저리로 물이 내려갔었어요. 거기가 이렇게 넓었었거든.

국방부 전사자유해발굴감식단이 발굴한 곳은 주민들이 희생된 곳으로 현재 개나리 꽃 무더기 오른쪽부터 있었다. 능선 위쪽에도 참호가 있었는데 그 곳에서도 주민들 총살이 있었으며 아직 발굴된 적이 없었으므로 유골이 남아 있을 것이다.

시어머니가 놀래 가지고 맨날 손을 떨고 _충주 살미면

충주 살미면 조사에서 공이리 주민 김간난이 일시 주둔한 국군 8사단에 의해, 공이리 김인섭 일가가 토벌국군에 의해 희생된 사건이 있었다.

살미면 공이리 김간난

2015년 5월 13일 공이리 마을회관에서 만난 희생자 김간난의 며느리 오천한(1936년생) 노인, 같은 마을 전재봉, 전재윤, 구재원, 서순남, 박춘순 노인이 김간난의 죽음에 대해 증언했다. 인용문의 끝 부분에 각 증언자의 이름을 밝혔다.

　마을에 주둔한 국군은 비교적 큰 집이었던 김씨 집을 본부로 썼다. 국군이 진입하기 전까지 그 집에서 공이리 여덟 가족들이 피난 생활을 하고 있었다. 쫓겨난 주민들은 다른 곳에서 지냈는데 김씨는 자기 집이라며 여러 차례 중대 본부를 찾아갔고 이를 불쾌하게 여긴 군인들이 살해했던 것이다. 당시 김씨는 홍역으로 자식을 잃은 직후여서 제정신이 아니었다고 한다. 8사단은 일주일 이상 주둔했던 것으로 기억하며 김씨의 시신은 수습되었다.

　오천한 노인은 1954년경 공이리로 시집왔을 때 시아버지로부터 시어머니 김간난이 1950년 12월 23일(음력 11월 15일) 지시에 따르지 않는다는 이유로 8사단 군인에게 매를 맞은 후 집 뒷산으로 끌려가 총살을 당했다고 증언했다. 희생자의 시어머니는 며느리가 군인에게 매 맞고 끌려 나가는 모습을 목격한 뒤 정신적 충격과 공포로 항상 떨면서 살았다.

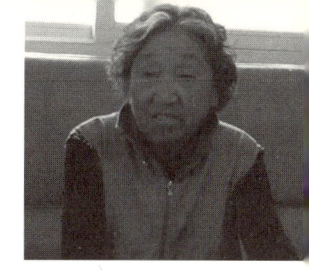

희생자 김간난의 며느리 오천한 노인. 1954년 공이리로 시집왔던 오 노인은 며느리의 죽음을 목격한 충격으로 공포에 떨던 시할머니의 모습을 기억하고 있었다.

시어머니(김간난) 제사는 섣달 보름날. 시집을 오니까 우리 시아버지가 그런 얘기를 해 주더라고요. 니들 시어머니는 아군 군인들이 와서 여기 뒷산에다 끌어가서 총살을 시켜서 죽었다 그러시면서 그렇게 우시더라고. … 시어머니가 그때 자식을 잃고 마음이 약간 돌았을 때에요. 그 군인이 와서 뭘 하라고 하니까 내가 왜 하느냐고, 안 한다고 그러니까 네가 뭐냐고 그러면서 이만한 작대기로 막 패더니 얼굴을 싸매 가지고 데리고 가더니 총살해서 죽였데요. 우리 시아버님이 그랬어요. _오천한

우리 시할머니가 며느리 총 쏴 죽이니까 놀래 가지고 맨날 손을 떨고 침이 질질 나오고, 놀래 가지고. 앞에서 며느리 엎어놓고 패는데 놀래 가지고. 나 시집와 가지고 "할머니 왜 저래요?" 그러니까 (남편이) "우리 엄마 그렇게 된 거 보고 놀래 가지고 떤다"고. 무서워서. _오천한

(아기가) 홍역을 하다가 죽었어. 정신이 돌았어. 8사단이 왔을 때 정신이 왔다갔다 하니까. 이름은 모르겠어요. 청풍 김씨라는 건 아는데 이름은 몰라요. 직접 목격은 못 했지. 6·25 때 그냥 저기 집 뒤로 끌고 가서 죽였지. 그때 우리 어렸으니까 잘 모르지. 그때가 12월 15일이지? 그 아주머니 제사가 12월 15일이에요. 그 아주머니 제사를 알기 때문에 그때인지 알지요. _전재봉

돌아가신 아주머니가 그 집에 살았어요. 우리도 피난을 그리로 갔었어요. 그 군인들이 들어오더니. 그때 그 아주머니 연세가 마흔, 한 오십은 안되었어요. 우리도 직접 목격은 못 했는데요. 들어오니까 막 소리를. 우리가 같이 있었는데 (군인들이) 데리고 나가서 그 길로 돌아가시게 했나 봐. 방에 있는데 불러내 가지고. … 우리는 왜 그런지 모르는데. 지금 생각해 보니까. 그 전에 남자들이 있었는데 여자가. 거기가 중대 본부였어요. 그 아주머니네 집인데도 우

리들을 다 내 쫓고 자기네들 중대본부를 차렸어요. 나중에 들으니까 여자가 들어온다고 그러니까 그런 거 같아. 재수없다고. … 내 집이니까 자꾸 거길 가 보는 거지. 안 가야 되는데. _전재윤

당시 마을에는 후퇴하던 국군 8사단이 주둔했는데 이들에게 주민들이 당한 피해는 끔찍했다. 처녀들을 끌고 가 겁탈했으며 주민들이 갖고 있던 소 등을 모두 잡아먹었다. 후퇴하던 군인들은 산간마을의 집들도 모두 태워 없앴다.

8사단이 여기 지나갈 때는 엄청나게 피해를 봤어요. 집집마다 뒤져 가지고 처녀라는 처녀는 다 데려가고. 그냥 개판이었어요. 쉽게 말해서 _구재원

소도 막 갖다 잡아먹고 _전재창

그때 우리 집에 불을 낸 것도 그게 우리나라 군인이라는 것 같애. 저 위에 꼭대기에 떨어져서 살 때 일곱 가구가 살았거든요. 한 날 총 멘 어떤 군인이 왔어. 나가는 나 보고 "얘, 너 빨리 가서 네 엄마 보고 살림살이 꺼내라고 그래" 그래요. 그런데 엄마한테 그 소리를 하고 나오니까 지푸라기를 논에서 가져와 처마 끝을 다니며 불을 놓는 거야. 우리 집 붙이고 그 다음에 갑부네 붙이고 또 문배네 집 가서 붙이고. 그렇게 일곱 가구를 한 날 홀랑 다 태웠어. 태우고 나니까 먹을 게 없었어요. 양식이 다 타서. 큰오빠가 땅속에 저걸 묻었어. 조이삭. 좁쌀을. 불 나고 난 다음에 그걸 꺼내 먹었어. 그래 일곱 가구가 일용이네 집으로 다 왔어요. 어른들이 들어갈 때가 없어서 다 쪼그리고 앉아 있었어요. 그래서 저 꼭대기에 있다가 이리로 내려온 거예요. _박춘순

시신은 군인들 사라진 뒤 그 자리에 모셔 놨다가 다른 곳으로 이장했다. 주민들은 8사단 주둔 당시 공이리에서 희생된 사람은 김간난 뿐이었고 국군은 일주일 정도 주둔했던 것으로 기억하고 있다. 전투는 없었으며 군인

공이리 유족들이 마을회관에 모여 한국전쟁 당시 마을에서 희생된 분들에 대한 서로의 기억을 나누고 있다.

들이 부역했다며 일부 주민들을 때렸다고 한다.

살미면 공이리 김인섭 일가족

같은 시기 김인섭의 가족 3명도 밭으로 끌려가 총살당했다. 희생자 중에는 임산부와 어린아이도 있었다.

공이리 마을회관에 모인 유족들은 위 김간난이 희생되던 비슷한 시기에 국군에 의해 김인섭의 처와 임산부였던 제수, 어린 아이 1명 등 3명이 총살당한 사실을 증언했다. 도망 중이던 한 사람이 이 집의 아궁이에 숨었다가 잡혀 죽은 일이 있었는데 이것이 빌미가 되었다. 당시 부모들까지 죽이라는 명령이 있었는데 그렇게까지 하진 않았다고 한다.

> 군인들은 뭐 한 부대가 와 있었다고 그러니까. 우리 시동생들 집에 저걸(본부를) 다 차렸다고 그랬어. … 나는 큰 올케가 화장실에서 보고 "저기 다 죽었다고" 그때는 군인들이 들어왔다가 나가고. 언니가 나갔다 오더니 "온 식구가 다 죽었다"고. 쪼르르 다 쏴 죽여 가지고 어프러졌다고. 그 소리를 내가 들었어. 한 식구가 다 죽어 가지고. 우리 감나무 밑에 그 집 밭에다 산소를 나란히 썼어. 엄마 아버지 애기까지. 애기 업은 것까지. 뱃속에 들은 것까지. … 아기까지 네 명이라고 들었어. 어른 셋에 애기 업은 것까지. 이 아래 사는 걸 끌어다 거기다 죽인 거야. _박춘순

> 우리 언니가 화장실을 가다가 쫓겨 들어왔어. 엄마가 왜 그러니 하니까, 기섭

이네 식구를 애기 업은 채 감나무 밑에다가 주욱 세워 놓고 다 쏴죽인데. 애기 업은 이가 어프러져 죽어 있더래. 우리 올케가 그거를 보고 기함을 했데. 화장실 뒤에 나무 밑에. 그때가 한 겨울쯤 된 것 같아. 그 길로부터 무서워서 화장실을 안 가려고 해. 거기 죽어서 엎드려 있는게 보이는데. 바로 문배네 집 길 옆에 감나무가 쭉 있었어. 거기다 총총총총 산소를 썼어. 내가 그거를 알아요. _박춘순

그게 인섭이 식구네야. 인섭이가 그때 면장했잖아. 인공때 면장했어. 그 동생이 의용군 갔는데. … 인섭이, 기섭이, 그 사이에 있는 분은 청주에 살아. 김인섭 이 분이 인공 때 면장을 했어요. 김기섭은 의용군 가고. 중간에 있는 분은 그때 어디로 피했는지 피해 가지고 살았어. 그리고 여자들 둘 죽고.
여자 둘은 맞동서. 큰 동서하고 둘째 동서하고 둘이 총살 맞았어. 업힌 애들도 죽고 뱃속에 든 애도 죽고. 넷이 죽은 거지. 그 식구에요. 인섭이라는 분은 이북으로 넘어갔는지 여태 소식이 없어. 남은 가족들, 부인들을 죽인 거예요. 노인네까지 죽이라고 전화가 왔는데 노인네는 죄 없다고 살려 놓고. 아군이 죽였지. 경찰은 못 보고 군인이 죽였지. 이 군인들도 8사단인지 뭔지 모르지. 그때가 겨울이었지. _전재봉

왜 죽었냐면. 그게 누구더라, 빨치산 노릇하다가 그 집 부엌에 들어가서. (밥을) 챙겨 줬다고 해서 죽인거야. 그게 붙잡히고. 그 집에. 아궁이 속에 들어갔다가 보초 서는 사람이 붙잡아 가지고 그만 끌어가서 죽었어. 사람 넷을 죽였어. 아군들이 죽인 거는 그게 다인 것 같아. 그 집은 사람들이 다 그렇게 되었으니 폐가가 되었지. _전재봉

　　김간난의 희생사실에 대해 증언자들은 가해자가 8사단이었다고 기억하고 있다. 희생일은 1950년 12월 23일(음력 11월 15일) 또는 1951년 1월 22일(음력 12월 15일)이었다고 하는데 이에 대해서는 8사단의 작전 일지 등 더 자세한 국가기록이 검토되어야 할 것으로 보인다.

소외된 희생 _소결

제주 4·3사건이나 영동 노근리사건, 거창 11사단사건은 물론 이제는 국민보도연맹사건, 형무소사건, 수복 후 부역혐의사건에 대해서도 알려지고 있다. 하지만 여전히 주목하지 못하는 사건들이 있는 것 같다. 1·4후퇴 시기 희생사건은 아직도 익숙치 않아 보이며 1심 재판에 의한 사건도 그 심각성이 받아 들여지지 않는 것 같다. 토벌사건 중 개별적으로 입은 피해나 미군 폭격 중 당한 개별적 피해 역시 증언자가 없으면 거의 알려지지 않게 마련이다.

여주에서 발굴된 유골들은 1·4후퇴 시 피해 규모에 대해 알려져 있던 조사결과 역시 완전하지 못하다는 것을 보여 줬다. 여전히 알려진 진실은 빙산의 일각에 불과할 따름이었다.

충주 살미면 공이리 김간난의 경우 그가 무슨 생각으로 중대본부를 찾아갔는지, 거기서 무슨 말을 했는지 알 수 없다. 단지 이후 무지막지한 폭행을 당한 뒤 산으로 끌려가 총살당했다는 것만 알려졌다. 중대본부가 있던 집은 김간난이 살던 곳이었고 자기 집이 무사한지 궁금해 했다고 한다. 당시 다른 집들은 소개 대상이 되어 잿더미로 사라지던 때였다. 이미 마을 청장년들 대부분은 국민보도연맹사건으로 희생된 뒤였다. 위험을 무릅쓰고라도 뭔가 항의하려고 했던 건 아니었을까?

김인섭 일가족의 희생은 개별적 측면만 보면 마치 우연한 계기로 발생한 사건처럼 보인다. 군인들의 토벌작전을 피해 산에서 지내던 사람이 이 집 부엌에 숨어 있다가 잡혔다는 것 때문이었다. 당시 경찰은 없었고 군인들이 있었다고 한다. 하지만 김인섭이 면인민위원장이었다면 결코 이 학살이 우연이라고 볼 수 없을 것이다. 게다가 셋째 김기섭은 의용군으로 징병되었다.

 희생자들은 면 위원장이었다는 첫째 김인섭의 처, 둘째 김○섭의 처, 그리고 업혀 있던 아이였다. 김○섭의 처는 당시 임산부였으므로 아이를 업고 있던 사람은 김인섭의 처였을 것이다. 마을 사람들은 그렇게 태아까지 네 사람이 희생되었다고 증언한다.

 이들의 희생사실은 가장 나중에 알 수 있었다. 해당하는 유족이 없었기 때문이기도 하겠지만, 같은 마을 유족들로서도 떠올리고 싶지 않았던 가장 끔찍한 기억이었기 때문이었다고 한다.

 이렇게 일가족이 희생되어 증언자도 없고 또한 주변 주민들조차 증언을 꺼리는 경우가 의외로 많다. 짐승의 세계에서나 있을 법한 참혹했던 사건일수록 진실규명과 명예회복의 길에서는 가장 먼 곳에 자리하고 있는 것 같다.

7장
미군 폭격과 하얀 옷 증오

폭탄에 돌아가신 것이 아니고 기총사격에 돌아가신 거예요. 그런데 왜 그렇게 쐈는지 이상한 사람들이야. 아군인지 적군인지 구별할 수 있는 대낮에, 직접 조준해서 공격을 한 거지요. _천안 박상구 유족

한국전쟁이 본격화되면서 폭격의 대상이 군사적 목표물에서 점차 민간인과 민간 시설물에게로 확대되었다. 1950년 7월 26일 미 8군은 〈피난민 이동 통제에 관한 전문〉을 발표하여 어떤 형태로든 작전 지역 내 피난민을 제거할 수 있게 만들었다. 폭격 피해는 전선이 이동하던 시기인 1950년 7~9월과 중국지원군이 38선을 남하했던 1951년 1~2월에 집중되어 나타난다.

미 공군의 문서기록에 의하면 폭격기의 공격 양상은 1950년 7월 24일 이후 적극적으로 변화되었다. 8월 1일 미군이 전 전선을 낙동강으로 집중하라는 명령을 내렸고 이 지역에 폭격이 집중됨에 따라 민간인들의 피해 역시 급증했다.

9월 중순 수복 직전 미 공군은 수복작전을 지원하면서 민간인과 인민군을 구별하지 않고 무차별 폭격을 감행했다. 폭격은 9월 15일에 있었던 인천상륙작전과 9월 11일부터 24일까지 본격화된 낙동강전선 반격작전을 지원했다. 경북 김천과 충북 옥천에서는 국군 수복이 되었음에도 미군 폭격에 의한 민간인 피해가 발생했다.

한반도 이남지역에서 미군 폭격 피해가 집중되어 다시 나타나기 시작한 때는 1951년 1~2월이었다. 1951년 1월 중순은 중국지원군의 참전으로 수세 국면에 놓인 미군이 우세한 공군력을 사용하여 인민군의 남하를 막고자 했던 시점이었다.

폭격이 무서워 다리 밑으로 들어갔다가 _용인 양지면

미 10군단장 아몬드 소장은 1951년 1월 14일 "전선의 전방지역에서 적의 은신처로 이용되거나 이용될 소지가 있는 모든 거주지 및 건물을 지체 없이 조직적으로 파괴하라. 공중 공격, 포격, 그리고 소이탄 등 이용 가능한 모든 지상공격 수단들을 동원하라"고 명령했다.

이로 인해 경기지역에서도 이전에 볼 수 없었던 극심한 피해가 나타났다. 진실화해위원회 조사에 따르면 오산에서는 1월 11일 피난하던 주민 10여 명이 기총사격에 의해 사망했다. 용인에서는 1월 12일 피난민들이 수지읍 풍덕천리 개천에서, 1월 15일 구성면 죽전리 주민들이 현암(감바위)지역에서 희생되었다. 화성에서는 1월 13일 정남면 발산리, 안용면 안녕리 주민들이 희생되었으며, 시흥에서는 1월 19일 군자면 소래다리에서 6~7명이 희생당했고, 1월 25일에는 수암면 양상리 주민이 사망했다. 남양주지역에서는 2월 17일 진접면 내곡리 주민 5명이 기총사격에 희생되었다.

양지면 대대리 이순헌

수지읍 풍덕천리 개천에서 피난민들이 희생되던 1951년 1월 12일 양지면 대대리에서도 10여 명의 주민들이 미 공군기의 기총사격에 살해당했다. 이에 대한 증언은 2014년 3월 26일 만난 희생자 이순헌의 아들 유국림씨(1939년생)로부터 들을 수 있었다.

희생자 이순헌(여, 당시 34세)은 대대리 한터마을에 살면서 정미소 등을 운영했다고 한다. 1·4후퇴 시기 중국지원군이 용인지역에 주둔하고 있었고 구술인의 집이 커서 중국지원군 본부로 쓰였다고 한다.

> 용인시 양지면 대대리. 한터라고 그랬어요. 어머님 이순헌. 당시 34세야. 우리 어머니 고생만 진창하고 돌아가셨어. 일꾼 셋 넷씩 데리고 일을 했거든요.

우리가 조금 부농이었어요. 그 당시에 기어 공장 했지, 정미소 했지, 산이 좀 많아 가지고요 숯도 구워 서울로 가고 그랬어요. … 우리 집이 중국놈들 본부가 되어 버렸어요. 우리 집이 컸어요. 한 200평에다가. 아래윗집 합쳐. 그 당시 구장을 봤거든요. 지금은 이장이고.

1951년 1월 26일 희생자는 미 공군의 폭격에 의해 아랫마을 작은 집에 불이 나자 세간살이를 꺼내기 위해 내려가던 중에 폭격기를 만났다. 희생자를 비롯한 주민들은 폭격을 피해 우물둥치 아래로 함께 피신했다. 폭격기는 이를 보고 주민들 피신처를 폭격했고 이 공격으로 이순헌 등 주민이 10여 명이 사망했다.

1951년 1월 26일 미군 폭격으로 돌아가셨어요. 미군 폭격. 파편에 돌아가셨어요. 어머니가 (머리 뒤통수를 가리키며) 여기를 맞아 돌아가셨어요.

우리 아군 비행기가, B-29라고 하는데 B-29는 아닌 것 같고. 당시 무스탕기였는지, 폭격기가 중국 놈 본부이니까 치다가. 우리 어머니가, 아랫말 작은집 막 타고, 세간살이가 많이 들어 있으니까 그걸 꺼내려고 가시다가, 우리집에 우물둥치가 있습니다. 거기로 피했어. 비행기에서 포를 쏘니까.

폭격을 하니까 어머니 뿐 아니라 동네 사람들이 모여서. 거기서 10명이 다 즉사 했어요. … 누구인지 잘 모르겠는데, 우리 어머니 돌아가시고 그래서. 방공호에서 나와 가지고 그걸 뭘 꺼내러 나가다가 비행기가 폭격을 하니까 어머니가 (그게) 무서워 다리 밑으로 들어갔다가. 거기를 쏜 거야.

기총사격도 했을 거고. … 폭탄이 작은 거야. 큰 거는 아닌 것 같아요. 그게 터져 가지고 그 파편에 돌아가신 거야. 게들이 비행기로 위에서 봤으니까. … (마을에) 중공군은 없었어요. 중공군이 아닌데 죽은 거지. 폭격 당시에는 마을에는 주민만 있었어요. 낮인지 밤인지는 모르겠어요. 지금 애꿎게 돌아간 사람도 많을 거예요. 말을 안 해서 그렇지, 몰라서 그렇지 나같이 피해 본 사람들이.

아들 유씨는 당시 피난하여 마을에 없었으므로 어머니의 사망 사실을 알지 못했다. 며칠 뒤 집으로 돌아온 후 어머니가 폭격에 의해 돌아가신 사연을 듣게 되었다. 이후에도 미군 폭격기가 마을에 추락한 일이 있었다고 한다.

내가 낌새가 이상해서. 한 달 만에 엄마 보고 싶어서 할머니하고 뛰다시피 하면서 올라왔는데, 동네 거의 다 오니까 동네 사람들이 울면서 나한테 그래요. 어머니 돌아가셨다는 거야. 내가 방공호에 피난을 안 갔으면 어머니하고 붙어 있었을 텐데, 피난 갔기 때문에 동네 사람한테 들은 거예요. 우리 어머니가 돌아가셔가고 작은 집 뒷동산에다 어리가리 해 갖고. 나 오면 장례 모신다고.

그래 가지고 난 말이죠, 우리 어머니 잃고 나서 나도 충격이 너무 컸지요. … (폭격으로 돌아가신 곳은) 한터마을 우물가 우물둔치 다리. 지금도 그 다리는 그대로 있어요. 그 전에는 나무로 되어 있었지만 지금은 콘크리트로 (되어 있어요). … 아마 무스탕일거야. 당시에. 한 대가 와서 비행사 한 사람은 죽고 한 사람은 살아갔다는 말이 있어요. 낮게 폭격하다가 비행기가 떨어졌어요. 낮게 우리 집을 치다가 밤나무 숲에 걸렸어요.

용인지역 폭격에 대한 진실화해위원회 조사에 따르면, 1951년 1월 12일 수지읍 풍덕천리가 폭격을 당했다. 같은 날 폭격당한 양지면 대대리와 상당한 거리가 떨어져 있었지만 인근 일대 폭격의 대상에 민간인이 포함된 무차별한 것이었음을 짐작할 수 있다.

아들 박상구 노인은 부친이 폭격당하기 전 비료를 받으러 천안에 다녀오다 미 공군의 공격을 받기도 했다. 민간인이라는 것을 알면서 하는 공격이었다고 한다.

아군인지 적군인지 구별할 수 있는 대낮에 _천안 성남면

천안지역에 대한 미군폭격사건 증언을 처음 들었다. 이러한 사실은 희생자 박희덕의 아들 박상구(1934년생) 노인의 증언으로 확인했는데, 양평유족회 허광무 회장님의 소개로 2015년 8월 20일 서울 이태원에서 만났다.

성남면 대흥리 박희덕

천안에서 1950년 9월 21일 미 공군의 폭격으로 성남면 대흥리(현 천안시 동남구 성남면 대흥리)에 살던 박희덕이 천안으로 넘어가는 승천고개에서 희생되었다.

박희덕은 농사를 지으며 슬하에 4남 1녀를 두고 살고 있었다. 전쟁이 나고 인민군이 천안을 점령했다. 아들 박 노인은 당시 열 일곱 살 어린 나이였지만 키가 컸으므로 인민군 노무부대로 강제징집당하기도 했다. 가던 중 언안 부근에서 비행기의 야간 공격을 겪고 새벽에 도망 나와 집으로 돌아왔다고 한다.

> 전쟁 날 때 몰랐지요. 확실한 건. 전쟁 날 때가 보리고개 아니에요? 보리쌀을 지고 전리장이라는 데를 짊어지고 갔어요. 우리 집에서 4~5키로 되요. 그런데 뻥뻥 대포소리가 나는데 전쟁 났다고 그래요. 뭐 전쟁이 뭔지 알기나 알아요, 그때.

의용군 막 뽑아 가잖아요. 내가 갔다가 도망 와 버렸지요. (나이가) 안 되어도 그때는 아무나 막 갔어요. 키 크면 그냥. 그러다가 내가 도망 오고 그러니까. 우리 아버지가 우리 어머니가 아프니까 약 사러. 어떻게 되는 건가 가 보려고 그랬는지, 왜 가셨는지 모르겠어.

노무대인지 뭔가 갔었어요. 동네 사람들이. 동네 사람들도 우리 동네 사람들은 없어. 면 사람들이 같이 갔지. 몇 사람이나 같이 갔는지는 생각 안 나요. 방에서 자는데 비행기에서 불을 켰는지. 연막탄(조명탄)이라던가. 낮에 보다 환해요. 그래서 무서워서 그냥 새벽에 도망을 와 버렸어요. 천안 어디였는지 생각 안 나요. 노무부대로 갔다가 새벽에 도망 나온 거예요.

그 뒤 모친이 아프기 시작해 박 노인이 천안 '권병원'에서 약을 한 번 사 온 적이 있었다. 농사지을 욕심으로 비료를 받으러 천안에 다녀오다 미군기의 공격을 받기도 했다고 한다.

그 뒤로 집에 돌아와 있었는데, 우리 아버지가 동네 사람들하고 같이 가신 것인지. 우리 어머니가 아프시니까 약 사러 천안에. 그때 병원도 없잖아요. (그때) 약국이 없지요. 병원에 가는 거예요. 권병원이라고 유명한 병원이 있었어요. 거기로 약 사러 가시다가. 내가 한 번 처음에 가서 사왔거든요. 우리 외삼촌. 우리 이모부가 그때 세무서 다니고, 천안에 있었어요. 그 양반들에게 물어 가지고 한 번은 사왔지요.

비행기가 몇 대였는지 모르고. 이건 호주기 같에요. 천안으로 비료를 가지러 갔는데 그때 나도 갔었어요. 그걸 지고 오는데 막 쏘는데 나도 그때 죽는 줄 알았지, 그때. 농사짓는 욕심으로 간 거지요.

내가 키가 커서요 인민군들 부역도 해 줬어요. 따발총 메고 와서 된장 걷어 다니래요. 게들은 여군들이 많데요. 산속에 그냥. 천안에서 전의로 후퇴할 때예요. 그때 산 이렇게 이렇게 다니면서 호주기가 누볐잖아요.

7장 미군 폭격과 하얀 옷 증오 457

그때는 집에 있었지요. 나도 숨어 다녔어요. 끄집어 가니까. 인민위원회라고 해서 오라고 그러면요 인민위원장하고 동네 저기한 사람들이, 모르는 사람들이 나와 가지고 "빨리 빨리 나오쇼. 안 나오면". 인민군들이 나와서 저기 할 때가 있고. 의용군도 조그만해도 지원해서 가래요.

1950년 9월 21일(음력 8월 10일) 부친이 두 번째로 약을 사러 가던 중이었다. 낮 2시쯤 부친이 승천고개에 이르렀을 때 호주기라고 불리던 미군 제트 전폭기가 기총사격을 퍼부었고 이에 부친이 가슴 부근에 관통상을 당해 사망했다. 박씨는 '며칠만 지났으면 살았을 것'이라며 울던 어머니와 누이의 모습을 기억하고 있는데, 당시 미 공군의 민간인 공격이 적진영에 대해 저질러졌으므로 이들의 회한은 근거가 없는 것이 아니었다.

> 아버지가 6·25 때 천안. 우리 어머니가 그때 아파 가지고 약을 사러 천안 가시다가. 거기서 폭격. 기관포로 쏘니까 그때 돌아가신 거예요. 그때 우리 아버지만 돌아가신 것인지 그것도 몰라요. 누가 누가 죽었는지.
> 목천이라고 저. 승천에서 천안 가는 고개. 거길 나반대고개라고 하던가. 하여튼 목천서 넘어가는 고개인데요. 승천고개라 그러나.
>
> 돌아가신 날은 음력 8월 10일이요. 그래 제사를 10일 지내요. 동네 사람들하고. 그때 그래서 누가 집으로 모셔 왔어요. 모셔 와 가지고 장례를 치른 거지요. 그래 가지고 며칠 있다가 수복이 되는 바람에. 우리 누님이 그때 시집 갔는데 밤에 막 울어요. 우리 어머니도 울고. 왜 그런가 깨 보니까. 아 며칠만 살았으면 되는데 돌아가셨다 이거예요.
>
> 아버님께서 오후 세 시인가. 두세 시쯤에. 낮에 병원에 가시다가 길에서 그랬어요. 고개 넘어가는 길. 신작로. 차도 다녔지요. 왜정 때 버스가 그 길로 병천으로 나가고. 그 전에 버스도 다녔어요. 왜정 때도 다녔어요.
> 미군 비행기가 (부친이) 가시는 걸 보고서 쏜 거지요. 몇 사람들이 다쳤는지

그건 모르고. 여러 사람들이 같이 갔는지 그건 모르고, 하여튼 돌아가셨다고 연락이 왔어요. 호주기가 계속 기관총을 쏘잖아요. 돌아가셨다는 연락이 와서 안 거지요.

그때 천안 가는 사람들이 많지요. 지금은 걸어 다니는 일이 없으니까. 그때는 다 걸어 다녔잖아요. 우리 아버지는 하얀 등걸을 입고 갔거든. 옛날에 명으로 짜 가지고 등걸 잠뱅이를 입고. 마을 분들이 여럿이 같이 갔는지 그걸 확실히 몰라요. 마을 사람이 같이 갔을 테고 거기 가서 또 여러 사람이 어울렸겠지, 또. 그래 여러 사람이 가니까 비행기에서 보고 쐈는지. … 우리 어머니가, 병이 나신 양반이 아버지가 돌아가시니까 화병에 이듬해 정월에 돌아가셨어.

함께 가던 주민들이 그랬는지 그 마을 주민들이 그랬는지 모르지만 부상당한 부친은 아직 살아 있는 채 병원으로 옮겨졌고 그 곳에서 숨졌다. 아들이 도착했을 때는 이미 숨을 거둔 뒤 어느 개인 집에 홀로 있었고 누가 도와줬는지 정확히 기억은 나지 않지만 시신을 마을로 옮겨와 장사를 치렀다.

시신을 모시고 왔어요. 시신은 그때 동네 사람들 하고. 누구인지는 그때 잘 몰라요. 모시고 온 사람들도. 그 자리에서 모신 게 아니라 천안으로. 그때 살아 계셨던 모양이에요. 천안. 그때 병원으로 갔는데 거기서 돌아가셨나 봐요. 내가 천안을 가니까 개인 집에 계시더라고. (나는) 시신만 봤어요. 돌아가셔서 혼자만 있더라고. 아무도 없고 그냥. 그러니까 어떻게 해서 모셔왔는지 생각도 안 나네. 동네 사람들하고 아는 양반들하고 모셔 왔던 것 같아.

아버님 시신은 (오른 쪽 가슴부터 왼쪽 옆구리로 손을 저으며) 가슴으로 이렇게. 껍데기에 피로 낭자되어 있더라고. 안에 뚫어진 데는 확실히 모르고. 맞았으니까 돌아가신 거야. 껍데기에 맞아 흉이 있더라고. 염하는데 보라고 그래서 보고. 폭탄에 돌아가신 것이 아니고 기총사격에 돌아가신 거예요. 그런데 왜 그렇게 쐈는지 이상한 사람들이야. 아군인지 적군인지 구별할 수 있는 대낮에, 직접 조준해서 공격을 한 거지요.

인민군 점령 전 마을에 보도연맹사건 피해자는 없었지만 국군 수복 후 인민위원장이었던 친구의 형 유모씨와 마을 치안대원이었던 사람이 천안으로 넘겨진다며 가다가 승천고개에서 살해당했다는 소문을 들었다.

    마을에 보도연맹원 그런 사람이 없었어요. 그 윗집 조가네라고 유명한 집인데 그 할아버지가 주사를 했데요. 부잣집이 처갓집인데 그 사람네 누가 빨갱이라고 해서. 집으로 안 오고 다니니까. 빨갱이라는 그런 얘기가 있었어요. 동네에는 원래 빨갱이는 없었고. (그 조가네가) 빨갱이라고 그렇게 소문이 났어요.

    우리 초등학교 동창 친구네가 그쪽에서 인민위원장을 했고 그 사람들 어디 어떻게 되었는지 알지도 못 해. 죽었는지 몰라요. 인민위원장 했던 사람으로. 내 친구는 유준봉인데 유 뭣이오. 게 형이니까. 그리고 또 딴 동네 머슴 살던 사람이 총 메고 다니면서. 그 사람도 붙들려서 천안으로 넘긴다고 독립기념관 넘어가는 산에서 다 죽였다고 소문났어요. 천안으로 넘긴다고 하고선 승천고개라는 데서 다 죽였다고.

    수복 후에는 부역자라고 해서 잡아다가 죽인 거예요, 몇 사람. 많이는 안 죽었어요. 한 세네 사람. 면에서. 그러니까 그렇게 많이 희생이 안 되었지요. 그 사람들은 인민위원장 했으니까 할 수 없고. 또 한 사람은 총 메고 다니면서 치안대라고 막 그랬으니까. 그래서 몇 사람. 하여튼 천안에서 몇 사람 죽었다고 소문이 그렇게 났어요.

부친이 희생당한 후 모친도 병을 이기지 못해 사망했으므로 박 노인을 비롯하여 가족 모두 고생을 많이 했다. 10년쯤 지나 서울 보광동으로 올라와 동생과 함께 과자 공장을 하는 등 열심히 살았다고 한다.

폭격 피해는 부수적인 것이 아니다 _소결

전쟁을 옹호하거나 합리화하려는 정치세력들은 전쟁 중 발생하는 민간인 피해를 부수적 죽음(collateral death)이라고 부른다. 특히 특정인을 구체적으로 주목하여 공격할 수 없는 공중 폭격의 피해에 상습적으로 적용하는 용어이다.

'악의 축을 공격하다보니 피할 수 없이 발생한 죽음이었고 따라서 내 책임은 아니야'라는 논리. 이는 전쟁 중 또는 교전 중이라는 핑계로 의도적인 민간인 폭격을 합리화시켰다. 이러한 논리는 역사를 종횡으로 널뛰며 전쟁범죄를 합리화한다.

미국이나 프랑스 등으로부터 폭격당하는 이슬람지역에서는 오늘날도 정밀폭격이라면서 전쟁과 무관한 민간인들이 죽어가고 있다. 한국에서는 과거의 범죄행위를 극단적으로 왜곡한다. 포성소리조차 들리지 않는 후방지역의 대량 민간인학살을 전쟁 중이었다며 합리화한다.

지난 진실화해위원회는 한국전쟁 중 민간인에 대한 폭격 상당부분이 민간인이 대상이었음을 인식하고 저질러졌음을 확인했다. 1950년 8월 포항 해변에서 수십 일 동안 피난생활하던 주민들이 어느날 함포사격을 받았다. 포격한 배는 수십 일 동안 바로 피난민들의 눈 앞에서 정박하고 있었고 이들의 교신내용에는 포격 대상이 피난민이라는 것을 알고 있었음이 확인되었다.

수복 직전인 9월 21일 인민군 점령지역 천안의 주민이었던 박희덕 공격은 민간인임을 알고도 공격했다. 용인지역에서도 중국지원군이 없는 상태에서 주민들이 다리 밑으로 피하는 모습을 보고 공격했다.

여기서 다룬 용인과 천안의 피해 사례 역시 희생자들이 민간인이었음을 알 수 있는 상황에서 공격했으므로 의도적인 것으로 보인다. 이들 두 사건의 공통점은 희생자들이 적 진영에 있던 민간인이라는 점이다. 불과 한두 달 전 아군의 관할지역이었음에도 폭격기들은 이들 민간인들을 적으로 여겼던 것이다.

1950년 9월 유엔군이 북한지역을 점령해 가면서 폭격대상지역이 없어졌으므로 폭격부대 일부가 철수하기도 했다. 한 동안 민간인의 폭격 피해가 거의 없었을 것이다. 폭격을 둘러싼 이러한 현상은 전투를 목적으로 한 폭격 행위 자체가 곧 민간인을 공격하는 결과를 낳는다는 것을 잘 보여주는 것 같다.

정밀 폭격은 오늘날에도 불가능하다는 평가를 받는다. 여전히 폭격에 의한 민간인 피해는 줄어들지 않고 있다. 그러니 폭격행위 자체는 적진영의 민간인을 잠재적인 적군으로 본 것이다. 적 진영 전체에 대한 증오의 산물이라고 할 수 있다.

|맺음글|

청산할 과거사가 줄어들지 않는 사회

비록 일부 지역의 사례에 불과하지만 여전히 말 못하고 있는 한국전쟁 민간인 희생자 유족들의 생생한 목소리를 전달하려고 했다. 희생자들은 그리 특이할 것 없는 우리의 이웃들이었음을 독자들과 공유하고 싶었고, 아직도 희생자들을 빨갱이라고 주장하는 사람들에게 '단지 당신과 생각이 달라 보였던 이웃이었을 뿐이었다'는 사실을 알리고 싶었다.

 우연도 반복되면 예측이 가능하다. 그 정도 되면 우연이라고 할 수 없다. 나는 경북 선산 도개면의 희생자 전길상을 잊지 못한다. 1947년 모임을 하던 청년들이 총을 쏘며 들이닥친 경찰의 습격을 받았고, 그 자리에서 등에 총을 맞고 살해당했다. 진실화해위원회는 체포를 위해 총을 쏠 수도 있지 않았냐며 불법성을 확인할 수 없다고 결정했다.

 이 죽음에 대해 같은 마을 청년 윤태일은 이후 재판 중 최후진술에서 "…한 가지 사무친 것은 도개(면)에 있어 민주청년을 총살한 경찰관의 입장을 변호하고 그 죄를 민주주의자에게 덮어씌운 검찰관의 언행은 민주건국을 방해하는 자 … 장차 정의의 심판의 날, 내가 그 증인이 될 것을 언약한다."라며 그의 죽음이 단순한 실수에 의한 것이 아니었고 조사결과 또한 경찰에 의해 왜곡되었다는 것을 강조했다.

 이후 보고서들을 정리하면서 토벌작전에 동원되었던 대부분의 경찰이나 군인들은 "사살하고 난 뒤 '도망해서 쐈다'고 보고하면 아무 일 없었다"고 당시 분위기를 일관되게 증언했음을 알게 되었다. 이는 앞의 선산사건에 대한 진실화해위원회의 결정이 하나의 사례만으로 우연성을 강조한 결과였으며, 도망이라는 상황조차 학살을 합리화하기 위한 구실일 가능성을 간과한 판단이었음을 보여준다.

1948년 충남 부여군 장암면 강병선은 장하리에 대한 부여경찰서의 토벌작전식 공격을 피하다 총살당했다. 당시 공격을 합리화했을 당시 언론은 장하리와 북고리에서만 남로당원으로 지목된 주민이 40여 명이나 되었으며, 당시 희생자가 "맹렬히 반항하므로 부득이 발포"했다고 보도했다.

하지만 마을 주민들의 증언은 이와 달랐다. 항일운동세력이 강했던 장암면 주민들이 친일파를 중용한 이승만 정부를 반대했으며, 이는 곧 부여경찰서의 표적이 되었다. 사건 당시는 부여를 비롯해 전국의 농민들이 추곡수매와 관련된 생존권 투쟁을 활발히 벌이던 때였다.

1949년 5월 태안에서는 잡아 온 주민을 지서에서 고문살해했다. 이때 죽음을 피한 주민들은 국민보도연맹에 가입되든가 아니면 공주형무소 재소자가 되었다가 전쟁 발발 후 학살당했다. 당시 판결문을 통해 희생자들의 활동 대부분이 회합과 홍보물 부착 배포 수준이었음을 알 수 있다.

당시 국가보안법은 반국가 단체에 대한 소속의 증명을 범죄 기준으로 삼았고 물증보다 자백에 의존했으므로 죽음에 이를 정도로 엄청난 고문이 가해졌다. 실제 그 과정에서 태안 소원면 정산호가 살해당했음을 확인했다.

전쟁이 나면서 그나마 최악의 국가폭력을 제어하던 재갈조차 풀려버렸다. 국가는 마치 잡아두었던 적국의 인질이었던 것처럼 형무소의 정치범과 각 마을의 국민보도연맹원들을 집단학살했다. 거기다 그 대상은 정치적 반대인사들에 그치지 않았다. 희생자들의 구체적인 면면으로 보아 오히려 인민군 측에게 이용될 것 같은 청장년 연령대 주민들이었다.

충주 살미면 공이리의 경우 일개 마을에서 무려 15명의 청장년이 끌려갔다. 경찰을 인척으로 두었던 주민들을 제외한 젊은 남성은 모두 끌려간 것이었다고 했다. 보은 마로면 세중리 1반 주민들도 마찬가지였다. 무려 20명이 불려나가 학살당했다.

우리는 가끔 이들이 지방 빨갱이 또는 남로당원이었다는 주장을 만난다. 하지만 이는 학살범죄를 합리화하려는 턱도 없는 소리이다. 이념적 편견에 의해 왜곡된 견해라고 보는 것조차 지나치게 관대해 보인다. 희생자들이 설령 남로당원이었더라도 민간인학살 행위는 있을 수 없는 전쟁범죄, 인도에 반한 범죄에 해당하기 때문이다.

국군 수복 직전 인민군 측에게 희생당한 주민들은 또 어떤 사람들이었을까? 지금까지 확인한 희생자들은 대한민국 군경에 의한 희생자들과 크게 다르지 않아 보였다. 고양지역에 대한 이번 조사결과의 특징은 두 가지였다. 하나는 고령의 지역 유지계층이 많았다는 점이고, 다른 하나는 이들 역시 국가의 외면을 받았다는 점이었다. 고령 층의 피해는 이 사건들이 전쟁 상황보다는 개인적 감정의 영향이 더 컸을 가능성을 시사한다고 보인다. 국가는 반공투사로 판단한 경우 지금까지 연금 형태로 보상하고 있지만 반면 무정부 상태에서 발생한 민간인 피해는 염두에 두지 않고 있다.

이제 국군 수복 후 희생된 사람들이 누구였는지 생각해 보자. 전쟁 전 토벌작전 시기 10만여 명, 전쟁 직후 재소자 3만여 명과 국민보도연맹원 34만여 명으로 추정되는 주민들이 희생되었다. 국민보도연맹사건이 여주, 이천, 안성 등 경기 남부지역과 횡성, 원주 등 강원 남부지역에서부터 발생했으므로 경기 북부나 강원 북부지역을 제외한 남한 전 지역의 반정부 세력 출신 인사들 대부분이 살해당했다고 볼 수 있다.

그런데 다시 어이없는 일이 발생했다. 국군 수복 후 이승만 정부는 부역자처벌 대상자를 55만명으로 보았던 것이다. 형무소사건과 국민보도연맹사건으로 반정부 세력의 씨를 말려 버린지 불과 3개월만에 다시 곱절도 넘게 늘었다고 보았던 것이다. 안타깝게도 이승만 정부는 이들 모두를 처단 대상으로 보았고 집단학살은 새로운 국면으로 접어들었다.

    이승만 정부는 단지 3개월만에 어떻게 55만명의 빨갱이를 만들어 낼 수 있었을까? 나는 이를 이해하기 위해 라파엘 렘킨(1900~1959)이 600만명의 유대인 죽음을 정의하기 위해 만들었다는 제노사이드(genocide)라는 용어를 생각해 보았다. 가해 집단이 피해 집단과 다르다고 생각하기 시작하고 차별하는 법률이나 문화를 만들면 곧 그 관념의 차이는 물리적 현실이 되었다. 이승만 정부의 〈비상조치령〉이 만들어 낸 새로운 기준 "부역자"는 나치의 "다비드의 노란별"처럼 작동했고 다시 새로운 집단학살을 가능하게 했을 것이다. 전쟁 전의 〈국가보안법〉처럼. 그리고 끔찍하게도 그 증오의 규범은 지금까지도 작동하면서 국가 폭력에 면죄부를 주고 있다.

    인터뷰한 대부분의 유족들은 진실화해위원회의 조사사실을 뒤늦게 알았다고 했다. 먹고살기 바쁘다 보니 신경을 못 쓴 경우도 있었다. 국민들은 국가 폭력과의 싸움을 앞두고 두려워한다. 목숨을 내놓더라도 이기기 힘들다는 것을 알고 있기 때문이다. 이를 두고 "권리 위에 잠자는 자"라고 비웃을 수 있을까? 아직도 공포심에 좌절하거나 무력감에 포기하는, 말 못하는 유족들이 많다는 사실은 그 만큼 우리 사회가 민주주의로부터 꽤나 멀리 떨어져 있다는 것을 의미한다.

    2015년 11월 경찰의 불법 차단막 앞에서 항의하던 백남기 노인이 물대포에 쓰러졌다. 사경을 헤맨지 두달이 넘어 간다. 아직도 경찰수뇌부는 물론 청와대조차 사과할 의사가 없어 보인다. 그들에겐 아직도 국민이 적으로 보이는 것이다. 청산의 대상이 될 사건이 다시 속출하는 시대이다. 이제 그 원인을 찾고자 하는 노력조차 낡아 보인다.

| 주요 증언자 |

· 서울 사건(1명)
　　　석진관(1936년생) 인천시 거주, 목격 주민

· 고양 사건(32명)
　　　강광옥(1934년생) 고양시 거주, 희생자 강석동의 아들
　　　강신욱(1937년생) 고양시 거주, 목격 주민
　　　고재식(1941년생) 인천시 거주, 희생자 고춘선의 아들
　　　김기성(1940년생) 고양시 거주, 희생자 김형렬의 아들
　　　김복순(1937년생) 고양시 거주, 목격 주민
　　　김융배(1945년생) 고양시 거주, 희생자 김현수의 아들
　　　김중배(1934년생) 고양시 거주, 희생자 김현수의 아들
　　　김진웅(1940년생) 고양시 거주, 희생자 김만성의 아들
　　　김태식(1950년생) 고양시 거주, 희생자 김명산의 아들
　　　남영호(1928년생) 고양시 거주, 희생자 남신호의 동생
　　　심기호(1936년생) 고양시 거주, 희생자 심기만의 동생
　　　심난옥(1926년생) 고양시 거주, 희생자 심재원의 딸
　　　심옥임(1947년생) 고양시 거주, 희생자 심봉식의 딸
　　　심현태(1949년생) 고양시 거주, 희생자 심재원의 손주
　　　심현택(1948년생) 고양시 거주, 희생자 심재원의 손주
　　　양귀석(1935년생) 고양시 거주, 희생자 양상석의 사촌
　　　양정흡(1947년생) 고양시 거주, 희생자 양상석의 아들
　　　이방용(1936년생) 고양시 거주, 목격 주민
　　　이오희(1936년생) 파주시 거주, 희생자 이춘희의 동생
　　　이옥희(1936년생) 고양시 거주, 목격 주민
　　　이용자(1946년생) 인천시 거주, 희생자 이춘희의 딸
　　　이재봉(1948년생) 고양시 거주, 희생자 이태희의 아들
　　　이종화(1934년생) 고양시 거주, 목격 주민, 사망
　　　이형진(1941년생) 성남시 거주, 희생자 이경열의 아들
　　　임동철(1937년생) 서울시 거주, 희생자 임윤근의 아들
　　　정만춘(1942년생) 고양시 거주, 희생자 방용섭의 처남
　　　조종환(1934년생) 고양시 거주, 희생자 심재원의 처남
　　　최금선(1934년생) 고양시 거주, 희생자 심준섭의 제수

　　　　최석부(1949년생) 고양시 거주, 희생자 최대철의 아들, 사망
　　　　최옥희(1937년생) 고양시 거주, 희생자 최만관의 딸
　　　　최재춘(1938년생) 고양시 거주, 희생자 이기준의 며느리
　　　　홍상욱(1937년생) 파주시 거주, 목격 주민
・광주 사건(1명)
　　　　김인화(1948년생) 부천시 거주, 희생자 김후동의 아들
・김포 사건(2명)
　　　　채성병(1946년생) 수원시 거주, 희생자 채수옥 김인숙의 아들
　　　　채수낭(1931년생) 광명시 거주, 희생자 채수옥의 사촌
・용인 사건(1명)
　　　　유국림(1939년생) 고양시 거주, 희생자 이순헌의 아들
・홍천 사건(2명)
　　　　신광선(1934년생) 서울시 거주, 희생자 신재춘의 아들
　　　　김은주(1965년생) 강원도 거주, 희생자 정백성의 손주며느리
・충주 사건(15명)
　　　　구재원(1935년생) 충주시 칠금동 거주, 희생자 김진봉의 처남
　　　　김복영(1950년생) 서울시 청량리 거주, 희생자 김진봉의 아들
　　　　김영대(1937년생) 충주시 살미면 공이리 거주, 희생자 김동수의 아들
　　　　김인순(1947년생) 충주시 살미면 공이리 거주, 희생자 김봉규의 며느리
　　　　김종후(1960년생) 충주시 살미면 공이리 거주, 희생자 김창억의 손자
　　　　박춘순(1944년생) 이천시 신둔면 남정리 거주, 희생자 박경선의 딸
　　　　서순남(1937년생) 이천시 부발읍 가산리 거주, 희생자 서태준의 딸
　　　　신정웅(1937년생) 충주시 살미면 신당리 거주, 희생자 신일용의 아들
　　　　염웅중(1947년생) 충주시 살미면 공이리 거주, 희생자 염웅수의 딸
　　　　이일숙(1945년생) 충주시 살미면 용천리 거주, 희생자 이학술의 딸
　　　　오천한(1936년생) 충주시 살미면 공이리 거주, 희생자 김간난의 며느리
　　　　전재봉(1939년생) 충주시 살미면 공이리 거주, 목격 주민
　　　　전재윤(1943년생) 충주시 살미면 공이리 거주, 목격 주민
　　　　전재창(1945년생) 충주시 살미면 공이리 거주, 희생자 전광문의 아들
　　　　정수종(1947년생) 충주시 살미면 신당리 거주, 희생자 정수환의 아들
・보은 사건(11명)

강호영(1939년생) 보은군 탄부면 거주, 희생자 강현중의 아들
곽순기(1935년생) 서울 성동구 금호동 거주, 희생자 곽명기의 사촌동생
구장서(1954년생) 보은군 산외면 아시리 거주, 희생자 구연식의 조카
남기철(1941년생) 보은군 마로면 세중리 거주, 희생자 남정섭의 아들
신시우(1944년생) 청주시 상당구 거주, 희생자 신창휴의 딸
신영휴(1945년생) 대구 달서구 거주, 희생자 신기석의 아들
이길자(1942년생) 옥천군 거주, 희생자 이구삼의 딸
이인용(1947년생) 옥천군 거주, 희생자 이구삼의 딸
이숙자(1950년생) 보은군 탄부면 거주, 희생자 이사용의 딸
이정애(1947년생) 보은군 보은읍 거주, 희생자 이삼용의 딸
전상삼(1936년생) 보은군 수한면 거주, 희생자 전순태의 아들

· 옥천 사건(1명)
    김정자(1942년생) 옥천군 거주, 희생자 김기윤의 딸

· 대전 사건(1명)
    이기영(1927년생) 서울시 도봉구 방학동 거주, 희생자 이은상의 아들

· 부여 사건(18명)
    강명모(1939년생) 부여군 장암면 장하리 거주, 희생자 강병구의 아들
    강상모(1937년생) 부여군 장암면 장하리 거주, 목격 주민
    강은모(1933년생) 대전시 선화동 거주, 희생자 강태구의 아들
    강정구(1950년생) 부여군 장암면 장하리 거주, 희생자 강석빈의 아들
    강현백(1947년생) 부여군 장암면 장하리 거주, 희생자 강병선의 아들
    강현소(1949년생) 부여군 장암면 장하리 거주, 희생자 강진모의 아들
    김기호(1941년생) 부여군 구룡면 금사리 거주, 희생자 김일환의 아들
    김완중(1934년생) 부여군 부여읍 중성리 거주, 희생자 김용현 김용희의 조카
    류승열(1934년생) 부여군 부여읍 중성리 거주, 희생자 류인철의 조카
    박순이(1925년생) 부여군 구룡면 금사리 거주, 희생자 고만석의 아내
    박순임(1921년생) 부여군 구룡면 금사리 거주, 희생자 김주영의 아내
    손덕재(1935년생) 부여군 구룡면 금사리 거주, 목격 주민
    유은순(1946년생) 서울시 구로구 개봉동 거주, 희생자 유재문의 딸
    유정애(1947년생) 부여군 구룡면 논티리 거주, 희생자 유병기의 딸
    이병구(1952년생) 부여군 홍산면 교원리 거주, 희생자 이극의 조카
    이장훈(1946년생) 서울시 영등포구 양평동 거주, 희생자 이건영의 아들

　　　　이평훈(1950년생) 부여군 구룡면 태양리 거주, 희생자 이태영의 아들
　　　　임재경(1950년생) 부여군 부여읍 금성로 거주, 희생자 임병규의 아들
· 서산 사건(2명)
　　　　박영남(1924년생) 부천시 소사구 거주, 희생자 정제문의 아내
　　　　정명호(1949년생) 안양시 거주, 희생자 정제문의 아들
· 천안 사건(1명)
　　　　박상구(1934년생) 서울시 거주, 희생자 박희덕의 아들
· 태안 사건(6명)
　　　　국사례(1925년생) 태안군 소원면 송현리 거주, 희생자 국중구의 동생
　　　　국명호(1942년생) 태안군 소원면 송현리 거주, 희생자 국중구의 아들
　　　　김명순(1943년생) 태안군 소원면 송현리 거주, 희생자 김을성의 아들
　　　　윤태의(1934년생) 태안군 소원면 송현리 거주, 목격 주민
　　　　윤태자(1937년생) 태안군 이원면 포지리 거주, 목격 주민
　　　　한원석(1937년생) 태안군 이원면 포지리 거주, 희생자 한석의 동생
· 순천 사건(1명)
　　　　김정례(1947년생) 고양시 거주, 희생자 김영채의 딸
· 영광 사건(1명)
　　　　조갑순(1918년생) 서울시 거주, 희생자 조희옥의 딸, 사망
· 영암 사건(1명)
　　　　최영순(1938년생) 고양시 거주, 희생자 최봉진의 동생
· 상주 사건(1명)
　　　　성복연(1930년생) 서울시 은평구 증산동 거주, 희생자 채홍운의 아내
· 합천 사건(1명)
　　　　이영주(1945년생) 서울시 서초구 방배동 거주, 희생자 이병현의 아들

| 참고문헌 |

· 단행본

강희근, 《산청·함양사건의 전말과 명예회복》, 2004.
귀도 크노프, 이동준 옮김, 《전쟁과 폭력》, 자작, 2000.
김경일, 《이재유, 나의 시대 나의 혁명》, 푸른역사, 2007.
김기옥 외, 《전쟁의 기억, 냉전의 기술》, 선인, 2008.
김동춘, 《대한민국은 왜?》, 사계절, 2015.
김동춘, 《이것은 기억과의 전쟁이다》, 사계절, 2013.
김병진, 《보안사》, 소나무, 1988.
김상구, 《다시 분노하라》, 책과 나무, 2014.
김영택, 《한국전쟁과 함평양민학살》, 사회문화원, 2001.
김진수, 유인봉, 《김포 6·25 전쟁 비사》, 김포문화원, 2008.
김태우, 《폭격》, 창비, 2013.
김효순, 《조국이 버린 사람들》, 서해문집, 2015.
노민영, 《잠들지 않는 남도》, 온누리, 1988.
노민영 강희정, 《거창양민학살, 그 잊혀진 피울음》, 온누리, 1988.
민주주의 민족전선 편집, 《해방조선1》, 과학과 사상, 1988.
배리 글래스터, 연진희 옮김, 《공포의 문화》, 부광, 2005.
(사)경산코발트광산유족회, 이재갑 사진, 《잃어버린 기억》, 이른아침, 2008.
서영선, 《한과 슬픔은 세월의 두께만큼》, 작가들, 2007.
선안나 글, 허태준 그림, 《잠들지 못하는 뼈》, 미세기, 2011.
손낙구, 《의자를 뒤로 빼지마》, 후마니타스, 2009.
신경득, 《조선종군실화로 본 민간인 학살》, 살림터, 2002.
신기철, 《진실, 국가범죄를 말하다》, 자리, 2011.
신기철, 《국민은 적이 아니다》, 헤르츠나인, 2014.
신기철, 《전쟁범죄》, 인권평화연구소, 2015.
심지연, 《역사는 남북을 묻지 않는다》, 소나무, 2001.
안영 엮음, 《스물넷, 못다 사른 불꽃》, 에우안겔리온, 2006.
이규봉, 《미안해요! 베트남》, 푸른역사, 2014.

이이화, 《역사를 쓰다》, 한겨레출판, 2011.
조갑상, 《밤의 눈》, 산지니, 2012.
존 도커, 신예경 옮김, 《고전으로 읽는 폭력의 기원》, 알마, 2012.
창원유족회, 박영주 기록, 《그질로 가가 안 온다 아이요》, 해딴에, 2008.
최창남, 《울릉도 1974》, 뿌리와 이파리, 2012.
최태환, 《젊은 혁명가의 초상》, 공동체, 1989.
최호근, 《제노사이드, 학살과 은폐의 역사》, 책세상, 2005.
프리실라 B. 헤이너, 주혜경 옮김, 《국가폭력과 세계의 진실위원회》, 역사비평사, 2008.
하용웅, 《양천강아 말해다오》, 학이사, 2014.

· 기관 및 단체 간행물

경찰청과거사진상규명위원회, 《보도연맹원 학살의혹 사건 조사결과》, 2006.
공보처 통계국, 《6·25사변 피살자명부》, 1952.
광주시사편찬위원회, 《광주시사》, 2010.
괴산군지편찬위원회, 《괴산군지》, 2013.
국방부 전사편찬위원회, 《한국전쟁사 1 - 해방과 건군》, 1967.
국방부 전사편찬위원회, 《한국전쟁사 5》, 1972.
국회, 《제4대 국회 양민학살사건진상조사보고서 6-8, 6-9》, 1960.
김포시사편찬위원회, 《김포시사》, 2011.
대검찰청 수사국, 《좌익사건실록 5》, 1970.
보병제8사단, 《오뚜기약사》, 1969.
부여군지편찬위원회, 《부여군지》, 2003.
서산시지편찬위원회, 《서산시지》, 1999.
인권평화연구소, 《2014년 실태조사보고서》, 금정굴인권평화재단, 2014.
인권평화연구소, 《고양의 평화이야기》, 금정굴인권평화재단, 2015.
중앙일보, 《민족의 증언》, 1972.
진실화해위원회, 《2007년 상반기 조사보고서》, 2007. 7.
진실화해위원회, 《2007년 하반기 조사보고서》, 2008. 2.
진실화해위원회, 《2010년 상반기 조사보고서 2》, 2010. 12.
진실화해위원회, 《2010년 상반기 조사보고서 3》, 2010. 12.

태극단 선양회, 《태극단투쟁사》, 2010.

· 연속간행물

《경향신문》
《동아일보》
《고양신문》
《옥천신문》

| 찾아보기 |

ㄱ

가낙골 48, 50, 51, 56, 58
감내 275, 315
갑둥이재 35
강경경찰서 424, 426
강광옥 344, 347, 352
강매산 263, 362
강명모 137, 393, 394, 409
강병구 393, 394, 397
강병선 13, 15, 16, 19, 137, 156, 397, 464
강사중 397, 398
강상모 13, 137, 146, 147, 394
강석동 263, 344, 347, 349, 352, 367
강석빈 143, 147
강성모 137, 138
강신욱 321, 325
강은모 137, 138, 146, 147
강일 14
강정구 143, 146
강증구 137
강진모 147, 158
강태구 138, 143, 148
강현백 11, 13, 16, 17
강현소 137, 145
강현중 95, 96, 110
강호영 67, 97, 99
강흥모 17

거아도 410
경학관 307, 308
고령산 218, 219
고만석 22, 23, 26, 32
고양경찰서 263, 264, 266, 268, 273, 277, 281, 293, 298, 305, 310, 315
고양내무서 뒷산 194, 196, 203
고양출장소 318, 322, 325
고영길 335, 337, 342
고영순 335, 337
고용식 332, 334, 338
고재식 332, 334, 338, 343
고춘선 263, 332, 335, 337, 340, 343
골령골 116, 123, 150, 169, 170
공주군 자치위원회 129
공주형무소 22, 27
곽명기 67, 110
곽순기 67, 73, 110
광시지서 131
구드레나루터 138, 139, 146
구룡지서 149
구산리 강변 309
구연식 77, 110
구연현 77, 79
구장서 67, 77
구재원 39, 444, 446
국가보안법 22, 32, 108, 113, 155,

311, 466
국군 1사단 191, 222, 223, 225, 368, 410
국군 4연대 243
국군 6사단 36, 65
국군 8사단 54, 256, 439, 444, 446
국군 11사단 438
국군 14연대 243
국군 17연대 217, 223, 227, 256
국명호 27, 30, 31
국민방위군 71, 132, 261, 357
국민보도연맹 14, 20, 22, 31, 34, 35, 55, 64, 218, 253, 422
국방부 전사자유해발굴감식단 439, 443
국사례 19, 27, 28, 29, 411, 412
국중구 22, 27, 28, 30, 32
국중오 411, 412
군검경 합동수사본부 194, 195, 367
귀일안골 264
금정굴 263, 266, 270, 274, 282, 283, 343, 365, 366
금정굴사건 198, 211, 212, 215, 229, 239
금정굴유족회 289, 291
길탕리 뒷산 71, 73, 110
김간난 444, 447, 448, 449
김기성 279, 354, 367
김기윤 111, 116
김기호 27, 137, 148
김대봉 329, 330, 332
김돌풍 일가 326

김동수 48, 57, 58, 65, 66
김만성 296
김명산 296
김명순 27, 30, 31
김문한 235
김복순 317, 318
김복영 34, 44
김봉규 46, 47, 65, 66
김선우 134, 135
김양원 309, 331
김영대 34, 48, 49
김영채 250, 251
김영환 281
김완중 137, 397, 398
김용현 397, 398
김용희 397, 398
김은주 382, 385
김을성 18, 27, 28, 30
김인규 230, 303
김인섭 444, 447, 449
김인숙 369, 372, 375
김인순 34, 46
김인화 376, 377
김일환 27, 148
김재환 281
김정례 250, 251
김정자 110, 111, 113
김종후 34, 50
김주영 150, 152, 155
김중배 196, 198, 205, 206, 208
김진봉 35, 39, 47, 48, 65, 66
김진섭 296

김진식 37, 47, 66
김진웅 296, 301
김진홍 296
김찬중 397, 409
김창룡 194
김창억 50, 51, 66
김태식 296, 301
김현각 202
김현모 196, 198, 207, 210
김현수 195, 196
김형렬 263, 279, 281, 282, 365
김형일 232, 234, 235, 238, 240, 243, 302, 304, 305
김형태 235, 242
김후동 376

ㄴ

남기철 67, 73
남신호 195, 217, 218, 219
남영호 217, 218, 221, 256
능곡지서 264, 365

ㄷ

당우리 뒷산 81, 82, 110
대동청년단 120, 196, 197, 230, 240, 308, 348
대전형무소 22, 23, 25, 116, 123, 140, 150, 155, 186, 398
대한청년단 196, 197, 198, 217, 218, 222, 236, 239
대한청년단 의용대 192
도촌마을 310, 312

독정고개 272, 275
동골 271, 273, 276
동촌마을 310, 312, 314
두텁 271
두테비 275
들깨뜰 67, 68, 69, 73
들미 114, 115

ㄹ

레드 컴플렉스 289
류승열 137, 397

ㅁ

마로지서 73, 74, 75, 109
마임순 279, 290
말무덤재 115
맨들마을 361, 364, 365
메지골 166, 170
미륵뱅이 84, 89, 90, 95, 105, 109
민갑식 105, 106
민족청년단 120, 368

ㅂ

박경선 39, 47, 66
박봉자 421
박상구 456
박석고개 333, 339, 342
박세열 421, 422
박세영 421, 422, 426, 428
박순이 23, 24, 26, 137
박순임 137, 152
박영남 159, 169

박용현 110, 120
박용흔 264, 267, 268
박정수 245, 246
박춘순 34, 39, 41
박희덕 456, 461
방아재 181, 185
방용섭 296
배사근 230, 231
백마강 390, 403
백선엽 191
백인엽 224, 225, 228
벽제관 195, 217, 219, 220
벽제관 신사터 325, 367
봉산지서 181
부산형무소 426, 431
부수적 죽음 461
부여경찰서 389, 390, 398, 401, 406, 409
부치데이고개 173, 175
비상사태하 범죄처벌에 관한 특별조치령 256

ㅅ

사직당골 39, 40
사창고개 416, 417
산외지서 67, 68, 71, 78, 108, 109
살구쟁이 27, 28
살미지서 35, 36, 39, 50, 52, 60, 65
삼마치 385
삼십리고개 29, 30
새벽구덩이 238
새벽구덩이 사건 264

새장굴 333, 341
서대문형무소 257, 319
서병규 332, 343
서북청년단 123, 259, 262
서산경찰서 163, 165, 169
서순남 34, 51, 52
서울수복작전 221, 228
서태준 51, 57, 58, 59, 66
석진관 257, 258
석호진 267
성골 173, 179
성복연 171
소라리고개 369
소원지서 411, 412
손덕재 26, 137
송정 39, 47, 65
송포지서 264, 285, 299, 301, 305, 307, 310, 367
수도경비사령부 223
수한지서 105, 106, 108
숯고개 267, 282, 315
스미스 부대 221, 227
승천고개 456, 458, 459, 460
시국대책위원회 284
식골 201, 202, 203
신강섭 84, 85
신광선 382
신기석 85
신덕리 수문통 411
신도지서 194, 264, 337, 339, 340
신시우 67, 71, 73, 110
신영휴 67, 84, 85, 87

찾아보기 477

신일용 51, 55, 58, 66
신재춘 382, 384
신정웅 34, 55
심기호 310, 314
심난옥 229, 243
심봉식 263, 310, 311, 312, 314
심옥임 310, 312
심재원 229, 236, 291, 302
심준섭 263, 312, 314, 315, 317
심현태 229
심현택 229
싸리재 36, 39, 48, 51, 53, 56, 60, 62

ㅇ

아몬드 452
암소바위 83, 84, 96, 98, 99, 103
양곡지서 369, 375
양귀석 229, 237, 303, 305, 307, 310, 367
양민피살자신고서 178, 179
양상석 263, 303, 307
양정흡 303, 309, 310
양촌치안대 372
여순사건 221, 222, 223
여우재 369, 375
연봉리 골짜기 385, 386
연좌제 286, 391, 404, 414, 419
염옹중 34, 42, 44
오천한 444, 445
오포지서 377, 378
오홍석 211
옥천신문 112, 115

옹동벛 412, 414, 415, 416
옹진반도 221, 222, 223, 225
왕대리 438, 440, 441, 442
용머리바위 115
우발계획 SL-17 256
원당면사건 20, 345, 347
원당지서 351, 352, 354
월명광산 107, 114
유국림 453
유기찬 161
유병기 150, 155, 158
유은순 400, 406
유재국 287
유재문 400, 402, 406
유정애 137, 155
윤병구 131
윤옥천 266
윤태의 17, 19, 27, 28, 411
윤태자 412, 415
은장마을 210, 234, 291
이갑용 81, 83, 110
이건영 400, 406
이경렬 263, 264, 265
이경선 268, 269, 276, 366
이구삼 100, 101, 110
이극 391, 392
이기영 23, 116, 118, 135
이기준 263, 361, 364
이길자 67, 101
이돌섭 303, 307
이동욱 332, 333, 336
이방용 344, 353, 360

이병구 137, 391, 393
이병현 179
이봉순 264, 268
이북지서 415, 417
이사용 81, 83, 84, 110
이산포나루 191
이삼용 81, 82, 83, 110
이숙자 67, 84
이순헌 453, 454
이안지서 179
이영주 179, 186
이오희 212, 270, 272, 274, 276, 278
이옥희 344, 349, 353
이용자 270, 278
이은상 116, 120
이인용 67, 101
이일숙 34, 60
이장훈 400, 409
이재봉 212, 214
이재우 411, 412
이정애 67, 81, 82
이제관 110
이종원 345, 346
이종화 317, 325
이창하 411, 412
이춘희 212, 263, 270, 276, 366
이태영 388
이태희 195, 212, 215
이평훈 137, 388, 409
이학술 60, 66
이형진 264, 265
인민군 6사단 369

인민유격대 114, 311
인천상륙작전 190, 192, 199, 213, 228, 231, 369, 452
일민단 129, 130
일산 송림회 창고 284
임동철 317, 322, 328
임윤근 263, 317, 318, 322, 325
임재경 137

ㅈ

자방마을 234
자벵이골짜기 238, 239
장암지서 141, 394, 395, 409
전광문 44, 66
전길상 463
전상삼 67, 105
전순태 105, 110
전재봉 46, 47, 48, 444, 445
전재유 46, 48, 444, 446
전재창 34, 44, 45
절골 25, 26, 148, 150, 155
정귀영 307, 308
정두완 219, 220
정만춘 296, 302
정명호 159, 168, 410, 419
정백성 382, 384
정산호 17, 18, 19, 28, 464
정수종 34, 58, 59
정수환 51, 58, 66
정원식 377, 378, 381
정제문 159, 160, 169
제2국민병 357, 425

조갑순 421, 423
조병호 296
조종환 229, 238
조희선 428, 429
조희욱 428, 429
좌익사건실록 310
주엽리 하천 사건 264
줄밭골 109
중국지원군 355, 438, 452, 453, 461
중산말 264, 269, 276, 366
진국희 14
진밭 271, 276

ㅊ

채성병 369, 370, 374
채수낭 369, 370, 373
채수옥 369, 372, 375
채홍운(채영우) 171
천등고개 369
청년방위군 357
최금선 315, 316
최대철 263, 329, 332
최만관 263, 291
최봉진 244, 249
최석부 329
최수복 47, 48, 66
최옥희 291, 292
최한진 244, 249

ㅌ

타공결사대 192, 194
탄부지서 82

태극단 192, 194, 210, 234, 239, 243, 264, 267, 277, 281, 287, 366
태극단 사건 287, 297, 298
태안경찰서 166, 410
트라우마 스트레스 288, 289

ㅍ

포로수용소 130, 132

ㅎ

하리 양섬 439
한강변 사건 264
한산마을 234, 238
한원석 415, 416, 419
한터마을 453, 455
함창면 양곡창고 173
행주나루 191, 309, 319, 362, 365
호암연못 58
홍기세 196, 207
홍상욱 240, 242, 303
홍정천 440, 441, 442
홍제리 261, 262
효자동 257, 259, 260

기타

1·4후퇴 261, 263, 285, 342, 381, 410, 438, 442
6·25사변 피살자명부 193, 195, 241
7·27 인민대회사건 113
10용사 사건 222